Arthur Schnitzler – Tagebuch

Arthur Schnitzler – Tagebuch

Unter Mitwirkung von Peter Michael Braunwarth, Richard Miklin, Maria Neyses, Susanne Pertlik, Walter Ruprechter und Reinhard Urbach herausgegeben von der Kommission für literarische Gebrauchsformen der Österreichischen Akademie der Wissenschaften, Obmann: Werner Welzig.

Arthur Schnitzler
Tagebuch

1909–1912

Verlag der Österreichischen Akademie der Wissenschaften
Wien 1981

Vorgelegt von w. M. WERNER WELZIG
in der Sitzung am 17. Dezember 1980

ISBN 3 7001 0395 6
(Gesamtwerk)
ISBN 3 7001 0415 4
Copyright © 1981 by
Österreichische Akademie der Wissenschaften
Wien

Druck: E. Becvar, A-1150 Wien

INHALT

Zur Herausgabe
von
Schnitzlers Tagebuch

„Ein Tagebuch ist eigentlich nur für den Führer dessel-
ben ansprechend, und ich müßte Dich schlecht lieben, mein
Titus, wenn ich Dich erbarmungslos durch alle Tage meines
Kalenders schleppte."

Adalbert Stifter, Feldblumen

„Blättre Nm. in alten Tagebüchern [...] Ist das wirklich
alles so lange her? – Unsagbar tief ergriff mich manches –
nicht nur weil ich es bin. Es ist mein brennender Wunsch,
daß sie nicht verloren gehen. Ist das Eitelkeit? – Auch,
gewiß. Aber irgendwie auch wie ein Gefühl der Verpflichtung. Und als könnt es mich von der quälenden innern
Einsamkeit befreien, wenn ich – jenseits meines Grabs
Freunde wüßte."

Arthur Schnitzler, Tagebuch

„No editor can be trusted not to spoil a diary."
Arthur Ponsonby, English Diaries

I. ZUR GESCHICHTE VON SCHNITZLERS TAGEBUCH

Das Tagebuch ist Arthur Schnitzlers Lebens-Werk. Das in den
Wiener Beständen des Nachlasses aufbewahrte Manuskript setzt –
sieht man von vereinzelten älteren Aufzeichnungen aus der Zeit vom
Oktober 1876 bis „Winter 1878–1879" ab – mit dem Datum des
19. März 1879 ein. Von diesen Eintragungen des Siebzehnjährigen an
begleitet das Journal alle Stadien auf dem Lebensweg bis ins siebzigste
Lebensjahr hinein. Wenige Wochen nach dem Beginn werden hier die
schriftlichen Themen der Reifeprüfung festgehalten – das zehnte Kapi-
tel aus Platos „Menexenos", die Verse 219 bis 251 aus dem vierten
Buche der „Aeneis" und die ohne Quellenangabe und leicht entstellt
zitierten Zeilen aus Goethes „Sprichwörtlich": „Was hat dir das arme
Glas getan? Sieh deinen Spiegel nicht so häßlich an." Der Tod erst
bricht das Journal ab. Das letzte Notat trägt das Datum des 19. Oktober 1931. Es umfaßt u. a. Hinweise auf die erste Kritik der soeben in
der Buchausgabe erschienenen Erzählung „Flucht in die Finsternis"
und – leitmotivisch zu dieser Zeit – auf die schlechte eigene Verfassung
(„Ein übler Nachmittag"). Deutlicher noch als an den Bemerkungen zu
„Privatem" wird an den Verweisen auf das „öffentliche Leben" die
Länge dieser Tagebuch-Strecke erkennbar, die in etwa dem Abstand
zwischen Schillers „Ästhetischer Erziehung des Menschen" und dem
„Kommunistischen Manifest" entspricht. Am 27/4/1879 erwähnt
Schnitzler den Festzug zur Feier der Silbernen Hochzeit von Franz
Joseph I., mit dem die Haupt- und Residenzstadt Wien historisch
kostümiert dem Kaiserpaar ihre Huldigung darbringt und ihrer „via

triumphalis", der Ringstraße, das angemessene patriotische Ereignis bietet. In den späten Tagebucheintragungen deutet sich bereits die Auflösung der Ersten Republik an. Am 14/9/1931 kommentiert Schnitzler den Heimwehrputsch des Vortages und fügt dazu die Bemerkung: „Völlig unsichre Zukunft: Verelendung.–" Am Tag der letzten Eintragung, einem Montag, meldet die „Neue Freie Presse" auf der zweiten Seite „Tumulte in einer Versammlung des Bundeskanzlers Dr. Buresch. Störungen durch Nationalsozialisten". Das „Prager Tagblatt", das an diesem Tag nicht erscheint, berichtet am darauffolgenden auf Seite eins von einer „SA-Parade vor Hitler. Schwere Zusammenstöße – zwei Tote".

Die Überlieferung, Duktus und Kontinuität und schließlich die Thematik der Eintragungen lassen innerhalb dieser epochenübergreifenden Journalführung, deren Entstehungsgeschichte die Geschichte ihres Fortganges ist, fünf Etappen unterscheiden:

Von den Anfängen bis zum Sommer 1882 (I);
von hier bis zur Zeit der Familiengründung, 1902/1903 (II);
von 1902/1903 bis zum Ausbruch des Ersten Weltkrieges (III);
die Aufzeichnungen während des Ersten Weltkrieges (IV);
die Aufzeichnungen von der Nachkriegszeit und der Zeit der Trennung der Ehe bis hin zum Ende (V).

Der Einsatz, den die erste Etappe insgesamt bildet, macht auf die charakteristische Programmatik des Ganzen aufmerksam. Er ist nicht das Ergebnis einer ersten Entscheidung zur Tagebuchführung, sondern bereits die Folge von des Schreibers Entschluß, sich die eigenen Aufzeichnungen zu erhalten, um sich in den eigenen Aufzeichnungen zu erhalten. Der Beginn des Tagebuchmanuskripts, das über die zweiundfünfzig Jahre hinweg ein zusammengehöriges Ganzes bildet, ist das Ergebnis nachträglicher Abschrift und Auswahl aus älteren „Büchlein" und „Heften". Die Grenze zwischen dem aus der Gegenwart heraus Niedergeschriebenen und dem im Rückblick auswählend Abgeschriebenen wäre nach Schnitzlers retrospektiver Auskunft „im Sommer des Jahres 1882" anzusetzen, „in dem ich mein zwanzigstes Lebensjahr vollendete, mein erstes Rigorosum bestand, mir meine Einjährig-Freiwilligenuniform bestellte und meine alten Tagebücher vernichtete, dies allerdings nicht, ohne mir vorher die wesentlichsten Stellen daraus

---

[1] Arthur Schnitzler: Jugend in Wien. Eine Autobiographie. Hg. von Th. Nickl und H. Schnitzler. Wien 1968, S. 138. – Ausführlicher über die

sorgfältig auszuschreiben"[1]. Das Tagebuch selbst stützt diese Grenz-Hypothese nicht. Weder die Blattzählung noch die Schrift noch das handfesteste Indiz, der ausdrückliche Hinweis auf die von der Überschrift des Datums abweichende Schreibzeit, lassen eine solche scharfe Zäsur im Sommer 1882 erkennen. Doch der Hinweis der Autobiographie selbst ist zwar zeitlich präzis, aber inhaltlich keineswegs eindeutig. Was sind die „alten" Tagebücher? Jene Vorlagen, aus denen das Manuskript zunächst offenkundig exzerpiert, oder noch Älteres? Außer Zweifel steht lediglich, daß der Anfang des Journals einen Bearbeitungszustand repräsentiert, daß Schnitzler also beispielsweise „jetzt Juli 1882" Auszüge aus den Aufzeichnungen vom Juni 1879 macht. Damit ist aber noch nicht geklärt, in welcher Weise und ab wann schreibend der Anschluß an schon Geschriebenes hergestellt wird. Für das Verständnis des gesamten Tagebuches ist dieser Einsatz – auch in Unkenntnis der tatsächlichen Übergänge – jedoch insofern entscheidend, als er ein deutliches Signal gibt, daß Schnitzler von Anfang an eine literarische Möglichkeit mit programmatischem Bewußtsein aufgreift.

Der dezidierte Wille, sich historisch zu machen, aus dem das zumindest partielle Nachschreiben der ersten Journal-Etappe und, mit einer Wendung aus einer Tagebucheintragung Goethes (7/8/1779), auch das Verbrennen der „alten Schaalen" erst erklärbar wird, schafft keineswegs schon jene Form und Stetigkeit, mit der die Aufzeichnungen in späteren Jahren zum zuverlässigsten Partner und zum wichtigsten Halt für den Schreiber werden. Es bedarf eines Zeitraums von mehr als zwei Jahrzehnten, bis sich das feste Schreibsystem herausbildet, in welches Schnitzler seit etwa 1902/1903 von Tag zu Tag das Einmalige und das Gleichbleibende stellt. Sowohl die Konstanz des Eintragens als auch eine konstante Form dieses Eintragens – in der Disposition der einzelnen „Tage" ebenso wie in dem nun in der Regel nicht mehr als ein bis zwei Tage betragenden Abstand zwischen Schreibzeit und beschriebener Zeit – prägen von da an die Aufzeichnungen. Das Tagebuch hilft jetzt über die Umbrüche und Einschnitte des Lebens hinweg, von denen vor allem der Krieg, die Trennung der Ehe und der Verlust der Tochter Schnitzler zutiefst verstören. Die Folge der Datumsangaben, die im Unterschied etwa zu dem als Tagebuch-

Entwicklung von Schnitzlers Journal siehe W. W.: Das Tagebuch Arthur Schnitzlers. 1879–1931. Internationales Archiv für Sozialgeschichte der deutschen Literatur, 6. Bd. (1981; in Herstellung).

schreiber beachteten Hebbel Schnitzler selbst gewissenhaft setzt, zum
Teil ergänzt durch die Angabe der christlichen Feiertage wie Palmsonntag, Karfreitag, Ostersonntag, Pfingstsonntag, Fronleichnam, Al-
lerheiligen und in den zwanziger Jahren auch durch den ausdrücklichen
Verweis auf den 1919 in Österreich neu eingeführten Republikfeiertag
(12. November), und die im Inneren der einzelnen Tageseintragungen
ihre Fortführung in der Beachtung der Tageszeiten Vormittag, Nachmittag und Abend findet, verbürgt jene Ordnung und jenen Zusammenhang, die der Wirklichkeit des erlebten Lebens fehlen. Das Tagebuch
ist nicht der automatische Griffel, der die Geschichten des Lebens
aufzeichnet. Es ist der mit größter Anstrengung unternommene Versuch, schriftstellerisch aus ganz heterogenen Erfahrungen und Bege-
benheiten die „Geschichte" eines Lebens werden zu lassen.[2]

Die Geschichte von Schnitzlers Tagebuch ist – wie sich in der ersten
Etappe bereits ankündigt – nicht nur eine Geschichte des Tagebuch-
Schreibens, sondern ebenso auch eine Geschichte des Umgangs mit
dem Geschriebenen: vorlesend, lesend, aufbewahrend, exzerpierend
und überlegend, was „später" mit den Aufzeichnungen geschehen solle.

Die Übung des Vorlesens ist für die ersten beiden Etappen des
Journals charakteristisch. Ein Kreis von Freunden oder einzelne,
Hugo von Hofmannsthal und Gustav Schwarzkopf, sind dabei die
Partner. Schnitzler registriert die Lesungen aus dem Tagebuch wieder-
um im Tagebuch, gelegentlich mit Hinweisen auf das Erlebnis dieser
vortragenden Begegnungen mit den eigenen Aufzeichnungen („Las
Gustav Tgb. vor, konnte manchmal nicht weiter"; 15/6/1899). Gerade
dort, wo solches Tagebuch-Vorlesen vor allem vermutet werden könn-
te, bricht es ab: Das Gespräch in der Ehe und das Gespräch mit dem
Tagebuch werden voneinander sorgfältig getrennt. Unter grotesken
Umständen nur bekommt Olga Schnitzler eine Eintragung zu Gesicht:
Sie entziffert im Spiegel, was sich ins Löschpapier abgezeichnet hat.
Als sie daraufhin den Wunsch äußert, das Journal selbst zu sehen, wird

---

[2] Gerade die wenigen Unterbrechungen, die es nach 1902/1903 noch gibt,
machen darauf aufmerksam, daß die erreichte Stetigkeit des Schreibens alles
eher ist als eine leere Automatik. Als an der Wende von 1907 zu 1908 infolge
einer schweren Erkrankung Olga Schnitzlers die täglichen Eintragungen
aussetzen, da ist die Wiederaufnahme ein Werk expliziten Entschlusses.
Ähnlich wird im Mai 1920 nach einer durch eine Armverletzung erzwungenen
Schreibpause der Wiederbeginn der eigenhändigen Tagebuchführung, an deren
Stelle während dieser Zeit das Diktat getreten war, ausdrücklich apostrophiert
(„beginn ich wieder").

ihr dies einmal mehr aus „prinzipiellen" Gründen verweigert (10/9/1905).[3] Das Tagebuch ist eine der Ehe in gewisser Hinsicht übergeordnete Instanz, der Ort, an dem Schnitzler sich der Natur dieser Beziehung vergewissert.

Der Tagebuchschreiber als Leser des eigenen Tagebuches ist eine vertraute und für das Genre schlechthin charakteristische Erscheinung. Doch Schnitzlers Notizen über die Lektüre der eigenen Aufzeichnungen legen eine Spur, die, sobald man sie nicht auf das rein Inhaltliche reduziert, zu unerwarteten Beobachtungen führt. Im Zusammenhang der Geschichte des Tagebuches ist die wichtigste davon, daß Schnitzler das eigene Tagebuch systematisch und im Kontinuum liest. Einer der intensivsten Lektüregänge – er steht im Zusammenhang mit der Arbeit an der Autobiographie – erstreckt sich von 1916 bis 1919 und umfaßt die Jahrgänge vom Anfang bis 1910. Ein vergleichbares Leseinteresse setzt Ende der zwanziger Jahre mit dem Tod der Tochter ein. Parallel zu Lilis Tagebüchern nimmt Schnitzler das eigene Tagebuch aus den Jahren 1921 bis 1926 vor. 1930 wird diese Lektüre bis 1927 fortgesetzt. Da zwischen 1920 und 1927 die Jahrgänge 1911 bis 1920 gelesen wurden, zeigt sich als Regel, daß hier nicht nach dem Diktat von Stimmung und Zufall das eine oder andere wahllos oder auswählend herausgegriffen wird, sondern daß die Tagebuchlektüre dieses Tagebuchschreibers eine bedachte und in scharfem Gegensatz zur üblichen Tagebuchlektüre sich kontinuierlich vollziehende Parallelaktion zur Tagebuchführung bildet. Die Verschränkung des einen mit dem anderen ist ein wichtiges strukturelles Element des gesamten Journals.

Die angesichts der allgemeinen Lesegewohnheiten und der vermeintlichen Zuchtlosigkeit des Genres so auffällige Ordnung der Wiederbegegnung mit dem Geschriebenen hat in Schnitzlers späteren Lebensjahren auch eine für die Bedeutung des Tagebuches und den Umgang mit ihm bezeichnende äußere Bedingung. Schnitzler verfügt nicht mehr jederzeit über die älteren Aufzeichnungen. Wie für viele Tagebuchschreiber ist für ihn das Journal etwas höchst Kostbares geworden, das es vor äußeren Gefahren zu bewahren gilt.[4] Der Schatz

---

[3] Vgl. 22/7/1902: „Verstimmung mit O., wegen Tagebücher, die sie durchaus lesen will; was ich ein für alle Mal verweigere.–"

[4] „Très vite, le journal devient une masse qu'il faut protéger non seulement contre les indiscrétions, mais contre tous les dangers qui menacent un objet précieux"; Béatrice Didier: Pour une sociologie du journal intime. In: Le journal intime et ses formes littéraires. Hg. von V. Del Litto. Genf 1978, S. 249.

der Erinnerung bedarf der Sicherheit des Banksafes. Spätestens seit dem Kriegsende liegt das Tagebuch hier und nicht mehr zu Hause. Diese Art der Aufbewahrung rückt es vor die Korrespondenz und die übrigen Teile des Nachlasses. Welcher Reichtum sich nach Schnitzlers Überzeugung im Fortgang der Zeit in den Aufzeichnungen angesammelt hat, das zeigen neben der Art der Aufbewahrung die Versuche, durch Exzerpte das Tagebuch sich selbst zu erschließen. Der fundamentale Unterschied dieser im wesentlichen aus den zwanziger Jahren stammenden, durch Diktat an die Sekretärin maschinschriftlich überlieferten Auszüge zur auswählenden Abschrift des Tagebuchanfangs liegt darin, daß Schnitzler nun nicht „Wesentliches" von „Unwesentlichem" trennt, sondern daß er einzelne Schichten für den eigenen Gebrauch herauspräpariert. Die wichtigsten Ergebnisse dieser Bemühung sind die „Träume", die „Charakteristiken" und schließlich die „Auszüge", mit denen eine Art Agenda-Version des Tagebuches vorliegt. Für das Verständnis des Journals sind diese Unternehmungen insofern aufschlußreich, als sie andeuten, wie komplex dem Schreiber die Eintragungen werden und welche Bedeutsamkeit die einzelnen Facetten der Erinnerung mit zunehmendem Alter für ihn gewinnen. Je älter er wird, um so größer wird Schnitzlers Anstrengung, der Flüchtigkeit des Lebens die Festigkeit des Geschriebenen entgegenzustellen.

Die Frage nach dem eigenen Überleben wird eine Frage nach dem Schicksal des Tagebuches. Die „sonderbare Angst", daß das Tagebuch verlorengehe (30/3/1904), der mehrfach formulierte Eindruck Schnitzlers, daß einzelne Partien des Tagebuches das einzige von seinen „Sachen" seien, „worin Kraft", der „brennende Wunsch", daß das Tagebuch erhalten bleibe (22/8/1918), sind weder aus der stilistischen noch aus der gedanklichen Qualität der Aufzeichnungen erklärbar. Das Schicksal des Tagebuches nach seinem Tode ist für Schnitzler kein Problem, das unter ästhetischen oder philosophischen Aspekten zu entscheiden wäre, sondern einzig aus der Überzeugung, daß das lebenslange mühsame, um strenge Form bemühte und zugleich ästhetisch anspruchslose Aufschreiben eine Dauer gewinnen könne, die der physischen Existenz, aber auch dem dramatischen und erzählerischen Werk versagt ist. Das Nebeneinander der Urteile über das im engeren Sinne des Wortes literarische Werk und über das Tagebuch müßte es verbieten, letzteres als vernachlässigbare Redewendung oder als Ausdruck purer Selbstüberschätzung abzutun. Um so mehr, wenn dieses Nebeneinander nicht nur im Tagebuch, sondern pointierter noch im Gespräch überliefert ist: „Nein, ich weiß, daß ich kein ganz Großer bin. Es gibt viel, viel größere Dichter als ich, aber ich glaube, daß diese Tagebücher, wenn sie einmal herauskommen sollten, sich an Bedeutung mit den Werken der Größten messen können."[5]

Wie wenig die herkömmlichen Kategorien von „literarischem" und „privatem" Tagebuch tauglich sind, zeigt sich daran, daß das auch als Muster eines „privaten" Tagebuches anzusprechende Journal Schnitzlers („Spucknapf meiner Stimmungen und Verstimmungen"; 27/6/1880) keineswegs anders ausgearbeitet wird, als sein Verfasser dezidiert an Veröffentlichung denkt. Die testamentarische Bestimmung vom 16. August 1918 läßt eine Publikation nicht nur zu, sondern formuliert sie bereits als Ziel. Sie fordert, daß das Tagebuch „in keiner Weise verfälscht", „also nicht gemildert, gekürzt, oder sonstwie verändert" werden dürfe. Damit verbiete sich von selbst jede „Popularisierung"! Weniger aktuell mutet die fürsorgliche Empfehlung an, daß andernfalls der Verleger oder die Behörde durch „entsprechend theure Preise" einer derartigen Popularisierung entgegenwirken mögen. Der Nachtrag zu diesem Testament vom 23. Juli 1924 fügt den Wunsch an, daß die Abschrift des Tagebuches „chronologisch sofort nach meinem Tode" in Angriff genommen werde.[6]

Mit dieser Abschrift wird noch zu Schnitzlers Lebzeiten begonnen. Der erste Tagebuchabschnitt bis 1882 liegt spätestens im Juli 1931 im Typoskript vor. Diese erstaunlich mangelhafte Abschrift durch Schnitzlers Sekretärin Frieda Pollak wird nach dem Tode Arthur Schnitzlers bis 1912 geführt. Sie bekommt in den Jahren 1965 bis 1967 ihre um vieles bessere Fortsetzung für die Jahrgänge 1913 bis 1931 durch die im Auftrag des Deutschen Literaturarchives in Marbach angefertigte Abschrift von Therese Nickl.[7]

---

[5] Siehe Alma Mahler-Werfel: Mein Leben. Frankfurt a.M. 1963, S. 161. (Über einen Besuch bei Schnitzler am 23/3/1928.)

[6] Alle Zitate nach Gerhard Neumann – Jutta Müller: Der Nachlaß Arthur Schnitzlers. München 1969, S. 34f. Schnitzler disponiert sogar über den Erlös aus dem Verkauf des Tagebuches: „10% meine gesetzlichen Erben, 10% der Schutzverband deutscher Schriftsteller zur Unterstützung begabter armer Schriftsteller deutscher Zunge (wo immer sie geboren sind), 5% ein interconfessioneller aerztlicher Wohlthätigkeitsverein" (ebda, S. 34). Ob die verschiedenen Auszüge ihrerseits zum Zwecke der Publikation angefertigt wurden, erscheint zumindest fraglich.

[7] Diese beiden Abschriften, von denen Exemplare u.a. in Marbach, Freiburg i. Br. und Wien liegen, sind bis heute die Grundlage der Hinweise auf das Tagebuch und der Zitate aus diesem. Mit Schnitzlers Tagebuch als Paradigma des Genres hat sich bisher nur Gerhart Baumann eingehender auseinanderge-

Der Weg, den Schnitzlers Manuskript gegangen ist, ist heute nicht mehr mit Sicherheit zu rekonstruieren.[8] Zunächst getrennt von dem 1938 nach Cambridge geretteten Material, dann gemeinsam mit Teilen von diesem hat es jedenfalls die Wanderschaft der Emigration und schließlich die Heimkehr nach Österreich mitgemacht.

II. DIE EINRICHTUNG DER AUSGABE

Die Gestalt des Manuskripts

Das Manuskript des Tagebuches ist von einer angesichts der Dauer der Tagebuchführung auffallend einheitlichen äußeren Form. Schnitzler schreibt auf Konzeptpapier im Format von 170 mm Breite und 206 mm Höhe; zunächst auf Doppelblättern, später auf Einzelblättern. Die Blätter werden bis einschließlich 1891 zweiseitig und zweispaltig beschrieben, dann einseitig und einspaltig. Sie werden in den späteren Jahren vor dem Schreiben paginiert. Die Praxis der eigenhändigen Eintragung ist lediglich für die Zeit vom 16/4/1920 bis zum 14/5/1920 durchbrochen: Eine „Absplitterung des Tuberculum majus" als Folge eines Sturzes bei einem Spaziergang veranlaßt Schnitzler in diesen Wochen, das Tagebuch der Sekretärin zu diktieren, so daß es für diesen Zeitraum maschinschriftlich vorliegt. Die Wiederaufnahme der eigenhändigen Eintragungen orientiert sich nicht nur am Fortschritt der Genesung, sondern auch an einem der für die Strukturierung des Tagebuches wichtigen Jahrestage – der Geburtstag (15/5) gibt den Anstoß zum „Wiederbeginn".

Das Schreibmaterial wechselt. Schnitzler verwendet zunächst Stahlfeder, mit der er sehr nachlässig umgeht, und seit 1917 Bleistift.

Die Handschrift Schnitzlers wird im Verzeichnis des Nachlasses als „in vielen Fällen kaum oder gar nicht zu entziffern" bezeichnet.[9] Bei den sehr oft der Lesehilfe des Sinnzusammenhanges entbehrenden Tagebucheintragungen kann das zu einer fatalen Exkulpierung mangelnder Entzifferungsanstrengung verleiten. Die Feststellung ist über-

setzt: Neue Zürcher Zeitung, 4./5. Oktober 1975, S. 59; Die Presse, 28./29. Mai 1977, S. 17; Arthur Schnitzler: Die Tagebücher. Vergangene Gegenwart – Gegenwärtige Vergangenheit. Modern Austrian Literature, Vol. 10, Nos. 3/4 (1977), S. 143 ff.

[8] Die Auskunft bei G. Neumann – J. Müller: Der Nachlaß Arthur Schnitzlers, S. 15, ist offenkundig falsch. Nach Erinnerung von Eric A. Blackall ist das Tagebuch nie Teil des nach Cambridge gebrachten Archivbestandes gewesen.

[9] G. Neumann – J. Müller: Der Nachlaß Arthur Schnitzlers, S. 17.

dies nicht ganz korrekt. Zutreffender ist es, wenn man die Handschrift als nicht leicht lesbar einstuft.[10] In den Anfängen weicht Schnitzler von der Richtform des kurrenten Schrifttyps erheblich ab. Zudem bedient er sich bei fremdsprachigen Wörtern, Fremdwörtern und Namen zumeist der Lateinschrift. Umgekehrt bewahrt er in den späteren Jahren, als er – seit 1917 – zur Lateinschrift übergegangen ist, zahlreiche kurrente Einsprengsel. Mischkursive ist der dominierende Schrifttypus. Die zentrale Schwierigkeit ihrer Entzifferung liegt in Schnitzlers ständiger Tendenz zur Verkürzung und Verknappung, die sich in der Vorliebe für diverse Abbreviaturen äußert und der häufig die Endsilben oder letzten Buchstaben zum Opfer fallen („Grundgedank", „Verstimmg", „Ohrenkling", „Intellig", „richtg", „nachzutrg", „Tchl" (für Tuchlauben), „Kfh"(für Kaffeehaus), „na[ch]", „b[ei]" usf.). Eine Folge dieses von der Ungeduld beherrschten Schriftduktus ist, daß gerade bei kürzeren und „unwichtigeren" Wörtern gelegentlich verschiedene Lesungen möglich sind, daß es „nur", aber auch „nun", „aber", aber auch „eben", „leider", aber auch „beide", „mir", aber auch „uns" heißen kann. Weder die Vertrautheit mit Schnitzlers Ausdrucksweise noch der Zusammenhang bieten da immer entscheidende Hilfe. Von der Kennzeichnung der Textherstellung wurde in diesen Fällen dennoch abgesehen. Einfacher, wenn auch keineswegs gefahr- und mühelos, ist es dort, wo das Schriftbild und die Ausdrucksweise bei einiger Sorgfalt des Entzifferns zur Vorsicht raten und die Möglichkeit der absichernden Recherche besteht.

Was es für junge Germanisten im letzten Viertel unseres Jahrhunderts bedeutet, sich in einen solchen Text einzulesen, das macht indirekt ein Vergleich mit der Abschrift Frieda Pollaks deutlich, Schnitzlers langjähriger Sekretärin, von der man annehmen kann, daß ihr die Schrift und die erwähnten Personen und Realien weitgehend vertraut gewesen sind. Im Tagebuch-Jahrgang 1909 konnten gegenüber den ersten 55 Seiten dieser Abschrift mehr als hundert Korrekturen vorgenommen werden. Ein Teil davon betrifft die Behandlung von Interpunktion, Orthographie und Absatzbildung. Mehr als die Hälfte aber löst nicht Entziffertes auf oder stellt falsch Entziffertes richtig. Statt „nach wie vor" liest P. „noch immer", statt „damit" „daran", statt „meditirt" „dictirt", statt „verworfen" „vornehm".

---

[10] Zur Eigenart von Schnitzlers Handschrift siehe Karl Gladt: Deutsche Schriftfibel. Anleitung zur Lektüre der Kurrentschrift des 17.–20. Jahrhunderts. Graz 1976, Beispiel Nr. 46.

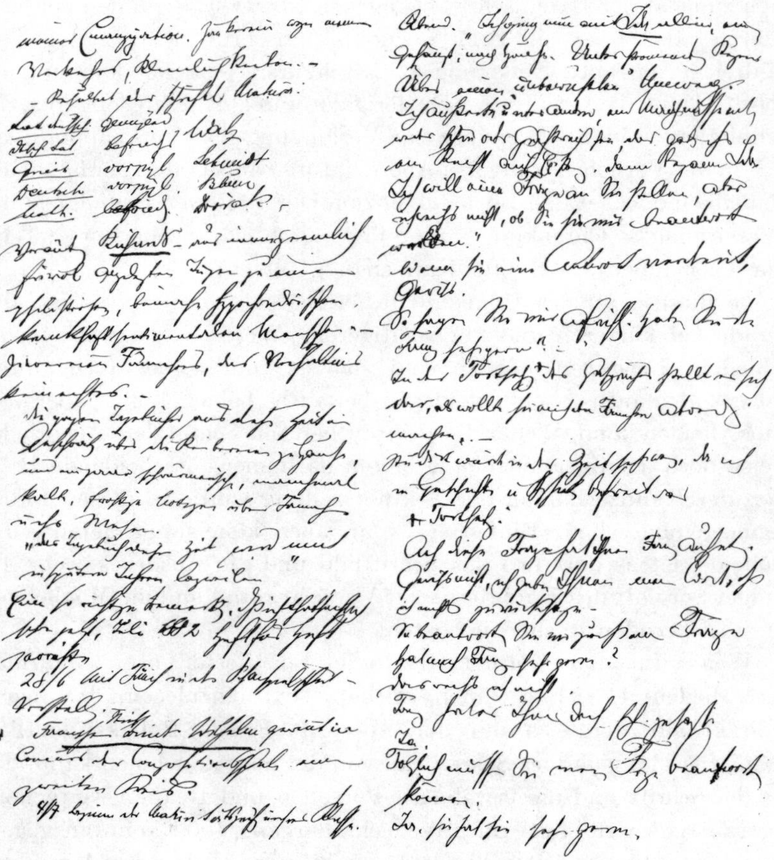

Tagebucheintragungen zum 16. Juni, 28. Juni und 4. Juli 1879

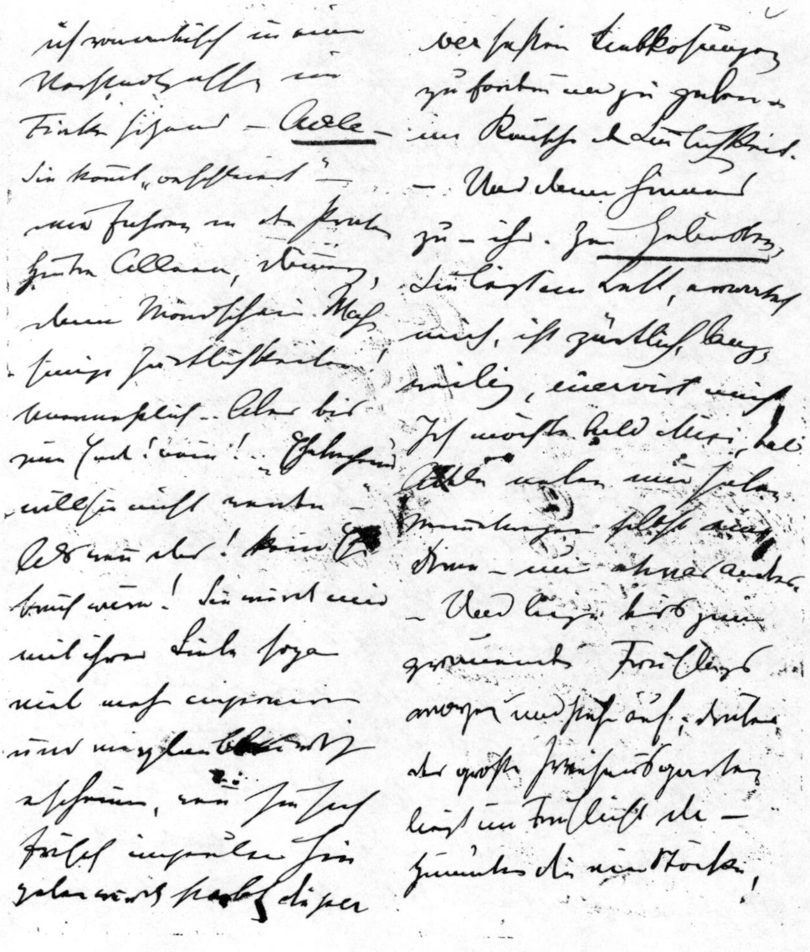

Tagebucheintragung zum 13. April 1889

[handschriftliche Tagebucheintragung, Seite mit »2« oben rechts]

Tagebucheintragung zum 1. Jänner 1909

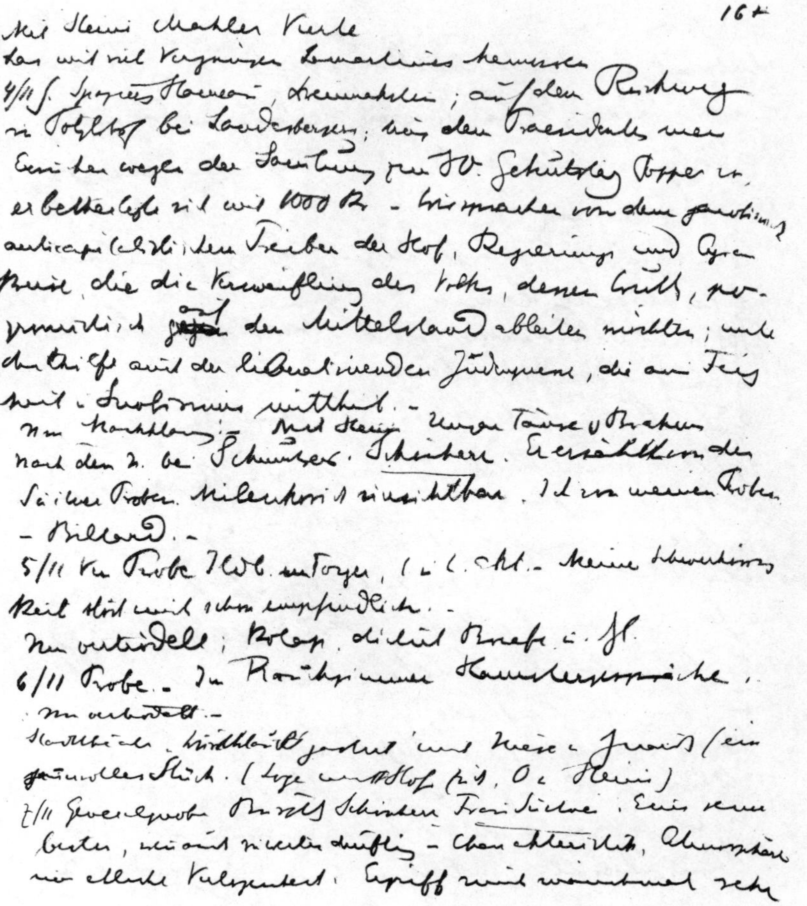

Tagebucheintragungen zum 3.–7. November 1917

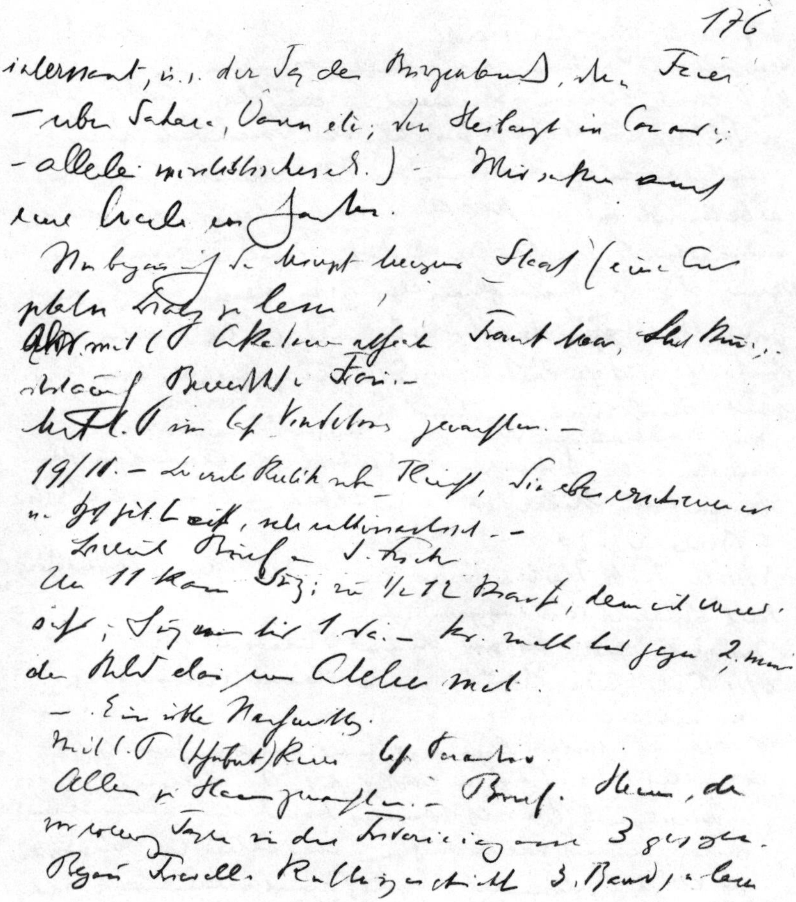

Tagebucheintragungen zum 18. und 19. Oktober 1931

Gar nicht selten führen die Verlesungen der älteren Abschrift zu gravierenden Sinnentstellungen. Wo Schnitzler schreibt, daß „meine Gestalten" „Herz" haben (22/2), heißt es bei P., daß „neue Gestalten" „Gang" haben. Wenn Schnitzler im Anschluß an eine Leihbibliotheks-Umfrage fragt, wieviele von diesen Büchern man „nach zehn Jahren noch lesen – nach fünfundzwanzig noch kennen" werde (30/3), da löst P. diese Stilfigur in Nonsens auf: „nach fünfundzwanzig noch keine". Und als Schnitzler in einer ungewöhnlich ausführlichen Eintragung über die „Fackel" zum zehnten Jahrestag des Erscheinens der Zeitschrift (Nr. 277–278) meint, daß Karl Kraus „ethisches innerhalb des sexualen [...] mit Witz und sogar mit Kraft" aufgezeigt habe (3/4), da wird bei P. daraus „ethisches innerhalb des sozialen".

Zur Gestalt des vorliegenden Manuskripts gehört schließlich, daß es über verschiedene Strecken der Tagebuchführung offensichtlich aus Eintragungen in Kalendern und Notizbüchern entsteht und daß andererseits Schnitzler bei seinen verschiedenen Lektüregängen ergänzend, kommentierend und unterstreichend in den Text eingreift. So wird der erste Teil des Jahres 1899 nachweislich erst 1904 aus Notizbüchern in das Manuskript eingetragen. Doch der Tod Marie Reinhards ist keineswegs die einzige Ursache eines derart mittelbar hergestellten Tagebuchmanuskripts. Am 3. Dezember 1902 vermerkt Schnitzler ausdrücklich, daß er nun „direct auf diese Blätter" schreibe und nicht „wie sehr lange Zeit hindurch aus einem Notizbuch, nach 1–2 Monaten". Auch noch in der dritten und vierten Tagebuchphase, wo nur mehr selten ein größerer Abstand zwischen Schreibzeit und Kalenderzeit erkennbar wird, gibt es – im Zusammenhang mit Reisen – zahlreiche Indizien, daß das Tagebuch als Übertrag und unter Verwendung anderer Notizen zustande kommt. Getilgte Zeilen oder Zeilenanfänge, die an späterer Stelle des Textes wiederkehren, weisen in dieselbe Richtung.

Nachträgliche Eingriffe sind die zumeist durch das abweichende Schreibmaterial deutlich erkennbaren Unterstreichungen, die anders als die Unterstreichungen beim Schreiben selbst nicht der Betonung dienen, sondern eine Hilfe für die Lektüre und die Exzerpte darstellen. Nachträgliche Eingriffe gibt es ferner in der Form von Ergänzungen evident fehlender Wörter oder Wortteile sowie in Form gelegentlicher kommentierender Zusätze, wie etwa der Bemerkung „Unverständlich", mit dem Datum 1/11/1919, zu einer Eintragung über die Beziehung zu Richard Beer-Hofmann vom 3/11/1910. Eine besondere Art des Eingriffes, nicht nachträglich, aber auch nicht zum Kalenderdatum gehörend, ist schließlich der Hinweis auf die Schreibzeit. Dieser kann gelegentlich auch als Bestätigung der Hypothese des Übertrags der Tagebuchnotiz aus einer Vorlage ins Manuskript verstanden werden. So etwa in der Eintragung vom 24/10/1912: „Striche Bern... (in diesem Augenblick kommt die Nachricht Glücksmanns vom Verbot 25/10 Nm. $3^1/_2$) hardi begonnen.–"

Nach dem Tode Arthur Schnitzlers bringt Olga Schnitzler bei der Lektüre des Tagebuches u. a. als Entzifferungshilfe vereinzelt Zusätze im Manuskript an. Frieda Pollak schließlich kennzeichnet einzelne Stellen – offenkundig ebenfalls im Zusammenhang besonderer Entzifferungsschwierigkeiten – durch Striche am Rande des Manuskripts.

Die Einrichtung der Ausgabe

Die Arbeitsgrundlage für die Herausgabe liefert eine diplomatische Abschrift des gesamten Manuskripts. Die älteren Abschriften bieten dafür eine partielle Möglichkeit der Vergewisserung und Korrektur, aber keinen Ersatz. Die anschließende Einrichtung für den Druck hat sich zunächst an der Eigenart des Genres und den Eigentümlichkeiten des Autors zu orientieren. Es muß das Dilemma bewußt bleiben, daß das Tagebuch weder in herkömmlicher Weise als ein Text behandelt werden kann, der für den Druck bestimmt ist, noch als ein solcher, der nur dem persönlichen Gebrauch dient. Anweisungen, die sich aus der Voraussetzung ableiten, „the document being edited was not originally intended to be printed"[11], sind hier ebensowenig anwendbar wie eine editorische Verfahrensweise gegenüber einem Manuskript, bei dem der Verfasser „gleichsam auf dem Papier mit der Textform ringt"[12]. Das vorliegende Journal ist keineswegs mit jenem ästhetischen Kalkül redigiert, mit dem Schnitzler – gerade nach dem Zeugnis des Tagebuches – immer wieder die „Feile" an Aphoristisches, Erzählendes oder Dramatisches ansetzt, das unmittelbar zur Drucklegung bestimmt ist; auch in den verschiedenen nachträglichen Zusätzen gibt es kaum sprachlich-stilistische Veränderungen. Andrerseits zeigt sowohl die

---

[11] Philip Gaskell: A New Introduction to Bibliography. Oxford 1979, S. 339.

[12] Vgl. Siegfried Scheibe: Zu einigen Grundprinzipien einer historisch-kritischen Ausgabe. In: G. Martens – H. Zeller: Texte und Varianten. Probleme ihrer Edition und Interpretation. München 1971, S. 15.

Geschichte dieser Tagebuchführung als auch das Testament, daß die Erhaltung und Veröffentlichung des Textes zweifellos Schnitzlers Wunsch und Ziel gewesen ist. Für die Herausgabe bleibt entscheidend, daß bei diesem nach dem Willen des Autors zur Publikation bestimmten Text von einem Entwicklungsprozeß nur im Fortgang der Tagebuchführung gesprochen werden kann, aber nicht hinsichtlich der Textgestalt des einmal Niedergeschriebenen.

Ein weiteres Problem liegt im Status der herausgeberischen Arbeit selbst. Wenn man das ungleich einfachere Unternehmen eines Verzeichnisses des Schnitzler-Nachlasses als „verfrüht" bezeichnet hat[13], so gilt das um so mehr für eine Edition des Tagebuches. Was hier vorgelegt wird, ist das Ergebnis schrittweiser Arbeit, ohne eine gleichmäßig gute, systematische Kenntnis des Gesamttagebuches und ohne Kenntnis der gesamten Korrespondenz von und an Schnitzler. Die Konsequenzen eines solchen Anfangs, bei dem man noch nicht „alles weiß", werden nachträgliche Richtigstellungen und Auffüllungen von Lücken sein, Wiederholungen in den Indizes und möglicherweise sogar Revisionen einzelner Aspekte der Textbehandlung. Die einzige Rechtfertigung für einen solchen Beginn, für den jene Jahre gewählt wurden, in denen Schnitzler sich im „Zenit" seines Lebens befindet, ist, daß es keine Alternative dazu gibt. Eine Edition, die auf jenen jahrzehntelangen systematischen Vorarbeiten aufbauen wollte, die unter Anwendung strengster Maßstäbe zweifellos erforderlich wären, würde wohl nie zustande kommen.

Aus diesen Voraussetzungen ergeben sich folgende leitende Grundsätze: Vollständigkeit des Textes hinsichtlich all dessen, was zum Schreibvorgang gehört; Bewahrung der äußeren Form und des Charakters relativer Spontaneität der Aufzeichnungen; Verzicht auf Lesarten und Varianten; Verzicht auf einen Kommentar der Sachbezüge des Textes; Lesbarkeit.

Für die Herstellung des Textes heißt das im einzelnen:

Jahres- und Datumsangaben werden formal vereinheitlicht. Offensichtlich irrige Datumsangaben werden richtiggestellt. Die Wiederholung von Datumsangaben wird beibehalten.

Textanordnung: Die Ausgabe versucht, die Anordnung der Eintragungen im Manuskript soweit als möglich beizubehalten. Für die Absatzbildung sind, sofern sie aus dem Manuskript nicht zweifelsfrei

---

[13] G. Neumann – J. Müller: Der Nachlaß Arthur Schnitzlers, S. 12.

erkennbar ist, die für Schnitzler typischen Kombinationen von Interpunktionszeichen wie .– , ?– oder !– maßgeblich.

Zeichensetzung: Wenn einem vollständigen Satz in der Handschrift kein entsprechendes Satzzeichen folgt, wird im Druck ein einfacher Punkt ergänzt. Eine Anhäufung von mehreren Punkten wird auf drei Punkte reduziert, zwei Punkte werden auf drei Punkte ergänzt. Beistrichfehler werden nur in Ausnahmefällen berichtigt. Bei der Aufzählung von Ehepartnern oder anders zusammengehörenden Personen setzt Schnitzler häufig keinen Beistrich – dieser wird auch nicht ergänzt.

Wird in der Handschrift irrtümlich nur eine Klammer gesetzt, so wird die zweite Klammer ergänzt, sofern die Klammersetzung dem Sinnzusammenhang nicht überhaupt widerspricht – in diesem Fall wird die bestehende Klammer getilgt. Ebenso werden Anführungszeichen behandelt. Wenn Klammern zweifelsfrei an falschen Stellen gesetzt werden, wird berichtigt. Der bei Schnitzler oft einen Satz einleitende Gedankenstrich wird beibehalten. Ebenso werden die von Schnitzler am Satzende gesetzten verdoppelten Gedankenstriche beibehalten.

Bei direkter Rede setzt Schnitzler häufig statt des einleitenden Doppelpunktes einen einfachen Punkt. In solchen Fällen wird der Punkt beibehalten und nicht auf Doppelpunkt ergänzt. Fehlt ein die wörtliche Rede einleitendes Satzzeichen, so wird im Druck ein Doppelpunkt ergänzt. Die von Schnitzler bei späterer Lektüre des Geschriebenen und zum großen Teil mit anderem Schreibmaterial vornehmlich zum Zweck des Auszugs gemachten Unterstreichungen werden vernachlässigt. Davon unterscheiden sich die betonenden Unterstreichungen bei der Niederschrift. Diese werden durch Kursivsatz kenntlich gemacht.

Rechtschreibung: s-Schreibung wird — außer bei Personennamen — normalisiert. Ebenso wird die Umlautschreibung normalisiert. Alte Schreibweisen und Schreibweisen, die außerhalb des Tagebuches belegt sind („Wittwe", „Sylvester", „dictirt", „Charfreitag", „Frohnleichnam", „nemlich", „allmälig"), werden grundsätzlich beibehalten. Eine Eigenheit der Handschrift ist, daß statt eines ´ sehr oft ein ` gesetzt wird. Im Druck werden die falschen Akzente richtiggestellt. Eindeutige orthographische Fehler („Feulleton", „Terasse") werden verbessert.

Das Nebeneinander verschiedener Schreibweisen wird beibehalten. Es erscheint also „Act" neben „Akt", „Gesammtausgabe" neben „Gesamtausgabe", „Rath" neben „Rat", „Biografie" neben „biographisch", „Esoi" neben „Äsoi", „Tantièmen" neben „Tantiemen" usf.

Die Schreibung der aus dem Englischen und aus dem Französischen stammenden Wörter, die bei Schnitzler in – sprachgeschichtlich und kulturgeschichtlich beachtenswerten – Mischformen auftauchen, wird grundsätzlich beibehalten („Strike", „standard-Feuilletonisten", die „films").

Personennamen: Falsch geschriebene Familiennamen („Rielke") und Pseudonyme werden – mit Ausnahme der selbst in den zeitgenössischen Dokumenten sehr oft uneinheitlichen Akzentsetzungen – berichtigt. Unterschiedliche s-Schreibung und unterschiedliche Umlautschreibung werden beibehalten („Ludassy" neben „Ludaßy", „Haendel" neben „Händel"). Die Schreibweise der Vornamen folgt der Handschrift.

Ortsnamen werden in der zeitgenössischen Schreibweise und im Nebeneinander verschiedener derartiger Schreibungen belassen („Sievring" neben „Sievering"), sofern diese belegt werden konnten.

Werktitel: Orthographisch falsch wiedergegebene Werktitel („Jean Cristophe") werden berichtigt. Ist hingegen der Wortlaut eines Titels in seiner Gesamtheit nicht korrekt zitiert, so wird nicht eingegriffen („Wahrheit und Dichtung"). Die Inkonsequenz der Anführungszeichen bei Werktiteln bleibt erhalten, das erste Titelwort beginnt jedoch mit einem Großbuchstaben. Die Titel von Schnitzlers Arbeiten werden so übernommen, wie sie (mit allen Abkürzungen) in der Handschrift aufscheinen; die Figuren („Arlechino", „Pierette", „Bachus") desgleichen.

Auflösungen, Ergänzungen und Richtigstellungen: Fehlende Schlußbuchstaben und Endsilben werden ergänzt. Abkürzungen von Präpositionen und Konjunktionen („v", „dß", „u") werden aufgelöst. Ebenso werden zweifelsfrei aufzulösende Abkürzungen rückgängig gemacht, wenn damit tragende Wörter besser erkennbar werden („erz." zu „erzählt").

Abkürzungen werden nicht aufgelöst, wenn mehrere Auflösungen möglich sind („tel.", „Kinemat.") und wenn die Auflösung mangels Sinnzusammenhangs oder Evidenz des Gemeinten fraglich bleibt.

Abkürzungen siglenhaften Charakters („Bd.", „Geh.R.", „z. E.", „Kais.R.", „Mscrpt.", „Ztg.") werden beibehalten, solange die Lesbarkeit nicht entscheidend gestört ist. Bei flektierten Formen entfällt der Abkürzungspunkt („Hr.", aber „Hrn").

Die teilweise divergierenden, aber doch verständlichen Abkürzungen der Namen von Zeitungen und Zeitschriften werden beibehalten.

Typische Abkürzungen wie „O." für Olga oder die für den Tagebuchrhythmus charakteristischen Hinweise auf Vm. (Vormittag) und

Nm. (Nachmittag) werden in vereinheitlichter Schreibung beibehalten.

Stillschweigende Richtigstellungen des Wortlautes beschränken sich auf jene Fälle, in denen die Fehlleistungen des Schreibers außer Zweifel stehen („Verfolgungen, *die* Julius seitens der Steuerbehörden ausgesetzt ist", „Unter den Briefen war einer, in *denen*").

Grundsätzlich gilt für jeden Versuch, die Handschrift zu verbessern, daß der Textfehler für sich genommen keinen Sinn erlauben darf. Daß dieser Grundsatz in der Praxis schwieriger zu handhaben ist als in der Theorie, zeigt sich an scheinbar vergleichbaren Fällen wie „Mit Heini Hievering" und „(‚heneral')probe Medardus". Während die Verbesserung zu „Sievering" relativ bedenkenlos durchgeführt werden kann, hätte der Eingriff im anderen Fall wahrscheinlich eine gravierende Sinnentstellung zur Folge. Das Anführungszeichen gilt dort wohl nicht, wie man zunächst vermuten könnte, der provinziellen Qualität der Prager Aufführung, sondern eher einer von Schnitzler apostrophierten charakteristischen Sprechweise.

Richtigstellungen werden schließlich bei Personennamen vorgenommen, wenn Irrtümer außer Zweifel stehen und die Richtigstellung zwingend ist. Im Zeitraum 1909 bis 1912 ist das die Verbesserung von „Bachrach" zu „Bardach" (14/11/1911) und von „Golowski" zu „Godlewski" (16/3/1912).

Fragliche Entzifferungen werden durch [ ] gekennzeichnet, eindeutige Lesungen, die keinen Sinn ergeben, aber auch keine zweifelsfreie Verbesserung erlauben, werden durch [!] markiert.

Die Register: Die Edition sollte zu sektoralen Kommentaren herausfordern, sie kann aber einen umfassenden Kommentar selbst nur für einige Jahre, soll sie jemals realisiert werden, nicht voraussetzen. Die Beschränkung auf die Textdarbietung und der Verzicht auf Kommentierung sind zweifellos bedauerlich, haben ihren Grund aber nicht nur in ökonomischen Erwägungen, sondern in der Natur des Textes selbst. Ein Kommentar von Schnitzlers Journal verlangt mehr als literarhistorische und sprachhistorische Arbeit. Dazu kommt, daß ein Kommentar „aller Sachbezüge" nicht einmal sinnvoll erscheint. Sorgfältig erläutert würde der Text unter der Last der Anmerkungen zusammenbrechen. Hans Wollschlägers auf eine „Fackel"-Ausgabe zielende polemische Aufforderung an die „Vereinigte Germanistik", den „Krempel, mit dem sie ihre hochdotierten Jahre verbringt", eine Zeitlang beiseite zu tun, um den „gesamten Tages-Wissensstand zum Zeitpunkt der Textentstehung" aufzuschließen und damit die präzisen

Annotationen und Querverweise sichtbar zu machen[14], scheint selbst
für dieses andere Journal nur paradigmatisch beherzigenswert.

Eine Teilfunktion des Kommentierens übernehmen die beiden
Register. Sie sollen später jeweils zu einem Gesamtregister vereinigt
werden. Ergänzend zum Register der „Personen und Werktitel" sind
„Repertorien" vorgesehen, in denen unbekanntere, aber im Zusammenhang der Zeit und des Tagebuches wichtige Gestalten erläutert
und durch kontrastierende Zeugnisse charakterisiert werden. Die Möglichkeit zusätzlicher Indizes – so etwa der Zeitungen, Zeitschriften und
Almanache oder der künstlerischen Organisationen und Institutionen –
muß im Fortgang der Arbeit geprüft werden. Für die im Register
aufgeführten Personen gilt, daß bei vielen der Genannten zwischen
Befund und Deutung ein weites Feld liegt. Die sehr oft kontextarme
Anführung von Namen im Tagebuch macht die Identifikation zu einem
Vorgang, bei dem es nicht immer möglich ist, zu endgültiger Zweifels-
freiheit zu gelangen. Selbst wenn man die Auskünfte der näheren
Tagebuchumgebung mit denen der Autobiographie und der Korrespondenz, soweit diese erschlossen ist oder eingesehen werden konnte, und
mit dritten Quellen behutsam in Beziehung setzt, ist man vor Ver-
wechslungen und Irrtümern nicht gefeit. Die in Schnitzlers Umgebung
häufige Namensgleichheit gibt zusätzliche Probleme bereits im Zusammenhang der Daten- und Faktensuche.[15] Der „gesellschaftliche Jagd-
eifer"[16], der da verlangt wird, hat mit Philologie nichts zu tun und ist
doch ein notwendiger Teil des behutsamen Umgangs mit dem Text.[17]

---

[14] Das Karl Kraus Lesebuch. Zürich 1980, S. 11 f.

[15] Wenn in einer Studie des Deutschen Literaturarchivs, das sich seit
Jahrzehnten um Hugo von Hofmannsthal bemüht, in einem Modell zur
Erschließung von Hofmannsthals Korrespondenz innerhalb eines nur wenige
Namen umfassenden exemplarischen Registers der aus Berlin gebürtige Diri-
gent Bruno Walter auf Grund seines bürgerlichen Namens als Bruder von
Hofmannsthals Frau vorgestellt wird, so deutet das an, welcher Fallstricke
man bei der Erschließung von Schnitzlers Tagebuch gewärtig sein muß, wo es
zur selben Zeit und am selben Ort Dutzende Namensgleichheiten unter heute
völlig vergessenen Personen gibt; Günther Fetzer: Das Briefwerk Hugo von
Hofmannsthals. Modelle für die Edition umfangreicher Korrespondenzen.
Marbach a. N. 1980, S. 67 und S. 90.

[16] Robert Musil: Tagebücher. Hg. von A. Frisé. Hamburg 1976, S. 372.

[17] Wenn es in der Vorbemerkung zum Personen-Index der Ausgabe von
Amiels Tagebuch heißt, daß man sich auf Schriftsteller, Philosophen, Gelehrte,
Musiker und Künstler beschränken wolle, da die Aufführung aller Personen „à
la fois fastidieux et inutile" sei, so ist das ebenso einleuchtend wie verdun-
kelnd. Zum Verständnis des sozialen Geflechts, in das ein solches Tagebuch

III. ÜBER DAS TAGEBUCHLESEN[18]

Wer einen Roman liest, in der Weise, in der er eine einzelne
Nummer einer Tageszeitung liest, indem er an einer beliebigen Stelle
aufschlägt und das herausgreift, worauf ihn die Überschrift oder ein
besonderes Interesse lenkt, oder wer gar nachschlägt, wie er in einem
Telephonbuch oder Adreßbuch nachschlägt, der wird sich den Vorwurf
gefallen lassen müssen, daß er keine Vorstellung von dem habe, was
ein Roman sei. Beim Tagebuch hingegen ist die isolierende Lektüre der
einzelnen Notate nicht nur erlaubt, sondern erscheint vielen als das
einzig Angemessene.

Die Urteile über Tagebücher geben von dieser Einstellung ein sehr
deutliches Zeugnis. Das Tagebuch wird als „Archiv" vorgestellt, als
„Fundgrube an Materialien" und was dergleichen Metaphern mehr sein
mögen. Was hier geschieht, ist ebenso naheliegend wie problematisch.

Schnitzlers eigene Tagebuchlektüre, vor allem aber die testamentarische Verfügung, daß das Tagebuch nur vollständig, nicht aber in
Auszügen veröffentlicht werden dürfe, weist in eine andere Richtung.
Um so mehr, als diese Bestimmung fürs erste unverständlich und
bedauerlich erscheint. Dutzende Möglichkeiten der leicht lesbaren
Verwertung des Tagebuches böten sich an. Was mag Schnitzler, dem
die Frage nach der Wirkung seines Werkes keineswegs fremd war, dazu
bewogen haben, Aufzeichnungen, die über weite Strecken hinweg eine
den Leser ermüdende und vielleicht sogar abstoßende, durch die
zahllosen Wiederholungen jedenfalls eintönige Registratur von Wegen, Begegnungen und Tätigkeiten bieten, nur als Ganzes publiziert
sehen zu wollen? „Dem genießenden Leser bieten die Tagebücher in
ihrer Gesamtheit keineswegs eine angenehme Lektüre"[19] – dieses
Urteil über Goethes Tagebücher wird sich vermutlich in noch schärferer
Form bei Schnitzler einstellen. Auch bei Schnitzler werden Dürre und

---

hineinführt, bedarf es gerade auch der Beachtung der „dunklen" Figuren.
Henri-Frédéric Amiel: Journal Intime. Hg. von B.Gagnebin und Ph.M.
Monnier. T.III, Lausanne 1979, S.1295.

[18] Zur paradigmatischen Rechtfertigung des Folgenden sei daran erinnert,
daß die Dritte/Vierte Lieferung des Vierten Bandes der zweiten Auflage des
„Reallexikons der Deutschen Literaturgeschichte" noch im Jahre 1980 wohl
vom „Tagelied", vom „Tanzlied" und von der „Teufelliteratur" handelt, bei
„Tagebuch" aber lediglich auf „Selbstbiographie" verweist.

[19] Hans Gerhard Gräf: Goethe. Skizzen zu des Dichters Leben und Wirken.
Leipzig 1924, S.327.

Eintönigkeit dem Leser, der auf „Interessantes" spekuliert, schwere Enttäuschung bereiten.

Ein anderes, bei der Lektüre von Tagebüchern wirksames Vorurteil wird durch die Begriffe „Lebensnähe", „Authentizität" oder „Intimität" abgesteckt. Es ist schwer begreiflich, daß derart schwammige Vorstellungen zu festen Orientierungspunkten im Umgang mit Tagebüchern werden können. Wer wollte etwa entscheiden, was dem Leben Arthur Schnitzlers „näher" ist, die Tagebucheintragungen über das eigene Künstlertum oder die Gespräche und Selbstgespräche, die fiktive Figuren wie Georg von Wergenthin und seine jüdischen Freunde im Roman „Der Weg ins Freie" über den Dilettantismus führen. Es gibt gute Gründe für die Behauptung, daß sich im Roman von der persönlichen Not des Autors mehr verrät als im Tagebuch. Gerade Schnitzler macht übrigens auch darauf aufmerksam, daß nicht nur – wie die allgemeine Annahme es voraussetzt – das „Werk" aus dem Tagebuch schöpft, sondern daß auch umgekehrt das Tagebuch aus dem „Werk" zieht. Wenn Schnitzler am 3/1/1915 in seinem Journal notiert: „Je älter man wird umso mehr erkennt man, daß es kein phantastischeres Element gibt als die Politik", so ist das zweifellos Formulierung einer unmittelbaren persönlichen Erfahrung und Reflex auf die historische Situation. Zugleich ist es aber auch Zitat aus dem „Werk": Jahre zuvor hat der Romanautor Schnitzler eine seiner Figuren nahezu wörtlich dasselbe sprechen lassen.[20]

Dennoch gilt das Tagebuch im Unterschied zum „Werk" zumeist als das unmittelbare „Zeugnis des Lebens". Hier beziehen die Interpreten ihre Informationen über Entstehungs- und Wirkungsgeschichte. Hier holen die Biographen – zum Teil nach dem ausdrücklichen Willen der Tagebuchschreiber – ihre Materialien. Die Tücke eines solchen Verfahrens sollte man ahnen, wenn man bei der Suche nach der Photographie historischer Fakten nicht umhin kann festzustellen, daß die Einstellung sehr ungleich scharf ist und vor allem, daß ganze Filme offenbar verlorengegangen sind. „Es erfüllt mich mit Grauen; wegen dessen, was nicht darin steht", notiert Hebbel gelegentlich – geradezu gattungstypisch –, als er seine Aufzeichnungen zur Hand nimmt.[21]

---

[20] Siehe Arthur Schnitzler: Das erzählerische Werk, Bd. 4. Frankfurt a. M. 1979, S. 178.

[21] 27/8/1839; Nr. 1631. Vgl. auch 31/12/1852, Nr. 5047: „Wenn aus dem Inhalt dieses Tagebuchs auf mein geistiges Leben geschlossen werden dürfte, so wäre ich dem Erlöschen nah." In diesem Zusammenhang siehe auch Adolf Frisé über die „aufreizende Ereignislosigkeit" der „Kriegstagebücher" Musils;

Nicht zuletzt muß das Tagebuch die Voyeurlust stillen, den Schneider literarischer Kleider endlich selbst im Negligé beobachten zu
können, unverhüllt und unverstellt; daß die pornographische Literatur
sich die Tagebuch-Form gelegentlich zunutze macht, liegt in eben
dieser Leseerwartung begründet.

Wer dieses Genre in solcher Weise auflöst und als „Datenbank"
für die Entstehung und Aufnahme des „Werkes" oder als „Lebensbe-
wahranstalt" nutzt, beraubt es seiner wichtigsten Qualität. Alles, was
uns aus dem Tagebuch entgegentritt, ist Ergebnis einer Auswahl und
bewußten sprachlichen Agierens; jeder Versuch, rasch aufzuschreiben,
was gerade in unserer Nähe greifbar, sichtbar und hörbar ist, gibt eine
deutliche Probe davon. Ebensowenig wie der Roman ist das Tagebuch
eine Sequenz sich selbst generierender Geschichten. Anstatt aus dem
Tagebuch wie aus einem Speicher unbefragte Einzelheiten zu ander-
wärtigem Gebrauch herauszuholen, sollten wir – auch – darauf achten,
wie sich in ihm sprachlich ein Leben organisiert, wie sich in ihm auf
vielfältige Weise das Bedürfnis des Schreibers verwirklicht, Ordnung
zu gewinnen.

Was immer das im einzelnen heißen mag, Erinnerung an den
Fortgang der Zeit, Erziehung zur Arbeit, Respekt vor dem Alltägli-
chen, Unbewußtes ins Bewußte heben, Zwiegespräch mit sich selbst
führen, aus der Einsamkeit heraustreten, die Einsamkeit suchen und
sie aushalten, den Abstand zum eigenen Erleben herstellen, die Disharmonien zwischen der solitären und der geselligen Natur des Individuums auflösen, dem klaglosen Gewährenlassen des ohnehin ewigen
Vergessens entgegentreten, mit dem Aufschreiben das Vergessen be-
treiben, das Leben zum Kunstwerk adeln – diese und andere, zum Teil
innerhalb des einzelnen Tagebuches miteinander konkurrierende An-
triebe wären aufzuspüren.

Das Tagebuch ist eine Form, die für den Schreiber „notwendig" ist,
wie es der Tagebuchschreiber Kafka an mehreren Stellen formuliert.[22]
Entscheidend ist nicht, *was* das Tagebuch festhält, sondern, *daß* der
Verfasser schreibend und lesend sich an ihm festzuhalten vermag. Auch
wenn wir im Tagebuch das Lektüreheft, die Materialsammlung, das
Traumregister, das Verzeichnis der persönlichen Beziehungen oder die
Aphorismensammlung suchen, sollte präsent bleiben, daß es zwar all

---

Plädoyer für Robert Musil. Hinweise und Essays 1931 bis 1980. Hamburg
1980, S. 128.

[22] Siehe u. a. den Beginn der Eintragung vom 2/5/1913.

das ist, daß es aber letztlich etwas ganz anderes ist als die Summe
dieser Inhalte oder Stilqualitäten.[23] Martin Walser hat die entscheidende Forderung an den Tagebuchleser prägnant festgehalten, „daß
nämlich die Beschreibung des Erlebnisses nicht danach gefragt werde,
wie nahe sie beim Erlebten stehe, sondern wie sehr sie dem Erlebenden
helfe, mit dem Erlebten fertig zu werden"[24].

WERNER WELZIG

---

[23] Richard Beer-Hofmann, der nie Tagebuch geführt, sondern lediglich seit
seinem fünfundvierzigsten Lebensjahr planlos einzelne „Daten" festgehalten
hat, schreibt im Vorwort dazu (13/5/1944), daß er in diese „etwas wirre
Materialsammlung" eintrage, „weil es mich beruhigt, wenn ich dadurch Menschen, Tieren, Dingen, Zeiten, Landschaften, die einmal mein waren, noch ein
wenig die Treue halten kann, bevor sie langsam, ganz und für immer in die
Nacht des Vergessens tauchen". Zitiert nach dem Typoskript im Besitz von
M. Beer-Hofmann-Lens.
[24] Baustein beim Bau der chinesischen Mauer. Über Tagebücher. In:
M. W.: Wer ist ein Schriftsteller? Aufsätze und Reden. Frankfurt a. M. 1979,
S. 13.

Tagebuch

1909–1912

1/1 Erwacht mit Kopfschmerzen; Zeitung gelesen, Olga Maiglöckchen
(eingepflanzt) zum Neujahr; allein spazieren, bei schönem kalten Wetter, über die Felder nach Pötzleinsdorf, Salmannsdorf, Dornbacher
Park. Versucht die schwere Scene des Medardus durchzudenken; ging
nicht; später ging mir eine Novelle durch den Kopf (Doctor Tennhardt)
– endlich überlegte ich das vergangne Jahr, Thatsachen, Beziehungen,
Resultate. Einzige absolute Beziehung: Olga und Heini. Brüderlich-
zärtlich-schüchtern zu Julius; herzlich schwesterlich zu Gisa; unverän-
derlich nervös-sentimentale zu Mama.

– „Freunde": dauernd gut in gegenseitigem herzlichem Respekt –
zu Richard; ohne tieferes Bedürfnis häufigen Zusammenseins... zu
Hugo kühl-humoristisch-bewunderungsvoll; und sein Verhältnis zum
„Weg ins freie" war ein tiefes Symptom – es gibt eine Art Gipfelgrüßen
zwischen uns und ein gemeinsames lustiges Spazieren in Thälern –
unsre Wege gehen getrennt.– Das Verhältnis zu Salten ist irreparabel.
Tiefster Grund seinerseits: er erträgt es nicht, so völlig gekannt zu
sein. Dazu sein Gefühl, daß ich ihm im Licht stehe – (daran daß mein
(übrigens im wesentlichen völlig gleichgiltiges) Verhältnis zu Kainz
nicht wiederhergestellt wurde, trägt Salten sicher mit Schuld – in einer
nicht zu fassenden, von ihm sicher nie (vielleicht auch sich selbst nicht)
eingestandnen Art).– Und endlich schlechtes Gewissen;– zeigt sich
auch darin, daß er (andern gegenüber) versucht mir Schuld zu geben –
ich hätte ihn vernachlässigt (die Wahrheit ist, daß ich ihn vielleicht ein
halbes Dutzendmal besucht hatte, ohne daß er mir erwiderte). Heiter-
ironisch-freundschaftliches Verhältnis zu Wassermann. Verhalten-
herzlich-reines zu Arthur Kaufmann. Innerlich klare aufrichtig freund-
schaftliche Beziehung mit Bahr (den ich nie spreche), gleiches zu
Burckhard.– Auernheimer, Trebitsch kommen, trotz gelegentlicher Begegnung nicht in Betracht.– Aus allerlei Fernung kommt auch manches
Zeichen stärkerer Sympathie (Toldy z. B.) –

Vielerlei wurde in diesem Jahr begonnen; wirklich vollendet nichts.
Die beiden ersten Akte von Prof. Bernhardi und des Verführers wurden
flüchtig skizzirt; die ganzen Stücke (z. Th. früher) szenirt. Im Sommer
wurde die fünfactige Skizze zum Weiten Land niedergeschrieben; am
26. October der Medardus ernstlich begonnen, und die neue Skizze
nähert sich dem Schluß. Doch scheint mir die Sache, nach der praktischen Seite besonders, nicht aussichtsvoll, da die Schwierigkeiten der
Aufführung außerordentlich sein würden.– Die Pläne zur Prinzessin

Sibylle, zu den Geschwistern, reiften; auch zu etlichen Einaktern.
Novellistisch die Hirtenflöte, die als ganzes noch unfertig auch in
dieser Skizze noch nicht zu Ende dictirt ist.– In Aussicht stehend die
Aufführung der Comtesse Mizzi (zusammen mit der Liebelei) am
deutschen Volkstheater. Die Pantomime „Der Schleier der Pierette"
ist von Dohnanyi componirt; gleiches widerfährt eben dem Singspiel
„Der tapfre Cassian" durch Oscar Straus – in den Kammerspielen
sollen diese beiden Werkchen ihre Laufbahn beginnen.– In Turin ist
neulich (zusammen mit einem Einakter von Claretie) letzte Masken
und Abschiedsouper gegeben worden; nur letztres mit dem üblichen
Erfolg. Liebelei, Abschiedsouper bleiben nach wie vor die einzigen
meiner theatralischen Producte, derer das Publicum nicht müde wird;
auch der Kakadu flattert manchmal auf. Der Puppenspieler wird
selten, aber dann immer mit Respect empfangen. Auch Freiwild und
Vermächtnis leben noch ein ganz klein wenig. Das Puppenspiel vom
Cassian hat bei Kennern Anwerth gefunden. Der einsame Weg wird oft
gelobt und selten gespielt; Herr von Sala erscheint (besonders bei
Poppenberg) als eine Figur, die sich wie zu wirklichem körperlichen
Dasein durchgesetzt hat. Zwischenspiel erhält sich mäßig, und auch der
Grillparzerpreis, der ihm unverdienter Maßen zufiel hat es nicht zu
erheblich stärkerem Leben gesteigert. Der Ruf des Lebens setzt sich
vorläufig nicht durch.–

Als Erzähler behaupte ich mich besser wie als Dramatiker; die
Novellenbücher werden geschätzt und immer neu aufgelegt; der Weg
ins freie viel discutirt, von wenigen ganz verstanden, fand sich in einer
Atmosphäre von Unaufrichtigkeit aufgenommen; Böswilligkeit und
Verlogenheit machten sich damit zu schaffen; ehrlicher Enthusiasmus
und parteiliche Anerkennung sahen sich zuweilen zum Verwechseln
ähnlich; der buchhändlerische Erfolg war stark, und im ganzen kam
das Buch dem Ansehn meines Namens sehr zu statten. An der Stelle,
die ihm gebührt wird der Roman erst in der reinern Atmosphäre
späterer Jahre sich behaupten.–

Mit meinem Arbeitsfortgang im ganzen bin ich nicht recht zufrieden; es mangelt an absoluter Concentration; hypochondrische und
begründete Sorgen stören den reinen Lauf der Gedanken. Jener nicht
ganz Herr werden zu können ist natürlich nichts als ein Talentmangel;
wo das Hindernis war, bleibt am Ende immer gleichgiltig – der
Künstler hat sich mit den Resultaten auszuweisen.–

– Weitere Versuche zum Medardus.

Zeitungen gelesen, Manuscript Gedichte eines gewissen Domenico

Wölfel; Penthesileia (von Frl. Leo Hildeck).–

Baron Karg, aus St. Johann, zu Besuch da; der Bruder des verstorbnen Edgar; erzählte von seinem Leben in der Bezirkshauptmannschaft, Commissionen, Sehnsucht nach Wien; anmutlos, ja durch sein Organ enervirend.

2/1 Vm. Probe; dazwischen in der Statthalterei, bei Baron Dürfeld, einen Strich in der C. Mizzi (... für Ackerbau) aufmachen lassen; er gestattete „für Landwirtschaft" – und bei Mama.–

Nm. dictirt, Briefe.

Kopfweh und Müdigkeit.

Gespräch mit O. über meinen seelischen Zustand, den ich sehr wohl als krankhaft empfinde, ohne mich doch im Einzelfall dagegen wehren zu können. Hypochondrie, in jedem Sinne, der schwerste Mangel meines Wesens; sie verstört mir Lebensglück und Arbeitsfähigkeit – dabei gibt es keinen, der so geschaffen wäre, sich an allem zu freuen und der mehr zu thun hätte.– Auch mein Schlaf ist nicht mehr wie er war; hieran mag das unerträgliche, unaufhörliche in der Nacht bis zum Lärm gesteigerte Sausen mit schuld sein –

Ausgaben zusammengestellt – erschütternd!–

3/1 S. Mit Olga spazieren Pötzleinsdorf – Dornbacher Park.–

Nm. am Medardus.–

Gelesen in Clara Schumann, 3. Band.–

Mit Olga Brahms Lieder; Berlioz, Benedict und Beatrice.–

4/1 Vm. Probe. Zu Tisch bei Mama.

Mit O. bei Hajek. Laryng. Untersuchung im Auftrag Ress.– Stimmbänder ganz gesund; Spannung mäßig.

– Am Medardus; völlig wirr – muß nun zu Ende kommen, um das ganze zu übersehen.–

Über die Wohnung. Ausblicke auf die Zukunft. Was thun?–

5/1 Vm. mit O. zur Generalprobe. Guter Eindruck.

Nm. am Medardus; vorbereitet.

Abends Vorstellung. Mit O., Mama, Julius, Helene in einer Loge, wo ich wenig sah und hörte. Liebelei 1. Akt wirkte matt, 2. stärker, 3. riesig, besonders Hannemann und Kutschera. Wurde enthusiastisch gerufen. Comtesse Mizzi, die Leute lachten viel, anfangs sah's nach enorm großem Erfolg aus, der durch Längen am Schluß und den schlecht spielenden Klitsch (Windhofer) ein wenig herabgesetzt wurde. Immerhin wurde ich oft, ohne Widerspruch gerufen.

Im Meissl nachtmahlten wir: O., ich, Richard, Paula, Kaufmann und Schwester, Bella Wengerow, Agnes, Wassermanns, Hr. Schmidl.

Auch Leo kam, vom Concert Rosenthal, der heute am Schluß der symphonischen Etüden – ein bei Bösendorfer noch nicht dagewesener Fall – einen Hammer zerschlagen hatte.

6/1 Kritiken beinah durchwegs gut, auch glänzend.–

Bei Mama, dann Theater; neue Striche mit Hertzka besprochen.

Mit Geiringer zu Weisse (krank, von Julius Erysipel behandelt; reconvalescent) – dort Herr und Frau Eisner, Frau Czopp (Schwestern der Frau Herzl).– Über die gestrige Vorstellung; Weisse besonders froh, daß die Vorstellung der Liebelei über die Burgvorstellung gestellt wird.

Nm. gelesen (Schumann Clara); Notizen zum Medardus. Frl. Kende besuchte Olga, begleitete uns zum Theater. Auf dringenden Wunsch der Direktion mußte ich nach den Stücken wieder heraus; in der Zwischenzeit plauderte ich mit den Schauspielern und -innen. Die Luft hinter den Coulissen hat an Reiz noch nichts für mich verloren – und immer stärker empfind ich das Wunder, da hinten zu stehen und plötzlich Figuren erscheinen zu sehn, Worte reden zu hören, Schicksale sich abspielen zu sehen, die vor kurzem noch nirgends waren als in meinem Hirn. Von dem Act des Empfangens selbst weiß man doch gar nichts; an Stadien der Arbeit erinnert man sich wohl.

7/1 Mit O. Vm. spazieren, Wohnungen angesehn. Alles unmöglich. Besonders wegen der Umgebungen. Unser Park-vis à vis ist unersetzlich.

– Nm. mit O. zu Hajek, zu Mandl, zu Mama.

Concert Nedbal.– (Kreisler.)

8/1 Vm. Volkstheater bei Hertzka. Noch Striche für Liebelei und Comtesse, damit's vor 10 aus wird.–

Besorgungen. Begegnet Rosé (Reise nach Spanien bevorstehend), Alfred Mandl, Eggers (Gratulationen) Telmann (den „Förderer der italienisch-österreichischen Versöhnung" – ich sagte ihm, auf Messina bezüglich, die Weltgeschichte läßt sich durch die Erdgeschichte nicht in ihrem Lauf aufhalten), Kolloden (der mir seine Frau, Sängerin am Raimundtheater vorstellte) –

Nm. dictirt Medardus, Hirtenflöte –

Herr Dominik Wölfel, von dem ich auf Empfehlung seiner Schwester, einer Pflegerin, einige lyrische Gedichte gelesen. Naiver junger Mensch, Photograph, Bergsteiger; ein paar Gedichte nicht ohne volkstümlichen Ton.

Frau Tannenzapf (Lola Lorme) Frau eines Zahnarztes, nach kurzer Correspondenz, sie will den „Weg ins freie" ins englische übersetzen.–

9/1 Mit O. Generalprobe der morgigen Concordia-Vorstellung im
Johann Strauß-Theater.– Richard bei uns im Parket.–

Beginn Wilde, florentinische Tragödie, mit Kainz.–

Rittner, Besuch in der Dämmerung, lächerlich;– Willner, Pech-
vogel; albern und roh.– Zum Schluß Anatols Hochzeitsmörgen (Kramer, Klitsch, Galafrès). Ich sah diese Unerträglichkeit zum ersten Mal
(hatte die Aufführung nur auf dringenden Wunsch des Comités erlaubt); sprach mit O. auf dem Nachhauseweg über Zeit der Entstehung. Schrieb es in London, 1888, unter Einfluß der Lecture eines
französischen Dialogbuchs (Halevy).– Die Figur des Anatol entwickelte sich erst weit später (in der „Frage an das Schicksal") –
Anatol hieß damals Richard.

Nm. Medardus weiter, das vorletzte Bild flüchtig geschrieben.–

Abends Clara Schumann ausgelesen, davon sehr bedrückt.
Altern ... Ohrenleiden.– Ausblicke!–

Begann dann noch das letzte Bild Medardus.

– Habe in der letzten Zeit ein paar Walzerchen „componirt".–
Phantasire überhaupt ziemlich viel auf dem Clavier. Mein Wesen
(überall): Dilettantismus ...

10/1 S. Vm. mit O. spazieren, im Cottage etc., Gisa getroffen.

– Mama zu Tisch bei uns, mit ihr ein Mozart Quintett.

Den Medardus vorläufig beendet – ohne Glauben daran.–

Nach dem Nachtmahl Agnes und Jacob Wassermann bei uns.
Domino.

Julie W. hat über ihres Gemahls Hauser eine (enthusiastische)
Kritik in Die Zukunft geschrieben; wie schon über „Alexander"; ich
fand es geschmacklos und sagte es auch.–

Las Lenz' Hofmeister wieder.

Der Hausherr Eder Abends bei uns; wegen eventueller Miethe der
untern Wohnung dazu; es wird sich nicht machen lassen (Eintheilung).

11/1 Vm. Besorgungen (Dampfbad etc.).

Nm. Medardus sozusagen zu Ende dictirt. Briefe.–

Contrôle der Aufführungen nach Breitkopfs Bühnenspielplan. Komme drauf, um wie viel Entsch mich bestohlen hat.

Gespräch mit O. über Br.

12/1 Vm. mit O. Trübner Ausstellung bei Miethke; Moll zeigte uns auch
einen Greco und Daumier.

– Bei Ehepaar Fleischer in der Köstlergasse, wo auch Grethe.–

Nm. einiges wohltemperirte Clavier gespielt. Medardus einige Notizen, einige Blätter zerrissen, fortgelegt auf eine kurze Zeit.–

Frl. Bella Wengerow besucht uns.–

Mit O. Rosé Quartett. (Neu ein schönes Pfitzner Quintett.) Mahler – Pfitzner – Reger – die drei sind es, die von Bach – Beethoven – Schubert kommen; Strauss von Wagner – Liszt.–

13/1 Vm. ´Alice Schalek bei mir, wegen Verlag eines Romans, langweilig, und nicht ohne Zudringlichkeit.–

Mit O. spazieren. Wohnungen. Unmöglich.–

Nm. Richard da; u. a. über Sommeraufenthalt.–

Dictirt Hirtenflöte vorläufig zu Ende; Briefe, etc.–

Las O. ein paar Kritiken aus der letzten Zeit vor; sie liest sie kaum je; sie war ziemlich angeekelt. Man erlebt immer dasselbe und staunt doch immer wieder. Daß man selbst die Comtesse Mizzi mißverstehn könnte, war kaum zu vermuthen – trotzdem finden sich Leute (Robert Hirschfeld!), die die Aristokratie gegen meine „verspäteten" oder „banalen" „satirischen" „Kühnheiten" in Schutz nehmen. Mit dazu ausgenützt wird der Umstand, daß neulich ein Einakter von Burckhard die Miss Clo auch eine nicht jungfräuliche Komtesse behandelt hat –

Las Abends in Plänen, fand wieder einiges mögliche –

14/1 Vm. bei Auernheimer (der neulich charmant über L. und C. M. geschrieben); über die Aufführungen seines letzten Stücks („Die glücklichste Zeit", in Berlin u. s. w.) u. a.–

Nm. wieder in Plänen und Skizzen.

Abends ein mir als Mscrpt. zugesandtes Stück gelesen: „Die Dreizehn" von Timar.–

15/1 Traum: ich bin in Gödöllö oder sonst auf einem ungarischen Schloß, werde nach kurzem Warten zur Audienz beim Kaiser vorgelassen, der in sehr dunkler Uniform, mit dem sich gleich entfernenden Erzherzog (Rainer?) mich empfängt. Ich berichte ihm, daß ich die Amme und das Fräulein des verstorbnen Kronprinzen gesprochen – erinnre mich auch im Traum thatsächlich daran, als wär' es ein vorhergehender Traum gewesen. Plötzlich erscheint Salten, in Überrock, sehr intim, begrüßt mich, der Kaiser etwas froissirt denkt sich offenbar: man soll sich mit diesen Leuten doch nicht einlassen, dann geht Salten, dann ich und wir plaudern sehr angeregt.

Vm. kais. Rath Gaschler bei mir, mir bei der Personal Einkommens Steuer Fassion behilflich.–

Nm. Herr Baum von der Literarischen Gesellschaft in Frankfurt a. M., wo neulich Bahr über mich gelesen, mit Anträgen, ev. wegen einer Tournée. Dilatorisch.

Briefe dictirt.–

Richard Specht besucht mich; über Weingartner, Mahler, Schönberg, etc. – bleibt zu lang.–

Neue Kritikensammlung, von Fischer gesandt, über den Weg. Die
Hauschner, fand endlich in der „Hilfe" eine Stätte für ihren mir nun
erst bekannt werdenden sehr freundlichen Aufsatz. Unglaublich die
„österreichische Rundschau" (weiß wegen Fehlen des Blatts noch nicht
den Namen des Verfassers – wohl Stößl) ein frech verlogenes Fälscher-
stück nicht nur an dem Buch sondern an meiner ganzen Persönlichkeit.
Bin es bei antisemitischen Zeitungen gewöhnt und kümmre mich nicht
– aber hier – das Blatt, welches erklärt . . . es verdiene seinen Namen
nicht, wenn ich nicht mitarbeite. Hr. Glossy, der Herzkrämpfe kriegt,
weil ich ein versprochnes Mscrpt. nicht abliefere – Hr. Baron Oppenheimer, der mich besucht und bittet (und dem ich eine Novelle überließ,
trotzdem schon damals über die „Dämmerseelen" eine Unverschämt-
heit erschienen war) – den ich erst vor ein paar Tagen begegne und der
mich wieder um Beiträge ersucht . . . Es handelt sich nicht um eine
Kritik, sondern um eine Fälschung (buchstäblich) – Unterschlagung
der Thatsachen, falsche Erzählung des Inhalts, u. s. w.– –

– Las Grabbes Napoleon (wieder) zu Ende.–

16/1 Alpdrücken, wie so oft.– Irgend eine Gesellschaft, zwei Leute
dort, vor einem Messerduell auf Leben und Tod (wer?) – es kommen
Grethe und Erna; auch O., vor dem Duell soll ein „Todesritt" (in
frivoler Nebenbedeutung) stattfinden – plötzlich kriecht mir ein Krüp-
pel auf dem Boden nach.–

Vormittag mit Olga Besorgungen Stadt. Panorama (New York).
Bei Mama zu Tisch. 4. Mahler.–

Unter Kopfweh und Ärger einen Brief an Oppenheimer meditirt.–

Abends bei uns: Wassermann, Leo, Kaufmann, Bella W., Richard,
Paula. Während Wassermann eine Nov. vorlas, erschien auch Hugo
und Gerty (von der Première des „Anatol-Hochzeitsmorgen" im Volkstheater).

– W.s Novelle „Die 3 Söhne des Herrn Karinkel" – $1^1/_4$ Stunde
lang, langweilig und schwach; von prätentiös-altmodischem Humor.
(„Warum machen Sie sich über den Mann lustig – Sie haben ihn ja
selbst erschaffen" sagte ich ihm.) –

Olga sang Erntelieder u. a.; in nicht sehr guter Stimmung. Bella
spielte hübsch Clavier, Chopin, russisches, Reger.–

17/1 Olgas 27. Geburtstag. Bescherung. Früh kam Brann aus München,
mit Blumen, und Brief von Liesl. Wir (auch Heini) nach Pötzleinsdorf
– Salmannsdorf, Dornbach Park. Viel Quatsch und einige Sonne.–

Nm. 5 kam Toldy, später Herzmansky; nach Verabredung spielte T. den „Kakadu" vor (vorher Préludes und Fugen); wie beim ersten Mal wirkte besonders Henri - Leocadie Duett; das meiste übrige blieb lärmend wirr. Resultat: man wird es bei Loewe (Breslau) versuchen, der sich schon (auf den Text hin) principiell bereit erklärt hat.

Zum Nachtmahl Toldy, Herzmansky, Brann. Über Puppentheater; persönliches über einige Componisten u. a.

18/1 Vm. kam Speidel, begleitete mich ins Hotel Wieninger, wo ich Brann abholte. Mit ihm und später auch O. spazieren.

Brann zu Tisch bei uns.–

Nm. dictirt: Briefe.–

Mit O. und Brann beim „tapfern Soldaten" (Oscar Straus), trotz hübscher Musik recht öd. Und mir klingt alles so dumpf und fern; wie verhängt.

Im Meissl, wo auch Grethe Erna, später Fleischer –

19/1 Vm. spazieren mit O. und Brann; Rathaus, Burgmusik –

Bei Mama gespeist. Ein Trio von Brahms.

Gegen Abend Brann.

Im Castelli gelesen. (Zum 2. Mal.)

20/1 Vm. Dampfbad. Panorama (Andalusien).

Zu Tisch Brann.

Dictirt Briefe etc.

Mit Brann, der abreist, fort. Concert Richard Mandl (Lieder, die Paul Schmedes und Drill-Oridge sangen). Zufällig neben Frau I. F.; schmuckbeladen, ältlich und dumm.–

21/1 Vm. mit O. Fiaker Prater. Zur Donau und zurück zum Lusthaus und weiter spaziert.–

Nm. mit O. Mandl. Constatirung.–

Sitzung der Union. (Ludassy und Hans Müller als neue Mitglieder.–)

Mit O. im Nedbal Concert (Godowsky, Chopin F moll).

– Lese 7. Band Bülow Briefe.

22/1 Traum: In einem Theater (Weimar?) spreche ich mit der Tochter Goethes, habe ein ungeheures Glücksgefühl (ungefähr als erlebte nur ich das) schreibe es ins Tagebuch, bin mit den Worten nicht zufrieden ... sie sieht aus wie die Schauspielerin Reingruber, dann läuft, in Don Carlos Costume ihr Mann, Bruder, jedenfalls Sohn Goethes (hübsch und gewöhnlich aussehend) an mir vorbei, dem ich mein Glück ausspreche.–

Vm. bei Frau Hoffmann-Matscheko; sie erzählt mir von ihrer nun verstorbnen Freundin in Klein-Steinbrück; dann über Occultismus, Spiritism und Telepathie.

Nm. dictirt Briefe.–

Frl. Ferry Lubelsky zum Thee. Opern-ersparnisgeschichten.

– Abends bei Mama. Familie.

23/1 Vm. spazieren, Nußdorf, Donau etc.

Nm. Briefe geschrieben, allerlei geordnet, einen Georg Müllerschen Katalog mit Selbstbiographien von Bierbaum, Schaukal, Schlaf u. a. gelesen, Zeit vertrödelt; mich über die Arbeitskraft und wohl auch Selbstwichtignehmerei der andern gewundert.

24/1 S. Vm. Spaziergang in schönem Winterwetter Dornbach – Hütteldorf.– U. a. einen Brief an P. Altenberg zu seinem 50. Geburtstag bedacht.–

Mama zu Tisch. Mozart D moll Concert.–

Zur Semmering Reise vorbereitet, Zeit vertrendelt.–

In der Neuen Wiener Bühne, „Der König". Mit O., Julius Helene. Sehr amusant.

25/1 Mit O. Semmering. Lagerlöf (Wunderbare Reise etc.) zu lesen begonnen.–

Spaziergang. Schöner Sonnenuntergang.

Schmidl und Frau.–

„Journalistenstück" wieder einmal gelesen mit Hinblick auf eventuelle Aus- und Aufführung.–

26/1 Spaziergang allein gegen Steiermark. „Journalisten" bedacht.

Nm. Meierei, Olga; Frau Schmidl; Hansi, das Töchterl.–

Ersten 2 Akte des Weiten Land durchgesehen.

Domino mit O. und Frau Schm.

27/1 Vm. Spaziergang Steinhaus (allein) alte und neue Semmering Straße zurück.

Ankunft Agnes und Wassermann.

3. 4. 5. Akt Weites Land durchgesehn. Im ganzen angenehm enttäuscht, doch wird viel, viel zu machen sein.

In der Zeit Telegramm, daß Kakadu in Rom mit schwachem Erfolg gegeben sei.

Billard mit Wassermann.

28/1 Mit W. durch die Adlitzgräben nach Gloggnitz. Bahn zurück. Im Waggon S. Trebitsch, der zu uns herauffuhr.

Pläne durchgesehen.

Billard mit Wassermann und Trebitsch.

29/1 Mit W. und Tr. Sonnwendstein (Kamm) unten kalt, stürmisch;

oben warm, still, herrlich.

– Nm. Meiereiweg.

„Hirtenflöte" durchgesehn, die auch nicht so schlimm ist als ich gedacht.

Billard mit W. und Tr.–

Bei den Mahlzeiten immer ganz heiter.–

30/1 Vm. spazieren mit W., Tr., Agnes, dann fertig gemacht. Nm. wir mit Wassermann und Trebitsch nach Wien.

Oben gelesen Bülow Briefe 7. Band; eine schlechte kleine Berlioz Biographie (von Schrader); wieder einmal Herzls Buch der Narrheit, einiges – mußte O. Recht geben: es liest sich wie Schwarzkopf. (Die zwei konnten sich nicht leiden.)

Vorgefunden u. a. Zeitungen aus Rom vom Übersetzer des Kakadu, Tutino. Scheint ganz leeres Haus und sehr schlechte Aufführung gewesen; von den Referaten sind manche überraschend anständig.

– Neulich in Turin fielen „letzte Masken" durch, „Abschiedssouper" gefiel sehr.–

„Liebelei" und „Comtesse" machen hier weiter volle Häuser.–

31/1 S.– Im Sturm und Staub spazieren. Eine Wohnung in der Reithlegasse angesehn. Unmöglich –

Nach Tisch Mama, die uns auf eine Annonce eines Badner Hauses aufmerksam machte. Wir machen uns mit dem Gedanken vertraut, ganz auswärts zu wohnen.

Briefordnen. Zeitungen.

Las O., die bettlägerig, von 6–11 (mit einstündiger Pause) „Weites Land" vor. Es machte starken Eindruck, erwies sich thatsächlich als der Vollendung näher als ich vermuthet; Schwierigkeiten dürfte nur der 3. Akt, vielmehr der Schluß – der Übergang zum Schluß, zur Erzählung Aigners bieten. O. rieth mir, die Sache gleich fertig zu machen. Was ich auch thun werde. Ich hoffe im Feber noch fertig zu sein, dann Medardus.

1/2 Vm. bei Realitäten-Agenten Bittner wegen der Badner Villa.–

Bei Ress, ihm Mittheilung von O.s Zustand machen.–

Nm. dictirt Briefe; früheres aus W. L.–

2/2 Mit O. zu Hajeks. Mama, Baron und Baronin Gutmann Gelse, Frau Rosenfeld.– Über Zionismus u. a.–

Nm. W. L. zu feilen begonnen, theilweise neu zu schreiben.

Abends Erna mit Gemahl, Grethe da. Fleischer sang Traviata (Germont). Ich erinnere mich vor etwa 20 Jahren die Oper (Schuch Proska) kaum ertragen zu haben – heute, ich spielte ganz schlampig die

Begleitung und Fl. markirte nur gelegentlich andre Partien – ergriff mich die Musik fast zu Thränen (trotz der albernen Worte). Damals war ich, man, von Wagner wie vergiftet.

3/2 Nach Badner Zugsversäumnis Stadt, Besorgungen.

Nm. am W. L.

4/2 Vm. bei Felix Speidel.

Nm. dictirt „W. L."–

Weiter dran gearbeitet.–

Sturm, Föhn.– Verdüsterung; Ohrenjammer.

5/2 Vm. Schauspieler Prechtler begegnet, der mir sein neues Haus zeigte und mir von seinem damit verknüpften Ärger erzählte.

Nm. kam Richard, dann Wassermann.– Über Wohnungsmöglichkeiten, über Urtheile von Künstlern übereinander.

Am W. L.–

Frau Tannenzapf in Sachen der englischen Übersetzung vom „Weg ins freie".–

Bei Mama. En fam.

6/2 Vm. und Nm. am „Weiten Land".

Abends im Novitäten Concert des Konzertvereins. U. a. dirigirte Walter seine 1. Symphonie. Voll Talent und Temperament. Viel Mahler. Neigung zum selbstbiographischen in seiner Musik. (Überhaupt, die Indiscretion der Componisten, das wäre ein Capitel.)

7/2 S.– Vm. in dichtem Schneefall spazieren.

Zu Tisch Mama und Arthur Wilheim.–

Frau Feldmann, Budapest, um Übersetzungsrechte. Mit Mama Leonore Nr. III.–

Mit O. gegen Abend spazieren.

Weiter am W. L.

8/2 Vm. dictirt Briefe, W. L.–

Nm. am W. L.

Um 7 plötzlich erschien Salten. „Ich weiß Sie haben Gäste... will Sie nicht lange stören... ich möchte gern, daß auch O. dabei wäre..." „Julie W. war eben bei mir, erzählte mir, Sie hätten den Eindruck ich ziehe mich von Ihnen zurück..." „Mißverständnisse" „Die Bemerkung auf dem Tennisplatz ‚das ist ja nur ein Glied in der Kette'... bezog sich nur auf die Vorgänge auf dem Tennisplatz, nicht auf unser Verhältnis..." „daß Sie mir kein Wort über die Novelle („Friedrich der Schöne") sagten, die ich Ihnen an dem selben Vormittag auf dem Tennisplatz übergeben, hat mich befremdet..." U. s. w.– „Besonders peinlich war mir, daß die Kainzgeschichte damit zusammenfiel und Sie hätten glauben können, ich wähle nun zwischen ihm und Ihnen zu seinen Gunsten."... U. s. w. Der tiefre Grund. Er fühlt sich im wesentlichen ziemlich allein, weiß doch, daß ihn niemand so versteht und trotz stärkster Einsicht in seine Fehler so viel Sympathie entgegenbringt als ich.– Ich sagte ihm u. a. Es schien mir unwürdig eine Beziehung wie die unsre in so unaufrichtig halber Weise fortzuführen.–

Er blieb, als Wassermanns, Schmidls und Kaufmann schon gekommen waren, seine Frau wurde geholt, es wurde ganz gemütlich.

9/2 Vm. Stadt. Panorama Griechenland –

Bei Mama zu Tisch. Ein Brandenburger Concert.

Am W. L. Übelbefinden.

10/2 Vm. dictirt W. L.

Nm. Spaziergang mit O.

Dr. Pollak Abends, wegen O. hauptsächlich; er untersuchte auch mich, fand nichts bedenkliches, wirkte beruhigend.–

11/2 Mit Richard, der mich abholte, spazieren.

Nm. am W. L.

Abd. mit O. Tonkünstler Orchester. Die Strapazen des Hin und herfahrens, überfüllte Trams, Umsteigen, Kälte, Warten müssen, Zeitverlust, schienen uns wieder einmal den Genuß nicht werth.–

Las Abends Bülow Briefe, 7. Band, bis zu seinem Tod mit Ergriffenheit zu Ende.

12/2 Vm. in der Generalprobe von Schönherrs Königreich. Dürr süßliche Phantastik; – poetisch-scenische Einfälle – der christliche Legendenton immer wieder durch literarisch dürftigen Contrapunkt manierirt.

– Ganz: (Vor dem 3.)... Im 3. Akt kommt eine Scene von metaphysischer Gewalt. Ich: Im Drama ziehe ich das physische vor.– Sprach auch Auernheimer, Bauer (von Messina zurück), Trebitsch, Director Weisse (der wieder die Beatrice wollte) u. a. – Chiavacci (mit seiner Frau) – übers Altwerden, Kranksein, positives Glück spätrer Jahre: das Beobachten, da das Dämonische der Triebe nicht mehr störe. (Er weiß, warum.)

Nm. mit Mama ein Schumann Quartett.

Am W. L.

Mit O. Rosenthalconcert. Meine Freude an der Musik schwächt sich ab, da die Fülle des Klangs sich mir zusehends oder zuhörends vermindert.–

Ließ mich durch Seligmann der Exc. Unger vorstellen, der mir eben (Revanche) sein Aphorismenbuch gesandt hatte.–

Hr. Albert Ehrenstein Nm. da, Empfehlung für Auernheimer.

13/2 Vm. bei Schwarzkopf, traf nur Max.–

Nm. am W. L. (das nun doch wahrscheinlich so heißen wird).

Begann Varnhagens Denkwürdigkeiten zu lesen.

Mit O. zum Nachtmahl bei Speidels.

14/2 S. Vm. Spaziergang Dornbacher Park etc.–

Nm. kam Fr. Speidel zu O. (die bettlägerig) um $^1/_2$ 6 Gustav, blieb bis $^1/_2$ 12. Über die gestrige Königreich Première, die Verlogenheit und Feigheit der Kritik; über das Wesen Schönherrs, über den Fall Sch. – Ch.– Über Robert Hirschfeld und seine sparsame Gattin.

Lese u. a. 3. Band (letzten) Mr. Nicolas von Restif (Bearbeitung von Carteret).–

15/2 Vm. dictirt W. L.–

Nm. weiter am W. L., heftige Kopfschmerzen. Gleiche im Josef-städter Theater. Guinon, die junge Frau, eine neue Schauspielerin Frau Schroth, von viel Begabung. Saß in der 2. Reihe (mit Gustav) verstand unerträglich wenig. Immerhin genug um einen wahren Racenhaß gegen die flache Charakteristik, die Banalität der Führung zu verspüren.–

16/2 Vm. dictirt W. L. 3. Akt zu Ende.–

Nm. mit O. ein wenig spazieren.

Am W. L.–

Zum Souper Kapellmeister Walter und Frau. W. spielte aus seiner neulich aufgeführten Symphonie das Scherzo. Gespräch über Weingart-ner, Strauß, Hofmannsthal, u. a.– Er hat etwas fascinirendes; kaum hab ich je einen Menschen gesehn, dessen Künstlerschaft als etwas so continuirlich florides wirkte. Bei den andern ist Begabung doch meist nur latent, besonders musikalische.– In wenig Jahren wird er einer der größten musikalischen Namen sein. Ob auch als Componist? (Er gehört zu den autobiographisirenden, wie Mahler.)

Nm. mit Mama 3. Bruckner.

17/2 Vm. Dampfbad. Dr. Geiringer (Affaire Grein).

– Nm. am W. L.

Abends mit O. bei Schmidls, wo Agnes, Wassermanns, Kaufmann; Spiele, „der gerupfte Spatz" und Roulette. (Ich gewann ca. 30 Kronen.)

18/2 Vm. (früh) spazieren, Gespräch mit Prof. Seidler über Charolais, den er kürzlich gelesen; dann über Stefan Großmann (der neulich anläßlich Schönherr geschrieben, für... „Erde" gebe er alles von Beer-Hofmann und ein beliebiges Stück von Jung Wien her...). Ich erläu-terte dem Professor die Psychologie St. Großmanns.

Zu Hause traf ich Richard und Paula an... Über die Zustände hier, über die widerliche Feigheit und Sichselbstdavonlauferei einer gewissen Sorte Juden. Salten als Politiker. Sein Buch „Aus einem Wiener Kreis", seit Jahren versprochen, wird nun doch erscheinen; enthält aber außer Hugo, Richard, Bahr, Altenberg, mir – Schönherr, Bartsch, Handel-Mazzetti.– Sein Zionismus.–

Dictirt: Briefe.–

Nm. am W. L.

Frau Ida Fulda zum Thee.–

Der Winter mit seiner Kälte scheint mir endlos. Ich schlafe schlechter, da die tollen Geräusche im Ohr mich nicht ruhn lassen.

19/2 Vm. Hotel Bristol. Conferenz mit Sliwinski und Oscar Straus (Cassian).– Besprachen auch die Möglichkeit der Pantomime, „Die Verwandlungen des Pierrot", die ich Nachmittag an Straus sandte.–

Nm. am W. L. Fand plötzlich allzu heftige Ähnlichkeiten mit dem „Zwischenspiel", was mich verstimmte.

20/2 Vm. dictirt.– W. L., Briefe.–

Wirtschafts- und Wohnungsfatalitäten.

Nm. am W. L.

Frau Tina Trebitsch zum Thee.

Lese u. a. Pückler - Varnhagen Briefe.

21/2 S. Vm. Spaziergang Himmel etc.

Nm. am W. L.–

Julius und Helene zum Thee.

Else Speidel. Sie erzählte uns, wie Elly H. mit ihrem Geliebten dem Maler P., Georg ihrem Gatten nach Salzburg entgegengefahren sei, um ihm dort, auf neutralem Boden, die Wahrheit zu gestehen. Georg merkte es – und ließ es absolut zu keiner Aussprache kommen – um ruhig weiterarbeiten zu können.

22/2 Sehr früh in arger Kälte spazieren. Traf die Karlsbader Curisten Felix und Else.

Mit O. Gespräch über Wohnung und Wirtschaften – und über die finanzielle Aussichtslosigkeit. Insbesondre darüber, wie ja alle Kritiken über mich feststehen, ehe der Kritiker eine Zeile gelesen, ein Wort gehört hat. Weder Herr Tann-Bergler wird plötzlich eingestehn, daß er etwa 15 Jahre lang ein Trottel war und mich verkannt hat – Herr Stößl wird nicht zugeben, daß er gefälscht und gelogen hat; – wer festgestellt hat, daß ich „in großer Form versage –" wird nicht plötzlich zugeben, daß ich ein gutes 5aktiges Drama schreiben kann – wer mich als den „kühlen Skeptiker" zu behandeln gewohnt ist, wird nie spüren, daß meine Gestalten irgend was wie Herz haben – u. s. w. Und sich in Pseud- oder Anonymität hüllen ist undurchführbar – weil der Name eben doch materiell was bedeutet. Und die Leute, die wissen – werden sich nach wie vor hüten, das öffentlich zu sagen, was sie mir zuweilen in Briefen und andere in Privatgesprächen mittheilen.– Bleibt mir immer der mäßig tröstliche Satz: Positiver Gewinn im Leben des Künstlers nur die Freude des Findens und Arbeitens – und Reichtum. Das letztere aber steht bei Gott.–

Dictirt W. L. 4. Akt zu Ende.–

Nm. erschien der Librettist Leo Stein. Er will aus Anatol – besonders Hochzeitsmorgen – ein Libretto machen, 3 Akte, erster Akt Polterabend – zweiter Redoute – dritter bei Anatol – „nach dem S.schen Einakterzyklus" – Musik soll Oscar Straus componiren. Libretto-Honorar wird zwischen Stein und mir zu gleichen Hälften getheilt. Gab gern meine Einwilligung – das kann endlich die „Summen" bringen. Erklärte mich auch bereit ihm zu helfen, eventuell ältere Gedichte aus der Anatol Zeit für Gesangstexte vorzuschlagen.–

Abends am W. L.

23/2 Vm. Hietzing, in tiefem Schnee, Wohnungen. Alles unmöglich.–

Panorama: Messina Erdbeben.

Nm. (mit O.) bei Richards –, wo auch Hans Schlesinger. Mit Mama 3. Concert Mozart.

Am W. L.

24/2 Früh spazieren. Dictirt Briefe, W. L.–

Nachmittag W. L. beendet.

Las heute zu Ende Restif, Mr. Nicolas (Carteret) – den 1. Band von Lagerlöf, Wunderbare Reise.–

25/2 Vm. Stadt Panorama (Pyramiden etc.) –

– Nm. Wilhelm König da; angenehmer als neulich. Nach dem Nachtmahl Felix und Else.

Vm. war ich auch im Lyceum, erkundigte mich beim sympathischen Lehrer Martinek nach Heini.

26/2 Vm. W. L. zu Ende dictirt.–

Stud. jur. Leo Herrmann (der mir im Sommer einen Artikel über den „Weg ins freie" eingesandt) junger Zionist besucht mich. Über Zionismus, Heimatgefühl, Zionisten. Ich sollte in der Prager Bar Kochba einen Vortrag über meine Ansichten halten, lehnte ab.–

Las Nachmittag einige Plänchen durch.

Las eine Mscrpt. Nov. von Speidel „Hohenstein" brave anständige Butzenscheibelei.

Mit O. bei Mama. Familie.–

Schlimmer als das Singen und Pfeifen in meinem Ohr, das natürlich verblieb, das ununterbrochene Vogelgezwitscher, wie aus einem Riesenkäfig in der Ferne.–

27/2 Vm. Bristol; Conferenz mit Oscar Straus und Sliwinski über Cassian. Vertragsabschluß.

– Dann kam auch Leo Stein. Vorbesprechung zum „Anatol" – Straus möchte, daß ich viel daran mitarbeite, traut Leo Stein die Figur des Anatol nicht zu.–

Daheim Gespräch mit O. Eigentlich könnt ich die Sache ganz allein machen und Leo Stein abfinden?–

Machte Nachmittag ein flüchtiges Scenarium zum Anatol als 3aktige komische Oper.–

Las Briefe Herzls an mich (wegen Leon Kellner, der mich brieflich um die Briefe für seine Biographie ersucht hatte).

Las Medardus, 1. Theil (bis zur Basteienscene), weiß nicht recht.–

Meine Nerven durch den Ohrenlärm und durch heftige Angstvorstellungen, die besonders Nachmittag von 4–6 kommen, ferner durch das Klima ganz herunter.–

Olga meist bettlägerig.–

28/2 S. Vm. in Hietzing bei Wilhelm König, im Haus seines mir bekannten Bruders. Dieser zeigte mir seine Privatsternwarte mit Instrumenten u. s. w.; er ist Pelzhändler und Astronom (von großer Bedeutung wie es scheint).– Auch die Mutter K. sprach ich.–

Nm. las ich den 2. Theil Medardus; las dann das ganze Olga vor. Von $^1/_2$ 7 bis Mitternacht, mit $^3/_4$stdg. Nachtmahlpause. Es zeigte sich (wie erwartet) daß die Bürgerscenen beinah alle schon fertig sind – doch an den Fürstenszenen noch vieles zu machen, wo mir das alte Burgtheater ins Genick schlägt. Auch ist das psychologische im Medardus noch klar zu stellen. Aufführung ist – da nur Burg in Frage käme und Schlenther Direktor – kaum voraus zu sehen. Jedenfalls wird Feilung und Umarbeitung sofort in Angriff genommen; ich möchte in 2 Monaten fertig sein.

1/3 Vm. dictirt. Briefe, Gedichte etc.

Ein Herr Dr. Josef Unger, der mich brieflich ersucht hatte, ihn zu empfangen, erscheint. 25j. junger Mann, elegant; sehr verlegen – auf der Reise von Gablonz Wien hätte er einen Herrn Hirschfeld kennen gelernt, der einen Brief an mich in der Hand gehabt –; Wink des Schicksals – vielleicht könne ich ihm helfen – seit Jahren verfolge ihn die Idee (gar nicht erotisch, sondern sentimental-familiär) – er müsse heiraten – er finde aber keine Frau. Er glaube daß er ein bedeutendes volkswirtschaftliches Werk schreiben könnte – aber zuerst müsse er eine Frau haben.–

– Nm. versucht einen Walzer von mir (Beginn, Heini-Walzer, den er selbst mit einem Finger zu spielen versucht) aufzuschreiben.

Prof. Leon Kellner bei mir, Herzl Briefe holen, mir meine an Herzl leihweise bringen. Viel über Herzl, manches über England.–

Las später meine Briefe durch.

Notizen zum Medardus.

2/3 Vm. besuchte ich Agnes, die Abends nach München – Paris fährt.

Bei Speidels. Über seine Novelle. Er zweifelt, verzweifelt an seiner Carrière; ich ermutige ihn.– Er hält Vorträge, Urania, Volksbildungs-verein.

– Nm. kommt Salten, an dessen Thür ich Vm. vergeblich geläutet, blieb von $^{1}/_{2}$4–gegen 6. Erzählte von Liebermann. L. hatte die Versun-kene Glocke nicht gefallen. Brahm rapportirt es Hauptmann. H. nächstens zu L.: Ich höre, die V. Glocke gefällt Ihnen nicht. L. ... Ne... mein lieber, da kann ich nicht mit, es muß einem ja nich alles gefallen... H. ...Sie finden wahrscheinlich kein Verhältnis zu dem Werk, weil sie kein Arier sind.– L.: ...Stimmt, stimmt, stimmt!– – Hut in die Stirn, um ihn nie wieder abzunehmen, ab.–

Abend allein Loewe Concertverein; Dohnanyi ein Mozartconcert; Mahler 5. die stärker als je auf mich wirkte. Scherzo besonders. Er tritt in die Gefilde der Heiterkeit als vornehmer Fremder.– Hinter mir, sich widerlich benehmend Frau Bertha Zuckerkandl. „Gut gehts dem Mah-ler – in Amerika...“ Zu Klimt, den sie mitgeschleppt hatte... „Ken-nen Sie Dohnanyi... ich krieg die Fraisen, wenn er spielt... ein Genie... wie Liszt...“ Beim Applaus nach Scherzo Mahler... „ich muß doch der Alma (Mahler) schreiben, wie oft er (Loewe) gerufen worden ist“...– Oh Clique!– „Freunde“ sind das traurigste Gewölk vor der Sonne eines Genies.

3/3 Vm. dictirt einen Novellenplan (etwa Mutter u. Sohn), administra-tives.

Nm. am Medardus.

Leon Kellner bringt Briefe Herzls wieder, nimmt sie aber auch wieder mit. Über Herzl, über Ruf des Lebens, über das Wesen des Dramatischen, über Familienverhältnisse Herzls.–

Richard und Paula zu Besuch mit Mirjam. Richard leidet unter den Kosten seines Hauses. (Übertrieben – Kosten und Leiden.)

4/3 Vm. bei Mama, dann bei Dr. Kaufmann: ihm (und Schwester) zum

Tod der Mutter condoliren.

Nm. Fledermaus Generalprobe Rousseaus Devin du village (wegen Dr. Fr. V. Spitzer), Tänze, u. a. Mit Gustav. Sprach Hugo Gerty, Wassermann, Julie, Richard, Paula, u. a.

Mit Schwarzkopf Panorama: Brasilien; dann mit ihm zu uns; wo er nachtmahlte. Nachher kamen Richard und Paula.–

5/3 Vm. eine kleine verkäufliche Villa im Cottage (jämmerlich) angesehn.–

Nm. zum Medardus gelesen und notirt.

Bildhauer Sinayeff-Bernstein, von Rotenstern-Swesditsch empfohlen, besucht mich. Entfernte Verwandtschaft, über Familie Schey.

Dann H. York-Steiner, der einige Vorträge über den Weg ins freie gehalten hat. Über Judentum, Zionismus, Herzl, Lothar u. a. Er ließ mir ein Stück da „Der hohe Kurs". Über Palästina, wo er war. Heimatgefühl und Zionismus.– Der große Zulauf zu jenen Vorträgen (im Verein zur Abwehr des Antisemitismus, zionistischen Frauenverein).– Die Bedeutung des Romans zur Stärkung des „bewußten Judentums".–

Bei Mama zum Nachtmahl ohne O., die liegt. Julius und Helene. Mit Mama 2 Sätze Mahler V. Herr Wallaschek findet sie wieder einmal nicht bodenständig und wurzelecht. – O naive Frechheit der „Eingebornen". Herr Wallaschek versteht Österreich – Mahler nicht...

6/3 Vm. Besorgungen. Panorama (Semmering).

Bei Dohnanyi, über Contract mit Herzmansky, der später selbst kam.

Mit D. über Mahlers 5. Er: „Fürchterlich, verlogen..." „Ich habe Loewe gefragt: Wie können Sie so was aufführen... Loewe darauf: ...Ich muß..." Wie traurig – aber es scheint ein Gesetz...

Neulich (erzählte uns Capellmeister Walter) sagte wer zu dem Flötisten (?) Schmidt ...Na, gehts Euch jetzt, unter Weingartner, besser als unter Mahler (gegen den die Philharmoniker gehetzt hatten)... Darauf Schmidt ...„Von unsre Leut lassen wir uns alles gefallen."–

– Zum Kaffee Prof. Richard M. Meyer mit Frau; ganz harmlose Unterhaltung, Frau Paula Schmidl zufällig dabei.

Abends mit Olga nach langer Zeit wieder Lieder.–

Ich phantasire nach wie vor, anscheinend, mit wachsender Begabung, wie zur Ironie bei sinkendem Gehör und steigenden Geräuschen.

Am Medardus.–

7/3 S. Vm. bei Oscar Straus. Er spielte mir den tapferen Cassian vor;

sehr fein, singspielhaft (aber wie ich glaube dem eigentümlichen Humor nicht ganz gemäß). Stellte mich seiner Frau vor.– Praktische Erwägungen zur Aufführung.–

Zu Mittag Mama und Margot. Mit Mama ein Mozart Quintett.–

Medardus ernsthaft neu zu schreiben begonnen.–

Else Speidel zu Besuch, später Richard.–

Lese u. a. den heiligen Skarabäus, einen Roman von E. Jerusalem.

8/3 Vm. dictirt Briefe und Medardus (neu begonnen).

Nm. am Medardus.–

Baron Winterstein zu Besuch, der nun Jus beendet und Philosophie (Psychologie) studieren will und einigen Rath erbat. Über Freud, Traumdeutung, Stendhal, über die letzten mir von W. übersandten Gedichte und die kleine Casanovanovelle u. s. w.–

Las Hauptmanns Griselda (neulich erfolgschwache Première). Im Beginn hübsche Märchentöne, dann steif, ja dürr, der Schluß dumm.–

Der Winter hört nicht auf.– Ohren zum Verzweifeln.–

9/3 Vm. Besorgungen, Panorama (Balearen).

Nm. am Medardus.–

Mit Richard Quartett Rosé. U. a. eine neue Violinsonate von Walter – die mich ermüdete. Melodienarm, contrapunktisch einfallsreich.– Darauf das Mendelssohn Octett. Der Meister der Continuität.–

Mit Richard beim „Gabriel" genachtmahlt.–

10/3 Vm. dictirt Medardus.

Nm. mit Mama 5. Mahler.

Am Medardus weiter.–

11/3 Vm. in Schönbrunn, des Medardus wegen. Panorama (Ötzthal).–

Nm. am Medardus.

Tonkünstler-Orchester mit Richard. (Mahler, vierte, das erste Mal im Orchester gehört. Starker Eindruck. Hier kann der entferntere freilich die Continuität nicht empfinden.)

Mit Richard bei Hartmann soupirt.–

12/3 Vm. dictirt Medardus.–

Nm. Trebitsch zu Besuch, den ich fortbegleitete. Zum Thee Frau Hoffmann-Matscheko, Frl. Gisela Springer, dann Fr. Haeberle.

Holte Mama ab, brachte sie zur Bahn, sie fuhr mit Gisela Frid nach Meran.

Nach dem Nachtmahl entdeckte das Fräulein, daß ihr Lose gestohlen worden sind, eilte mit Fr. Haeberle zur Polizei.–

13/3 Früh morgens Detective, Durchsuchung der Habseligkeiten von

Stubenmädchen und Köchin, die heute beide gehn. Hauptsächlich das
Stubenmädchen war verdächtigt. Natürlich nichts gefunden.

– Begleitete Heini zur Schule.

Fuhr auf den Friedhof; heute vor zehn Jahren hatte M. R. ihren
letzten Geburtstag; im selben Grab liegen jetzt ihr Bruder und ihr
Vater.–

– Nm. am Medardus.–

Schwere Verdüsterung.–

14/3 S. Vormittag kam Richard, mit ihm zu Salten, er bewohnt ein
Haus in der Cottagegasse, das wir (O. und ich) miethenshalber an dem
Tag besichtigt hatten, an dessen Abend sie an Scharlach erkrankte.–
Es sieht behaglich und wohlgehalten aus.–

Daheim traf ich Wassermann an.–

Nm. am Medardus. Vorspiel beendet.–

15/3 Früh den heiligen Skarabäus von Else Jerusalem, ein sehr
merkwürdiges Buch zu Ende gelesen – –

Dictirt am Medardus.–

Nm. am Medardus; auch nachts.–

16/3 Vm. Besorgungen.–

Nm. am Medardus.–

Ein mir eingesandtes Manuscript von [Feucht], Troppau, „Alma
Pia" (kindisch) gelesen.–

17/3 Vm. dictirt (Medardus).–

Nm. bei Frau Nowotny, ihr das Vorspiel Med. zum Abschreiben
übergeben.–

Am Medardus.–

Bei Tante Irene (allein). Hr. Leopold Mandl und Frau, Julius
Helene u. s. w.– Etwas Musik (Tosca blattgelesen, geschiedene Frau
etc.).

18/3 Zehnter Todestag von M. R.–

Vm. Künstlerhaus (vorher Hrn Sinayeff Bernstein nicht im Hotel
angetroffen; seine Sculpturen).

Nm. am Medardus.–

Mit O. spazieren.–

Auch nachts am Medardus.–

19/3 Vm. Generalprobe Burg Auernheimer, Der Unverschämte – Die
glücklichste Zeit – recht mäßig, z. Th. widerlich. Urälteste Schablone
mit modernistischem Aufputz.–

Sprach seine Frau, Seybel; Sonnenthal, Hartmann, Devrient,
Schönherr u. a.; auch Schlenther flüchtig.–

Nm. am Medardus.–

Hans Schlesinger gegen Abend zu Besuch.–

20/3 Vm. dictirt, Medardus.–

Nm. weiter daran.– Sehr erfüllt davon.–

Las u. a. eine hübsche Harun al Raschid Komödie von Robert Adam, übersandt vom Autor, schrieb ihm darüber.

21/3 S.– Vm. Regen und Wind, zu Hansi Schmidl, die mir Papierfiguren ausgeschnitten, ihr danken. Mit ihrer Mutter geplaudert, Kinderhistorien.

– Dann bei Richard (und Paula).–

Nm. am Medardus.

Hugo, Gerty, Hans Schlesinger besuchen uns.–

Mit O. (und Leonie Guttmann) spazieren; zum Nachtmahl da: alle 3 Schwestern: Leonie, Frau Frankfurter, Frau Auernheimer; Raoul Auernheimer und Frau Guttmann.– A. sehr ermüdet von der Premièrenaufregung – (Die Aufnahme war leidlich.) Er hält sein Stück für irgend was wie ein Charakterlustspiel, ist aber sonst ein netter und kluger Mensch.

22/3 Vm. Generalprobe Strauss Hofmannsthal Elektra; Loge mit Gerty;– war mehr ermüdet und gequält als erschüttert. Continuität – Intensität – Einheit – alles da. Aber Notwendigkeit?–

Nm. am Medardus.–

Abend Concert Dohnanyi – Marteau Sonaten. (Bach, Brahms, Schubert –)

23/3 Vm. bei Richard, dann bei Else Speidel (in Logen-Angelegenheit), dictirt (Med., Briefe).

Nm. am Medardus.

Dr. Pollak wegen Heini, Schnupfenfieber.–

Mit Speidel Rosé Quartett. Ziemlich unerträgliche Reger Sachen... Absolute Musik ja – (im Gegensatz zur autobiographischen Musik Mahlers). Aber der Musiker ist nicht absolut genug. Kapellmeister Walter: Ich versteh keinen Ton.–

24/3 Vm. spazieren Dornbach, Sommerhaidenweg – Trübseligkeit der Landschaft.–

Am Medardus.–

Nm. Wassermann auf eine halbe Stunde. Elektra (Hofmannsthal – Strauss) Première; Loge mit O., Richard, Paula.– Hatte das Stück Vormittag wieder, voll Bewunderung gelesen. Musik wirkte stärker als gestern auf mich. Der Erfolg war ungeheuer, ohne ganz echt zu sein. Die Aufführung glänzend (Frl. Marcel – Mildenburg – Weidt – Weidemann).

25/3 Vm. Frühlingswetter. Panorama (Moskau).

Bei Dohnanyi im Bristol, traf den Cellisten Hugo Becker an; über Strauss, Reger.– Mit Dohnanyi über das administrative der Pantomime.

– Am Medardus.–

Vm. hatte ich Dr. L. Frankl begegnet, der ungefähr das gleiche Ohrenleiden hat wie ich. Erinnerung an unser Gespräch in Gastein 98.–

26/3 Vm. dictirt Medardus, Briefe.–

Lag Nachmittag, influenzirt, meist zu Bett.– Versuchte einiges am Medardus.

Lese Pückler Briefe, Varnhagen Denkwürdigkeiten.

27/3 Vm. Volkstheater Generalprobe Shaw Major Barbara; eins seiner schwächern Stücke. Sprach Trebitsch (den Übersetzer), Hugo Ganz, die Hannemann, Marberg etc.–

Nm. noch recht hin; ein wenig spazieren. Schwierigkeiten am Medardus.

Begegnete mit O. dem Richard, der eben wieder sein Haus verließ, „zerrüttet" von Dienstbotensorgen, ärgerte mich über seine sündhafte Art, von den Annehmlichkeiten, ja Herrlichkeiten seines Lebens – Gesundheit, Talent, Frau, Kinder, Reichtum, wunderbares eignes Haus,– nichts, so gut wie nichts zu haben.–

28/3 S. Vm. spazieren Hohe Warte etc.–

Mittags Mama zu Tisch, mit ihr Beethoven Es Concert. Zum Thee Hr. Gustav Pick – noch immer auf der (nicht recht eingestandnen) Suche nach einem Operettencompagnon.–

Medardus Schwierigkeiten – Einfälle.

Recht hin von der Influenza.

29/3 Vm. dictirt Medardus, Briefe.–

Mißtrauisch gegen den Medardus, besonders gegen den romantischen Theil, der mir jetzt puppenspielhaft erscheint.

Lag Nachmittag wieder mit heftigem Catarrh und Abgeschlagenheit.

30/3 Vm. Besorgungen, Notar (Dr. Bermann – Vollmacht für J. T. Grein) – Panorama (Tatra), längre Zeit Kapper gesprochen, über die Kinder.–

Nm. mit O. spazieren gefahren Dornbach, Salmannsdorf; wieder niedergelegt wegen Mattigkeit. Einiges am Med. versucht.–

Meistgelesene Bücher dieses Jahres nach einer Leihbibliothek-Umfrage des Literarischen Echo:

Sudermann, Das hohe Lied 71 – Hermann, Henriette Jacoby 54 –
Hermann, Jettchen Gebert 46 – Viebig, Kreuz im Venn 47 – Heer,
Laubgewind 41 – Ernst, Semper der Jüngling 38 – Herzog, Der
Abenteurer 35 – Stilgebauer, Liebesnest 35 – Stratz, Herzblut 33 –
Schnitzler, Weg ins freie 32, – Ompteda, Minne 27 – Zahn, Die da
kommen und gehn 23 – Bierbaum, Kuckuck 19 – Bartsch, Zwölf aus der
Steiermark 17 – Paul Keller, Sohn der Hagar 17 – Reuter, Thränen-
haus 14 – Ganghofer, Waldrausch 14 – Lauff, Tanzmamsell 12.–

Wieviele von diesen Büchern wird man nach zehn Jahren noch
lesen – nach fünfundzwanzig noch kennen?

31/3 Vm. bei Richard; dann spazieren.

Nm. ein wenig am Medardus. Noch nicht wohl. Gegen Abend Albert
Ehrenstein da, berichtet mir über seine Autoren Erlebnisse bei der
Österreichischen Rundschau und bei Auernheimer.

1/4 Vm. mit Richard und Paula beim Antiquitäten-Händler Berger, wo
ich ein Fauteuil kaufte.

Nm. am Medardus. Schwierigkeiten, die mich (unverhältnismäßig,
bis zum Gefühl der Ausgestoßenheit) verstimmen.

Mit Julius, Helene und O. „geschiedene Frau" Léon-Fall 100.
Aufführung. Eher widerwärtig.–

Noch am Medardus.–

2/4 Vm. dictirt Medardus, Briefe.–

– Nm. ein wenig am Med. versucht.–

Las die „preisgekrönte" Novelle von Trebitsch (Österreichische
Rundschau, von T. gesandt, Martin Weckebrod) – Gespräch mit O.–
Wir sind fast überzeugt, daß Tr. seine Sachen nicht selbst schreibt. Ich
glaube, er hat die sogenannten „Einfälle", welche bei ihm fast durchaus gesucht-mattoid sind (was oberflächlichen als „bizarr" imponiren
könnte) schreibt vielleicht selbst die Skizze und läßt dann corrigiren –
so daß er sich selbst die Lebenslüge aufrechterhalten könnte – er habe
nur die Ruhe, die Zeit nicht „aus"zuarbeiten...–

Nachricht aus Chicago, daß Onkel Edmund gestorben ist (nach
langer Krankheit). Erinnerungen an ihn, an die Zeit seiner Höhe,
seiner Flucht etc...

Mit O. bei Mama, Familie.–

3/4 Vm. mit der Elektrischen nach Baden. Dort im Park und in
Straßen herum. Schneestöbern und Kälte. Im Nach-Wienfahren mit
Dr. Postelberg geplaudert; Südbahn gegessen; daheim Richard, der
zwei Stunden blieb. Ich redete ihm sehr ins Gewissen; insbesondre daß
er seine Arbeit nicht auf so lange Sicht anlegen dürfe, worin ja auch

eine Art Ausrede läge; und daß er nicht darauf warten dürfe, bis alle
kleinen Ärgernisse aus dem Weg geräumt seien, was ja nie der Fall
sein könne.– Über Rhythmus in Lyrik und Drama, an Lohengrin
anschließend, das wir spielten.–

Ununterbrochene Kopfschmerzen, so daß ich gar nichts machen
konnte.–

Las Fackel, eine Art Jubelheft zum 10j. Erscheinen. Man kann über
Karl Kraus sagen: er hat die Wahrheit verkündet, in Fällen, wo seine
Galle und seine Eitelkeit ihn nicht davon abgehalten haben. Allgemein
ethisches innerhalb des sexualen hat er mit Witz und sogar mit Kraft
zu sagen gewußt; dem ästhetischen steht er nicht ganz ohne Verständnis aber ohne Interesse gegenüber;– das persönliche verdunkelt ihm
jede Fähigkeit wirklichen Urtheils.– In sämmtlichen Fällen, die mich
betrafen, und in denen er, seinem ganzen Temperament nach, seiner
Einsicht nach für mich hätte eintreten müssen (Beatrice, Gustl, Reigen) hat er, mit absichtlicher Entstellung der Thatsachen gegen mich
geschrieben – weil sein alter Groll gegen mich nicht auslöschte. Vor
etwa 1 Jahr versuchte er (Anfrage wegen eines Übersetzungsrechtes
für wen und Gratulation zum Grillparzer Preis) mit mir anzuknüpfen;
ich dankte höflich – ohne mich weiter zu rühren.–

4/4 S. Kälte. Kopfschmerzen. Vm. mit Heini spazieren.

Nm. mir den Kopf über Med. zerbrochen – Felix und Else da.–

Früh Bad und Bett.

5/4 Traum gegen Morgen, daß Liebelei wieder im Burgtheater gegeben
wird und daß Kutschera (wie im Volkstheater) den Weiring spielt, nur
in andrer Maske – (nicht Sonnenthal – doch kam mir das nicht zu
Bewußtsein). Im übrigen endete das Stück, indem etwa Fritz davon
stürzt, der Schluß geht unter Futteralknacken und Publikumsflucht zu
Ende –

Ich finde darauf im Morgenblatt die Nachricht, daß Sonnenthal
gestern in Prag plötzlich gestorben ist.–

Sehr erschüttert. Weinte. Erinnerungen aller Art, bis in die Kinder-
zeit. Theaterspiel in seinem Haus. Wie er mir einmal bei Tisch
sozusagen das Leben rettet, als ich an einer Maccaroni fast ersticke.–
Sein Brief an meinen Vater, mir das Talent absprechend.– Wie er mich
wegen des Märchen auszankt: „Kloake...“ etc. – Wie er fast daran
denkt, Alkandi aufzuführen.– Wie er den Hans Weiring spielt, endlich
Prof. Pilgram und Henri. Das letzte Mal sprach ich ihn in der
Generalprobe von Auernheimer: über sein Portrait von Laszlo, und
über die Pointe des „Unverschämten“ die ihm nicht deutlich genug

war.– Zuletzt spielen sah ich ihn den Marke im Tantris.–

– Spaziergang Pötzleinsdorf – traf in den Feldern Prof. Heitler, der mir nächstens einen Aufsatz über Goethe schicken will.–

Nm. wieder am Medardus. Fange an, an dem Stück ernstlich zu zweifeln.

6/4 Vm. mit O. und Heini Einkäufe und Bestellungen in der Stadt.–

Am Medardus Nm. mit Mühe weiter; ununterbrochene Kopfschmerzen; mit O. spazieren.–

7/4 Vm. dictirt Med. und Briefe.–

Zu Tisch Mama, mit ihr Borodin Quartett.

– Siegfried Trebitsch und Frau verabschieden sich für Dresden.

– Am Medardus.

8/4 Vm. im Trauerhaus Sonnenthal; Begräbnis.–

Sprach Salten, Oscar Straus, Hajek, andre. Zu Fuß in die Stadt, meist den Trauerzug begleitend (zufällig) – sprach Dr. Porges, über Tod, Krankheiten, Leichtgläubigkeit der Ärzte, wenn sie selber krank.–

Mit Gustav spazieren in der frühlingsheitren Stadt, Panorama (Dalmatien, Bosnien, Herzegowina).

Nm. am Medardus.– Dem Heini aus Rheingold vorgespielt, die „Hämmer" entzückten ihn –

Olga machte mir Abends Vorwürfe über die Immoralität meiner hypochondrischen Weltanschauung – wogegen mein Einwand, daß niemand so geneigt zur Heiterkeit und so wenig blasirt sei, nicht aufkam.–

9/4 Vm. mit O. und Heini Besorgungen in der Stadt, sowie Panorama (Messina Erdbeben).–

Am Medardus.–

Abend bei Mama. Familie.

10/4 Vm. dictirt Medardus –

Nm. am Medardus.–

Mit Heini spazieren.

11/4 Ostersonntag. Trüber Tag. Spaziergang Hermannskogel. Dem Medardus nachgesonnen, meist durch hypochondrische Gedanken gestört.

Nachmittag besonders schlimme Angstzustände. Endlich zum Medardus.–

12/4 Ostermontag. Mit Heini Spaziergang Pötzleinsdorf – Dornbach Hütteldorf.

Mittag bei Mama. Auch Arthur Wilheim (Erfolg des Kakadu in

Budapest).

Mit Mama Serenade (Symphonie) Mozart.–

Zu Hause am Medardus.–

Paul Goldmann (der Eva Kobler geheiratet hat) besucht uns.

, Zum Nachtmahl Wassermann und Kaufmann. Domino.

13/4 Vm. dictirt Medardus.

Nm. Regisseur Hertzka (wegen Comtesse Mizzi für Budapest, neuen Stücks fürs nächste Jahr; ev. Aufführung des Anatol Cyclus).–

Herr Schmid, Redacteur aus Bern, nicht unsympathisch.–

Frau Tannenzapf, in Angelegenheit der englischen Übersetzung des Romans.–

14/4 Zu Tisch Mama da. Bruckner Fünfte.–

Las im Laufe des Tags „Das weite Land"; am schwächsten der Anfang, im ganzen interessant scheint mir und ich könnte mir einen Erfolg vorstellen.–

15/4 Vm. Panorama (Trafoi etc.); mit O. Besorgungen und Secession (Putz – Egger-Lienz).–

Zum Thee Prof. Sobolewsky, Frau Tesi und Tochter (die jetzt in Paris leben).–

Thiebaults „Friedrich der Große" ausgelesen.–

Einiges wenige am Medardus.

16/4 Vm. erstes Tennis, mit Else Speidel.

Nm. am Medardus –

In Hugo Gertys Loge mit O. und Dr. Hofmannsthal: Elektra, Poil de Carotte (Desprès) Fardeau de la liberté (Lugné-Poe). Hörte wenige Worte.–

17/4 Vm. dictirt Medardus. Briefe.–

Am Medardus weiter.

18/4 S. Nach Berndorf und Veitsau, eine neue Pension besichtigen. Herrn und Frau Mully; er hatte mir vorher geschrieben. Hübsche Gegend. Ich und ein alter, seit 20 Jahren nicht gesprochener Bekannter speisten als Gäste. Mit diesem Bekannten, Herrn Ostersetzer auf der Heimfahrt alte Gymnasialerinnerungen.

Daheim am Medardus.

19/4 Vm. Tennis.–

Am Medardus.–

Abend Hugo, Gerty, Salten, Otti zum Nachtmahl. Über Kainz (der durchaus von der Burg will), Kerr, den Salten haßt – über den „Unfug der Kritik" ...

20/4 Vm. Besorgungen; Panorama (Hohe Tatra) – Besprechung Herzmansky Straus.

Bei Mama zu Tisch (2 Bach Concerte).–

Medardus dictirt.

21/4 Vm. bei Weisse Volkstheater, ihn Prag einladen (Ruf) er will kommen.– Panorama (Tirol).

Nm. wenig am Medardus.

Zum Thee Speidels und Frl. Springer, die sehr schön Chopin, Bach, Beethoven, Mendelssohn spielt. Speidels auch zum Nachtmahl.–

22/4 Am Medardus. „Ruf" durchgelesen. Abends Abreise.

23/4 Früh $^1/_2$ 6 Prag. Morgenspaziergang Belvedère Hradschin.–

Probe „Ruf". Onno als Max Eindruck eines zukunftsreichen Schauspielers. Medelsky Marie.– Dr. Eger hatte inszenirt.– Manches gute, totales doch ein wenig schmierenhaft.–

Bei der Probe Dr. Paul Wiegler und Frau, Frau Langsteiner kennen gelernt.–

Mittagessen mit Teweles und Eger; dann erschien Direktor Weisse aus Wien.

Zum Thee bei Alice Ziegler. Ihre drei Kinder. Teweles. Frau Bondy.

Von Teweles begleitet zu Angelo Neumann. Seine emaillirte Frau (Buska), die Einrichtung von 1870, der Papagei.–

Theater. „Ruf". Mit Weisse in der Loge. Hörte nahezu nichts. (Miserable Akustik, schlechtes Sprechen, auch Weisse beklagte sich.) Erster Akt zu lang, Schluß einschlagend. Zweiter schlug stark ein. Dritter schien (Änderungen) leidlich zu gefallen. Wurde oft gerufen, kam nach 2. und 3. Akt.

Nachtmahl im Stern: Eger, Albert Heine, Frau Langsteiner, Weisse, dann Teweles, Herr und Fr. Ziegler, der junge Bondy.–

24/4 Sehr warme Kritik von Teweles und Wiegler.

– Mit Frau Ziegler im Kinsky Garten spazieren. Im blauen Stern mit Teweles Mittag. Er begleitete mich zur Bahn.

Nach Dresden. Bellevue. Melancholischer Spaziergang.

25/4 Früh am Medardus.

Mit Kapellmeister Neumann spazieren.

Mit ihm Hotel Savoy Geh. R. Strecker (Schotts Söhne). Über die Chancen der Oper Liebelei, Äußerungen und Vorschläge Schuchs (und Seebachs).

Im Automobil zu Schuch, mit Strecker und Neumann. Im Garten. Wir verstanden uns gleich; ich erklärte die verlangten Textänderungen als unmöglich und er erklärte sich ev. mit Kürzungen zufrieden.

Neumann spielte einiges: Schluß des ersten, manches aus dem

zweiten. Manches sehr hübsch, durchaus einfach. Schuch scheint ganz ernstlich an die Aufführung zu denken.

Mittagessen. Familie Schuch, sehr österreichisch, lebendig, fascinatorisch, etwas falsch, amusant. Die sehr dick gewordene Frau (-Proska). Der Assessor-Sohn mit Schmissen, der morgen (Husar) einrückt, – der Künstler Sohn. Die Tochter, deutsch, blond, siebzehnjährig, offenbar nicht ohne Humor.– Der Correpetitor Latzko (der auch einiges singstimmige der Liebelei markirt hatte) klug, begabt, mit dem üblichen Reinhardt Gesicht der jüdischen Künstlerjugend.–

– Zurück ins Hotel, mit dem höchst sympathischen vornehmen Strecker und Neumann.– Sehr glänzende Telegramme über den „Ruf" in den Zeitungen. Brahm wills in Wien spielen. Kaum, wegen Weisse.–

– Ein Akt „Czar" in der Oper, Bahn, Nachtmahl, Abreise.

26/4 Wien. Froh wieder bei Olga zu sein und bei Heini.–

Tennis. Neu: Dr. Schönbrunn.– Kaufmann, Metzl, Wassermann.– Julie kam, Olga auch, Geplauder.

Nm. am Medardus.

Auf dem Balkon mit O. genachtmahlt. Frühling. Man glaubt es nicht!–

27/4 Vm. bei Weisse; ob er „Ruf" haben wolle; da Brahm darum telegrafirt. Ja. Besetzung? Ich für Hannemann Marie – Müller Katharina – er: Galafrès Marie – Hannemann Katharina.

– Vor dem Theater u. a. Kutschera (der mir erzählte, Sonnenthal habe nach der Liebelei Vorstellung gesagt: „Gegen den Kutschera war ich ja ein Kind...") – Frl. Galafrès (die mich begleitete, sofort ein Exemplar Ruf aus der Tasche zog, angeblich drei besäße – und mir sagte, alle Leute fänden, sie müßte die Marie spielen... Ich: Glauben Sie nicht, daß die Leute das andern auch sagen – ?) –

Mit O. (von der Prazak abgeholt) in die Stadt.–

Mama zu Tisch. Ein Schubert Quartett.

– Am Medardus.–

Frl. Galafrès zum Thee, ein fast unentwirrbares Gemisch von Aufrichtigkeit, Komödianterei, Klugheit, Unlogik, Heuchelei, Treuherzigkeit. Als sie (nach 2 Stunden) fort war (ohne, taktvoll aber bewußt, von der Rolle gesprochen zu haben), konnte sie alles gewesen sein: keusch, verworfen, – edel, egoistisch – und dürfte alles wieder ableugnen.–

Mit O. Türkenschanzpark genachtmahlt.

Am Medardus Nachts.

28/4 Vm. am Medardus – Richard da; mit ihm spazieren. Annie Sikora-

Strial aus Cassel zu Besuch.–

– Nm. am Medardus.– Dictirt.–

Dr. Geyer, von der Neuen Wiener Bühne (zugleich Fremdenblatt, Schule Polgar, nur talentlos), wollte Delorme oder andre Einakter. Nein.

29/4 Dictirt Briefe. Medardus.

Bei Mama zu Tisch. Brahms Clavier Quartett A dur –

– Am Medardus.–

Mit O. Griselda, Loge mit Gustav. Schwach, theilweise widerwärtig. Kannte es von der Lecture, hörte das wenigste.

Gustav nachtmahlte bei uns.

30/4 Vm. Tennis.–

Nm. am Medardus.–

Abends Familie bei Mama. Auch Dr. Kraus mit Frau aus Chicago, Freund meines vor wenig Wochen dort verstorbnen Onkels Edmund.

1/5 Vm. dictirt Medardus.

Ins Cottage Sanatorium zu Dr. Holzapfel. Über sein neues Werk. Wirkungen seines ersten, des Panideal, zumeist in Rußland. (Ein Herr Astrow hat mir die Übersetzung zugeschickt.)

Nm. am Medardus.

Abends Richard, ganz kurz, dann Fred, zum Nachtmahl. Immer verbissener, kränker, langweiliger, dicker.

2/5 S. Vm. (Regen) bei York-Steiner und Straus (ohne zu treffen).

Nm. am Medardus.

Abends mit O. bei Richard, zum Nachtmahl, wo auch Dr. Wolf und Frau.–

3/5 Vm. Stadt, Panorama (Dolomiten).

Nachricht, Louis Mandl neulich von Julius Blinddarm operirt, viel schlechtes, nach gestern neuer Operation. Erschüttert, Nachmittag gleich hin; treffe Irene, Louis' Frau, andre in Verzweiflung; Louis erfährt, ich hier, wünscht mich zu sehn; ich sitze an seinem Bett, seine Hand in meiner, mache ihm Hoffnung als wären die Ärzte zufrieden... was ihn sichtlich beruhigt; er spricht von unsrer alten Freundschaft, gratulirt mir zu Prag! – ist unzufrieden, daß auch Olga von seiner Erkrankung wisse – „grüß mir deine Frau".– Ich verlaß ihn in der Überzeugung, ihn nicht wiederzusehn.– Julius, Hochenegg kommen, neue Operation beschlossen.–

Nach Hause, ganz hin.– Sehe „Ruf" für Neudruck durch.

Spät Abends wieder ins Sanatorium. Operation brachte Erleichterung, neue Hoffnung; sprach Julius beim Direktor. Welch eine Existenz die meines Bruders!–

Noch in die Nacht hinein gearbeitet. Was kann man andres ?–

4/5 Früh ins Sanatorium. Zustand besser, nach Hochenegg „unerwartet gut –".

Nm. am Medardus.–

Abend wieder ins Sanatorium; wo ich fast 2 Stunden blieb. Zustand ziemlich unverändert, aber nach Julius „nicht ganz ohne Hoffnung".–

5/5 Immerwährende Regentage. Vm. im Sanatorium. Dann Panorama (Mittelmeerreise) –

Am Medardus. Im Sanatorium. Etwas besser. Gespräch mit Ärzten und Besuchern. (Dr. Lindenthal, Dr. Fröhlich.– Günstiger Eindruck Hocheneggs.)

6/5 Vm. dictirt Medardus.

Nm. mit Mama ein Streichtrio Beethoven.

Am Medardus.– Spaziergang mit O.

Ins Sanatorium. Zustand besser.–

Lese: Jettchen Gebert (von Hermann), ferner immer weiter Pückler; Varnhagen.

7/5 Vm. mit O. Kunstschau. (Auch mein Portrait von A. Speyer ist ausgestellt und gefällt mir nicht besser.) –

Am Medardus.–

Mit O. Mama. Familie.– Viel über den Fall Louis Mandl, und damit zugleich über ärztlich ethisches. Ganz zweifellos ist, daß Julius gegen Hochenegg im Recht war und nur Julius' Energie Louis' Leben gerettet hat. H. erklärte zuerst (vor der 2. Operation), die Operation sei überflüssig, die Symptome nicht bedenklich;– vor der 3. – es würde doch nichts nützen, da wohl ein Carcinom da sei – und beides war falsch.

8/5 Vm. dictirt Medardus.–

Nm. am Medardus. Neue Einfälle zum letzten Akt.

Mit O. zu Richards, Heini abholen; dann ins Sanatorium. Louis außer Gefahr.

9/5 S. Vm. mit Hrn Schmid (Bern) Spaziergang Pötzleinsdorf – Dornbacher Park.

Nm. am Medardus.

(Mit Mama ein Mozart Quintett.)

Gegen Abend Wassermann da.–

10/5 Mit O. nach Edlach.–

Besichtigung. Das Kurhaus Reichenau, das Besitzer gewechselt: Frau Dr. Mayer; unmöglich.

– Frau Basevi.–

Lese die Novellen von Gräfin Thun und Houssaye 1815.

11/5 Edlach.– Nm. kam Kaufmann.

Spaziergänge, Domino.

12/5 Mit Kaufmann Semmering; zu Fuß übern Ortsbauer nach Edlach.– Mietheten für Juli.–

13/5 Mit O. nach Wien.–

Am Medardus.

14/5 Vm. Besorgungen in der Stadt.–

Nm. am Medardus.–

Abend bei Mama. Familie. Schwarzkopf. Brahm.

15/5 Mein 47. Geburtstag. Blumen von Olga und Heini. Grüne Seiden-decken, Polster, schöne Photographien von Heini (d'Ora).

Dictirt Briefe und Medardus. (Beginn des 5.)

Zu Tisch Grethe, Schwarzkopf und Mama.–

Gustav Schw. blieb, später kam Paul Marx; endlich ins Johann Strauß Theater.

Première gelbe Nachtigall (Brahm Ensemble), mit Brahm in der Loge; amusant im ganzen. Besuche in der Loge von Julie Wasser-mann; Hugo und Gerty, Trebitschs etc., Burckhard.

Soupirt mit Brahm und Burckhard im Hotel Elisabeth.

16/5 S. Vm. bei Hajek, der in der letzten Zeit oft leidend ist (Hyperaci-dität?); spazieren Hohe Warte etc. (Walters begegnet).–

Nm. am Medardus.–

Abends Brahm zum Nachtmahl. Theilte ihm das äußerliche meiner Absichten mit den 2 Stücken mit: Vor allem Med. fertig machen, Versuche damit, wenn sie nicht gelingen, das andre (W. L.) ins Treffen schicken. Für ihn (Brahm) sei Medardus keineswegs was.– Ich will es der Burg geben (total aussichtslos natürlich) dann eventuell Reinhardt (ebenso) – ob dann als Buch, weiß ich nicht. Es wäre schön, noch längre Zeit daran herumzuarbeiten.– Für nicht ganz unmöglich halte ich es, daß das Stück zerfällt, und ev. Eschenbacher Tragödie als die aus-sichtsvollste für die Bühne herauskommt.

17/5 Vm. Tennis.–

Nm. am Medardus.

Abends mit O. beim „Bund der Jugend" (Brahm).

18/5 Dictirt Medardus, Briefe.

Nm. am Medardus.–

Abends besucht ich Hr. York-Steiner; wir plauderten in seinem Gärtchen in Hernals über Zionismus, Palästina und allerlei. Auch seine

Frau war da.

19/5 Vm. Tennis.

Am Medardus.–

Nm. mit O. und Heini Praterfahrt, bis zum Lusthaus. Herrlichkeit der Wiesen und Bäume. Wurstelprater (Ringelspiel, Grottenbahn). Buben mit Fräulein nach Hause; O. und ich nachtmahlten im Schweizerhaus, fuhren noch im Abenddunkel durch die Hauptallee, ganz allein; dann nach Haus.

20/5 Feiertag.– Vm. ins Sanatorium; Befinden Mandls sehr langsam sich bessernd (sah ihn nicht). Dann Dornbach, im Wald nach Pötzleinsdorf. Zusammentreffen mit O. und Heini.

Nm. am Medardus. Erhebliche Schwierigkeiten – bis zu Zweifeln und Verzweiflung.

– Las Jettchen Gebert mit mäßigem Vergnügen zu Ende.

21/5 Vm. Tennis.

Nm. am Medardus.

Zum Thee Frau Hanel, die jetzt in München lebt; etwas komisch. Frau Tesi, mit Übersetzer- und Empfehlungsbitten.

– Im Johann Strauß Theater Nora.– Beginn Bassermannscher Manierirtheit.– Mit O. und Brahm im Meissl soupirt.–

22/5 Vm. Besorgungen. Panorama: Kanada.–

Nm. am Medardus.–

Georg v. Nagy, junger Dichter, von Bahr empfohlen. Frisch und sympathisch. Die Gedichte, die er gleich mit hatte, in freien Rhythmen, nicht gut. Aber irgend was steckt in ihm.

Oberlt. v. Nowy, der mir neulich Feuilleton über mich gesandt und eine Novelle, mit allerlei Fragen und Urtheilen, zum ganzen, mit einer Spur von Begabung, nicht ohne Literateneitelkeit, von versöhnender Naivität, die im Bereich des Intellectuellen bis ins heitre, auch ins mattoide geht. (Sein Opernstoff, der „eigentlich für Hofmannsthal wäre, mit der Weltouverture und der Weltgeschichte in 4 Bildern"– seine Bemerkungen über den Weg ins freie und meine „Resignation".)

Noch bis in die Nacht am Medardus.

23/5 S. Vm. mit Olga und Heini Pötzleinsdorf Wald, dann mit Heini allein über Dreimarkstein Sievering; auf einer Wiese am Waldesrand gelegen.

Nm. am Medardus.–

Zum Nachtmahl Paul Marx.–

Befand mich nicht wohl; große Mühe mit dem Medardus.

24/5 Vm. Tennis.–

Nm. Correctur der Neuen Auflage vom „Ruf".–

Erscheint: Hr. Alfred Fekete, Verfasser eines Dramas „Die Verhüllte" das neulich in Berlin durch die Akademische Bühne aufgeführt
wurde, mit Grüßen von Lantz.– Er war mir schon im vorigen Jahr
durch den Brief einer Dame empfohlen, die später selbst erschien und
sich, wie auch schon im Brief als eine ihn betrogen habende Geliebte
vorstellte.

– Später Herr Leo Stein, mit Vorschlägen zu Anatol, noch sehr
embryonal. Er begleitete dann mich und O. beim Spazierengehen.–

25/5 Vm. dictirt Medardus.–

Mit Mama Mendelssohn Octett.

Am Medardus.–

Abends beim „König" mit Brahm in der Loge. Imperial soupirt mit
Brahm und Wassermanns.

26/5 Vm. Tennis.

Nm. am Medardus.

Frau Jerusalem, die Dichterin des heiligen Skarabäus, hatte sich
angesagt, kam und erwies sich als kluge sympathische Frau. Über die
Entstehung ihres Buchs, über ihre Jugend, ihre Pläne.– Ihre grammati-
kalischen Fehler, ihre Unfreiheit, Befangenheit bei Wassermanns;
Juliens komische Erziehungsversuche... („Worte wie Brunst dürfen
Sie vor Hofmannsthal nicht sagen."–)

Richard Paula und Mirjam, von einer kleinen Reise zurück. Mit
ihnen noch ein wenig in ihren Garten.–

– Noch in die Nacht hinein gearbeitet.

27/5 Vm. Besorgungen. Sprach in der Stadt Fr. Emmy Sachs (aus
Indien zurück wo man „mit einem phantastischen Geliebten und
Säcken Gold reisen müßte") und Risa Horn.–

Dictirt Medardus.–

Nm. am Medardus.

Frl. Gisela Springer spielte uns vor; auch Gustav war da, mit
beiden im Türkenschanzpark Restaurant genachtmahlt.

28/5 Vm. mit O. im Sanatorium.– Sprach Mandl das erste Mal seit
jenem Montag, an dem ich ihn zum letzten Mal zu sehen glaubte. Er ist
gerettet. Er erzählte mir von dem Tag, da er sich verloren glaubte; wie
alle seine gestorbnen Patienten vor ihm vorbeizogen und er sich
abquälte, ob er Schuld trage.

Nm. am Medardus.–

Paul Marx (auch zu Tisch).

Mit O. Mama; Julius Helene.

29/5 Vm. bei Herzmansky. Cassian Besprechung.–
– Dictirt Medardus Schluß (vorläufig).
– Nm. W. L. vorgenommen.
Brahm holte uns ab, im Türkenschanzpark Restaurant mit ihm, Wassermanns und Auernheimers genachtmahlt.–
30/5 Pfingstsonntag.– Vm. mit O. zu Hajek, dems besser geht.
Am W. L. Allerlei Verbesserungen.
Spaziergang. Brahm vor Saltens Haus getroffen; für ein paar Minuten hinein (Richard, Paula, Eloesser).
31/5 Pfingstmontag. Vm. Tennis, mit viel Animo.
– Nm. flüchtiger Blick ins W. L. und ausgeruht. Brahm kam. Las ¹/₂ 6–9 ihm und O. W. L. vor. Er schien im ganzen nicht viel Gefallen daran zu finden, wenn er auch das neuartige drin zu spüren behauptete. Insbesondre fand er die Exposition altmodisch, und die Zusammenhänge waren ihm nicht klar. Später, im Reden drüber, wurde er wärmer. (Er war übrigens gestern lang auf und sehr müd gewesen.) – Klar scheint es (auch ihm) daß für die Hauptrolle nur Kainz in Betracht kommt. (Bassermann geht nächste Saison zu Reinhardt.) – Aber ob Kainz zu ihm (Brahm) kommt, und auf wie lang –?– Olga fand das Stück sehr gut und war im 5. Akt zu Thränen ergriffen.– Mein Eindruck: Exposition matt, noch manches schnarrende im Dialog – als ganzes mein bestgebautes Stück, eine glänzende und so gut wie neue Hauptgestalt, inhaltlich viel zukunftweisendes; in Nebendingen manches conventionell und billig.–
1/6 Vm. dictirt, dann mit O. und Grethe zu Erna ins Hera-Sanatorium. Der Kleine.
Bei Mama zu Tisch. Auch Gustav Pick. Mit Mama die Haydnsche Oxford-Symphonie – Auch spielt ich meine Walzer vor.
Am Medardus.–
Mit O. spazieren, im Garten mit Richard.
Auf dem Balkon, in herrlichem Gartenduft eine Erzählung von Richard Wagner, im Mscrpt. eingesandt, gelesen (nichts) – und am Medardus.–
2/6 Vm. Tennis.–
Mit O. und Heini heim; Römpler gesprochen, über Kainz („fertig") und Schlenther („bequem") –
Nm. am Medardus. Große Mühe, bisher vergeblich an den Schluß der Friedhofscene.–
Frl. Honig zum Thee (resp. Eis).–
Türkenschanzpark genachtmahlt; Frl. Honig, Paul Marx, Stefan

Zweig (nach indischer Reise), dann Richard Paula.

3/6 Vm. dictirt Medardus, Briefe.

Bei Dohnanyi im Imperial. Äußere Pläne für die Pantomime. Weingartners Benehmen.

– Nm. am Medardus.–

Mit O. zu Trebitschens. Brahm und Bruder, Salten und Frau.

4/6 Vm. Tennis.

Nm. am Medardus.–

Bei „Solneß" mit O. in Brahms Loge. Quälendes Schlechthören –

Mit O. und Brahm bei Sacher genachtmahlt.–

5/6 Traum: in der alten Wohnung, Burgring, empfangen wir Kinder alle unsern Vater, und ich bin zu Thränen ergriffen, daß ich ihn so selten „in der letzten Zeit" sehe.–

Dictirt Medardus.–

Nm. am Medardus.–

Zum Thee Frl. Kipiany (die sich Monate nicht sehen ließ, offenbar ihr Elend verbergend, jetzt in einem Kloster als Pensionärin wohnt). Leonie Guttmann (über die literarische Bewegung in Ungarn).

Im Türkenschanzpark genachtmahlt: Leonie, Auernheimers, Wassermanns, Richard.–

6/6 S. Las Henriette Jacoby zu Ende; am Schluß sehr ergriffen.–

In der früh am Med. (wie jetzt fast immer). Mit O. spazieren, Pötzleinsdorfer Wald – Dornbach.– Telegramm von Dohnanyi (schon früh): Dresden hat die Pantomime angenommen. (D. hat sie auf meinen Rath Schuch vorgespielt.) –

Mama zu Tisch. Mit ihr ein Mendelssohn Quintett.

– Am Medardus.

O. aus dem Sanatorium (Erna) abgeholt.–

Zwei Einakter von Julie W. gelesen, die sie mir gestern übergeben. Kindisch.–

Stendhal, Renaissance Novellen (Oppeln) ausgelesen.–

7/6 Vm. Tennis.–

Zu Tisch Paul.–

Nm. die Nowotnysche Abschrift des Medardus zu lesen begonnen.

Im Wagen mit O. und Paul M. Weidlingbach; dort spazieren, dann Weidling, beim Straußen genachtmahlt. Wieder entzückt von der Landschaft; aber die rapide Verschlechterung des Gehörs – mit einer andern Zwangsvorstellung verbunden, Zukunftsgedanken umdüsterten mich.

Daheim noch die Medardus Abschrift weiter.

8/6 Früh bei Mama, dann bei Tante Irene; Felix und Julie begrüßen
(die mir u. a. von der Londoner „light o' love" Liebelei Aufführung
berichteten).
     – Einkäufe.– In der Stadt. Oscar Straus (über die bevorstehende
Uraufführung Cassian in Leipzig, was dazu?); Salten Frau und Kinder;
Reicher (60. Geburtstag), der sich jung wie ein Gymnasiast fühlt.–
Beim Zahnarzt.– Kaufwut: einen Panama- und einen Prixhut.
     Nm. an der Medardus Abschrift weiter.
     Frau Triesch zum Thee – ob ich ein Stück für nächste Saison habe;
ihr Kind etc.– Olga lernte sie kennen. Triesch fand, sie müsse wohl
„mit Ausdruck" singen.– Über die Ibsen Vorstellungen, konnte ihr
wahrheitsgemäß sagen, wie sie künstlerisch gewachsen sei.–
     Lantz kam, sich Brahm vorstellen, wo er eine Art dramaturgische
Stellung haben will.– Sehr stolz auf seine Regie von Feketes
„Verhüllter".–
     – Von Richards Olga und Heini abgeholt. Garten.–
     Sehnsucht nach eignem Haus und Garten.–
     Nach dem Nachtmahl neue Gedichte (Mscrpt.) von Winterstein und
neue Mscrpte von Ehrenstein gelesen.
     Mit O. über die Einakter von Julie W., die wirklich von unangeneh-
mer nicht nur „künstlerischer" Schäbigkeit sind.–
     Kopfschmerzen und heftige Angstvorstellung den ganzen Tag.
9/6 Vm. Tennis. (Tressler als Gast.)
     Paul zu Tisch bei uns.
     Nachmittag einige Briefe dictirt.
     Abschrift Med. ausgelesen.–
     Lantz, der Vm. mit Brahm gesprochen und den unverbindlichen
Auftrag erhalten, ein Tantris Regiebuch zu verfertigen.
     Mit O. Imperial, Brahm Adieu gesagt, vor dem Hotel auf und ab.
     Mit O. Johann Straußtheater: Borkman. Frau Landori, jetzt ver-
witwete Hevesi, Christine (Liebelei) aus Frankfurt sprach mich an, im
Logengang.–
     Mit O. im Sacher genachtmahlt.–
10/6 Gegen Mittag kam Julie Wassermann; ich sagte ihr meine
Meinung über ihre Mscrpte (auf ihren Wunsch) – sie weinte, that mir
fast leid, aber als ich ihrer vollkommenen Einsichtslosigkeit gewahr
wurde (sie stellte ihre Sachen „doch mindestens" Fulda und Bahr
gleich) wurde ich noch schonungsloser.
     – Bei Mama zu Tisch. Onkel Felix Julie, ihre Töchter, Alfred
Mandl, [Renni Meyer]. Ich spielte mit Felix einen Satz aus Tschai-

kowsky V.

– Collationirt zu Hause die Abschriften des Med. und trug die Correcturen ein.

Zum Nachtmahl Kapellmeister Walter, Richard und Paula. Die Unsicherheit des Hörens verleidet mir auch manchmal schon so kleine Gesellschaften. Müdigkeit und Melancholie.–

11/6 Vm. Tennis.– Paul zu Tisch.

Nm. letzte Correctur Ruf (3. Auflage).

Eintragungen.

Abends „Wenn wir Todten erwachen". Bassermann besonders im 1. Akt ließ mich bedauern, daß ich ihn für den „Hofreiter" im W. L. nicht werde haben können, er geht zu Reinhardt. In unsrer Loge Richard und Paula. Mit ihnen bei Meissl genachtmahlt; dann auch Wassermanns und Saltens. Fast peinlich öd, trotz viel Lachen. Äußrer Anlaß: die Taktlosigkeit Juliens (zu Richard: „... Im Herbst werd ich Ihnen etwas von Frl. Prager erzählen.") – innerer: die Grundlinien der Beziehungen.

12/6 Vm. bei Herzmansky; geschäftliches.

Bei Rosenbaum im Burgtheater ihm den Medardus bringen. (Natürlich total aussichtslos.) Schlenther ist nicht dazuzubringen, erzählt R., Stücke von Unbekannten zu lesen. R. liest ca. 250 im Jahr, wählt daraus 30, dann 12, dann 3 – die er Schl. zu lesen gibt... der liest sie nicht. Was thut er? R. „Vormittag telephonirt, Nachts trinkt er."–

In der Erzherzog Karl Ausstellung.–

– Nm. kamen Felix, Julie, Mama.–

Dr. Pollak, weil der Bub ein bißchen hustet.–

Mit O. zu Saltens, mit ihnen Türkenschanzpark, mit Richard, Paula, Wassermann genachtmahlt –

13/6 S.– In Plänen herum und manches notirt.

Zu Tisch Annie Strial-Sikora.–

14/6 Abreise mit O. Im Zug Houssaye 1815.

Nm. Ankunft St. Gilgen. Hr. und Frau Sikora erwarteten uns.– In der (neuen) Villa der Sikoras, schön gelegen.–

Wohnen Hotel Lueg (wie schon 2mal, 1904) – auf der Terrasse mit Sikora genachtmahlt; später kam Hofrath Burckhard.

15/6 Vm. Spaziergang mit O. Bei Sikoras gespeist. Direktor Lenk uns für morgen ladend. Das 7 monatliche Liesl, Annie Strials Tochter.– Herrlicher Sommertag.– Las Levetzows Philoktet, mit Eindruck.–

Nachtmahl auf der Terrasse mit Sikoras –

16/6 Mit O. nach Scharfling Plomberg (Bahn) – See – (Schiff) –

Unterach – (Elektrische Tram) – Weißenbach (Schiff). Dort zu Mittag.– Wolterhaus. Erinnerungen.– Ischl (Wagen) (Zauner) – Lueg (Bahn).– Mit Burckhard auf der Terrasse genachtmahlt. Seine Flucht aus dem Münchner Sanatorium. Allgemeines über Sanatorien, Ärzte u. s. w.–

17/6 Vormittag bei Burckhard; seine Bibliothek und seinen Garten besehen.–

In der Hochreitvilla Lenks (mit Sikoras) zu Mittag.– Lenk toastirte ehrlich naiv sympathisch auf mich. Olga weinte ein wenig. Ich dankte mit ein paar Worten. ... Daß man sich über dergleichen wunderte, bei uns wundern muß, ist wohl das wunderlichste an der Sache.–

Lese Ludwigshöhe von Bang, Wunderl von Hessel.

18/6 Früh 7 Burckhard abgeholt, mit ihm (übern Zinkenbach-Bauern) auf die Alm, die er auf 10 Jahre gepachtet und wo eben zwei nette Almhütten in Bau.– Er war sehr aufgeräumt; lebendig; wir redeten über allerlei auf dem Weg und oben, in Hütte und Wald.– Über Memoiren, Krankheiten, Ärzte, Stoffe; auch anekdotisches. (Benedikt, Neue Freie, der Bahr gegenüber nur klagt, daß Burckhard nicht national genug!–) –

Mit dem Hausmeister hinab; allein im Gasthof gegessen.–

Nm. die Ludwigshöhe gelesen.

Abd. auf der Terrasse mit Sikoras.

19/6 Mit O. Schiff Strobl, Bahn zurück. Nm. Wagenpartie Kreuzstein (Hotel) und zurück.

Auf der Hotelterrasse in Lueg mit Annie Strial (heut aus Wien) und Burckhard – der heut ganz der alte, jugendlich, lustig.

20/6 Brief von Haus; der Husten Heinis scheint doch Keuchhusten; rascher Entschluß zur Rückreise.– Spaziergang, Besichtigung Seehotel.–

Lenks Adieu gesagt. Bei Sikoras zu Tisch. Nm. gepackt, Ludwigshöhe zu Ende.–

Abreise Ischl. Auf dem Weg zum Hotel Kreuz Edthofer, Holzer, Frau Hetsey; vorm Café Ramsauer Girardi mir nach, stelle ihn O. vor; er dankt mir nochmals, für mein Telegramm zu seinem 40j. Jubiläum, solle ihm doch was schreiben. „Sie brauchen ja nur eintunken."– Schwüler Abend, Vorsaisonstimmung; auf der Terrasse Kreuz genachtmahlt, am Wasser; seltsam – Ischler Stimmung. Zur Bahn gegangen. Ab nach Wien. Auf der Bahn Jacques Pichler (Zahnarzt), nach langer Zeit (in Uniform).

21/6 Ankunft. Bub recht wohl; Husten, wenn auch krampfartig, mäßig.– Ordnung gemacht.–

Nm. kam Helene, auch Mama. Dr. Pollak, über den Sommer. O. soll möglichst vom Kind getrennt sein. Heini also vorläufig in Wien bleiben, wir möglichst bald nach Edlach, ich hin und her.–

Mit O. spazieren; Paula abgeholt, auf und ab mit ihr; sie sehr verstimmt über Richard, der nervös ist und „lebenssatt". Sündhaft!–

– Auf unserm Balkon genachtmahlt.

22/6 Vm. bei Herzmansky – Cassiancorrectur etc.– Dictirt Briefe, Plänchen.–

Nm. das W. L. vorgenommen, an der Exposition gebosselt.–

Mit O. (nach Geplauder mit Richard) Türkenschanzpark genacht-mahlt mit Treßlers und Speidels, viel gelacht. Höchst wienerischer Abend: die Musik, das Programm Ziehrers „Traum des Reservisten", der Kapellmeister (des bosnischen Regiments, an unserm Tisch ein paar Augenblicke) das naive Feuerwerk, die Gesellschaft neben uns, das Mädel das den jungen Menschen mit Obersschaum füttert, die Wirtstochter, die bildhübsche am Gasthausfenster über uns mit dem „eleganten" Courmacher und den Brüdern u. s. w.

23/6 Vm. Tennis. Sturm und Staub.–

Nm. die Exposition des W. L. gemodelt.

Spazieren. Ludaßy und Frau.–

Nach Tisch ein Gespräch mit Heini am Clavier (das seit ein paar Tagen bei mir steht, da die Wohnung schon für den Herbst umgestellt) über Orgel und Harmonium. Er ist entzückend in seinem Interesse.–

Mit O. über Möglichkeiten der Kainz-Wohnung, der den Haushalt hier auflöst.

24/6 Früh bei Mama und Besorgungen.–

Dictirt. (Exposition W. L. und Briefe.)

Zu Tisch Grethe und Mirjam Ziegel-Horwitz (aus Breslau).

Las Nm. Bahrs Tagebuch mit Vergnügen und Interesse; obzwar beinah jeder Satz ein Unsinn ist. Österreich, Menschen, Gestalten, Werke, – fast alles sieht er falsch; dieser wahrhaft freie Mensch ist der Knecht seiner vorgefaßten Meinungen, und jede seiner Meinungen ist „vor"gefaßt, da sie Zufälligkeiten ihre Entstehung verdankt und sich niemals logisch entwickelt.–

Abends kam Gustav, mit ihm, O., Mirjam im Türkenschanz-restaurant genachtmahlt.–

Nm. war Menkes da, zerknetscht und ein im ganzen hoffnungsloser Fall.

Baron Winterstein, der jetzt nach Absolvirung Jus allerlei medizi-

nisches und philosophisches studirt; offenbar begabt und klug über
seine Jahre.

25/6 Vm. Tennis.

Zu Tisch Mirjam Ziegel.

Gegen Abend Speidels.

Mit O. zu Mama. Julius Helene, Frau Altmann und Söhne...–
Hajek seit einiger Zeit magenkrank, auf Milchdiät; gegen Abend mit
Gisa in unsrer Gasse, ich begleitete sie mit Heini.

26/6 Vm. Besorgungen.–

Nm. dictirt Plänchen, Correcturen zum W. L.–

Leonie Guttmann zur Jause.–

Bei Paula und Richard.

Nach dem Nachtmahl (O. bettlägerig) in den Türkenschanzpark; wo
Richard Paula, Kaufmann, Leo Vanjung, Bella Wengerow, Kahler,
Wilhelminsky.

27/6 S. Regen. Vormittag und Abend ein wenig spazieren. „Herodes
und Mariamne" wieder gelesen. Einige Ordnung in der Bibliothek
gemacht.

28/6 Vm. ins Burgtheater, werde zu Schlenther, in seine Privatkanzlei
gebeten. Er hat Medardus gelesen, „mit wärmerer Antheilnahme als
irgendeines Ihrer Werke", kommt eben vom Fürsten Montenuovo, der
drei Bedenken hat: 1) Herzog Berry... 2) Schloß Schönbrunn 3) daß
die Wiener schlecht drin wegkommen. Erwidre auf 1) daß der Name
ohne weiters geändert werden könnte, auf 2) kaum zu ändern 3) daß
sehr brave Wiener vorkommen, Frau Klaehr, Eschenbacher – und daß
Eschenbacher in Wahrheit nicht einmal ein Wiener war.– Schlenthers
Bedenken: Schwierigkeiten im Scenenwechsel (17 Bilder) jeder Umbau
würde 20 Minuten dauern. Ich: Nicht nöthig, Rollersche Principien
eventuell anzuwenden. Frank kommt, hat schon Decorationsskizzen
gemacht; kurzes Gespräch, geht wieder. Schlenther sieht ein, daß keine
der Scenen zu streichen wäre; findet das Stück wie aus der Pistole
geschossen, erinnert ihn an Goetz; solle mit Frank näheres besprechen,
ihm möglichst bald Striche etc. senden. Besetzungsschwierigkeiten,
besonders Helene.– Zu Frank, über die Decorationen; es zeigt sich, daß
kein Umbau länger als 3–5 Minuten dauern müßte; Conferenz mit
Lefler für die nächsten Tage anberaumt.– Zu Rosenbaum, der überzeugt ist, daß das Stück aufgeführt wird – freilich große Kosten – 60–80
tausend Kronen, „aber die bringen wir sicher herein".

Zu Mandl, wo Rendezvous mit Olga. Mandl hat schon eine große
Operation gemacht. (Sprach auch seine Frau im Garten.) Medi-

zinisches.–

Erzähle Olga das Resultat; sie ist noch erstaunter als ich.–

Zu Tisch bei Mama, wo auch Tante Johanna. Mit Mama B Trio Schubert.

Mit O. Gespräch über Besetzungsmöglichkeiten des Medardus.

Med. ist das erste Stück, das ich eingereicht, ohne daß es ein andrer kennt. Auch O. kennt nur die frühere Fassung.

Will noch nicht an die Realität glauben; es wäre eine große Freude –

Mit O. Abends spazieren, im Türkenschanzpark genachtmahlt.–

29/6 Mit Heini Vm. spazieren. (Schießstätte etc.)

Tagsüber gepackt, geordnet.

Briefe geschrieben, auch an Brahm (der mir über Medardus (sehr günstig) u. a. schrieb).

Abd. mit O. Loge „Zwischenspiel": Tief verstimmt fort. Vor allem über mein Hören – rapide Verschlimmerung. Dann das Stück. Ich ertrag es gar nicht mehr. Furchtbar war die Witt. Kainz in Momenten sehr stark, aber zu verlebt und zu bös. Ein nicht unbegabter Herr Basch als Fürst koberlhaft. (Die Fürstenscene ist gut, und ein paar Dialogstellen in der Scene Amadeus – Caecilie im 2. Akt – sonst –)

30/6 Vm. im Burgtheater. Besprechung mit Lefler, Frank, Lehner; dann wurde auf der Bühne Basteiendecoration und Schönbrunn ausprobirt. Es. wird (mit gewissen Veränderungen in der decorativen Anlage der Basteienscene) gehn. Sprach dann in der Kanzlei Rosenbaum, der sagt, es hänge nur mehr davon ab, ob Montenuovo die nötigen 70.000 Kr. bewillige. Aber die Direktion wird die Eingabe machen und dafür einstehen, daß das Geld hereinkommt – es sei übrigens noch nie abgeschlagen worden.

Sprach in der Kanzlei die Ritscher, unten den sie erwartenden Lantz.

Nm. mit O. Abreise nach Edlach. Auf der Fahrt Varnhagen (über Bollmann) gelesen.– Ankunft im Regen.

1/7 Früh Spaziergang Waldandacht u. s. w.–

Zimmer für Heini gesucht, der wegen seines Hustens noch in Wien, und nicht im Hotel wohnen darf.

Nm. las ich zwei Erzählungen, Mscrpt., von Theodor Heinrich Mayer, durch Frau Orloff übersandt. Die eine, Herbstlied, anständig.

Mit O. Besetzung des Medardus besprochen.–

Lese Drut von Bahr und Lichtenberg.

2/7 Sprach Auernheimer (der bei Konried zur Cur ist).– Regen.

Begann W. L. durchzusehen und zu feilen.

3/7 Vm. Spaziergang Prein. Traf Holzapfel (der in Dörfl wohnt), wir
sprachen über Faust (ketzerisch), Mahler, Lipiner, – endlich Bahr,
Burckhard, die ich den Leuten verständlich zu machen suche.

Unwohlsein. Im W. L. weiter.

4/7 S. Endlich schönes Wetter. Früh im Garten im W. L. weiter.
Mit O. Reichenau Curhaus. Herr Just, Frl. Lubelsky etc.–
Am W. L. Spaziergang mit O.

5/7 Früh nach Wien. Heini hatte Fieber gehabt, ist nun aber wieder
ganz wohl.– Gisa zu Besuch. Consultation mit Dr. Pollak, über Heini,
ganz zufriedenstellend.

Heini, wie er mich Papiere zerreißen sieht, ganz entsetzt: „So
schlecht hast du gedichtet?!"

Nm. dictirt Briefe und Besetzungsvorschläge zum Medardus.

Dann kam Gustav, auch Erna.

Mit Gustav beim Holzer genachtmahlt.

Grethe erzählt mir, daß Lantz sich fälschlich als Geliebten der
Ritscher gerirte, um sich zu lanciren.

6/7 Mit Heini zu Gisa.– Besorgungen in der Stadt. Nach Edlach.–

Brahms Brief, er will für C. Mizzi, das er ev. zum „Konzert" von
Bahr geben will, nicht Tantièmen-Garantie zahlen. Ich beharre darauf.

Las O. den 1. Theil des Med. vor; bis zur Bastei; in seiner neuen
Gestalt zum 1. Mal. Starke Wirkung. Spaziergang mit ihr.–

Lese Guglias Gentz, sowie auch wieder sein politisches Tagebuch.

„Amourette" ein Stück von Cadol, das ich mir 97 in Paris des Titels
halber („Liebelei") gekauft.

7/7 Spaziergang.–

Nm. den 2. Theil Med. vorgelesen. Es wird noch manches zu
ändern, insbesondre in der Diction zu vereinfachen sein.

8/7 Vm. Spaziergang. Knappenhof etc. Traf Schauspieler Weiss und
Frl. Wreden (früher Burgtheater).

Lese 1815 von Houssaye. Napoleon auf Elba ein wundervoller
Stoff. Aber wo anzupacken.–

Nm. am Medardus.

Mit O. Spaziergang Reichenau. Frau Jaeger und Tochter (diese erst
vorgestellt).–

Auernheimer nach dem Nachtmahl.

9/7 Vm. Spaziergang über die Prein hinaus. Begegnung mit Holzapfel.
Über Hugo, den H. nur einmal besucht. (Hugo: Kennen Sie Kassner?... Wenn ein Genie in Österreich lebt, so kennt ihn keiner...)

Über Kassner und diese Sorte.–

Den „Biographen" Eisenberg und seine Frau gesprochen.

– Endlich Auernheimer; mit O. und ihm auf einer Bank über Salten, Herzl u. a.

Nm. am Medardus.–

Mit O. nach Wien. Südbahnhof gegessen, mit Frau Jerusalem und ihrem Gatten. Sie fährt nächstens nach Afrika, erzählt allerlei komisches von Wassermanns.

10/7 Vm. Consultation mit Dr. Pollak. Er glaubt, daß der Bub in 10–14 Tagen ganz gesund ist.

Nm. nach Edlach zurück.

11/7 S. Vm. Spaziergang neuer Weg nach Werning.

Nm. am Medardus.–

Lese Strindbergs Gothisches Zimmer.

Heute vor zehn Jahren kam Olga zum ersten Mal zu mir. Erinnerungen.

12/7 Spaziergang Hirschwang.

Trebitsch zu Tisch, gab ihm auf sein Ersuchen pouvoir zu Reinhardt (München) vom Medardus (dessen Namen ich aber nicht nannte) als nur für ihn möglich zu sprechen. Billardpartie mit Trebitsch.–

Auernheimer bei uns in meinem Zimmer.

– Ich schrieb scherzhaft Kritiken, voraussichtliche über den Med. nieder.–

Mit O. Domino.

13/7 Wachte 4 Uhr Morgens aus einem überraschend lebhaften Traum auf, den ich gleich flüchtig notirte: Bin zu Hause (Frankgasse?) eine Dame Frau Nandow kommt, mit Brief ihres Gatten, Direktors, wo mein Stück mit ihr in der Hauptrolle (welches Stück?) aufgeführt wurde, aber mißfiel. Ich weise Kritiken vor, daß es nicht so schlimm gewesen sein könne, die mir eben Observer geschickt, eine aus dem Tag von Anna F. unterschrieben, mit Elogen für Frau Nandow. (Vor vielen Jahren schickte der Direktor Linsemann seine Frau Sandow zu mir, sie wollte in einem Stück von mir gastiren.) (Im Traum war der Direktor Barnowsky.) Ich gehe mit Frau Nandow fort die ein wenig Olga Waissnix, ein wenig Olga und, wie mir erst jetzt einfällt Mme. Desprès ist, Gefühl großer gegenseitiger Zärtlichkeit, fast beglückend. Wir fahren auf einer Tram, ein Bursch, Plattenbruder mit seinem Mädel wollen brüsk aussteigen, mit ihrem Tandem; der Bursch hat weiße Piquéhöschen mit vielen rothen Bändchen, sie fahren auf dem Tandem die Straße weiter, eine Stufe aufwärts und der Bursch ruft „Hoch

Lueger". (Trebitsch erzählte gestern von einem Plattenüberfall auf den
Dichter Bartsch.) – Mit Frau Nandow vor einem Varieté, oder Theater? – ja richtig noch auf der Straße ich zu ihr: „Sie müssen mir von
ihrem Leben erzählen." Sie: „Ich bin nach Wien Ihretwegen gekommen". Ich. „Das ist ein Ende, kein Anfang." (Unbewußtes verkehrtes
Citat aus Medardus.) –

   Im Theater in einer Loge Léons Frau? oder Tochter? (sieht der
Frau Jerusalem im Traum ähnlich), Frau Nandow wartet im Logengang, oder ist es ihre Freundin, irgendwo Leonie Guttmann; ich
brauche eine Loge für 4 Personen; an der Kasse fehlt mir plötzlich eine
100 Kronen Note – ich verdächtige einen Herrn, eine Art von Geschäftsdiener, der sich zur Wehr setzt, ich muß mein Unrecht einsehn,
zahle – die Kassierin sagt: es ist die Loge im 2. Stock von Frankfurters; ich wundre mich, daß sie nicht in die Oper gehn, wenn doch die
Götterdämmerung ist. Ich kaufe für meine Damen 3fach gemischtes
Eis, habe noch 80 Kronen, endlich zurück, erzähle ihr mein Abenteuer;
es ist aber Herr Stieler, in Frack, er, sie? will die Hälfte zahlen – ich
finde Rubelscheine in meiner Brieftasche. Endlich find ich Zeit, das
P-oir aufzusuchen – Thüren in einer Art Hall mit großem Lesetisch –
ich höre die Stimme von Paula, die neben Gisa sitzt (die liest und sich
nicht um mich kümmert) – ich begrüße Paula, sie sagt: Jetzt haben Sie
geredet wie der Graf O'Sullivan („die Rahl – Drut!") – ich mache
einen Scherz und copire den Sullivan – – hier ungefähr erwacht ich.
Irgendwann sah ich auch Frau Nandow in weißem Kleid mit aufgelösten Haaren – und an der Kasse mach ich irgend einen Strohwitwerwitz.– Vor diesem Traum irgend ein Schwimmschulenbild, wo ein Herr
mit einer Dame (die ich übrigens nicht sehe) Turnübungen macht, die
ihm wegen Lebensgefahr und Unsittlichkeit (?) verboten werden.–

   Spaziergang. Auf einer Wiese gelegen und zu Med. notirt.–

   Nm. Streichungen des Med. begonnen.

   – Mit O. Spaziergang Reichenau.

   Fortgesetzt schlechtes Wetter.

14/7 Vm. Prein. Charles Weinberger und Familie –

   Nach Wien. Heini viel wohler.– Eintragungen.

   Nachtmahl bei Holzer.

15/7 Vm. Briefe dictirt.–

   Nm. bei Dr. Kunn, wegen Augenschmerzen; Beruhigung.

   Nach Edlach. Dr. Albert Weingarten im Coupé, u. a. über seinen
Schwager Karl Kraus.

16/7 Las zu Ende Bahrs „Concert", das mir Brahm gesandt; es soll ev.

zu Comt. Mizzi gegeben werden. Ich schwanke; ein furchtbarer
Schmarrn. Werde aber wohl doch – wegen persönlichen Verhältnisses
zu Bahr einverstanden sein.

Sonnleitberg.– Am Medardus.

In der Anstalt Konried Auernheimer besucht.

17/7 Früh am Medardus.

Mit O. Sonnleitberg, Aussicht.–

Nm. Med.–

Nach Reichenau mit O.: Frau Kolisch etc.

18/7 S. Am Medardus.–

Mit O. Hirschwang Spaziergang. Ameisengespräch auf der Bank.

19/7 Spazieren. Medardus.–

Mit O. Prein.

Las die „Verhüllte" (Fekete, vom Autor als Mscrpt. übersandt)
wenig Talent aber viel Widerwärtigkeit.

20/7 Am Med. Vm.

Kaufmann, Leo Vanjung, Bella Wengerow erscheinen.–

Nm. holten wir Heini von der Bahn, der vorläufig nah von uns bei
Greißler Schoner wohnt.

Allgemeiner Spaziergang.

21/7 Vm. mit Heini Knappenhof.

Nm. Medardus.–

22/7 Vm. mit Leo, Kaufmann, Bella Sonnleitberg.

Nm. reisten sie ab.

Am Med. Schwierigkeiten des 4. Aktes.

Liesl kommt an; wir hatten sie eingeladen.

23/7 Gustav kommt an.– Spaziergang mit ihm.

Dr. Schönbrunn und Frau kommen an.

Tennis mit Schönbrunn.

Nachtmahl im Raxhotel.

24/7 Vm. mit Gustav bei Auernheimer.

Am Medardus.

Spaziergang mit Schönbrunn etc.

25/7 S. Mit Gustav, Hrn und Fr. Schönbrunn übern Sonnleitberg Prein.

Am Med.–

Tennis.

26/7 Vm. mit Heini und Liesl nach Reichenau; bestellte Heini eine
grüne Weste; Grethe aus der Brühl. Sie fährt vielleicht nach Amerika.

Nm. am Med. Schwierigkeiten.

Tennis.

27/7 Vm. mit Gustav und Schönbrunn Knappenhof.–

   Am Medardus.–

   Nm. nach Reichenau mit Gustav, O. aus dem Kurhaus abgeholt.

28/7 Früh mit Gustav Semmering. Dr. Auernheimer Frau und Töchterl.
Mit A. und Gustav (ein Stück von Frau A. und Kind begleitet)
Ortsbauer; mit A. bis Edlach.

   Gespräche über Stoffe allerlei Art; ich rieth dem Auernheimer
Napoleon auf Elba.–

   Nm. am Medardus.– Gewitter.– Briefe.

   Abd. Billard mit Schönbrunn.–

   – Lese Lagerlöf, Nils Holgersson, 2. Band (außerordentlich –Weltli-
teratur–!) Madelung, Jagd auf Thiere und Menschen.–

29/7 Reichenau mit Heini.

   Am Med.

   Tennis.

30/7 Auf einer Wiese gearbeitet.

   Medardus.

   Tennis.

31/7 Ankunft Paul Marx.

   Tennis.

   In der N. Fr. Pr. eine halbwahre Notiz über Medardus „Der junge
Herr Medardus",– Burg und Lessingtheater etc.– Ich telegrafire an
Reinhardt, der durch Trebitsch verständigt mich um das Stück ersucht
hat.–

1/8 Vm. mit O. und Paul spazieren.

   Med.

   Tennis.

2/8 Am Medardus. Gewitter.

   Carambole mit Schönbrunn.   .

3/8 Regen.

   Medardus.

4/8 Medardus fürs Burgtheater fertig gemacht.

   Liesls Abreise. Bin mit ihrem Zustand nicht zufrieden.

5/8 Med. ans Burgtheater abgesandt.

   Regen. Carambole.

6/8 Früh Semmering, im Gewitter zum Sanatorium, dort Hajek und
Gisa besucht; über den Ortsbauer zurück nach Edlach.

   Am Med.–

   Carambole.

7/8 Mit O. nach Wien. Eine Wohnung besichtigt Pötzleinsdorferstr. 28,

Vorbesichtigung durch Paul ließ beßres vermuthen. Unmöglich.

Türkenschanzpark mit O. Mittag.

Richard kam uns entgegen; reist übermorgen an den Lido. Neulich starb seine Tante, leicht, ohne Krankheit, im 75. Lebensjahr – er schrieb mir: das Schicksal prügle ihn doch zu oft.– (Wie neulich Paula sagte: „Das Haus – das hat uns grad noch gefehlt.") –

Nach Edlach zurück.– Spazieren.– Carambole.

8/8 Früh auf den Sonnleitberg; vor mir zwei Paare, ein ältrer Herr mit jungem Mädl, ein jüngrer mit der seinen. Dies letzte Paar küßte sich – – Hievon ausgehend wohl Episoden-Einfälle zum „Teich", der ganze Stoff wird lebendiger. Sitze auf einer Bank an einer Wegscheide, empfinde das Unwiederbringliche der Jugend schmerzlich bis zu Thränen. Zugleich Empfindung der Besonderheit ohne Eitelkeit. Wie „Liebelei" „das Stück" meiner Dreißig, Eins. Weg und Lebend. Stunden meiner „Vierzig", so könnte der Teich vielleicht das der „Fünfzig" werden.–

Abend Tennis.

9/8 Früh letzten Act Medardus zum Druck fortgeschickt.

7. Geburtstag Heinis. Geschenke.

Schönbrunns reisen ab.

Nm. Hajeks zur Jause.–

Heini verlor sein eben geschenkt erhaltnes Fernrohr (gestohlen).

10/8 Spaziergang Kreuzberg.– Melancholie des abgeschloßnen Werks.

Decorations Skizzen zum Weiten Land entworfen.

11/8 Vm. bei Holzapfel, mit ihm im Wäldchen hinter seinem Garten. Gußregen.

Nm. in Plänen.

12/8 Früh zu Fuß auf den Schneeberg. In der Eng traf ich Frau Kallina mit Gemahl (Dr. Witrofsky) und einem dicken ältern Herrn, der aber um 4 Jahre jünger war als ich. Zusammen bis zum Lakaboden in Gesprächen über Goethe, Burckhard, Mitterwurzer.

Nm. vom Schneeberg Bahn Grünbach. In einem miserabeln Gasthof miserabel genachtmahlt, miserables Zimmer.

13/8 Wenig, schlecht, geschlafen. Früh $^1/_2$6 auf die Hohe Wand Eicherthütte. Bald zurück. In der Bahn Prof. Wertheim.

Zu Mittag daheim. Nach einer kalten Übergießung heftiger Hexenschuß mit Athembeschwerden.–

Nachmittag viel geschlafen.–

14/8 Billard mit Schönbrunn.

Lese Lie, Ehe.

15/8 S. Tennis.

16/8 Spaziergang mit O. Ideen zur bereits entworfnen Novelle Mutter u. Sohn.

Tennis.

Ein Brief Dr. Oppenheimer, der die Geschmacklosigkeit hat mich in echtem Glossy Stil, devot – zur Mitarbeiterschaft an der Österreichischen Rundschau wieder einzuladen – und dazu noch um billige Preise zu ersuchen!–

17/8 Spaziergang auf die Bodenwiese, angeregt durch Stellen in P. Altenbergs „Märchen des Alltags". Herrlich. Zurück über Lakaboden.

18/8 Helene und die Kinder zu Tisch (Hotel Rax).–

Tennis mit Schönbrunn, seiner Cousine und Frl. Herzenstein.

Satzcorrecturen zum Med.

19/8 Correcturen.

Tennis zu viert.

Lese Geijerstams „Komödie der Ehe". Nichts für mich.

20/8 Brief Schlenthers – mit langen Notizen (und Besetzung des Medardus) – der im ganzen so ziemlich zurücknimmt, was er mir mündlich gesagt – die divergentesten Vorschläge macht, das Stück, das ihn an Götz erinnerte, ein anmutiges Monstrum nennt, kaum aufführbar, Zusammenziehungen fordert, die er mündlich als unmöglich bezeichnet, das ganze aber immerhin noch discutabel nennt. Natürlich ist in der Zwischenzeit etwas vorgegangen. Wie kann man sich je einbilden, daß ein Mensch sich ändert?–

Die letzten Correcturen, 4. und 5. Akt. Das ganze liegt nun in Druck vor mir. Ich bleibe dir treu, Medardus! Auch innerlich. Wir werden sehen, was Reinhardt sagt, dem ichs in München vorlese. An die Burg glaub ich nicht mehr. Ein Brief, den ich an Schlenther schreiben werde, ist in Hinsicht auf Zweck belanglos.

Abends Tennis. Verstimmt.

21/8 Früh fort aus Edlach, nach schlechter Nacht. Das Hotel war schlecht gewesen, Zimmer gut, Park sehr schön. Die Luft zu matt.

Ankunft in Wien.

Mit dem Brief an Schlenther beschäftigt.– Der Nowotny dictirt, auch die Aufzeichnungen Schlenthers.

Gegen Abend Julius, dem ich die neueste Schl. Sache erzähle und der es für zweifellos hält, daß die Sache von oben ausgeht. Vorgang wahrscheinlich so. Die Notiz stand Ende Juli ärgerlicherweise in der Zeitung. Irgend jemand vom Hof (Marie Valerie) äußert zu Montenuovo, der in Ischl war, mißliebiges über mich – M. schreibt an Schlenther

etwa: Von der Aufführung des M. wollen wir doch lieber absehen...
Schl. nimmts auf sich, die Sache – „künstlerisch" zu begründen.

22/8 S. Vm. dictirte ich Briefe an Schlenther, ruhig – ein mündliches
Fortsetzen wünschend; an Oppenheimer – erledigend,– an Jarno (Kündigung Anatol, Puppenspieler, Wurstel) –

Nm. in Plänchen herum.

Abends Schwarzkopf bei uns; auch ganz überzeugt, daß die Med.-
Sache von oben ausgeht.–

Verstimmt; doch meistens wegen der Ohren. Wie nebensächlich
alles andre daneben.

23/8 Vm. Stadt, Besorgungen.

Las Keyserling, Beate und Mareile.

Abends Abreise. Auf der Bahn Dr. Foges.

24/8 München.– Englischer Garten.– Albert Steinrück vor dem
Hoftheater.– Ein paar Worte mit der Sorma und ihrem Gatten.– Bei
Gusti Glümer.– Im Hotel (Jahreszeiten) Dr. Owsley, der vor ca. 20
Jahren bei meinem Vater Curse gehört hat.

Mittag im Hotel mit Albert, dem ich das Du antrage.

– Lantz, zuwider, besucht mich.

Bei Albert. Seine Zeichnungen aus Irland.

Im Schauspielhaus „Hinterm Zaun" von Rößler. Mizi Glümer
spielte eine alte Rolle, humoristisch, sehr gut. Mit ihr und Gusti in der
Jahreszeiten Bar soupirt.

25/8 Glümers und der Bub im Hotel zu Besuch. Ich bitte Mizi, sie solle
sich um die Briefe kümmern und mir senden (sie liegen jetzt in einer
Kiste in Wien bei ihrer Mutter) – Verdämmerndes Leben der beiden
Schwestern.–

Ein paar Worte mit Max Halbe auf der Maximilian Straße.–

Mit Albert und Liesl im Hotel gegessen.

– Abends Künstlertheater: Gespenster (Sorma, Moissi). Sprach
Moissi; Speidels, Hirschfelds, Vollmoeller (seine Frau und Schwester).

Soupirt mit Reinhardt, Heims, Moissi und Frau, Kahane, Hollaender, Liesl, Albert, Maler Berneis.

Das äußerliche für die Vorlesung erledigt. Offenbare Angst der
Leute vor der Länge, den Verwandlungen.

26/8 Japan Ausstellung.

Mit Owsley und Frau gegessen.–

In die Villa mit Hollaender und Liesl, Ludwigshöhe, wo Reinhardt
mit der Heims, dem 10m. Kind, Frau Löwenfeld wohnt. Regenwetter.
Las Vorspiel, 1. Akt, 2. Akt $^3/_4$7–9; dann Nachtmahl – 3. 4. 5. $^1/_2$11–1.

Rasendes Tempo. Manches recht gut. Anwesend: Reinhardt, Kahane, Hollaender, Liesl; beim 2. Theil auch Frau Löwenfeld. Die Heims kam nach dem Theater.

– Wirkung im 1. Theil stärker als im zweiten; wo viele Längen empfunden wurden. Über die Besetzung wurde schon viel gesprochen. Deutlicher innrer Widerstand (persönlich) der Dramaturgen.

27/8 Liesl abgeholt. Dr. Mayer. Besorgungen.–

Mit Mayer, Liesl Albert gegessen (wie immer Jahreszeiten).–

– Künstlertheater: Hamlet.

Soupirt mit Reinhardt, Heims, Kahane, Hollaender, Sterns (Maler).

28/8 Früh Bela Haas.–

Einkäufe.–

Mit Liesl, Georgs, Speidels gegessen.–

Residenz Theater: Natürliche Tochter. Albert gab den Secretair.

Soupirt mit Albert, Reinhardt, Liesl, Hollaender, Kahane, Wegener, Vollmoeller. Viel über Luftschifferei, mit der sich jetzt V. beschäftigt. Er war amusant.

29/8 S. Béla Haas beim Frühstück.

Autofahrt um den englischen Garten.

Bei Liesl zu Tisch (Gedonstr., über Brann, der abwesend), mit Albert und Mayer.–

Abends Künstler Theater: Lysistrate.

Im Continental mit Reinhardt, Hollaender, Kahane, Hatvany, Stern u. a.

Auch diesmal mit R. viel über den Medardus. Er möchte ihn offenbar, innerlich, geben, fürchtet sich aber äußerlich vor Länge, Kosten, Unsicherheit des Erfolges. Dazu die Dramaturgen. Ich und er verstehn einander sehr gut. Mensch von Charme, vielleicht Genie, aber in der Tiefe ohne Urtheil, am Ende sogar träge, trotz der ungeheuern Arbeit die er zu leisten scheint.– Ich soll nun in 10 Tagen mein Mscrpt. (Druck) mit Strichen zurück erhalten, worauf ich mich äußere, worauf Entscheidung. Halte die Sache für total hoffnungslos – was sich ändern würde, wenn die Burg die Sache annähme, was nicht der Fall sein wird.

30/8 Nach Hohenschwangau. Hotel Alpenrose. Schloß. Alpsee. Spaziergang.

31/8 Schloß Neuschwanstein. Was für ein Gemisch von Snob und Schmock und Naivling, dieser wahnwitzige Ludwig.– Gegend so schön; Schloß (innen) unerträglich.

Zurück München. In der Bahn: Serao, „nach der Verzeihung". Im

Hinfahren: Eulenberg Der natürliche Vater. Wieder: Stil, ja in größt-
möglicher Reinheit – aber keine Persönlichkeit.

Bei Liesl und Albert; allein in der Bar (Jahreszeiten) genachtmahlt.

1/9 Vm. bei Vollmoeller – Bavariaring, in einem Atelier. Köstliches
von Reinhardt. Der ließ ihn neulich plötzlich holen – will ein Stück bei
ihm bestellen: soll eine Rolle enthalten für Bassermann, die Durieux –
Moissi müsse eine Art Hochstapler spielen; Spiritismus und die Eulen-
burgaffaire müsse hineinspielen; das wichtigste guter Ausgang, – und
daß das Publikum das Gefühl habe, unter sehr gut angezogenen, fein
essenden Leuten zu sein – Später Hollaender – der Vollmoeller sich als
Mitarbeiter anträgt, weil er (H.) die Aristokratie so gut kenne...

Und ich, der diesen Leuten den Medardus anträgt!–

Zu Tisch mit Albert, Liesl, Gusti Glümer.–

– Nachmittag sah ich mir meine Einakter Stoffe durch und entdeckte zu manchem den Henkel.–

Exc. Speidel besucht mich, sehr nett, wegen Aufführung einiger
meiner Sachen.

Im Kinematographischen Theater – U. a.: Zeppelin in Berlin und
sein Gespräch mit dem Kaiser.– Welche Wunder!–

Mit Albert in der Bar; auf die Bahn. Abreise.

2/9 Wieder in Wien. Ordnen. Frau Bloch wohnt schon da.–

Nm. Mama. Später Otti Metzl mit Paul,– endlich der Hausherr,
über die neue Wohnung.

Nach dem Nachtmahl mit O. spazieren. Wie gut, wieder bei ihr zu
sein.– Sie ist Heimat und Sinn meines Lebens.

3/9 Vm. Besorgungen. Dampfbad (76 Kilo 2) –

Nm. u. a. den alten Scherz „Leuchtkäfer" angesehn, den ich feilen
und (Weihnachten) veröffentlichen werde. Abends bei Mama, Familie.–

Bin tief verstimmt, vor allem durch das Ohr. Es wird täglich
schlimmer.–– Auch daß meine Hoffnungen die Aufführung des Med.
betreffend aufzugeben sind, ist ärgerlich – Aber im ganzen sähe das
Leben mich heiter an, wenn nicht der ewige Lärm in den Ohren wäre,
Tag und Nacht – und mir selbst das Hören im engen Kreise schon
anfinge Mühe zu machen.

4/9 Vm. Spaziergang Pötzleinsdorf, Dornbacher Park.– Stoffe überdacht, den alten der „Ritterlichen" u. a.–

Nm. etliches notirt.

Mit O. und Heini nach Schönbrunn; Menagerie. Heini hat neulich
eine Kinderpost geschenkt bekommen, wo auch ein kleines Tintenfaß
dabei. Nun wünscht er sich zu seinen Marionetten dringend einen

Kaiser, da er um das Tintenfaß herum folgendes Stück gedichtet hat:
Der Kaiser dictirt dem Minister ein Telegramm, der Minister schreibt
es, dann geht der Kaiser es aufgeben – Neulich: „Ich freu mich doch
schon auf die Schule: der Bronner hat eine Zipfelmütze, die werfen wir
ihm in den Schnee, das ist so lustig."–

– In den Abendblättern Artistisches Programm Schlenthers, die
Novitäten bis Weihnachten – kein Wort von mir. Im ganzen ist es doch
das empörendste seit Beginn meiner Theatercarrière. Und man ist
total wehrlos.

5/9 S. Vm. spazieren Hohe Warte etc.–

Mittag Mama bei uns; mit ihr ein Haendel Concert.

– Nm. gelesen, zu einaktigen Plänen notirt; die Affaire Med.
aufgezeichnet, einen Einakter (vorläufig „Die beiden Künstler") begonnen, ohne Glauben daran.

Zum Nachtmahl Gustav. Über die Schlenther Sache; über Hugo,
Richard.–

6/9 Vm. Tennis. Else Speidel, Salten.

Geärgert (unverhältnismäßig) durch einen Brief Kauser an Fischer,
amerikanische Contractsachen mit Literatur.

Nm. Frl. Frieda Pollak, vielleicht neue Secretairin. Mit O. zu Salten
zum Nachtmahl. Else Jerusalem.

7/9 Vm. im Wagen mit O. und Heini Sophienalpe. Dann zu Fuß
Steinriegel, kleine Waldirrung, Wagen wieder über Weidlingbach Sievring zurück. Entzücken über die Gegend und beinah Trauer über die
totale Vernachlässigung durch Einheimische und – natürlich Fremde.–

Nachmittag las ich das „Wort" wieder durch, die 5a. Tragikomödie
von 1906/7; fand gute Einzelheiten, im ganzen ist sie nicht zu
brauchen.

An dem Einakter weiter.–

Empfand mit besonderer Schwere das Ohrenleiden in seiner Unauf-
haltsamkeit. Philosoph bin ich nicht.

8/9 Vm. Tennis.–

Nm. am Einakter weiter.

Mit O. spazieren.–

Lese Houssaye, 1815, 1. Bd.– Shaw, Essays. Andrejew, „der Gedanke".

9/9 Vm. mit O., Heini, Fräulein Strandbad „Gänsehäufl", zum ersten
Mal.–

Nm. dictirt Briefe; die beiden Künstler. Daran weiter, ohne
Glauben.

10/9 Vm. Tennis.–

Nm. unter allerlei Plänen. Der Abenteurer Stoff wird greifbarer. Diesen und den Weiher kurz mit O. (die schon beide kannte) besprochen. Im ganzen kommen in Betracht von mehraktigen: Abenteurer, Weiher, Geschwister, ev. Prinzessin Sibylle;– Verführer nicht zu vergessen – in Abstand: Bernhardi und Journalisten (diese letztern drei schon begonnen); Einakter: Der Vorige, Komödiant, Landsknecht, – das Schauspielerstück in einen Akt condensirt; von Novellen vorerst: Mutter u. Sohn, der Mörder seiner Geliebten und manches kleinere.–

Abends las ich in Graef „Goethe über seine Werke", den Abschnitt über die Natürliche Tochter.

11/9 Vm. Gänsehäufel mit Heini, Fräulein, Else Speidel und Elschen.

Nm. wie meist Clavier gespielt und gelesen (Shaw). Dictirt (Frl. Pollak) Skizzirtes (Einakter Eifersucht u. a.) – die Schlenther Sache.

Abends Zeitungsausschnitte geordnet.

12/9 S. Vm. mit Heini Dreimarkstein – Sievring –

Zu Tisch Mama da, mit ihr ein Mendelssohn Quartett.–

Mit O. einiges Schubert versucht; auch zum Singen begleitet (Onegin, Pique Dame).

Helene zu Besuch.–

Las das ganze „Weite Land" in der neuen Abschrift von der Nowotny durch. Es scheint mir vor allem ein gutes Theaterstück; in vielem etwas gröber gearbeitet als meine Sachen sonst sind. Ein paar Dialoge schnarren noch.–

13/9 Vm. Tennis: Dr. Abels den ich zufällig auf dem Telegraphen Amt getroffen, wo ich ein Antwort Telegramm an Kahane aufgegeben (Fristverlängerung etc.) – Frl. Mandl, Salten (vom Manöver zurück).– Dr. Schönbrunn und Frau kamen.– Im Nachhausfahren 2 Worte mit Else Speidel.–

Olga schon seit dem Morgen in mäßigen Wehen.–

Las Nachmittag Nils Holgersson zu Ende; einiges aus den Briefen Goethes Mutter, etwas Poe – meist Houssaye 1815 (défection de Ney).–

Sah meine Aphorismen, über Kunst, Kritik, dann das andre durch.

Hatte ein wenig Meistersinger gespielt. Um $^1/_2$8 kam Mandl, um 5 Min. nach 9 kam ein Mädl zur Welt; Lili. Das Wetter war Tags überheiß gewesen; als die stärksten Wehen anfingen, recht windig; der sich nach Lilis Erscheinen wieder legte.

Am Vormittag war Julius, Nachmittag Mama und Gisa einen Moment dagewesen.

Nachtmahlte allein. Setzte noch einige Telegramme auf, las Poe Humoresken (Thingum Bob). Es schien mir, als ich auf den Balkon trat, als flimmerten die Sterne stärker als ich sie je gesehn.– Meine Stimmung war nicht rein; durch das unerträgliche Vogelgezwitscher gestört.

14/9 Vm. Richard da (vom Lido).– Mama, Prof. Mandl, Dr. Pollak.–
In die Stadt, Mscrpt. aus der Bank holen. Ossip Dymow erscheint, mit Anträgen wegen Reigen Übersetzung, Inszenirung etc.

Nm. gelesen, dictirt, Briefe.–
Später in alten Sachen.

15/9 Vm. Tennis.–
Nm. müd, eine Weile im Bett.

Prof. Bernhardi, den ersten vollendeten Akt durchgesehn, einige Lust zu dem Stück. Man könnte viel Ekel hinein dichten und aus sich heraus.

Dr. Kaufmann, aus Marienlyst zurück. Hatte in Berlin u. a. Heimann gesprochen, der, als Angestellter Fischers den Anfang des Med. gelesen und wie es scheint schon am Werk ist zu verkleinern – „scheint eigentlich ein kurzes Stück, das ich nur lang gemacht".–

Ossip Dymow von $^1/_2$5–7. Über Verwerthung meiner Sachen in Rußland. Will ihm meine letzten Stücke zu ev. Übersetzung geben.–

Er erzählt mir weiter interessantes über die politischen Zustände in Rußland, persönliche Gefährdung. Am Ende entwickelte er eine Kunstphilosophie, die mir in ihrer Geistreichigkeit und Suche nach Analogien zwischen sexuelem und productivem nicht behagte.–

– In alten Sachen.

Olga hat noch viel Schmerzen. Lili ist sehr wohl.

16/9 Vm. Mama, Mandl, Pollak etc.–
Mit Heini zu Richard. Paula und die Kinder. Rieth Richard, wegen Paula einen vernünftigen Arzt zu nehmen.

– Dictirt Skizzen zu Journalisten.–

Abends mit Herrn Eder über den ev. Vertrag für die neue Wohnung.

17/9 Vm. Tennis.– Mit Salten über Heimann etc.

Den Nachmittag fast ganz an Olgas Bett.

Vorm Tennis beim Bezirksarzt über die sanitären Zustände in der Hausmeisterwohnung.

– Abends bei Mama, Julius, Helene.– Krankheit der Tante Johanna. Luftschiffahrt. Nordpol (Peary, Cook), russische „Verluste".

18/9 Vm. mit Heini Naturhistorisches Museum; dann zum Schneider;

traf Geyer (der von Rosenbaum angeblich gehört, Med. werde aufgeführt), dann Dr. Schönbrunn, zu Heinis Freude, der uns begleitete.
Heini brachte seiner Schwester Veilchen, ich O. Rosen.–

Nm. dictirt Briefe.

Trebitsch zu Besuch. Grethe und Erna.–

19/9 S. Vm. bei Hrn Eder – hatten uns entschlossen, von der untern
Wohnung wieder abzusehn; Erledigung.–

Speidels zu Besuch.

Ziemlich indisponirt, Abends ein wenig spazieren. Kopfweh seit
Tagen.

20/9 Vm. Tennis.–

Nm. gelesen, und in alten Sachen.

Heini, mit Gisa und Margot nach Hause, erzählte charmant von
Prater und Grottenbahn.–

Begann Ewers' „Mit meinen Augen" zu lesen — —

21/9 Vm. Matrikelamt wegen Lili. Herr Brösler („schreiben auch fürs
Burgtheater . . . ?").

– Nach Hietzing. Trebitsch nicht angetroffen. Durch den Park
zurück.–

Nm. an Deimel geschrieben, von dem neulich nach langer Zeit
wieder Briefe kamen.

Dictirt Briefe.– Der Pollak die Systeme meiner Ordnung erklärt.

In Didring, Hohes Spiel, Burg, mit Speidel. Wie in einem Vogel-
haus, in das leise Menschenstimmen klingen. Und noch immer nicht
philosophisch genug, es hinzunehmen. Das Stück geschickt, construirt,
etwas verlogen. Falsch besetzt.– Mit Sp. im Löwenbräu genachtmahlt.

22/9 Vm. Tennis.–

Nm. kleine Bemerkungen zum Schauspielerstück (Einakter ev.) –

Nina Kipiany und Gustav Schwarzkopf zum Thee. N. K. im Kloster
Seegasse wohnend, jetzt für Klavier sich ausbildend.

Gustav blieb übers Nachtmahl. Über die verschiedenen Ärgerlichkeiten, die ich nun mit den Theatern habe. Schlenther, der sich nicht
meldet (gestern schrieb ich ihm) – Reinhardt, der seine (gewiß negati-
ve) Entscheidung immer hinausschiebt; Weisse, der dumm und frech,
nichts von sich hören läßt. (Ruf des Lebens, ich hatte ihm einen
läppischen Contract nicht unterschrieben.) – Gespräch darüber, wie
denen „unten" das Los eines „arrivirten" beneidenswerther erscheint.
Der ganze Unterschied, sagt Gustav, daß man mit den Ablehnungen
hinausgezögert wird.–

23/9 Früh Brief des Hausherrn: Bosheit der Partei Fischel, die nicht gestatten will, daß die „schon vermiethete" Wohnung neu besichtigt wird. Sprach mit Eder und setzte ihm einen Brief auf.–

Kam Textbuch und Klavierauszug Kassian, spielt ihn durch, fand ihn sehr hübsch und (nicht ganz echt –) einfach; Linie Mozart – Schubert.–

Spazieren Dornbacher Park.

Der Bub etwas unwohl. O. sehr nervös.–

Dictirte Briefe. Engagire Frieda Pollak als Secretairin.–

Hertzka, Volkstheater, Vertrag über Ruf. Verlange 3.000 Garantie.

24/9 Vm. Dr. Pollak. Bub schon ziemlich wohl.–

Nm. Hertzka (auf 2.000 zurück),– Mama, Frau Salten, Agnes Speyer (verlobt, Münchner L. G. Rath), Else Speidel.–

Telegramm von Reinhardt, Kahane, Hollaender – nicht zu erfinden, selbstcarikaturistisch.– Bereit Med. annehmen, – wenn ich mit den Strichen einverstanden (also genau so weit wie vor 4 Wochen – denn sie haben die Striche natürlich noch nicht gemacht) – hingegen möchten sie gern – jenes andre Stück „zur Lecture", Bassermann, eventuell Aufführung heuer, etc... – Ich antworte: zuerst Striche senden – dann weitere Verhandlung etc.–

– Das einaktige Schauspielerstück („Lügenwelt"?) nach der heitern Lösung hin ein wenig überdacht... Aber noch unfähig zu arbeiten.–

25/9 Prof. Mandl Vormittag; Olga gesund.

Tennis.–

Nm. dictirt Briefe, Plan zur „Lügenwelt".

26/9 S. Mit Heini Cobenzl, Himmel.– Gespräch über Ausgrabungen, Thermen Caracalla, Diocletian-Palast – Pompeji – nichts interessirt ihn mehr. ...„Wenn man hier graben würde, möchte man noch Pistolen oder Helme aus der Türkenzeit finden – ?" – „Aber doch aus der Franzosenbelagerung." Wie wir, im Herbstglanz in der Meierei Cobenzl saßen, er, kindhaft, das Glas in beiden Händen die Milch schlürfend – schon ein Bild, dessen Wirkung in zehn, zwanzig Jahren man sich vorstellen konnte, alle Ergriffenheit vorwegnehmend (und doch nicht verschwendend).– Im Hinabgehn erzähl ich etwa den Inhalt meiner alten Erzählung Reichtum (wegen des vergrabnen Geldes) – „Daraus solltest du ein Stück machen." – Wie –? „Also erster Akt vor dem Wirtshaus, zweiter Akt, wie der Mann mit dem Grafen in der Equipage sitzt und durch die Straßen fährt." – Das geht nicht gut auf der Bühne. „Es müßte eben eine sehr große Bühne sein..." –

Nachmittag stand O. zum ersten Mal für eine halbe Stunde auf.–

Helene zu Besuch.–

Vm. war, während meiner Abwesenheit, Wassermann (aus Aussee zurück) dagewesen, hatte O. von Hugo und Heimann erzählt;– wir mußten uns aus der Luft retten, die er zurückgelassen. O Menschen.–

Mit O. abends, nachdem ich Lili auf dem Arm gehalten, mit Rührung diesen erwachenden Kinderblick auf mir gefühlt, über Kinder, unser Verhältnis zu ihnen. Daß man sie gewissermaßen nur bis zur Pubertät behält – und sie erst wieder hat, wenn sie selbst Kinder bekommen. O. „Drum wünscht man sich vielleicht Töchter, weil man sie früher zurückkriegt...“ – Über die Unheimlichkeit des Lebens – Vergangenheit noch tiefer als die Zukunft.–

Notirte einiges zur Lügenwelt (als ernstes Stück), begann nach dem Nachtmahl „Der Vorige“ zu schreiben.

27/9 Tennis Vm.– Wassermann u. a.

Nm. am „Vorigen“.

Lese besonders 1815 (1. Band); David („Hanna“) – Pitaval (Bocarmé, Bd. 19). –

28/9 Brief von Schlenther, liebenswürdig, aufschiebend, mit mehr Aussicht auf „Leb. Stunden“ als auf „Medardus“.–

Bei Gustav. Besorgungen.

Nm. Med. neu zu streichen begonnen.

Paul Goldmann kam 5, bis $^1/_2$ 8, ganz nett, spielte ihm den Straus'schen Cassian vor, der ihm sehr gefiel.

29/9 Vm. beim Häuseragenten Loew in vagen Gedanken eines Hauskaufs.–

Nm. dictirt Briefe (an Schlenther).

30/9 Vm. bei Richard.– Über Paul G.; der so entzückt von uns – nur um Gotteswillen über keine Uraufführung eines meiner Stücke zu berichten haben wolle – oder über Richards.– Nicht ohne Groteskerie. (So charmante Freunde zu haben ... nur leider ganz talentlos ...)

– Spazieren. Wohnung angesehn. Diese Preise! – Was wird man thun ?–

Nm. gestrichen. – Dictirt Beginn „Der Vorige“.–

– Else Speidel und Frau Schönbrunn zu Besuch.

1/10 Vm. Tennis.

Mittag Mama; mit ihr ein Mendelssohn Quartett; (gestern eine Mozart Symphonie).–

Striche am Medardus.–

Trebitsch und Frau zum Thee.–

– Zum Nachtmahl bei Mama. Familie.

2/10 Vm. spazieren Schafberg, Pötzleinsdorf.

Nm. Striche etc.–

3/10 S. Früh Vöslau; durch den Ort, Waldandacht, Jägerhaus Eisernes Thor; zum ersten Mal. Das Schutzhaus oben überfüllt, saß an einem Tisch mit Hrn und Fr. Prof. Bergmeister, Robert Eißler (Fr. B. Bruder),– Hofr. Escherich, den ich bei dieser Gelegenheit kennen lernte.– Bald hinab, auch zu Fuß bis Badner Bahnhof; mit Hrn und Fr. Prof. Fleischmann und Kindern hinein (sie hatte, ganz unerwartet, Maiglöckchen zur Geburt Lilis geschickt). Auch Geyer im Coupé.–

Daheim bald Julie Wassermann, Richard und Paula zu Besuch.

4/10 Vm. Tennis (Salten, Speidels, Frl. Mandl, Wassermann, Tressler) durch Regen unterbrochen.–

Indisposition; versucht den „Vorigen" weiter zu denken.

Begann Varnhagens Tagebücher zu lesen.

5/10 Vm. Besorgungen. Buchhandlung Heller; die Bibelzeichnungen von Lilien besichtigt. Interessant. Heller erzählt mir, hauptsächlich Christen kaufen sie; Juden sagen ihm ... „es kommen so verschiedene Leute zu mir – man kanns doch nirgends hinhängen...". Vertilgen!– Dr. Josef Winter sprach ich gleichfalls dort; über Häuserkäufe etc.

– Traf Sikora und Frau; über das gleiche; er sagt: Unter 100.000 Kr. finden Sie nichts – und das zu dem Preis wird Ihnen auch nicht conveniren – aber auch 100.000 Kr. bedeutet schon 6.000 Kr. Zins.– Was thun?–

– Bei Herzmansky. Mit der Secretärin über die Termine Cassian, Pantomime.–

Nm. Frl. Galafrès, sich für die ihr zu ihrer Verlobung mit Hubermann gesandten Blumen bedanken; in Wirklichkeit wegen der „Marie" im Ruf. Sie weinte, als ich erklärte, die Hannemann spielt es.–

Frau Paula Schmidl; Vorstellung der Schlafröcke.–

Dictirt Briefe.–

Nichts gearbeitet; in wahrer Verzweiflung über die Ohrengeschichte.

6/10 Tennis.– „Vorigen", Hirtenflöte vorgenommen.

7/10 Vm. mit Hrn Sikora in seinem eben der Vollendung nahen Haus.

Dictirt (Briefe, „Vorige").

Nm. die „Hirtenflöte" weiter gefeilt.–

8/10 Vm. Tennis.–

Nm. an „Vorige" –

Hr. Richard Wengraf, für „Westermann". Über die falsche Stellung, das falsche Bild Österreichs, besonders der Kunst in Deutschland. „Das Rückgratlose."–

Hr. Sikora und Frau. S. macht auf gefährliche Schäden des Hauses aufmerksam.

Zu Mama. Familie. Tante Johanna wurde gestern an Struma operirt.

9/10 Vm. dictirt Briefe „Vorige", „Hirtenflöte".

– Nm. am „Vorigen".

Frau Hochsinger zum Thee, will zu einer Wohlthätigkeitssache was von mir aufführen oder lesen lassen; zeigt sich etwas schwachsinnig.–

10/10 S. Vm. mit Heini Votivkirche (Orgel), Schotten- Stefanskirche; kunsthistorisches Museum (Mumien, Statuen, Rüstungen).–

Nm. „Voriger".–

Gustav Pick, mit ihm Weikersheim.

Abends Gustav zum Nachtmahl.–

11/10 Vm. im Sanatorium Fürth bei Tante Johanna.

Tennis mit Dr. Abels.–

Nm. Medardus Feile.– „Hirtenflöte" Feile.–

– Wirtschaftliche Fadaisen, mit Ehedüsternissen.–

12/10 Mit O. im Wagen Dornbacher Park. Schöne Herbstlandschaft.–

Nm. Feile an Medardus und Hirtenflöte.–

– Zu Besuch Frau Trebitsch, Frl. Kipiany, Else Speidel.

13/10 Vm. Tennis.–

Las früh Sachen (Mscrpt.) eines gewissen Aleksandrowicz (Lorelei, Philister Irrlicht), dramatische Versuche; durchaus talentlos. Immer wieder bedauert man es, selbst einen ehrlichen Notschrei beantwortet zu haben.–

Nachmittag Med. Feile, Hirtenflöte.

14/10 Früh bei Richard (über den Festzugsprozeß, Ferrers Hinrichtung; häusliche und finanzielle Dinge).

Dictirt (Briefe, „Vorige") –

Salten kam, photographirte Lili und uns andre.

Nm. vergeblich am Schluß der „Hirtenflöte".

– Hans ((mein Neffe) mit Annie) zu Besuch, spielte etwas Clavier vor.

Gegen Abend Auernheimer und Frau zu Besuch.–

15/10 Vm. Volkstheater, Generalprobe „Jene Asra" von Burckhard, recht schlechtes Stück – fast unbegreiflich. Sprach mit Burckhard zwischen 3. und 4. und zum Schluß, sagt ihm "es hat mich nicht überzeugt–". Sprach Bahr (seit seiner Verheiratung mit der Mildenburg zum ersten Mal) Ludwig Bauer, Siegfried Loewy, Leo Feld (nach seinem Erfolg „Der große Name" mit Bruder Léon) u. a.–

Nm. an der Hirtenflöte.–

Bei Mama, en fam. (noch ohne Olga).

Lese „Königliche Hoheit" von Mann.– Varnhagen, Tagebücher.

16/10 Spazieren. Dictirt. U. a. an Kahane (Deutsches Theater) das gestrichene Med.-Ex. eingesandt. Herr Aleksandrowicz aus Mährisch Ostrau, sich seine Manuscripte und sein Urtheil holen; armer Kerl, dem kaum Hoffnungen zu geben sind.

Nachmittag Hirtenflöte sozusagen abgeschlossen.–

Feile am Medardus.– „Voriger" neu bedacht.–

– Heute war der erste Aufstieg eines Lenkballons in Wien (Estaric I, Rennerbuben), dem ich aber wegen der Stunde nicht beiwohnte.

17/10 S. Vm. Spaziergang Grinzing, Muckenthalerweg, Nußdorf. Herbstnebel, Herbstsonne.–

Nm. Speidels da. Mama.

Medardus Feile. Recht indisponirt.–

18/10 Vm. bei Tante Johanna (Sanatorium), Salon Heller (d'Ora Photographien) Panorama (italienische Riviera).

– Medardus Feile.–

Den Prof. Bernhardi vorgenommen.–

Indisponirtheit, unerträgliche Geräusche schwere Verdüsterung. (Nebel.)

19/10 Dictirt Briefe, Med.-Stelle, Hirtenflöte.–

Frau Schanzer, Versicherung für Lili abgeschlossen.–

Begann den 2. Akt von Prof. Bernhardi, zu dessen Vollendung ich mich entschlossen.–

20/10 Vm. Tennis.–

Indispositionen. Schwankende häusliche Stimmung; Kopfschmerz, gestörte Arbeit.– Keine guten Aussichten für den Winter.–

Medardus Feile. Wohl zu Ende.

21/10 Dictirt Briefe.–

Mit O. Heini von der Schule abgeholt, Wohnungen (Villa Emma etc.) angesehn –

Nm. weiter am „Bernhardi".

Heftiger Schnupfen. Concert Rosé, bald fort.–

Plumper Brief, frech und ungeschickt von Kahane wegen des zweiten Stücks. Sich mit den Leuten einlassen, sagt O. richtig, heißt in Jauche treten.–

Fiebernd zu Bett.

22/10 Früh der Nowotny die Antwort auf Kahanes Brief dictirt.

Tennis, Regen, Plauderei mit Kaufmann und Wassermann (Hein-

rich und Thomas Mann mit Beziehung auf Professor Unrath – und
Königliche Hoheit, das ich eben lese, zwei Meisterwerke – Vergleich
zwischen real-humoristischer und grotesk humoristischer Weltbetrach-
tung) –

Nm. begann O. die Abschrift von W. L. zu lesen, hatte gegen 1. und
2. Akt manches einzuwenden, was mich auf die Mängel meiner Produc-
tionsweise führte, worüber ich manches vernünftige sagte. Mein Aus-
biegen einerseits nach dem Dialektischen, andrerseits nach dem Plau-
derhaften. Einzelheiten, auch im Medardus, wie sie vielleicht nur dem
geborenen, ja bedeutenden Dramatiker gelingen;– das ganze doch nicht
ein „großes" Werk, sondern irgendwo mit einem Bruch. Tiefere Gründe
in jenen Racen- und Temperaments[dingen], die bisher noch nie einem
Juden erlaubten, ein großer Dramatiker zu werden.– Die Gegenströ-
mungen: Concentrirung (Einakter!) – Auseinanderlaufen;– (tiefer:)
Ungeduld – Feilbedürfnis u. a.–

– Weiter am Prof. Bernhardi – (natürlich mit unsäglicher Flüchtigkeit).–

23/10 Vm. (nach dem üblichen kleinen Spaziergang) dictirt, Bernhardi,
Briefe.–

Weiter am Bernhardi.

Albert Ehrenstein da, der strebend sich bemüht. Fand nur eine
Verbindung Otto Soyka – Großmann – Polgar.– Seine Begabung
ausgesprochen. Warnte ihn vor der Kritik (Kritischer Bethätigung) bei
seinem decidirten Übelwollen. Sein dramatischer Plan „Leopold-
stadt".–

24/10 Vm. nach Pötzleinsdorf im Wagen mit O. und Heini. Dort,
Sommerhaidenweg Prof. Heitler, Frau Mautner und Tochter Mary. H.
sagte mir bewunderndes über den „Weg ins freie"; dann mit den M.s zu
Fuß in Herbstsonne nach Neuwaldegg.–

Nm. Prof. Ress und Frau zu Besuch; bald Else Speidel, Georg
Hirschfeld. (Gestern erster Flug Blériot, dem Else beiwohnte.) (Die
Première Müller „Hargudl" mit Demonstrationen gegen Schlenther.) –
Gegen Abend Julie Wassermann, wegen eines zu gründenden Eton
College; Wohnungsfrage etc.–

In den Pausen und nachher mit O. Gespräche über äußere und
innere Zustände, die manchmal nach der bessern Seite gingen, im
ganzen aber unfruchtbar, ja aufreibend. Kopfschmerz, Ohrensausen,
Abspannung.

25/10 Tennis.–

Nachmittag die Schwester Vollmoellers, von ihm schon angesagt (mit Gemahl nach Wien siedelnd).

– Mit O. Mahler Dritte, von Walter dirigirt. Wunderschön. Wird auch schon leiser.

26/10 Vm. dictirt „Bernhardi".–

Nm. am „Bernhardi" –

Frau Jenny Schnabl, wegen einer Vorlesung und dergl. für die „Freie Schule". Ablehnend.

Alfred Fekete, dem ich einiges über die „Verhüllte" sagte, was er mit Anstand aufnahm.

27/10 Vm. bei Salten (wegen der Med.-Vorlesung). Er las mir einige Verse aus seiner Dagobert Übersetzung. (Hübsch.) Hr. Birjukow, Schriftsteller, deutsch und russisch.–

Bei Herrn Franz Otto Schmid aus Bern, Gegenbesuch. Bei Julius mir eine Kleinigkeit am Finger „operiren" lassen.–

Nachmittag schlecht am Bernhardi.–

Richard und Paula zu Besuch; er krittelte an der „Königlichen Hoheit" und an den Rennerbuben; ich warf ihm heiter diese Art vor, Kunst und Leben anzusehn.

– Las Anthes, Don Juans Ende, neulich mit Erfolg an der neuen Bühne aufgeführt. Interessant.–

28/10 Vm. dictirt. Dann mit O. zu Mautners nach Pötzleinsdorf gefahren, dort mit M.s und Konrad M. und Frau gegessen. Besichtigung des schönen alten Schlößls (1798, war einmal dort, 1896) der andern von M. dazugekauften Gärten und besonders des renovirten Häuschens, das Konrad M. und Frau bewohnen, reizend.

– Am Bernhardi.

Eine Novellette (vorläufig „Tagebuch") begonnen.–

29/10 Mit Salten (den ich abholte) Tennis. Über Kritik und allerlei Bübereien auf diesem Gebiet.–

Mittags besuchte uns Kaufmann.–

Am Bernhardi. Las, dazu, Aufsätze meines Vaters über die Poliklinik und die Kämpfe gegen sie.

Las Abends in 1815, höchst gefesselt, Waterloo.

30/10 Vm. Hr. Leo Herrmann, wegen eines Vortrags (Bar Kochba Prag).–

Dictirt Briefe (an Kahane, endgiltig, Taktlosigkeiten zurückweisend; an den Rechtsschutzverein, wegen einer querulirenden Köchin–) Bernhardi.–

– Nm. Medardus flüchtige Durchsicht des Neudictirten.

– Prof. Mandl wegen Olga; unbedeutendes.

31/10 S.– Salten abgeholt, Spaziergang Pötzleinsdorf (Julienstraße), in abwechslungsreichem Gespräch (Stoffe, Mautners, Josef Winter, Alt-wiener Erinnerungen, Napoleon, Waterloo, Marie Louise; Bruder Saltens, der Bildhauer, dessen Frau „Tag der Eitelkeiten") etc.–

Nachmittag Richard; dem mein „jüdischer Krittler" von neulich nachgegangen war.–

Heinis Zeichnungen „Straßenleben in Wien" etc.

– Am Bernhardi weiter, ohne recht dran zu glauben. Heftige Kopfweh.

1/11 Vm. ein wenig spazieren, zufällig mit Paula Schmidl.

– Nm. auch ins Freie; Frl. Roussel zu Besuch; nach 5 erschienen, geladen: Hugo, Richard, Salten, Gustav, Leo, Kaufmann, Speidel, Hirschfeld, Wassermann. Ich las ihnen und Olga von 6–$^1/_4$ 9, dann 10– $^3/_4$ 1 Medardus vor, mit geringen Kürzungen; es war ein nicht geringer Eindruck, wenn auch, nach alter Weise, das was mißfällig bemerkt wurde im Gespräch das Lob überwog. Allgemein: so für die Bühne nicht möglich; zu lang. Einzelvorschläge: Salten – das Vorspiel in ein Bild zusammenziehn. (Unannehmbar.) Streichen der 2. Friedhofscene (schon vorher geschehn) 1. Sc. des 5. A. (schon erwogen) – der ganzen Basteienscene (sehr zu bedenken). Viele fanden, daß eine Scene fehle, zwischen Helene und Medardus, etwa zwischen 2. und 3. Sc. des 2. Aktes (mir nicht). Die „blühende Fülle" wurde anerkannt. Die von mir gefürchteten Bedenken (Verwuzelung im Medardus) traten nicht zu Tage. Die richtigste Einwendung von Gustav: daß Helene zu klug sei, um Medardus durch Versprechen eines Lohns gewinnen zu wollen (Schluß des 4. A.) – verschwand bald aus der Discussion oder kam kaum je dazu. Von montirt lustiger Bosheit war Hugo. Am nettesten natürlich Leo, der erklärte um 1, es sei ihm „zu kurz". Um 3 ging ich schlafen.

2/11 Vm. dictirt Briefe, Bernhardi, Hirtenflöte, „Tagebuch".

Nm. Bernhardi weiter, und entschlossen, ihn vorläufig liegen zu lassen. Eine Fassung in 3 Akten überlegt. Unfähigkeit gesammelt zu arbeiten – mein ganzes Leben hätt ein andres Gesicht, wär das Ohrenleiden nicht. Ich sprach davon zu O., und es kamen Stunden der dumpfesten Verzweiflung, auch für sie zu meiner Qual,– und Thränen, die nicht lösten. Wir spielten dann „zur Zerstreuung" etwas Domino, später las ich im Roman der „Zwölf" (Autoren...) der traurig mißlun-gen ist.

3/11 Vm. bei Herzmansky. Über die Samstag Aufführung Cassian (mit Colombine und Venus im Grünen) in Leipzig; Venus der Schlager.–

Dann Panorama, Rom.

Zurück zu H., wo später Oscar Straus (und Gattin) weiteres über die Vorstellung, die er dirigirt hat; wenig Aussichten, beste Zusammenstellung wäre mit der Pantomime von Dohnanyi, telegrafirte solches andeutend an Schuch.

Nm. Brief von Schlenther, zu weitern Strichen auffordernd, mit dem Basteistrich sehr einverstanden; machte die Exemplare gleich fertig.

– Abends mit O. Concert, u. a. Mahler VII.; interessirt aber ziemlich kalt gelassen; viel nur mit seiner Manier gemacht. Olga sagt: Alma Mahlers Augen sehn mich aus dieser Symphonie an.–

Neben uns saßen Kallina und Mann.–

4/11 Vm. Prof. Mandl; ganz beruhigend.–

Speidels. Felix mit Befremden über die Krittelbedürfnisse der Gesellschaft von Sonntag, gegen die nichts weiter einzuwenden, wenn nur auch vor allem das positive mit Nachdruck geäußert wäre. Besonders Else „empört", daß Salten im Nachhausegehn sagte... „Trotz alledem eine sehr respektable Arbeit..."–– Einigen wir uns... man schreibt nur für sich und 3, 4 (? ?) andre in der Nähe – sonst für die Fernen und vielleicht für die „Spätern" –

– Dictirt Briefe; Bernhardi, der weggelegt wird. Nm. am „Tagebuch".– In Plänen; am stärksten beim „Abenteurer" verweilt.–

Ehedüsternisse aus Liebe.–

5/11 – Vm. im Herbstwetter spazieren, versucht den Abenteurerstoff zu überdenken... Neunzig Perzent meiner Intensitäten gehn auf das verfluchte Ohrenleiden drauf – ich fürchte es bleibt mir nicht genug übrig um noch was ganzes zu machen.

– Nm. am „Tagebuch" weiter. Überlegungen zum „Abenteurer" –

Bei Mama. Julius Helene. Gustav, Georg Hirschfeld. Neulich hatte es ihm „die Rede verschlagen in der Kühle und Schärfe der Debatte"– nun sagte er einiges nette, klug zustimmendes und zweifelndes über den Medardus.–

6/11 Vm. dictirt.–

Frau Tannenzapf, deren Novelle „Zu spät" ich ihr retournirte. Dilettanterei.

– Nm. aus schwerer Stimmung, nach ein paar Seiten an der Nov. „Tagebuch", in ein neues Stück. Begann den „Abenteurer", in Versen. (5 Akte.) –

7/11 Vm. bei Gisa, und spazieren.–

Nm. am „Tagebuch" und „Abenteurer". Ferner Correcturen 1. Sc. 5. Act Med. – Assalagny – Herzogin, die einzige Scene, an der ich noch etwas feilen werde.

– Bei Richard zum Nachtmahl.– Einiges über den Medardus, dann über den Leseabend, insbesondre über Hugo.– Richard ist irgendwie mit dem Verhältnis Medardus–Mutter nicht ganz einverstanden; findet die Herzogslinie am reinsten.–

8/11 Vm. mit O. Besorgungen in der Stadt.–

Nm. am Abenteurer, ohne Kraft und Glauben.

Dr. Max Mell zu Besuch. Nach seinem Fortgehn wachsende Verdüsterung, da ich ihn so schlecht verstanden. Die Geräusche an der Grenze des Erträglichen. Was thun.

9/11 Nach einer ziemlich bösen Nacht bei Prof. Gomperz. Uhr-untersuchung – schlimmes Resultat. Für Töne (insbesondre hohe) auf dem linken bessern Ohr ziemlich gut, was G. nicht ungünstig zu finden behauptet. Wieder einmal Behandlung.–

– Bei Herzmansky. Keine Nachricht von Schuch, trotz meines Telegramms.–

Bei Rosenbaum (auf seine Einladung) in der Burg. Lebendige Stunden. Censurstriche Literatur (albern), zum Theil bin ich bereit zu acceptiren.– Kainz noch nicht verständigt. Ob heuer, fraglich.–

Über Schlenthers Faulheit und Interesselosigkeit (jetzt ist er in Berlin, zu dem neuesten Kadelburg) – R. zeigt mir ein paar Dutzend Stücke, zum Theil von Autoren von Namen (Schmidtbonn, Bab, Rosmer, Fellinger) die seit 1–2 Jahren daliegen – dringend zur Lecture empfohlen – Schl. liest nichts. Nun zu Medardus. Was war der Grund des plötzlichen Stoppens im Sommer – ? Die Affaire Lefler, der compromittirt (Festzug) und nun verdächtig gewesen wäre (mit Recht) den Medardus zu einem neuen Riß zu benützen.– Jetzt, da die Sache zum Stillstand gekommen, da ferner meine Striche die Kosten herabgesetzt, hält R. die officielle Annahme durch Schl. für sehr wahrscheinlich – und glaubt daß eher der M. heuer gespielt wird als die Leb. St.– Frau Rosenbaum (dramatische Dichterin, Kory Towska) „kann es mir nicht verzeihn" – daß Napoleon nicht auf die Bühne kommt.–

– Nm. Notizen zum „Abenteurer".

Director Barnowsky (Berlin, Kleines Theater) zu Besuch; über Berliner Theaterverhältnisse.–

Mit O. Concert Quartett Rosé.

10/11 Vm. Dr. Pollak da. Dictirt –

Nm. Hanns v. Gumppenberg (München), wegen einer neuen Zeitschrift, Mitarbeiterschaft. Ferner Dr. Fr. V. Spitzer, der O. zu einer gesanglichen Mitwirkung an einer Wohlthätigkeitsvorstellung aufforderte.

11/11 Auf den Semmering, Hardts eben von ihm übersandtes Erzählungsbuch gelesen.– Ankunft. Brahm. Ihm zuerst den Stand der Med.-Angelegenheit erzählt.– Spaziergang mit ihm Hochweg.–
Abends Besprechung über Anatol-Besetzung und C. Mizzi.

12/11 Mit Brahm Meiereiweg und weiter. Über die gesundheitlichen Zustände beiderseits.–

Nm. Mutter u. Sohn überdacht –
Spaziergang mit Brahm Wasserleitungsweg im Schneefall. Im Café.– In der Hall Oberst Hrdliczka, mir für die ärztliche „Hilfe" dankend, die ich seinem Töchterl in Welsberg geleistet.– Über den Kriegsfall vom Vorjahr.

Lese Houssaye 1815. (3. B.)

13/11 Mit Brahm Wasserleitungsweg.–
Verleger resp. Agent Norbert Salter, Dohnanyi Vertreter stellt sich vor und bespricht etliches.

Nm. mit Brahm Doppelreiterkogel. Wunderbare Dämmerbeleuchtung.–

Einfälle zum „Abenteurer".

Dr. Glaser, kaum bekannt; prätentiös albern über Bahr.

Mit Brahm ein Gespräch über die 1.000 Mark Garantie für C. Mizi, die er mir ein bißchen nachträgt; ich versuch ihm sein Unrecht zu erklären: „Sie hätten sie mir sogar selber antragen müssen, in Anbetracht des so unsicheren Stücks (Concert) das Sie dazugeben."–

Über meine vielen Pläne; ich sollte mich mehr discipliniren, bei einer Sache bleiben. Leicht gesagt.–

14/11 S. Nach Wien. Lese im Coupé Houssaye; und Sepp Schluiferer Tarrolerbuch (Techet; sehr gut) zu Ende.–

Ankunft. Olga und die Kinder.

Indisponirt. Kopfweh. Ordnerei.

Lieder mit Olga.– Phantasire auf dem Piano, mit viel Einfällen.

15/11 Mit Heini spazieren Hohe Warte etc.–

Mit O. (die bettlägerig) viel über unsre materiellen Verhältnisse; Zukunftssorgen und -zweifel. Wo unter meinen vielen Plänen steckt die Geldquelle?–

Die Novellette „Tagebuch" ganz skizzenhaft abgeschlossen.–

Letzte Correcturen an der Assalagny-Herzogin Scene.–

16/11 Vm. dictirt „Tagebuch", Assalagny-Herzogin – Hirtenflöte –

– Den Abenteurer neu begonnen, unbedenklich, in vorläufiger Prosa, da mir die tiefe Geduld mangelt, gleich von Beginn an, die Verse zu machen.

– Schlenther Krise. Vielleicht Hagemann sein Nachfolger.

17/11 Vm. bei Gomperz. Dann bei Auernheimer. Nur die Gattin anwesend. Über Nina Kipiany.

– Während ich Nm. mit Mama Beethoven Qu. spielte, Brief vom Burgtheater; nach dem es nun nur mehr von der Censur abhinge,– nächstens werde Einladung erfolgen, zu Besprechung, resp. gleich Versuch – auf der Drehbühne.– Darauf, im Abendblatt der N. Fr. Pr. eine Notiz, daß Med. wegen technischer Schwierigkeiten zurückgestellt sei. Ich schrieb gleich an Schlenther, ob er nicht dementiren wolle.–

18/11 Vm. bei Gustav; dann zum Maria-Theresien-Monument, wo Trebitsch mit dem Dichter Stehr, der mich kennenlernen wollte; sie begleiteten mich übern Ring. (Stehr liest heut Abend bei Heller.) (Gespräch über Reinhardt und seine Leute, über Stehrs Beruf (Schullehrer).)

– Nach Hause, dictirt.–

Nm. mühselig und mit ewigem Kopfweh am „Abenteurer".

Julie Wassermann, wegen des „College".

Zu Carlos, Volkstheater; mit Gustav und (später) Olga. Anständige Vorstellung. Meine Bewunderung immer höher; und von wahrem Widerwillen erfüllt, gegen die Buben, denen er nicht groß genug. In der Loge bei Mama (Hans, Karl) gestärkt.–

19/11 Vm. zu Gomperz. Beruhigendes.– Werkstätten, für Louis Mandl eine Hoffmannsche Jardinière gekauft.– Dampfbad, Director Weisse, dem ich über die gestrige Vorstellung (er war ein ganz guter Philipp) freundliches sagte. Über die bevorstehende Ruf-Vorstellung u. a.–

– In der Stadt Béla Haas und Baron Waldberg.– Poldi A., mit einer Dame, an mir vorüber; Gruß.–

Nm. den Med. flüchtig, für die 2. Correctur durchgesehn.–

Las Houssayes 1815 zu Ende; ein außerordentliches Werk.–

Abend mit O. zu Mama, Familie, Frau Altmann und Paul, Gustav.–

20/11 Vm. eine Wohnung in der Vegagasse (neues Haus) angesehn. Dictirt.

Zu Mittag Brahm. Gegen Abend kam Richard. Mit Brahm und O. Lustspiel Theater „Tannhäuserparodie, 10 Mädchen und kein Mann" mit der Niese; im Meissl soupirt, im Auto, 10 Minuten heim.

21/11 Vm. bei Salten (über den R. Hirschfeld Lügenartikel im N. Wr. Tgbl., wo er u. a. Burckhard durchgefallne Schlentherstücke in die Schuhe schiebt – über Geldverdienen, Operettenglück etc.), spazieren mit ihm, in leichtem Schnee; Egon Friedell getroffen, Vorstellung (sehr kluger Essayist) –

Nm. wieder nicht gearbeitet; Frau Frankfurter und Frau Auernheimer zu Besuch; später Brahm; Heini spielte mir und B. Schattentheater vor, O. war bettlägerig.–

– Begann zu lesen Medusa, von Kyser; die griechische Kulturgeschichte von Burckhardt.–

O. war Vm. in Pötzleinsdorf gewesen, bei Frau Ginsberg-Plessner, eines ihr benachbarten Hauses wegen, das verkäuflich wäre.–

– Mit Salten auch viel über die Unterschiede unsrer Arbeitsart; sein immer Bereitsein, journalistisches Training.

22/11 Vm. bei Prof. Gomperz. Im Panorama Tonkin, dann Panorama Schweiz (Genfer See etc.) –

Nm. die „Hirtenflöte" durchgesehn.–

Abends mit O. Volksoper Carmen (Bellincioni).

23/11 Vm. Pötzleinsdorf, mir von außen das verkäufliche Haus besehn. Schnee.–

Dictirt.– 2. Correctur Med. an Fischer. Mit Mama ein Mendelssohn Quintett.

– Nm. am „Abenteurer" weiter.

Abends Hajek und Gisa da. Über Hauskauf. Ein Haus, das gegen 100.000 Kr. kostet, bedeutet über 6.000 Kr. Zins, über 40.000 unvermeidlichen jährlichen Verbrauch.– Was thun.

Zum Nachtmahl Hugo, Gerty, Gustav, Frl. Kipiany.

24/11 Bei Gomperz. Hörprüfung. Trauriges Resultat.– Versuch mit dem Hörschlauch.–

Weihnachtsausstellung österreichisches Museum.

Bei Dr. Geiringer, in der Affaire Reigen, griechische Tänzerin; Concurs Singer, Berlin.–

– Nm. am „Abenteurer".

Specht besucht mich, als Redacteur des „Merker". Neues Wiener Musikblatt, u. a. von der Regierung (Unterrichts-Ministerium) subventionirt. Das Comitee erklärte, von Bahr, Burckhard oder mir als Herausgeber des Theatertheils sei jedenfalls abzusehen, da sonst die Subvention entzogen werde.–– Hevesi sagte zu Specht, er wisse bestimmt, Medardus müsse bis Ende der Saison auf höhern Wink hinausgezogen werden (um es, unter neuer Direktion, nehm ich an, gar nicht wieder in Frage kommen zu lassen).–

Von Reinhardt keine Antwort seit etwa 4 Wochen. Absicht, auf Olgas Rath, Brahm das Stück zu ev. Aufführung zu senden.

25/11 Vm. mit O. zu Frl. Anton, Schwester des Hausbesitzers in

Pötzleinsdorf.– 100.000 Kr.– Woher – ?–

Dictirt.–

Nm. Herr Moses Stöckel, für den Almanach Bar Kochba.– Über Zionismus.

Herr Sedlacek, der Zeichner, der Titelblatt für Cassian und für Pierette gezeichnet; wegen ev. Lectionen für Heini, der seine Zeichenversuche herzeigte.

– Ein wenig am Abenteurer. Komme auch darin nicht weiter. Das Ohrenleiden, das sich nun so entschieden erklärt bringt mich physisch, seelisch und auf diesem Umweg auch geistig herab.– Überdies enervirt mich die Medardus Angelegenheit – ich kann nicht einmal sagen, über Gebühr, da materiell und anderweitig viel davon abhängt.

26/11 Vm. Burg, Generalprobe Schönherr, Über die Brücke; mattes Stück.– Rosenbaum behauptet, eine, u. zw. positive Entscheidung der Med.-Angelegenheit sei bevorstehend.– Frank und Lefler theilten mir mit, sie arbeiteten schon an den Skizzen; zur nächsten Sitzung werde ich zugezogen.

– Schlenther sprach ich nicht (wir saßen ganz nahe).

– Mit Schauspieler Loewe nachher über die factiöse Kritik. Ich sagte: je krummer die Nasen, umso eiliger sind sie, den „Erdgeruch" aus den Schönherrschen Schöpfungen herauszuschnuppern...– Über die Schwierigkeit, factiöser Überschätzung gegenüber gerecht zu bleiben.–– Wie wir das Theater verließen, gleich benachbart, das Leichenbegängnis des Gouverneur Taussig.

Nm. wieder einiges am Abenteurer, ohne Kraft und ohne Glauben.–

Mit O. Rosé; 4 Beethovenquartette.– Das ist das absolute. Wie lange noch ?–

27/11 Früh bei Richard; dann dictirt.–

Herr Mocrousoff, ein Russe, Techniker; wegen russischer Übersetzungen. Erzählte mir wieder von meiner russischen Berühmtheit.–

Mit O. über Wohnung – ev. Hauskauf. Resultat: wie kann mans wagen?–

Am Abenteurer; komme nicht weiter.–

Concert Dohnanyi. Im Künstlerzimmer sprach ich ihn. Er erzählte mir, daß in den letzten Tagen Reinhardt sich wieder lebhaft um die Pantomime bemüht hat, die D. ihm vor kurzem vorspielte. Dresden aber wollte auf die Uraufführung (Mitte Jänner) nicht verzichten.–

Kapellmeister Lehnert und Frau (ehemalige Fr. Strial) gesprochen.

28/11 S.– Vm. spazieren Pötzleinsdorf, Dornbacher Park.– „Innerlich" Briefe an Reinhardt – Schlenther – Fischer und etliche andere, wie nun so oft auf solchen Spaziergängen –– kein „Nachdenken über ‚Werke'…".

Mama zu Tisch. Mit ihr die Tragische von Schubert.

– Idee zu einer neuen Eintheilung der Wohnung; Besprechung, Ausmessen.–

Am „Abenteurer".–

Las Mell „Die Kinder des Hauses" im Mscrpt. – sehr begabt.–

29/11 Vm. mit O. bei Berger Antiquitätenhändler; Einkäufe.– Dann Künstlerhaus. Hr. Jehudo Epstein, von dem einiges ausgestellt war, rief sich in Erinnerung aus der Zeit Teltscher –

Nm. indisponirt, verstimmt, hypochondrisch –

– Frau Ginsberg-Plessner zum Thee.–

Am Abenteurer weiter.

Versuch der Wohnungseintheilung. Traurige Beschränkung.

30/11 Vm. bei Feldstein (Tischler), Berger, Herzmansky (über Pantomime und Cassian); bei Rosenbaum im Burgtheater. R. erklärt, Medardus liege thatsächlich noch bei der Censur, und werde seiner Überzeugung nach in den nächsten Tagen frei gegeben, aber erst nächste Saison gegeben werden.– Schlenther stehe fester als je. Sein enthusiastisches Verhältnis zu Schönherr hält R. nicht für ganz ehrlich; er wollte, wie Laube Grillparzer, auch einen österreichischen Klassiker entdecken, machen.–

Nm. erscheint plötzlich Max Weinberg, beurlaubter Gymnasialprofessor aus Höflein. Lebensläufe! Jugenderinnerungen. Mein schlechtes Gedächtnis.–

Dictirt, Briefe, Abenteurer.

Feldstein da, Messungen, Eintheilungen.

1/12 Früh Poldi Andrian, jetzt Legationssecretair in Bukarest bei mir, von einer neuen schweren Hypochondrie befallen, die ich ihm mit gutem Gewissen ausreden konnte.– Über Politik und politische Einzelheiten.– Mit ihm zu Richard.– Zu Speidel. Prechtler begegnet, übers Burgtheater.–

Nm. einiges am Abenteurer.–

Abends im Volkstheater. Mit Weisse ein paar Worte. Er: „Ich freue mich sehr auf den Ruf… ich habe ihn jetzt zehn Mal gelesen…" So plump lügen nur Direktoren.–

Mit O. bei Shaw „Arzt am Scheidewege". Doch sonderbar dies Gemisch von Genie und Feuilletonismus. (Ich kannt es schon; gehört hab ich schlecht.)

2/12 Vm. erste Probe vom Ruf. Vater: Homma – Marie: Hannemann –

Tante: Fr. Thaller – Katharina: Müller – Max: Kramer – Albrecht:
Klitsch – Arzt: Kutschera – Adjunkt: Edthofer –
– Nm. dictirt.–
Albert Ehrenstein bei mir; auch medizinisch um Rath fragend.
Zu Salten, dessen Mutter gestorben.–
3/12 Vm. Probe.–
Nm. Richard und Paula bei uns.–
Lederer, der Tapezierer. Doch kamen wir von den Wohnungsände-
rungen wieder ab.
– Raoul Auernheimer: über die Medardus Angelegenheit, über Paul
Goldmann etc.–
Allein zu Mama. Familie.
4/12 Vm. Probe, kurz, 2. Akt (der wahrhaft meisterlich ist – wäre der
dritte so!) – Stadt, Besorgungen. Sprach (nach vielen Jahren) Frau
Gisela, geb. Adler; dann Frau Fleischmann und Schwester.–
Nm., mit Frl. Pollak, Bücher geordnet.–
Bie (Fischer) hat die Zahlung des von mir gewünschten Honorars
(1.000 M.) für den Abdruck Vorspiel Med. in der N. R. abgelehnt; in
diesem speziellen Fall eine nicht kluge Knickerei.
5/12 S.– Vm. Probe.–
Nm. am „Abenteurer".
Mit O. bei Richard zum Nachtmahl. Gustav Schwarzkopf und Maler
Jehudo Epstein.
6/12 Vm. Probe.– Charakteristisch für Schauspieler Intelligenz: Beinah
alle (außer Edthofer) bezogen in der Stelle Katharinens, 3. Akt „... Wo
ist denn die Sonne hin" Sonne auf den Adjunkten, der in der „Lichtung
verschwindet".–
Zum Thee Pepi Mütter mit seiner Frau. M. der alte Schwadroneur;
sie auffallend nett.–
Lese Varnhagen Tagebücher; Napoleon Anekdoten (Kuntze) –
versuchte ein Napoleonstück (N. en Egypte 1859) zu lesen, unmöglich.
Schiller ganz – heute Carlos zu Ende.
7/12 Vm. Probe. Marberg Absage. Frl. Pellar, dann Frl. Silten lesen für
sie; besonders letztere unmöglich. Dr. Boer kommt; die Marberg wird
Generalprobe und Première spielen.–
Homma und Metzl, der deswegen ins Theater kommt, theilen mir
mit, daß im Apollotheater unter dem Titel „Die schwarze Mali" ein
Plagiat aus Kakadu gespielt werde – aus dem französischen.–
O. holt mich vom Theater ab.–
Nm. dictirt an Schlenther; „Abenteurer".

Mit O., Richard, Paula im Apollotheater.– Die Mali ein offenbares
Plagiat; aber es läßt sich rechtlich nichts thun.–

Telegramm von Kahane, sie spielen Medardus, wenn ich ihnen
Vorrecht auf das neue moderne Stück einräume.

8/12 Vm. mit Heini in Nebelwetter spazieren. Dornbach, Neuwaldegg,
Salmannsdorf etc.–

Mit Mama Nm. Dvorak Dumky Trio.

Am Abenteurer weiter (Skizze bis Schluß 3. Akt).

O. kam von Saltens. Brief Elias' an ihn, er (E.) fände es „widerlich
und hochmütig" von ihm (S.), wenn er, wie es heiße, sein Buch gegen
Schlenther jetzt herausgeben wolle.– Wien – Berlin! S. Fischers Verhalten. Wassermann, der neulich zurückkam, aus Berlin – von der Art
erzählte, wie in jenen Kreisen über die Wiener gesprochen werde – „Ich
habe an mich halten müssen..." – Warum haben Sie an sich gehalten?–

– Immer zerstörender die innern Geräusche.

9/12 Vm. (1. Haupt-) Probe; recht stimmungslos.–

Nm. dictirt Briefe (u. a. Brahm – unverbindliche Anfrage, ob ev.
Med. spielen wollte und *könnte*), Abenteurer.–

Lese u. a. „Napoleon Anekdoten" (Kuntze), Wallenstein; Treppenwitz der Geschichte; Varnhagen Tagebücher.

10/12 Brief Schlenthers, Censur habe noch nicht, trotz „Anklopfens"
gesprochen –

Mit O. und Richard ins Volkstheater Generalprobe des „Ruf".
Bekam wieder eine starke Beziehung zu dem Stück; auch der dritte
Akt ist nicht ganz abzuweisen. Kutschera (Arzt) in den letzten Worten
so ergreifend, daß O. weinte... Er ging von der Probe zum Begräbnis
seines Bruders.– Sprach Auernheimer, Salten, Siegfried Loewy u. a.–

Nm. zu Richard, wo Andrian, der aus Bukarest eiligst wieder hier,
in hypochondrischem Anfall, den ich ihm nehmen konnte; insbesondre
nachdem ich ihn noch in meiner Wohnung mit Reflector und Kehlkopf-
spiegel untersucht.–

Dr. Pollak, dem auch ich einiges vorzubringen hatte. Bei Mama, en
fam.

11/12 Vm. kurze Probe einiger Scenen.– Einkäufe in der Stadt.–

Nm. einiges am Abenteurer.

Abend Première „Ruf". Starker Erfolg, ich erschien erst vom 2. Akt
an.– Eine Art „Sensationspremière" – In der Loge mit O., Mama
Julius Helene.

Bei Meissl mit O., Helene, Richard, Paula, Speidels, Kaufmann,

Vanjung; Gerty, Hans Schlesinger; später Julius.– Im Auto mit Richards heim.

12/12 S. Presse zum größern Theil sehr gut. Schöne Feuilletons von Salten, Auernheimer, Hevesi.–

Mit O. und Heini zu Saltens. Über sein Burgtheaterbuch; er las jene Erklärung aus der Beatricezeit vor. Spazieren mit ihm; Pauli speiste bei uns.

Nm. befand ich mich sehr wenig wohl; schrieb einiges am „Abenteurer".

Auf schriftliches Ersuchen Weisses ins Theater. Nach dem 1. (kam gegen Schluß) erschien ich nicht, nach dem 2. war der Beifall ungleich stärker als gestern, nach dem 3. mäßig stark; wurde oft gerufen. Der Thronfolger war drin, der sich überhaupt für Theater und Literatur interessiren zu wollen scheint, an Tressler Briefe über Rollen Auffassung schreibt, Bartsch zur Jagd lädt – ihn allerdings in „Ungnade" fallen läßt, wie er nicht zur Messe kommt.–

Mit der Hannemann, der Müller (die den größten Erfolg hatten) und Hrn Geiringer zumeist gesprochen, auch mit allen andern.

13/12 Vm. bei Auernheimer, nur seine Gattin daheim, mit ihr durch den Stadtpark.–

Abends zum Nachtmahl bei uns Richard Paula, Kaufmann und Schwester, Leo. Richard las (zweimal) die parodistische Scene „Echo des Lebens" vor, die nach der Generalprobe spielt und sehr lustig ist –

– Polgar in der Allg. Ztg., fast bedingungslos den „Ruf" lobend; freute mich insofern als ich P. unter meinen Gegnern eigentlich als den einzig ernst zu nehmenden empfand.

14/12 Vm. mit O. und Helene in die Stadt. Besorgungen –

– Bei Dr. Fr. Geiringer, in Angelegenheit Reigen, griechische Tänzerin; und der Köchin Mikulaschek.–

– Nm. dictirt, ans Gericht; Abenteurer.–

15/12 Vm. Generalprobe „Musik" Lustspieltheater, das stark auf mich wirkte, im Gegensatz zum Lecture-Eindruck. Sprach Jarno, die Niese u. a.; nachher Wedekind und Frau, mit denen ich in der Tram eine Strecke fuhr. Sie brachten Grüße von Steinrücks.–

Nm. am Abenteurer, ganz ohne Hoffnung.–

Las eine „Geschichte" Immakulata Kroeger, die uns Ellyn Karin, jetzt Prinzessin Wittgenstein gesandt, dilettantisch, auch schwachsinnig, und doch nicht ganz ohne Talentspur.–

Andrian, der auch zum Nachtmahl blieb und nachdem ich ihn medizinisch beruhigt, nicht unangenehm und nicht uninteressant war.

Über den Friedjung Prozeß, Aehrenthal, den Thronfolger u. a.
16/12 Vm. mit O. Besorgungen (Fischmeister, Grünbaum, Denk, Koppel, Braun, Nigst, Ita, Mühlhauser, Backhausen), zuletzt auch mit Gustav.

– Nm. einiges am Abenteurer,– und wohl für lange weggelegt. Eine Novelle („Mutter u. Sohn") begonnen.–

Mit O. bei Speidels genachtmahlt, mit Maler Ludwig Graf und Frau; Tressler und Frau. Tressler: Lieder zu der Laute, dann eine „selbstverfaßte" Kapuzinerpredigt gegen die Kritik.– Es war ganz nett.

17/12 Vm. im Volkstheater, um Hertzka zu danken; sprach Weisse, Geiringer, Paula Müller.–

Zu Stefan Zweig, der mir sehr nett über den Ruf geschrieben.– Er war mit einem Vorurtheil nach den Berliner Kritiken gekommen und ganz gewonnen worden.– Über die andern dritten Akte – er hätte den balladesken gewünscht, hinter der Schlachtlinie, den ich ihm erzählte... Über Schlenther... Meine „Geduld".–

Café Landtmann; Poldi Andrian, mit hypochondrischem Anfall, ich sollte mit ihm zu Eiselsberg, was ich ablehnte.–

Zu Rosenbaum in die Burg. Ich solle zu Jettel, selbst wegen ev. Censurbedenken sprechen. R. ist überzeugt, daß Jettel direct auf Schl.s Wunsch schiebe und Schl. weitere Schiebung vorhabe. Tiefere Gründe: Schl.s Haß gegen mich, und dann: „Schönherr soll durchaus zum ersten österreichischen Dichter gemacht werden. Da dazu seine Kraft nicht reicht, müssen Sie, der wirklich erste, niedergedrückt werden. Gegen Medardus liegt nichts vor, als daß er von Ihnen ist." – Näheres im Fascikel Medardus Burgtheater.–

– Mama zu Tisch. Mit ihr Beethoven op. 127.

Poldi kam (beruhigt) mit Richard; Richard blieb noch – über Schlenther etc.–

Dictirt Abenteurer; an Reinhardt, endgiltig Med. zurückfordernd; das Rosenbaum Gespräch. Die gute Pollak war ganz entsetzt.–

Mit O. zu Saltens; er räth mir, nach Abschluß der Sache, zu einem Abrechnungsbrief an Schlenther.

18/12 Vm. mit O. bei Trebitsch, wohin wir eine von unserm Fräulein charmant angezogene Porzellanpuppe brachten.– Er erinnerte mich an eine lustige Antwort, die ich ihm einmal gegeben, als er sich nach dem Fortgang eines Lustspiels das ich eben in der Arbeit hatte erkundigte... „Ich bitte Sie! Lustspiel! Ich habe die größte Mühe die Leute am Leben zu erhalten."

Nm. spielte ich einiges aus dem Klavierauszug „Liebelei", den mir Schott (Geheimrath Strecker) übersandt. Manches anmutig scheint mir, manches trivial – im ganzen erfolgversprechend. Weingartner kann sich (wie mir Strecker schreibt) weder entschließen anzunehmen noch abzulehnen. Ich solle „drücken" – was ich, nach meinen bisherigen Erfahrungen mit Weingartner ablehne.

– Weiter an „Mutter u. Sohn".–

Allein im Concert Rosé. Sprach Kapellmeister Walter, der nun in England große Dirigentenerfolge hatte,– und die Wiener Oper mit W. jetzt unmöglich findet (die gestrige Neustudirung Meistersinger).

Mit Julius fort, der die Schlenthersache ungeheuerlich findet.–

19/12 Heut Nacht starb Römpler. Zuletzt sprach ich ihn bei der Generalprobe „Über die Brücke", vor 3 Wochen. („Ich bin literarisch total ungebildet –" als Antwort auf die Frage, ob er [Rueders] Name (der dasein sollte) nicht kenne.) – Er war im Conservatorium O.s Lehrer und trug mir, überdies von Vorurtheilen gegen mich benommen,– lange nach, daß ihre Carrière unterbrochen wurde.– Später wußte er ungefähr, wer ich war. Ich schätzte ihn sehr; er war ein Mensch und ein Künstler.–

Auf dem Weg nach Grinzing Hugo Schmidl, unter Bericht von literarisch geschäftlichen Ärgerlichkeiten zu Wassermann, woselbst über die Sache Schlenther und Reinhardt.– Julie und die 3 Kinder.–

Mit beiden Herren zurück. „Der Ruf"... W.: ich sollte ein Traumstück draus machen – 3. Akt also erster – – was mir flüchtig, aber ausgesprochen bei den Proben durch den Kopf gegangen war.–

Nm. Eintragungen, Verrechnungen.–

Abends Geburtstagnachtmahl bei Gisa, en fam.

20/12 Vm. Besorgungen in der Stadt.–

Nm. an „Mutter u. Sohn". Daraus wird was.–

Telegramm Reinhardt, von dem ich endgiltig Med. rückverlangt – sie bedauern meine „Hartnäckigkeit" ihnen nicht auch das andre Stück zu geben – da ich dadurch documentire, daß ich keine künstlerische Verbindung mit ihnen wünsche...

21/12 Vm. dictirt. (Briefentwurf Reinhardt.)

Nm. mit O. bei Prof. Mandl.

Bei Jettel im Ministerium. Zuerst sprach er über Kakadu, Beatrice, dann wie zufällig über Medardus, hatte ihn angeblich nicht ganz gelesen, befugte mich endlich, der Direktion mitzutheilen, er habe nichts dagegen.

Spazieren, Stadt, Richard begegnet, Erinnerung an alte Zeiten.

Zu Rosenbaum in die Direktion. Vereinbarten, daß ich an Schlenther ein Ersuchen um definitive Entscheidung richten solle. Schl. wolle mich „piesacken" – einen Schönherr Einakter von 1809 wollte er bringen, um dann ein andres (mein 9er) Stück nicht mehr bringen zu können – das Stück – und das Stückchen mißlang aber.–

Zu Saltens, wo schon O. Dort genachtmahlt.–

Kainz hat S. eigene Dramen vorgelesen, die was sein sollen, jetzt schreibe er (nach Themistokles, vor 15, Saul vor etwa 5 Jahren) eine Helena.–

22/12 Vm. dictirt an Schlenther, an Brahm; „Mutter u. Sohn".

Nm. kam Wengraf, nahm Med. mit, wegen ev. Vorspiel-Abdrucks in Westermann.

Dr. Kaufmann auf eine Viertelstunde.

Dr. Pollak; – auch über mein Ohrenleiden.–

Feuilleton Robert Hirschfeld, der im Referat sehr günstig war,– ganz umschwenkend; mit Seitenhieb auf den Roman.– Neulich sagte Gustav – „Den werdet Ihr Euch geradeso verscherzen, wie den Paul Goldmann, dadurch daß Ihr Euch nicht genügend um ihn kümmert – und wie leicht sind die Leute zu gewinnen –!"...

Burg, Loge mit Mama O. Gewissenswurm mit Kainz.– Hörte ein minimum.–

23/12 Vm. Besorgungen; spazieren mit O.–

– Las Elisabeth Kött von Bartsch zu Ende; zum Theil mit Interesse.

24/12 Brief an Reinhardt, Abrechnung, dictirt.

– Dazwischen Carl Techet; hatte mir vor 5 Jahren ein (Mscrpt.) Märchenstück, vor 2 eine gedruckte Novelle, vor 6 Wochen ein satirisches Skizzenbuch „Fern von Europa" (Tirol!) gesandt: Ist eben auf der Flucht aus Kufstein, wo er Naturgeschichtsprofessor am Gymnasium; wegen des Buchs verfolgt. Erzählt mir über die Macht des Clericalismus und die Verdummung und Bosheit in Nordtirol.–

– Er gefiel mir gut.–

Nm. zur Bescherung Mama, Dr. Kaufmann und Gustav da.– Im Anschluß an das Hirschfeld Feuilleton Gespräch über die allgemein wachsende Empfindlichkeit, von der ich mich gewiß auch nicht frei weiß. Doch was mich verdrießt, ist im Grunde nur, daß auch meine literarische Stellung sozusagen ein Politikon; hauptsächlich durch Esoi- und Abfalljuden.–

– Mit Kaufmann über Taine und Houssaye.

– Abends bei Julius und Helene. Mama, Altmanns.

– Trio: Karl Hans und Julius. Phonograph.– Ich spielte den
Cassian.– Im Auto (lebenserleichternd) nach Haus – –
25/12 Von beinah gleichgiltigen Briefen aus in meiner Labilität Kopfweh. Nebelwetter. Heini zu Mama begleitet, mit O. zu Manassewitsch
und Grethe (M. neulich von Julius operirt); mit O. zu Mama; O. und
Heini ins Volkstheater zu Hansl; ich allein nach Haus. Nach Tisch
kam Richard, wir plauderten 2 Stunden, von einer Schmucknotiz
Sternbergs in der N. Fr. Pr. ausgehend, der urchristliche Gefühle im
Stefansdom zu spüren vorgibt – darüber daß die Juden der Juden
Unglück sind.– (Bettelheim, Ganz, Hirschfeld.) Später, nach O.s Rück-
kehr, einiges weiter an „Mutter u. Sohn".– Unsagbar herunter durch
die quälenden Geräusche... geht die Depression in gleichem Tempo
weiter wie das Leiden – wohin führt es am Ende?–
    Lese Lily Braun, Memoiren einer Sozialistin.–
    Brief Schlenther Abends; mit Hinblick auf die Krise, von der ich ja
gestern in den Blättern gelesen, habe er eigentlich gezögert – nun wage
er die Verantwortung nicht seinem präsumptiven Nachfolger die ungeheure Arbeit aufzubürden etc... Letzter Versuch, der ihm nicht gelingen soll.
26/12 Vm. mit O. und Heini in feuchtem Nebelwetter gegen Hohewarte
und dort spazieren.–
    Nm. an „Mutter u. Sohn".
    Abends mit O. bei Richards, wo auch Hugo, Gerty, Hans Schlesin-
ger, Otti Salten.– Hugo aus Berlin zurück, mit guten Eindrücken von
Reinhardt (der Ende Jänner sein neues Stück spielt), kann meinem
Brief, den ich ihm vorlese, doch nicht Unrecht geben.– Hans findet, im
Anschluß an ein Gespräch über Bernsteins Israel, ich sollte ein Juden-
stück schreiben (kennt „Weg" nicht).–
    Wir (O. und ich) begleiteten Otti Salten heimwärts – der nicht
aufgethan wurde, worauf sie aus Café telephonirte, wieder vergeblich;
endlich fuhr sie wieder nach Haus; Ende unbekannt.–
27/12 Dictirt.– Mit O. ein wenig spazieren, bei Fr. Salten.
    – Nm. an „Mutter u. Sohn".
28/12 Vm. in St. Veit bei Bahr. Gratulation zum großen Erfolg des
„Konzert".– Über Krankheiten, besonders Burckhard.– Dann, oben,
ein paar Worte mit der Mildenburg.
    Zu Julius, dort gegessen. Andrian, wieder (zum 3. mal) aus Buka-
rest da, hypochondrisch; wir beruhigten ihn.–
    Daheim die Hebbel Gedicht Auswahl mit der Bab Vorrede zu
Ende.–

Zum Nachtmahl bei uns Zweig, Auernheimer, Wassermann, Frau
Otti Salten; später Kaufmann.– Über Bartsch; über Literatenthum
und Dilettantismus; über S. Trebitsch – Talent und Schwachsinn.–
Dem Sammler Zweig Urform des „Ruf des Lebens" geschenkt; andres
altes gezeigt.

29/12 Vm. mit O. Generalprobe zu einer alten Operette, für die Salten
als „Ferdinand Stollberg" unter dem Titel „Reiche Mädchen" einen
neuen Text geschrieben; nicht ungeschickt; von dem unangenehmen
1. Akt an besser werdend. Girardi wundervoll. Waren mit Richard,
Paula; Otti.–

Nm., mit Hans Schlesinger, Poldi Andrian bei mir, wieder in Angst;
beruhigte ihn.– Er beschimpfte Saltens „österreichisches Antlitz", ich
lobte ihn unermeßlich, noch über Verdienst beinah. So wird man immer
in Politik hinein getrieben. A. fand endlich wenigstens den „Patriotis-
mus" bei Salten lobenswerth. Ich erwiderte, gerade das sei mir gleichgiltig. Hat einer Talent, so darf er sogar Patriot sein – ja sogar
„religiös".–

– An „Mutter u. Sohn" etwas weiter.– Mit O. viel gesungen. Lese
Graef „Aus Goethes Tagebüchern".–

30/12 Vm. dictirt.– Dann in die Burg. Rosenbaum. Bergers Ernennung
so gut wie sicher, vielleicht schon vom 1. Jänner. R. wie von einem Alp
befreit; steht mit B. sehr gut. D. h.: Berger hat die ganze Zeit über sich
mit ihm verhalten; Kory Towskas (R.s Gattin) Stück aufgeführt in
Hamburg.– Er wird Med. (sagt R., der ihm schon davon sprach) sicher
spielen.

Nm. an „Mutter u. Sohn" weiter. Geringe Arbeitskraft. Wieder eine
jener häufigen Indispositionen (Auto-intoxication?).

31/12 Vm. mit O. Werkstätten, Geschenk für Agnes (Hochzeit), Mirjam
Ziegel.– Andre Besorgungen. Gustav gesprochen.

Mit O. zu Gisa, die bettlägerig.–

Nm. an Mutter u. Sohn.–

Abends bei Mama, wo Julius, Helene, Frau Altmann, Paul, Arthur
Wilheim.– Paul erzählte O., daß Clemens Franckenstein sich voriges
Jahr über meinen Roman geäußert ... „Es ist doch unangenehm, wenn
man Bekannte hat, die Privatsachen die sie von Einem wissen so in die
Öffentlichkeit bringen –" mit Beziehung darauf, daß Georg Wergenthin, der viele Züge von Cl. Fr. hat, mit einer Engländerin sein Geld
verputzt...

– Wenn man denkt, daß nicht viel mehr als diese Figur von dem
ganzen Baron übrig bleiben wird – – Hugos Einfluß. Ach, seine „Ver-

störung" über den Roman damals. Volk!–

– Ein Leitartikel Reichspost hebt als Hauptverdienst des scheiden-
den Schlenther hervor, daß er die „Beatrice" „zurückgewiesen..." –

Bei uns Abends von Mitternacht an: Julius, Helene; Frau Altmann; später Wassermanns, Sgals, Michaelis', Agnes, ihr Bräutigam
Lgr. Dr. Ulmann, Dr. Kaufmann.– Roulette. Ich verlor ca. 30 Kronen.

– Man blieb bis $^1/_2$4.–

Im Bett noch Goethe Tagebücher.

1/1 Traum: nach einer sonderbaren Tramfahrt, um die Votivkirche irgendwo Herren und Damen 3 Paare (?) mir zu Füßen eine etwa 35j. decolletirte Dame in Rosa, mit Kopfputz. Wedekind spricht davon, man mißverstehe seine Sachen – weil am Schluß jedes Actes immer der gleiche Rhythmus (?) – und wendet sich an mich, der ja wissen müsse, wie das sei – meine letzten Erfahrungen mit dem „Ruf des Ligitsch" – Ich denke: ... er kennts ja nicht einmal – da er den Namen nicht kennt.–

Vm. besucht mich Intendant Hagemann, wegen meines neuen Stücks. Wir sprechen über Inszenirungen, Berger; dann Mahler, Walter. Auch O. kam dazu.–

Mit O. und Heini spazieren, begegnen Richard und Paula. Über ihre (beider) Art sich an ihrem Leben zu versündigen. Sie soll mehr essen, er mehr dichten.–

Bei Tisch Telegramm von Hertzka (Deutsches Volkstheater) dem ich mein Befremden ausgedrückt wegen schlechtem Ansetzen des Ruf – sie spielen es auch am 6. – Wie einfach! Man muß sich nur rühren.–

Zeitungen. Verrechnungen.

Nach Grinzing, mit O. Miethauto. Unangenehmes Abenteuer; Chauffeur, Kutscher, Rauferei, drei gegen ihn, Revolver, ich beschwichtige endlich. Plattenbrüder. Meldung an die Sicherheitswachleute.

– Bei Wassermanns, wo Agnes mit Bräutigam, Schmidl, Kaufmann. Spielte ein wenig Klavier.–

Mattoide Compositionen von Halm.–

2/1 S. Vm. bei Salten. Erfolg seiner Operette. Materiell Hoffnungen für die nächsten (da er diesen Text als ganzes verkauft) – Otti fürchtend, daß diese Art Arbeiten gegen ihn ausgenützt werden. Gleichgiltigkeit dieser Fährlichkeiten.– S.s Erfahrungen mit der Reinhardt Bande in Berlin (anläßlich Dagobert-Proben).

– Mit ihm eine Weile spazieren. Hartmann gesprochen, vor seines Schwiegersohns Gutmann Villa. Die Enkel begrüßend, ... „Also jetzt fängt ein neues Leben an" ... (auf Berger bezüglich). Über Björnson („Wenn der junge Wein blüht" etc.) –

Mittag Frl. Kipiany bei uns. Später Richard, mit dem Januarheft N. R.;– „Emanuel Quint" von Hauptmann,– ganz geladen; nicht mit Unrecht.– Stilistische Affectation, ethisch-religiöse Salbaderei.–

Mit der Kipiany über die politischen Zustände; über die Abfalls- und Verratsjuden als die stärkste Gefahr.–

Wieder nicht gearbeitet. Lese u. a. Cecile von Fontane. Mit O. zu
Richards; wo Kaufmann und Schwester, Gustav.– Viel Musik; Olga
sang Schumann, Brahms, altfranzösisch; dann spielt ich Offenbach, O.
las einiges vom Blatt;– Johann Strauss.–

3/1 Vm. dictirt.–

Frau Tesi, Mitarbeiterschaft an „Outro".–

Nachmittag vertrödelt.–

Mit O., Julius, Helene, Dr. Fleischmann und Frau bei „Nanon" im
Carltheater... Eine entzückende Operette aus der Zeit, da sie „todt"
war. (Schad, daß sie wieder lebendig geworden.)

Dann alle „Fledermaus". Die Mella Mars außerordentlich – Friedell
charmant.–

4/1 Vm. Gisela, die noch immer nicht wohl, besucht.

Prechtler, Fr. Schmittlein, die Reinhold.– Schm. die mich fragt, ob
die Frau Arvik (Björnson) nicht für sie sei –?

Nm. Verrechnungen und dergl.–

Hr. und Fr. Dora Michaelis zum Thee. Ich war tief verstimmt durch
mein schlechtes Hören.– Übers Altwerden. Ich hab immer noch das
Gefühl... „Wie kann das mir, einem so jungen Menschen, passiren,
daß er schon 48 alt wird!" –

Weitres Rechnen und Ordnen. Etwa 10.000 Kr. mehr ausgegeben
als eingenommen. Wohin ?–

5/1 Dictirt.– Spazieren. Hrn York-Steiner nicht angetroffen. Zu Tisch
Frl. Kipiany ((bei der Heini französisch lernen soll) sehr entzückt von
Charolais, den ich ihr neulich gab. Hofmannsthal ging ihr nicht ein.–)
und Mama.–

Wohnungsdiscussion mit O., ins düstere, allgemeine, vernichtende
sich verlierend; gegen 11 Nachts kam es zu einiger Klarheit – aber der
Tag war hin. Sonderbar der gewissermaßen unterirdische Verlauf
solcher Auseinandersetzungen – die obenauf schwimmenden Worte, ja
selbst, in der nächsttiefern Schichte die Logik ganz bedeutungslos –;
geradezu metaphysische – ehephysiologische Gesetze sind hier herr-
schend. Ähnliches zwischen Menschen, die nur zusammenwohnen; auch
bei Freunden (auf gemeinsamen Reisen z. B.). Es scheint, als beständen schwere Disharmonien zwischen der solitären und der geselligen
Natur des Individuums.

6/1 Spazieren Pötzleinsdorf – Dreimarkstein Sievring.–

Auf dem Heimweg, in Hausesnähe Wassermann; verdüstert von
dem Politikum, das sich in Fischers Hoffnungen auf den Emanuel
Quint ausdrückt.– Gestern hat Agnes Speyer geheiratet.– J. Wasser-

mann hat eine schöne Rede gehalten. „Ich hab ihr Muth zugesprochen"
äußert er sich zu Olga.–

F. sagte Wassermann, weder Manns, noch mein Roman habe seine
Abonnentenzahl gesteigert, von E. Qu. (resp. dem Namen G. H.)
erwartet er es.–

– Nm. an Mutter u. Sohn.–

Hr. Robert Gound; Besprechung mit O., Correpetition wegen.–

7/1 Dictirt; dann mit O. Edelhofgasse, Wohnung im Haus Sikora
angesehn. Empfand es als traurig, daß O. mir zumuthen konnte, in
diese traurige Gasse zu ziehn. Später fühlte sie's wohl selbst.

Nm. an Mutter u. Sohn.

Abd. bei Mama; Julius und Helene.

8/1 Vm. Besorgungen. Bei Dr. Geiringer, in Angelegenheit Reigen
etc.– Paul Goldmann in der Stadt getroffen; sein Prozeß mit der
Schwiegermutter.

– Nm. an Mutter u. Sohn.

Hr. Techet besucht mich, erzählt von Tiroler und Triestiner Zuständen. Dann über Verleger und sonstiges geschäftliches.

9/1 S. Feuilleton Salten über den neuen Direktor Berger. ...Man
könnte sagen, Zolas Wort variirend – „la critique est un coin de l'art,
vu à travers une politique...".

Spazieren, über Dreimarkstein; Sprüche in Versen verfaßt,– (zu
Heyses 80.).

Frl. Kipiany und Mama Mittag. Mit Mama 5. Mahler.–

Nm. Anton Lindner, Hamburg, jetzt des verstorbnen Strakosch
Schwiegersohn, fast 3 Stunden da, sehr ermüdend – auch durch sein
sonderlich leises Sprechen. Über Berger u. a.–

Julie Wassermann, komisch wie immer; ihre Schulbestrebungen
und der ritterliche Baron Pidoll mit dem Tigerhaar.–

Zu müd um zu arbeiten. Oh!–

10/1 Auf einen Brief Rosenbaums bei ihm in der Kanzlei: Schlenther
hat jetzt, zum Abgang Med. spielen wollen, R. ihm gesagt: ich wünsche
die Aufführung im Herbst. Ich frage R.: Spielen Sie nicht auf meine
Rechnung, ein gefährliches Spiel? – Er: Nein, Berger wird es sicher
spielen – und dies ist für alle Theile das vortheilhafteste. (B. hat's noch
nicht gelesen.)

– Nm. an Mutter u. Sohn.

Abends im „Raub der Sabinerinnen" Loge, mit O., Mama, Helene.–

Sprach Korff, der „Wunderdinge" vom Med. hört und gern die
Hauptrolle spielen möchte. Ich sage, es wären beßre für ihn in dem

Stück.

11/1 Vm. dictirt Novelle und Briefe.–

Nm. an Mutter u. Sohn.

Mit O. Generalprobe Beethovenconzert (Messe C; Paderewski Es) –
Die Messe erregte in O. und mir gleiche Gedanken.– Ob sich die
Menschheit je von diesem Schlag erholen wird –?

Im Meissl; mit Wassermann, Kaufmann, Vanjung, Bella Wengerow, Hans Schlesinger, Frl. Naschauer, Frl. Leitner.–

12/1 Vm. mit O. und Heini bei Karolyi.

In der Stadt trafen wir Paul Goldmann, den wir zum Essen zu
Mama mitnahmen. Viel über Richard und Paula, die jetzt leidend –
Eigensinn Richards. Über das partiell pathologische bei so vielen
Menschen.– Im übrigen fehlte es nicht an kritisch-allgemeinen Bemer-
kungen P. G. von gewohnter Albernheit und Hechelei meinerseits.–

Nm. an „Mutter u. Sohn".

Vorm Nachtmahl bei Richard und Paula. Zum xten Male rieth ich
ihm, endlich einen vernünftigen Arzt zu nehmen.

13/1 Vm. mit O. beim Antiquitäten Händler Berger, wegen eines
Secretairs zu ihrem Geburtstag.

Nm. an der Novelle (M. u. S.).

Abd. mit O. bei Kaufmanns (zum 1. Mal), dort Wassermann, Julie,
Leo, Bella Wengerow.– Mackao mit Dominosteinen.– Später (W.s
waren schon fort) entwickelte sich ein Gespräch über Zionismus – ich
holte endlich aus Kaufmanns Bibliothek den „Weg", las Stellen daraus
und es war eine nicht alltägliche Situation, als ich Leo Vanjung aus
dem Buch Stellen vorlas, die sein Abbild Leo Golowski spricht und die
er eben selbst gesagt hatte oder nah daran war zu sagen... Ferneres
Gespräch über Politik im allgemeinen, der ich mich nun einmal nicht
unterwerfe.– Hatte die Empfindung, daß der „Weg" nicht berühmt –
und vor allem nicht genug verstanden ist.

Verhältnis (seit lange) Bellas zu Leo,– früher war sie wohl Jacobs
Geliebte (vor 10 Jahren etwa). Arthur Kaufmann hatte sie geliebt,
wollte sie heiraten; nun wohl nicht mehr; die Schwester Kaufmanns in
schönster Beziehung zu allen, alles wissend; wie rein die ganze Atmosphäre, da dies, was sich hier verwirrt, intriguenhaft lesen mag,
durchaus heiter, als Notwendigkeit, absolut rein wirkt.–

14/1 Vormittag dictirt.

Nm. gelesen. (Lese Prescott, Peru; Hertslet, Treppenwitz der
Geschichte u. a.) –

Frl. Hannemann zum Thee; um Lili zu sehen. Bürgerliche, im

ganzen dumme Person; aber doch angenehm wirkend.

York-Steiner; geht nächstens nach Palästina; viel über Zionismus und Juden.–

15/1 Vm. Besorgungen.– Panorama (Rhein).

Nm. an der Novelle.

16/1 S. Vm. spazieren Pötzleinsdorf, Dornbacher Park.–

Indisposition (allzuoft!).

Nm. an der Novelle.

Abends bei Frau Altmann mit O. Julius, Helene, Frl. Honig, Mama.– Frl. H. sang mit kranker Stimme, aber viel Empfindung. Ich spielte wieder einmal meine Walzer.–

17/1 Geburtstag O. (28.) Außer Blumen schenkte ich ihr einen schönen alten Secretair (der übrigens schon Samstag da war und gestern eingeräumt wurde, Bücher) und Bodes „Frau von Stein" – Heini Tulpen, eigne Zeichnungen und farbige Ausschnitte (König und Königin mit Tisch und Sessel), Lili Maiglöckchen.–

Im Volkstheater; mit Hertzka gesprochen über die ev. Budapester „Ruf" Aufführung, da Beöthy sie für sein ungarisches Theater erworben. Dann in der Stadt Frau Irene Mandl gesprochen (über Weingartner etc.) – Vorher Richard bei mir.

Bei Herzmansky, Oscar Straus kam zugleich, dann auch seine Frau. Eventualitäten einer Cassian Aufführung; die Agenten sollten was thun, sagt Straus zu H.– Flegeleien der Direktoren, über Reinhardt, Gregor, Schuch.–

– Über die Anatol-Operette. Straus will von Stein absehn, hat's ihm auch schon gesagt; ich solle sie allein machen.–

– Im Nachhausgehn Dr. Schönbrunn und Frau, die mich begleiteten.–

Mama zu Tisch. Mit ihr Beethoven Concert 4.–

Zum Thee Helene und Annie.

Mit O. in die Volksoper Straus, Thal der Liebe. Charmante Musik, nicht genug gewürdigt –

18/1 Vm. dictirt; und einiges spazieren mit O. und Lili im Kinderwagen. Auch zu Speidels.–

Nm. an Mutter u. Sohn, 1. Cap. vorläufig abgeschlossen.

19/1 Vm. dictirt.–

Mit O. bei Richard, ihnen ein Fräulein (Reiter) empfehlen.– Richard liest mir den Anfang von Jacobs Traum vor, soviel er bisher geschrieben, und recitirt einiges aus dem Gedächtnis. Außerordentlich. Ich, und dann O. reden ihm mit aller Macht zu, zu arbeiten. Paula hat geweint, weil er nicht arbeitet.

Nm. einige der Einakterskizzen durchgesehn (zum Theil begonnene).–

Abreise mit O.

20/1 Ankunft Dresden. Hotel Bellevue.

Mit Dohnanyi zur Probe der Pantomime. Schuch begrüßt. Grafen Seebach, Intendant, kennen gelernt. Balletprobe. Dann das ganze mit Orchester. Frl. Tervani Pierrette – Hr. Soot: Pierrot – Trede Arlechino. Regisseur Balletmeister Berger (der zu Schuchs Anerkennung nächstens einen Sittlichkeitsprozeß hat als Kläger). Musik und Orchester entzückten mich. Inszenirung und Solisten machten mir keinen guten Eindruck.–

Zu Tisch gegessen mit Dohnanyi.

Gelesen Nm. Heinrich Mann Die kleine Stadt. Mit O. Oper Butterfly, von Schuch glänzend dirigirt. Ich stellte ihn O. vor.

Mit Fanto (Maler, aus Wien bekannt, am Theater hier engagirt) und Frau im Bellevue genachtmahlt. Mäßiger Herr.–

21/1 Generalprobe. O. sehr gepackt.– Zu Tisch mit Dohnanyi und Frau, seiner Schwester und Schwager sowie andre Bekannte D.s. Mit O. anschließend an Schuch und Frl. Osten, Butterfly, Gesangs- und Zukunftsdialog.– Spaziergang.– Frau Erl und Dora nah ihrem Haus getroffen. Trauriges verfehltes Leben Dora E.s – Jetzt hat sie hier, mit Kainz im Centraltheater gespielt.– Kein Engagement, Sorgen. Thränen der Mutter.– Wir begleiteten sie bis zum Central Theater.–

Mit O. bei „Kneist" genachtmahlt.

22/1 Nachprobe.– Mittagessen mit Herzmansky; daneben D. und seine Bekannten. U. a. der dänische Fabrikant und Schriftsteller Benzon mit Frau, noch ein Däne; Dr. Heindl aus Wien, Dr. Lindner aus Wien und Frau – u. a.–

Nm. Spaziergang mit O.–

Abends Pantomimen Première. Dohnanyis und wir Parquetloge. Stürmischer Erfolg. Ich erschien nicht, was mir Dohnanyis etwas übel nahmen.– Es ist eine gute Sache; die Musik ein wahres Meisterwerk. Schuch dirigirte hinreißend. Nach der Pant. zu ihm in die Garderobe. Er dirigirte auch noch „Versiegelt" was wir uns (O. und ich) gleichfalls ansahen.

Im Bellevue große Gesellschaft. Auch Frau Benedict und Minnie, die uns vom Weissen Hirschen aus geschrieben.– Von den Mitwirkenden die Tervani und Soot.– Kammerherr von [Degen] und sein Sohn, Oberleutnant.– Schuch und Familie. Der Correpetitor Latzko,– Sch.

möchte gern nach Wien „Thuns was für mich" – Der junge Strecker.–
Grf. Seebach sandte mir eine Gratulation hinein.– Animirte und nicht
ungemütliche Stimmung.– Bis zwei.–
23/1 S. Gute Presse.– Im Theater von Seebach verabschiedet, mit
Latzko gesprochen, der sich hier sehr wohl findet.–
Mittagessen mit Benedicts. Über Minnie – Else (Roman) – über
Hugo meist nach der negativen Seite.–
Nach Tisch geschäftliches mit Dohnányi und Herzmansky.–
Nachtmahl, Abschied, Dohnányis blieben noch. Abreise, Herzmans-
ky, Heindl, Lindners –
24/1 Ankunft Wien.– Glatteis. Wagen konnte nicht hinauf. Der Bub,
mit Therese eben in die Schule gehend. Lili wohl und dick.
 – Dampfbad. In der Stadt Oscar Straus, Dörmann – sowie Dr.
Gassner gesprochen.–
Nm. gelesen und geduselt.–
Mit O. Oper, Bittner, „Die rothe Gred".–
25/1 Dictirt Briefe. Bücher an Seebach und Schuch.– Medardus an die
Wengerow.
Bei Richard und Paula, mit (später) Olga und Heini. Über Dresden.
Richard erinnerte sich eines Gesprächs im Café Pfob vor vielen (12)
Jahren – in dem ich Hugo gegenüber, der durchaus auch die Pantomi-
me schreiben wollte, mein Recht vertheidigte. Irrtum Richards. Es
handelte sich um die „Beatrice".–
Nm. sah ich die Urpantomime, aus der die Beatrice entstand
(1892!) und allerlei unverwendetes zur Beatrice durch; mit Interesse.
Zum Thee Frl. Honig und Frl. Naschauer. Spielte etliches aus der
Pant. vor.–
Abends im Schnee zu Salten, der mir (in Dörmanns Beisein) von
seinen Berliner Erlebnissen mit Holländer etc. anläßlich der Dagobert
Proben erzählte.
Auf dem Heimweg Ludaßy.
26/1 Vm. bei Mama, bei Gisa.
Nm. Rechnungen, Ordnungen etc.
Mit O. bei Auernheimers. Jacob und Julie, ferner Dr. Paul Zifferer.–
Über Telepathien, Ahnungen etc.– Julie auf dem Heimweg sehr ko-
misch.
27/1 Vm. bei Herzmansky, dann bei Dohnanyi, weil Lehnert und
Godlewski (Oper) sich bei mir angesagt.–
Nm. Messer (N. Fr. Pr.) mich wegen des „Schleiers" interviewen
(Benedikt hatte ein Feuilleton von mir über den Schleier haben

wollen).

Abd. bei Schmidls. Jacob Julie, Frau Emmy Sgal, Kaufmann. Spiel (Billard). Lachen.

28/1 Dictirt.– Kaiserlicher Rath Gaschler, wegen der Steuerfassion.

Zu Tisch bei uns: Dohnanyi, Richards,– Walter und Frau. W. spielte allerlei aus einer englischen Oper und eigne Lieder.

Abd. mit Richard Paula Colosseum.

29/1 Vm. bei Oscar Straus, der auf die Idee kam, Kassian der Oper einzureichen und heute zu Weingartner gehen will, eine Zusammenstellung von Kassian und Schleier vortheilhaft hielt obwohl er die Musik Dohnanyis – steril findet und erklärt: die Pantomime vom kleinen Korngold wird noch bekannt sein, wenn der *ganze* Herr von D. längst vergessen ist... Korngold, 11j. Sohn des Kritikers K. – sein Vater läßt die Compositionen drucken – schickt sie an Freunde, z. B. an Julius (der den andern Sohn K.s operirt) – und schreibt dazu: Sie werden sehn, daß die Pantomime meines Sohns wohl weniger Raffinement als D.s aber mehr Erfindung hat... Julius lieh sie mir. Die Begabung des Jungen ist wirklich auffallend, entbehrt aber meiner Empfindung nicht mattoider Züge.–

Dann bei Dr. Geiringer, Affaire „griech. Tänzerin".

– Nm. wieder nichts gearbeitet, später mit O. etwas spazieren, auch bei Frau Sikora.

30/1 S. Vm. spazieren Pötzleinsdorf etc.–

Nm. Lehnert (der mir geschrieben), Godlewski (der berühmte Mimiker und einstige dumme August – neu kennen gelernt), Dohnanyi da. Nicht wegen der Oper, sondern ev. Volkstheater. Von Weingartner erwarten L. und G. nichts, da er nicht zu sprechen, interesselos und nur mit Frl. Marcel beschäftigt sei. D. spielte viel aus der Pantomime vor; eine Weile waren auch Speidels, zufällig, da.– Wir verblieben, daß L. doch mit W. vor allem sprechen solle. Dohnanyi blieb dann noch allein, ich las ihm die erste Pantomime (1892) und den Urplan zum Alt-Wiener Stück vor.– Dann reiste er nach Berlin ab.–

In der N. Fr. Pr. heute eine ausführliche, nicht sehr geschmackvolle und talentlose Wiedergabe des Gesprächs, das ich Donnerstag mit Messer gehabt.–

Las Heinrich Manns „Die kleine Stadt" zu Ende. Manierirt-genial-kühl-groteskes Buch. Und immer wieder empfind ich: Welcher Reichtum in unsrer Zeit!–

31/1 Vm. Volkstheater; Generalprobe von Fulda, „Exempel" (schrecklich).– Sprach Fulda, Bauer, Ganz, Feld u. a.–

Nm. fing ich, wegen Rußland, Brief der Zenaida Wengerow an, „W. Land" durchzusehen.

Zum Thee Nina Kipiany (die jetzt Heini französisch unterrichtet) mit einem Baron Manteuffel, 50er, vielgereist, Bohémien, eben aus Paris fälschlich als Spion ausgewiesen;– sprachen viel über Zionismus, Herzl, Weininger u. a.–

In Hietzing mit O. bei Trebitsch. Anwesend Fulda, Jacob und Julie,– Stefan Zweig – Bei Tisch Frau Trebitsch plötzlich, ganz vergessend, wer da – – „Wissen Sie denn schon die Geschichte von d'Albert und der Fulda . . . ?" Ich (ebenso vergessend): Es ist kein Wort wahr!– Darauf Frau T. – direct zu Fulda „. . . Sie müssen doch was wissen, Sie kommen ja aus Berlin –". . . – Jetzt endlich merkte sie – allgemeines effarement – F. ganz klug sagte. „Ich interessire mich nicht für Klatsch . . . auch hab ich keine Nachrichten von meiner früheren Frau . . ." Nach einer Minute wieder laß ich einen Lobgesang auf Bahr los – gegen den F. einen wüthenden Haß hat – ganz vergessend, daß sie sogar im Prozeß waren.

F. fort auf den Concordia Ball; wir andern spielten Baraque (ich verlor mit O. gegen 50 Kr.). Im Auto heim. Zwei Uhr.

1/2 Früh bei Salten, ihn fragen was Berger ihm gesagt habe (er, S. schrieb mir andeutungsweise). B. will Med. *mit* der Bastei aufführen, scheint andre Schwierigkeiten zu finden; S. äußerte zu ihm, *er* habe mir Zusammenziehung der 2 ersten Scenen vorgeschlagen.– Erschien mir nicht sehr aufrichtig.–

Dictirt; Briefe, auch an Rosenbaum, um „endliche" Erledigung der Medardus Sache.–

Mit O. Stadt; zu Herzmansky. Auch Oscar Straus mit Gattin dort.– Ich telephonirte Eirich Bedingungen wegen der Oper, die sich für die Pant. interessirt – noch während ich dort war, kam die Annahme.– Straus spielte uns ein neues Lied für die Bradsky vor.–

Nm. weiter am W. L. gefeilt.

Mit O. im Clavierconcert Gisela Springer.

2/2 Vm. mit Salten spazieren; Heiligenstadt. Seine Operettenpläne. Er möchte in 10 Jahren 800.000 Kr. haben, hofft es.–

Nm. am W. L. gefeilt.–

Zum Thee Frau Samuely, dann Trebitsch und Frau. Mit O. Concert Therese Behr (vortreffliche Sängerin). Dann mit Julius und Helene bei Meissl soupirt –

3/2 Vm. bei Herzmansky, Abschlüsse wegen der Pantomime etc.

Dann (auf Einladung Bergers) in die Burg. Berger gleich: den

Medardus nehm ich natürlich an. Wird ihn mit der Basteienscene spielen. Einiges über Inszenirung. Termin etwa 10. October.– Ferner will er Lebendige Stunden mit Kainz spielen (wie mir Rosenbaum später erzählte, hätte das schon Mai sein sollen, aber K. will heuer nichts neues mehr lernen) endlich Liebelei neu szeniren mit Balajthy als Weiring, Hofteufel als Mizzi.– Auch über Beatrice sprach er – und R. sagte mir später, er habe eigentlich Bea. *vor* Medardus spielen wollen.–– Sprachen noch allerlei allgemeines über Beleuchtung, Zustand des Burgtheaters, weitere Pläne von ihm; dann sprach ich mit Rosenbaum. Die (bisher mißglückten) Versuche der antisemitischen Partei, für R. einen der ihren ins Burgtheater zu bringen – Bartsch z. B. – (der gar nicht einer der Ihren ist – und nebstbei nicht wollte). Über die Feindschaft Schlenther – Berger – der eine amtirt oben, der andere unten.–

Nm. am W. L. gefeilt.

Mit O. vorm Nachtmahl bei Richard und Paula.–

Heini, der ein Stück schreibt „Der Pfarrer" –

4/2 Vm. bei Herzmansky (nach gestrigem Telephon-Gespräch mit Straus; Cassian betreffend) – mit O.; dann in der Palästina Ausstellung (Bezalel); York-Steiner, Boris Schatz u. a. gesprochen; (Berichte über die Zustände dort).

Seltsamer Traum, Fahrt Nachts mit irgend Einer (wer?) im Einspänner Paris, an einer Stelle vorbei, wo s. Z. M. R. ohnmächtig geworden und nach Haus transportirt worden war – (was nie der Fall war –) – ah,– welche Straße? ja, rue Scribe –! – ich sehe in Papieren nach und finde die Ausgaben über Medicamente etc. aufgeschrieben, breche in krampfhaftes Schluchzen aus. Die Begleiterin beruhigt mich.–

– Nm. Brief von Jacob und Julie, weil ich für die Schule, für die sich Julie bemüht (College) nicht zeichnen wollte. (Julie hatte O.s Unterschrift haben wollen, ohne jede andre Verpflichtung – neulich, bei Trebitsch fand sie plötzlich, es sei unmoralisch, Unterschrift ohne Geld herzugeben.) Julie kam selbst, nachdem O. schon ablehnend geantwortet; nach einer durch Juliens Taktlosigkeiten von O.s Seite erregten Discussion, löste sichs in Wohlgefallen, da Julie rührend und komisch war, und ich zeichnete 500 Kr.– Ich spielte ihr aus Pant. und Cassian vor.–

W. L. zu Ende durchgesehn.

Mit O. zu Mama. Familie.

5/2 Vm. dictirt.

Richard kam; Fräuleins- und Wirtschaftssorgen. Aber er läßt sich nicht rathen.

Nm. kam der Tantièmen-Revers übern Medardus. Las Techets „Tragikomödie" „Die Cirkusreiterin" im Mscrpt. Schlecht.–

Zu Mama, Heini vom Kinderball holen. Etliches aus der Pantomime gespielt, auch mit Helene.

Mit O. Volkstheater Redoute. Trebitsch und Frau. War meist mit O., trank dann mit ihr und Fr. Hannemann Champagner. Frl. H. stellte uns dann den „Ihrigen" vor, einen sehr netten Fabrikanten. Um 2 etwa nach Haus.–

6/2 Früh Contract Oper von Eirich (Herzmansky) zur Ansicht. Sonderbares double évent – von Oper und Burg fast zugleich angenommen werden.

In Pötzleinsdorf spazieren.

Nachmittag mit Mama ein Brahms Quintett.

Mit O. zu Helene, Heini abholen. Frau Karplus, von der gestrigen Redoute erzählend.–

Kaufmann holt uns, in den Türkenschanzpark, mit Richard und Paula soupirt.

7/2 Vm. bei Gustav.– Bei Herzmansky; geschäftliches. Oscar Straus kam, hat Cassian Wymetal vorgespielt; Chancen, daß es mit der Pant. zusammen gemacht wird.–

Nm. allerlei geordnet.

Lese Varnhagen Tagebücher; – Lily Braun Memoiren einer Sozialistin.– Napoleon Anekdoten.

Einige Pläne durchgesehen. Im ganzen den Nachmittag vertrödelt, wie meist vor einer Abreise wenn auch nur auf 2–3 Tage.

Vom Ohr aus ver- und manchmal wie zerstört.

8/2 Vm. auf den Semmering (ohne O.) mit Kaufmann und Wassermann. Oben Zweig.– Nm. zu viert Meierei, dann Billard.–

Durchgesehen die neue Novellette „Tagebuch", den „Leuchtkäfer", die „beiden Künstler" (angelegter Einakter) alles nichts.

Nach dem Nachtmahl Billardkegel.–

9/2 Vm. zu viert auf den Sonnwendstein (nicht ganz) im Schneefall.

Nm. las mir Zweig einen Einakter (für Kainz) „Der Komödiant" vor; recht hübsch.

Carambole mit Wassermann.

Las Funchal von Jacques; begonnen Hamsun Benoni.–

Nach dem Nachtmahl Domino.

10/2 Abreise. Im Zug Baron Oppenheimer; über Kritik, auf unsre Stössl-Correspondenz; über Goldmann, Hugo etc.–

Im Zug gelesen ein Napoleon Stück aus dem Jahr 30 von Dupeuty und Régnier, kindisch, das mich aber interessirte, da es im ersten Theil das Staps-Attentat „dramatisch" behandelt – –
– Daheim Briefe aller Art vorgefunden, und die Zeit vertrödelt.
Mit O. vor dem Nachtmahl zu Mama.–
11/2 Vm. Besorgungen Stadt, dann im Cottage mit O. und Speidel spazieren.–
Gegen Abend das 1. Cap. der Novelle (Mutter u. Sohn) durchgesehen.
12/2 Dictirt, Briefe.
Nm. das 2. Cap. M. u. S. begonnen.
Frl. Springer zum Thee, spielte vom Blatt aus der Pantomime; dann Chopin B moll Sonate.
13/2 S. Mit O. und Heini spazieren Pötzleinsdorf, Dreimarkstein etc.–
Nachricht von Straus, der mich verfehlte, Kassian – Oper.–
Nm. mit Mama bei uns Bruckner III.
Weiter an M. u. S.
Hans Schlesinger zu Besuch; will mich malen, was ich ablehne.
Hugos vorgestrige Florindo Première bei Reinhardt; getheilter Erfolg.–
Zum Nachtmahl Gustav; Richard und Paula – Richard von besondrer Lustigkeit als „Herr von Schwutz" – viel über Salten.
14/2 Mit O. Stadt; Salten getroffen; mit ihm Koppel, dann Herzmansky, wo Oscar Straus. Kassian-Chancen.–
Nm. mit O. zu Mandl. Zweifel.–
Ordnungen. Notizen zur Nov.–
15/2 Dictirt.– (Novelle.)
Bei Rosenbaum, auf Telegramm.– Zur Besetzung des Medardus; etc.–
Nm. an M. u. S. weiter.
Mit O. Generalprobe Schumann Faust.–
Zu Hause begann das eben angelangte Hugo Stück „Cristinas Heimreise" zu lesen.
16/2 Mit O. in Grinzing, bei Wassermanns, mit ihnen eine von Julie entdeckte Wohnung ansehn. Unmöglich.–
– Nm. Hugos „Cristina" zu Ende gelesen. Schwach. Ohne innre Notwendigkeit geschrieben.
Besetzung des Medardus mit O. gesprochen. Correctur.
17/2 Vm. bei Herzmansky, in Geschäftsangelegenheiten, telephonirt mit Eirich über Prag und Budapest. Sliwinski und Straus kamen.–
Dr. Oppenheim (Olmütz) bei mir, wegen Olmützer Vorlesung.–

Noch ein wenig spazieren, O. verweint getroffen die eben die
Bleibtreu begegnet, mit ihr drin im Hause war und viel über Römpler
mit ihr gesprochen.–

Brahm zu Tisch. Über Anatol Besetzung u. a.–

– An der Nov. weiter.

Med. weiter corrigirt.

18/2 Vm. mit O. Generalprobe Hirschfeld Das zweite Leben Burgtheater.– Interessanter Stoff, ohne Kraft gestaltet.–

Sprach Georg, Elly, Brahm u. a.; nach Hause mit Speidels (Else
spielte eine Nebenrolle schlecht).

– Nm. „Medardus" zu Ende corrigirt.–

Mit O. bei Mama; Julius, Helene, Gisa; Gustav.

19/2 Vm. dictirt, Briefe; Novelle.

Zu Tisch Brahm und Elly Hirschfeld. Nachher kam Wassermann.
Über die Art des Zuhörens bei den Vorlesungen in unserm Kreis, mit
Beziehung auf Medardus.

– Mit O. bei Mandl.–

Zu Ende gelesen: Benoni.–

Weiter, ohne Elan, an M. u. S. – Hab mich eben nie ganz – sondern
nur zu 5–(höchste Momente) 50 Perzent.–

Las eine alte Skizze, Sebaldus, dramatisch, das Thema vom fahren-
den Anatomen behandelnd, durch Hirschfelds Stück angeregt – schrieb
sie vor etwa – 30 Jahren.

20/2 Vm. O., Heini und ich von Minnie Benedict abgeholt, spazieren,
anfangs von Richard begleitet; Grinzing; wieder eine von Wassermann
empfohlene Wohnung ansehen (unmöglich) dann noch zu Wassermanns.–

Nm. allerlei altes vom „Weg ins freie" durchgesehen, für den Bar
Kochba Kalender (Prof. Kellner war Vm. dagewesen) – An M. u. S.–

Mit O. bei Richards.– Richard las nach dem Nachtmahl aus Jacobs
Traum vor und recitirte einiges. O. die noch nichts kannte war bis zu
Thränen bewegt.–

(Ich hatte vorher den alten „Leuchtkäfer" gelesen, ob überhaupt
eine Veröffentlichung möglich. Man fand den Anfang, den Ton ganz
lustig – aber die Pointe versagte.)

21/2 Vm. Besorgungen. Zahnarzt.

Nm. Redacteur Stern, wegen Concordia Vorstellung (Frage an das
Schicksal).–

Allerlei aphoristisches durchgesehn.

22/2 Semmering, mit Brahm.

Dort Saltens (Frau Specht, Fr. Ignaz Brüll mit Töchtern). Spaziergang mit Brahm. Kothwetter.

23/2 Spazieren mit Brahm.–

Mittags kam Wassermann.

An der Novelle etwas weiter.–

Billard mit W.–

Mit Brahm und Fischer allerlei geschäftliches in leichter Weise.

24/2 Traum; mit O. in Paris, Empfindung der Sonderbarkeit des
Lebens... seit 13 Jahren war ich nicht hier – damals ahnt ich ihre
Existenz nicht. Wollen Onkel Felix besuchen, der „place de la liberté"
wohnt; Automobil; ein andrer drin, dann fall ich fast heraus, Auto wird
vom Chauffeur wie ein Kreisel fast bewegt etc.–

Spaziergang mit Fischer, Brahm, Wassermann – neuer Weg um den
Wolfsbergkogel.–

Nachmittag nach Wien.–

O. an der schönen Puppe für Paula beschäftigt –

25/2 Dictirt.–

Mit O. zu Richard. Paulas 30. Geburtstag. Brachten ihr Blumen
und eine Puppe, deren Kleid O. mit dem Fräulein wundervoll genäht.–

Richard las, im Gespräch über Rostand, einiges aus Aiglon vor.–

– Las Nm. Brauns (Lily) Memoiren, nicht ohne Ergriffenheit zu
Ende.

Las in Heften einer französischen Revue, von André Gide, aus
Anlaß von Ch. Philippes Tod an mich gesandt.–

Rosé Quartett mit O.

Bei Meissl soupirt, mit Helene und ihrer Mutter.

26/2 Vm. bei Herzmansky. Panorama (Turkestan), Ausstellung Paul
Ress (sprach ihn), ein paar gute Meerlandschaften –

– Nm. an M. u. S.

Dr. Pollak zur Begutachtung der Kleinen.

Mit O. Meissl und Schadn. Brahm dort, vor Abreise nach Berlin.
Wassermann und Julie.–

27/2 S. Zeitungsnachricht, Oskar (Ossi) Mayer hat den Dr. von Wider-
hofer im Duell erschossen.– Sonderbar, daß eine Novelle, die ich im
Herbst skizzirt („Tagebuch") die Figur des Ossi Mayer (Mader) enthält, der eben im Duell erschossen mir als Geist erscheint. Und wieder
nicht so sonderbar, da dies Duell durchaus in der Linie dieser snobisti-
schen Existenz gelegen war.– Seine Figur wurde mir klarer; er wäre
eigentlich der richtige Held eines humoristischen Romans.

– Richard holt mich zum Spazierengehn ab. Bringt einen Artikel

über uns mit, der komisch oberflächliche Irrtümer über uns alle enthält:
ich habe meine Typewriterin geheiratet, Richard „ebenso vorurtheilslos" die Gouvernante seiner Kinder; – Hugo eine Millionairin. Schlenther die Schauspielerin Ramlo –; die Gräfin Kopacsy den Hrn Karczag
– und Gräfin Kinsky nenne sich auf dem Theater Ilka Palmay.–

Mit Richard und Heini Sievering – Dreimarkstein – Sommerhaidenweg, wo uns O. entgegen kam.–

– Nach Tisch mit Mama Beethoven Quartett Op. 59 Nr. 2.–

– An „Mutter u. Sohn".–

Schumannfeier Concert; mit Gustav (O. heiser).

– Sprach Dohnanyi (der u. a. Kreisleriana sehr schön gespielt) im
Künstlerzimmer; er war ärgerlich, daß Cassian zur Pantomime aufgeführt werden soll; will auch Weingartner sein Befremden äußern. Ich
erkläre ihm; wenn er ev. die *Bedingung* stellen wolle, daß Cassian nicht
dazu gegeben werde – werde ich jede andre Zusammenstellung verhin-
dern. Übrigens schieden wir in Frieden.

Mit Gustav bei Perschill (einst Wieninger, wo vor ca. 19 Jahren die
Wiener Literatur gegründet wurde), Schönherr setzte sich zu uns.–
Ganz gemütlich.

28/2 Früh kam mein neuer Ladenschrank. Bücher geordnet. Mit O.
(und Lili im Wagerl) spazieren.

– Nm. an der Novelle.–

Mit O. zu Benedicts. Dort Frl. (X ?), Zifferer, Emmy Sachs (Min-
nies Schwester). Nach dem Nachtmahl Walter (Burgtheater) – Allerlei
Geschwätz; über Hugo (anläßlich der Cristina), Minnie redete dummes.

– Man blieb zu lang. Wozu ?– Meine halbe Intensität ging auf die
Mühsal des Hörens.–

1/3 Vm. dictirt.– Spazieren mit O., Else Speidel (Lili, Heini dann).–

Astrows Biographie Holzapfels (Mscrpt.) ausgelesen.–

Für mich laut ausgewählte Stellen aus dem „Weg" (für die Olmützer Vorlesung).

Mit O. in der Stadt Einkäufe.

Bei Mama, en fam. Hajek erzählte tragikomisches von seinen armen
Verwandten. Der Onkel mit dem Werkl. Der Onkel Kraus, der alte
Waffen an China verkauft, reich und wieder arm wird etc.–

2/3 Vm. Prof. Kellner, Messerschmidtgasse abgeholt; mit ihm über die
Hügel (Schafberg) Pötzleinsdorf und retour.– Über die Paralipomena
zum „Weg", über den Roman selbst. Über das „Überflüssige" im
Roman. Shakespeare-Philologie. Verhältnisse an der Czernowitzer
Universität.

Nm. an M. u. S.–

Abends bei Josef Winter. Ein Damenquartett trug Schubertsche Walzerreigen, mit Worten von J. W. vor.–

Saß beim Souper zwischen seiner Frau (mir neu) und der einen Sängerin (Frau Schubert). – Sprach nachher mit Kalbeck. Von Krankheiten Beethovens und Brahms (mir bisher unbekannt); allgemeines.–

3/3 Dictirt. Mit O. Stadt.–

Nm. an M. u. S.–

Zwei Herren aus Prossnitz, wegen Vortrags.

Apollotheater, O. und ich mit Fräulein Hannemann und ihrem Herrn John. (Chantecler etc.) –

4/3 Vm. spazieren, im Cottage, zuerst mit Prof. Seidler (psychologisches, Schaffen etc.); mit Else und Felix Speidel (Hoffnungen Elses, wegen Berger) im kleinen Park Lili; mit O. retour;– Paula;– Richard und Fischers, die von mir kamen.–

Nm. geordnet, mit O.–

Abends Quartett Rosé.

Hr. John erzählte mir gestern, die Offiziere seien über den Ausfall der „Gustl" Affaire sehr unzufrieden gewesen; sie hätten erwartet, ich würde vor dem Ehrenrath erklären, daß ich niemanden beleidigen wollte etc.– (J. scheint mit einem der Offiziere befreundet zu sein.) – Sehr gut, daß ich damals nicht hinging. Man hätte es doch so gedreht, daß ich mich „entschuldigt" hätte.–

5/3 Vm. Generalprobe Carltheater Concordia Vorstellung: „Frage" mit Charlé, Ziegler, Frl. Wallentin (N. W. B.) – leidlich. Übrigens hörte ich (6. Reihe) so wenig, daß ich von einem Eindruck überhaupt nicht mehr sprechen kann.–

Dann Venus im Grünen von Straus, Brüderlein fein von Fall.–

– Sprach Director Steinert (N. W. B.), Oscar Straus (großer Erfolg des Walzertraums in Paris).– –

Nm. Frau Mautner zu Besuch, dann Prof. Schiff, – zum Nachtmahl S. Fischer und Frau; Richards, Saltens.–

– An Thomas Mann gemeinsame Karte wegen seines vorzüglichen Artikels gegen Theodor Lessing in Sache Lublinski.–

Heini aus dem 1. Concert.

6/3 S. Vm. mit O. Dornbacher Park etc. Über die unsichern Geldverhältnisse; und Überlegung eines Hauskaufs; von außen jenes „Anton"sche Haus in Pötzleinsdorf umgangen.–

M. u. S. 2. Capitel in der Skizze leidlich abgeschlossen.–

Las für mich laut (wegen Olmütz) die „letzten Masken" – war so ergriffen, daß ich fast weinte.

Im Auto mit O. und Saltens Hietzing, Trebitsch. Dort Wassermanns und Fischers. Ich spielte Clavier, nachher wurde Baraque
gespielt. Salten erzählte mir die Opernstoffe für Oscar Straus.–

Frau Tr.s Befangenheit anfangs, wegen des Prozesses Kolischer, in
dem ihr Name mühselig verschwiegen und unterdrückt wurde.–

7/3 Nm. dictirt (2. Cap. Skizze Ende).–

Mit O. spazieren.–

Recht übles Befinden, allerlei.–

Zu Ende gelesen Kuprins Duell.

Für mich laut „Leisenbohg" –

Allerlei geordnet.

8/3 Vm. mit O. Besorgungen; bei Frl. Loewenstamm, Malerin, die mir
geschrieben, sie habe einige Landschaftskizzen zum Weg gemacht. Sie
zeigt sie uns und schenkt mir 2 nette Radirungen. Andre Bilder von
ihr, Talent.–

Nm. für mich gelesen „Geronimo".–

Den Abenteurer, die Skizze durchgesehn, in der Möglichkeiten
stecken.–

Bei Richards zum Nachtmahl.–

9/3 Vm. mit O. und Richard Besichtigung der Villa Anton, Schafberg-
gasse 3. Wohnungsgespräch.– Zweifel. Wieder Gedanke, die untre
Wohnung zu nehmen.–

– Nm. für mich „neues Lied" und „Excentrik".–

– Dr. Eger, Prag; Vorschläge und Wünsche. („Marionetten" in
Prag,– Cyclus meiner Werke – zu meinem (es wird schwer es hinzu-
schreiben) 50.– Empfehlung an Brahm ev.,– Regisseurstelle.)

Mit O. Brahms Gesangsconcert Gound als Begleiter, Flore Kalbeck.
Dr. Spitzer etc.–

10/3 Vm. dictirt; dann Besorgungen Stadt.–

Bei Mama zu Tisch. Lili zum ersten Mal dort.– Heini. Miss Fearn.–
Mit Mama Goldmark Sappho Ouv. und ein Bach Concert.–

Heut früh starb Bürgermeister Lueger. Vor etwa 30 Jahren war ich
bei meinem Onkel Mandl oder bei Dr. Ferdinand Mandl (Louis Vater)
mit ihm zusammen – er spielte Tarok. Vor etwa 5 Jahren am Semmering im Schnee fuhr er an mir vorüber. Sonst sah ich ihn nie nahe.

Nm. las ich Wassermanns „Erwin Reiner" zu Ende,– nach allerlei
Bedenken in Widerwillen gegen den zu Tage tretenden Schwindel,
Selbstgefälligkeit, Snobismus, von den zweifellosen genialen Zügen in
den höhern Momenten des Buchs gefangen genommen. Mit O. dar-

über.–

Allerlei geordnet.

11/3 Vm. spazieren; Prof. Redlich in der Nähe seiner Villa gesprochen; bei Wassermann; über seinen Roman –

Nm. in Plänen umgesehn.

Mit O. Dohnanyi–Marteau–Becker-Trio.–

12/3 Früh nach Olmütz gefahren. Auf der Bahn: Hr. Mayer (Kohlen-händler); im Hotel Hr. Felix Zweig; Rabbiner Oppenheim. Spazieren mit den Herren, Park; zu Dr. O. speisen. Seine Frau. Seine Mutter. Kaltes Zimmer. Die Mutter über ihr Leben, was man alles überlebt; Thränen.– Mit Dr. O. den Tempel besichtigt.– Später mit den drei Herren im Rathaus. Dr. Kux, der Archivar. Documente und sonstiges. Rundgang.– Ruhe im Hotel. Abgeholt; Vortrag: Las „Das neue Lied", aus dem 3. Capitel Weg, – „Die letzten Masken"; Excentrik.– Leidlich, am besten die l. M.–

Nachtmahl im Hotel Lauer, mit O. und Familie (die natürlich nichts aßen) Mayer, Zweig und zwei Ehepaaren.–

Traurigkeit der kleinen Stadt.– Hatte mich den ganzen Tag auch körperlich schlecht befunden.

13/3 S.– Mit Dr. O. Spaziergang; über Olmützer Zustände; Offiziere und Jüdinnen; über Herzl, persönliches.– Zur Bahn; dort u.a. der hiesige Kritiker Ulrich – auch Einer, der hinausstrebt.–

Abreise. Im Coupé anfangs ein Herr Hermann Pollak; über die unaufhaltsame Czechisirung.

– Ankunft Wien; Nachmittag 4,– Tram heimwärts.–

Olga und den Kindern entgegen in den kleinen Park; dann mit O. im Garten bei Richards, wo Leo, Kaufmann und Steins –

– Abends mit O. zu Mama; Julius und Helene.

– Schwer, schwer bedrückt – meine ganze Beziehung zur Welt, jeder Augenblick meiner Existenz ist durch die fortschreitende Schwerhörig-keit und die ewigen Geräusche – nicht was er sein sollte, könnte.–

14/3 Früh dictirt. Spazieren mit O., dann auch Speidels.–

– Nm. Med. umbrochne Correctur bis Schluß 2. Akt.

15/3 Vm. mit O. beim Grünbaum; Panorama (Biarritz etc.) –

Bei Mama zu Tisch; C Dur Trio Brahms.–

Zu Speidels, wegen Tennis, zu Richards, Einladung. Über die würdelosen Beileidsbezeugungen der israelitischen Cultusgemeinde an-läßlich Luegers Tod. Ob etwas dagegen zu thun sei.–

Medardus zu Ende corrigirt.–

16/3 Vm. Tennis, erstes Mal dieses Jahr; auffallend früh; mit Speidel,

Olga, Kaufmann.– –

Nm. erstes Capitel M. u. S. durchgesehn.

Zum Nachtmahl Hugo und Gerty, nachher: Richard, Kaufmann, Wassermann.– Spielte vor dem Nachtmahl aus „Cassian" und „Panto-mime" vor.

– Über Cristinas Heimreise; Hugo arbeitet sie um.–

17/3 Vm. mit O. Musikvereinssaal, auf Richard Mandls Einladung, Generalprobe seiner Gascogne Ouverture (fesch). Hörten überdies Manén sehr schön ein Mozart Concert Violine spielen.–

Panorama (Indiana, Brasilien; Lueger Leichenzug).–

Nm. 2. Cap. M. u. S. durchgesehn.–

Baron Winterstein besucht mich. Über Hartlieb, dessen Gedichte mir Seybel neulich geschickt, der mir von W. „beeinflußt scheint". – Über Freud (Psychoanalyse) Heinrich und Thomas Mann, Grillparzer etc.

– Hausherr; Hausmeister dazugerufen, Auseinandersetzung mit ihm, wegen Unhöflichkeit und dergl.; er entschuldigte sich.– Steigerung etc. Untre Wohnung? – Sorgen.–

18/3 – Vm. dictirt. Mit O. Stadt, Besorgungen.

– Nm. Notizen zum 3. Capitel der Novelle.

Abends bei Louis Mandls. Die schöne Wohnung besichtigt.– Julius Helene, Rosé und Frau u. a.–

Eilfter Todestag von M. R.–

19/3 Vm. Besorgungen. Else Speidel auf dem Rückweg, über Berger.–

Mit Mama nach Tisch ein Brahms Sextett.

Ließen uns alle von Dr. Pollak impfen.–

Kopfweh. Arbeitsunfähigkeit. Unerträgliche Verdüsterung. Täglich zunehmende Schwerhörigkeit, Geräusche zum tollwerden.

20/3 S.– Aus Wohnungssorgen entstehende Ehedüsterkeiten.–

– Spazieren, später mit Speidels und O.–

Nm. Versuch an der Nov. weiterzuarbeiten; ohne Glück.–

Zum Nachtmahl Gustav, Kaufmann, Richard, Paula, Leo.– Wett-rennspiel.

21/3 Vm. mit O. Stadt. Panorama (Sicilien).

Bei Julius zu Tisch. Poldi Andrian (Consultation Hypochondrie).–

Andrian später bei mir, mußte ihn selbst untersuchen und beruhi-gen.

An der Novelle weiter.–

22/3 Vm. dictirt.

Bei Direktor Weisse, über Anatol Cyclus.–

Bei Tante Irene, den leicht erkrankten Alfred besucht.–

Nm. an der Novelle weiter.

Las Wilhelm Tell (im „Schillercyclus") zu Ende.–

– Las ein paar Brochuren von Julius über Appendicitis. Klar, klug, ehrlich. Welch ein schöner, im höchsten Sinn anständiger Beruf,– dagegen unsereiner – insbesondre wenn's ein „Beruf" ist.

23/3 Vm. spazieren, Hohe Warte etc.; überlegt, was ich fürs Mahler-Buch (Aufforderung Dr. Stefan) schreiben könnte.–

Mittag Leonie Guttmann (mit Frl. Kipiany).–

Weiter an M. u. S.–

Spielte die Neumannsche „Liebelei" zum Theil durch; es ist doch manches hübsche durch [!], und ich denke, daß der 2. Akt (Schluß) Erfolg haben könnte.–

24/3 Vm. dictirt. Spazieren; mit O. bei Richards.

– Nm. ein weniges zu M. u. S. Immer geringe Arbeitskraft und -lust.

Lese Gutzkows Rückblicke; Charles Louis Philippe Croquignole u. a.

25/3 Vm. mit O. Schneider etc. –

Mittags Leonie Guttmann bei uns.

Weniges an M. u. S.

Die Beer-Hofmann Kinder zur Jause; Richard und Paula –

Bei Mama mit O., Julius und Helene. Wohnungsgespräch. Heftigkeit.– Julius auf dem Heimweg freundliche Vorschläge, er wolle ev. ein Haus kaufen; mirs vermiethen, billiger. Bedenken.

26/3 Vm. dictirt.

Dann mit O. das Haus Römpler-Bleibtreu besichtigt; Frau B. geleitete uns. Es überraschte mich aufs angenehmste, und der Gedanke des Kaufs wird lebhaft erwogen.–

Bei Gisa, die krank (Gastricismus) zurück gekommen.

Nm. kam Wassermann, Abschied für Amalfi etc. Haus- und Finanzgespräch.–

Gegen Abend besuch ich Salten, ähnliches Gespräch.–

Dann mit O., an der Hand von Plänen, die mir Frau B. mitgegeben, Eintheilungsgespräch.–

Dabei der ganze Tag, durch den Zustand meiner Nerven und die zuweilen fast betäubenden Geräusche, in einer Art von Halb- oder besser Siebenachtelbewußtsein.

27/3 Ostersonntag. Spaziergang mit Heini über die Felder bis aufs Hameau – Dornbacher Park.– Heini hatte seinen besonders charmanten Tag. „– Ob die Pflanzen es fühlen, wenn man sie abreißt... ob sie

überhaupt etwas spüren – und ob wir das nie wissen werden –"
Aussicht von einer Wiese die ich mich nicht erinnre je betreten zu
haben.–

Bei Mama zu Tisch. Mit ihr ein Bach Concert.–

Mit O. und Heini zu Julius und Helene; Gespräch über das Haus
und Kauf.–

An M. u. S. (wenig).–

Die Beiträge in der N. Fr. Pr. z. Th. gelesen; (die Basteiszene ist
drin) – Hugos „Lucidor", Schönherr, H. Mann etc. – über all diese mit
O. – für Sch. hab ich nach diesem Einakter wieder starke Hoffnung.–
Mann der unzweifelhaft genialste Könner der heutigen deutschen
Literatur.–

28/3 Ostermontag.– Mit Heini Spaziergang Hohewarte. Dann Gisa
besucht. Fühlte mich schlecht.–

Julius und Helene holten uns ab. Wir besichtigten wieder das
Bleibtreu-Haus. Julius und H. sind sehr dafür. Gewisse architektoni-
sche Veränderungen wären nötig.

– Mit Julius einiges über meine Körperlichkeit. Offenbar ein wenig
in der geheimen Hoffnung, irgend ein hoffnungsvolles Wort über das
Ohrenleiden zu hören. Es kam keins. Wie natürlich. Und wenn auch –
so wär es sinnlos gewesen. Und doch drückte mich sein Schweigen noch
tiefer nieder.–

Nm. mit O. über meine schwere Verdüsterung – und alles was damit
zusammenhängt.–

– Trebitsch und Gattin zum Thee.–

Zum Nachtmahl Dr. Mayer (aus München, Grüße und Nachrichten
von Liesl und Steinrück, St. muß angeblich noch immer von seinen
18.000 M. 9 Schulden zahlen??). Auernheimers, Leonie mit Mutter,
Richard und Paula.– A. deutlich unter seiner Gattin leidend, übel
aussehend und sehr nett.–

– Ich spielte aus Cassian und Pantomime.

29/3 Dictirt.– Mit O., Richard in die Römpler Villa. Der Baumeister
und Cottage Director Müller (Bruder von Sommerstorff). Die Verände-
rungen leicht durchzuführen und billig. Zustand der Villa allerbest.
Auch Richard war höchst eingenommen. Besprechung mit Frau
Bleibtreu.– Ob ihr die Aussicht ins grüne nicht abgehn würde? Sie...
„Es fehlt mir so viel, daß es darauf nicht mehr ankommt."– Ich dachte:
Wie wunderbar wirst du die Frau Klaehr spielen.–

– Spaziergang und Zuckerwerk-Einkauf mit O. und Richard.–

Nm. an M. u. S.–

Ewige Müdigkeit, Überreiztheit, Knieschmerzen.

30/3 Vm. (zufällig von Speidel begleitet) ins Fango Institut, den kranken Peter Altenberg besuchen. Er liegt, graubärtig, kahl im Bett, klagt über fürchterliche Schmerzen und weint. Ein mäßig hübsches junges Mädchen mit aufgelösten Haaren am Tisch, trinkt Kaffee (Hamburger Verehrerin). Der Arzt erzählt mir, daß sich organisch nichts finden lasse. Alcoholwirkungen.–

Bei Dr. Rosenbaum.– Stefan Zweig fand, es wär „unvortheilhaft" gewesen, daß die Med. Basteiscene in der N. Fr. Pr. stand. Hingegen der eine Akt von Schönherr sei das großartigste was seit 10 Jahren geschrieben.– Fragen: warum wird derartiges zurück erzählt. Ferner: warum empfind ich (besser als Zweig selbst) die leise Esoifreude, die es ihm gemacht haben dürfte das zu finden?– Berger hat die Absicht, mir noch starke Striche in den Valoisscenen vorzuschlagen.– B.s „laviren". Bald Artikel, die den „liberalen" schmeicheln (neulich übers Burgtheaterpublicum) – dann für die Christlich-socialen (über Lueger nächstens). U. a. – – Ein Wort für Strial (Annie Sikoras Gatten) auf der Familie Wunsch. Weiskirchner hatte schon, am ersten Tag der Bergerschen Direktion geschrieben.–

Nm. erschien Lantz; von irgendwem automobilisch aus Berlin mitgenommen. Rechtfertigt sich wegen Frl. R., die natürlich wirklich seine Geliebte gewesen sei. (Zweifellos.) – Er kommt nicht weiter.

Dr. Pollak, impft Lili nochmals.– Über etliche meiner Unannehmlichkeiten.–

Las ein unausstehliches Napoleon Stück von Reinmann; nicht ganz ohne Begabung, dumme Shawcopien im Stil.–

Mit O. viel über mich. Mein Nichtarbeitenkönnen; das vielfach Dilettantische selbst in meinen besten Sachen. Meine tiefen vernichtenden Verstimmungen.

31/3 Vm. mit Dr. Alfred Mayer und O. spazieren. Nach dem Schneefall von gestern wundervoller Anblick des Parks: grün, das junge Laub – und der Schnee. Noch nie gesehn.

– Nm. (wie fast immer) Clavier. (Chopin oder Pantomime.) –

An M. u. S. weiter.–

Mit O. Burg Sappho. 10. Reihe Parquet (von der Intendanz). Konnte nicht folgen. Wozu noch? – Aber nicht allein daraus eine Abwendung vom Wesen des Theaters... was soll das ganze. Plötzlich Verständnis für den Philister, der sagt... „was soll ich mir den Wurstl vormachen lassen".

1/4 Vm. bei Gisa, die noch bettlägerig und wo eben Dr. Goldschmidt.

– Auch Nachmittag wegen Kopfweh, mit O. spazieren – und mit
Gusti Glümer, die uns eben besuchen wollte. Ihr Wesen, ihr Reden, wie
im Halbtraum und in der Halbhistorie. Viel über sie und M. Gl. später
mit O.– Wie sie (M. G.) gewissermaßen nur während ihrer Beziehung zu
mir aus dem Halbdunkel ihrer Seele in eine gewisse Belichtung trat.
Nie, nie wird sich dieses Wesen schildern lassen. Überhaupt – nie läßt
ein Mensch sich wirklich nachgestalten; man macht höchstens einen
neuen, der, wenn er gelingt, als „wahr" wirkt.–

Mit O. musizirt. Viel Hugo Wolf. Außerordentlich.

2/4 Vm. dictirt. Dann bei Dr. Geiringer, über den Hauskauf.–

Zu Tisch da: Frl. Kipiany, Leonie G.; Gusti Glümer mit Mizis
Buben Hans. Die Buben saßen nebeneinander, später spielten sie, und
der kleine war sehr komisch. Als ich ihm ein zweites Buch von Heini
schenken wollte: „Das kann er sich behalten." – Wenn man diese
Situation Gusti prophezeit hätte, als sie vor ca. 21 Jahren bei mir war
und mich bat, ich solle ihre Schwester in Frieden lassen. O Leben.–
Olga sang besonders schön.–

3/4 Sonntag.– Vm. mit Alfred Mayer Spaziergang Pötzleinsdorf –
Dornbacher Park.

Zu Tisch bei uns Alfred M. und Mama.–

3 Uhr mit O. Freie Volksbühne Vorstellung in der Wiener Bühne
„Frage", „Masken" „Literatur". Charlé alle Hauptrollen; begabt-
provinziell.– Hr. Großmann wie schon brieflich, seinen frühern Standpunkt gegen mich revocirend etc. Unbedenklicher Streber, will jedenfalls was von mir.–

Im Nachhausgehn bei Richards; dann bei uns Speidels, er brachte
seinen Roman „Lebensprobe".–

Um $^1/_2$ 9 tel. angekündigt Andrian, mit der bekannten Hypochondrie; beruhigte ihn; er nachtmahlte bei uns und war amusant.–

„Hafen" von Jacques zu Ende gelesen.–

4/4 (Feiertag) Spazieren, Hohe Warte. Gisela besucht.

Mit O. und Heini zurück.–

Nm. weiter an M. u. S.–

In Speidels Roman.

5/4 Dictirt.

Mit O. bei der Bleibtreu. Besichtigung, Besprechung.–

Bei Rosenbaum, auf seine Bitte. Solle mit Devrient Regie führen
bei Neueinstudierung der „Liebelei".

– Kostbarer Brief einer schriftstellernden Dame an Berger; aus
clericalen Kreisen, die jetzt bei B. ihre Zeit gekommen hoffen.

Bei Mama zu Tisch. Bruckner 8te.

Dann noch, in schönstem Frühlingswetter, draußen in Park und Straßen spazieren.– Heini und Lili.–

An M. u. S.–

6/4 Vm. Discussionen mit O., spazieren. Wohnungsmessungen; Schweizer Pläne, da Liebelei Oper Frankfurt verschoben.–

Nm. an M. u. S.

Mit Mayer und O. zu Richard und Paula. M. wollte das Haus kennen lernen.

Mayer und Gustav nachtmahlten bei uns.

Liesls primäres Interesse, ob das R.sche Haus ein Fremdenzimmer habe; erste Frage in ihrem Brief.– O. sang.

7/4 Vm. Probe Josefstadt Liebelei 1. Akt. Neu Frl. Hofteufel als Mizzi, Devrient als Herr... Dann mit Korff und Devrient (in die Stadt), zum Burgtheater, über Schlenther; seine letzte Zeit, unsprechbar, Sauferei etc.

Nm. Andrian; mußte ihn wieder untersuchen, beruhigte ihn – auf wie lang?–

Las Speidels Roman zu Ende. Anständige Arbeit – aber – nichts! Wozu?

Dr. Geiringer kam, mit ihm zur Römpler. Notar Holding. Fr. Römpler kam etwas später, las dann erst den Brief den ihr O. ein paar Stunden vorher geschrieben – Vorschlag Nachlaß von 5.000 Kr. – sagte heiter: „In Gottes Namen"– und so war das Haus in unsern Besitz übergegangen.– 95.000 Kronen; die Hälfte leiht mein Bruder, die andre die Sparkasse.– Wir blieben noch eine Weile, dann zeigten wir Dr. G. die Umgegend. Er war so entzückt von allem, daß er erklärte – er kaufe uns das Haus sofort ab – bleibe uns 2 Monate im Wort. Auch daß es so glatt gegangen war,– schien ihm gute Vorbedeutung. Dann zeigten wir ihm noch unsre Wohnung. Mit ihm in die Stadt, O. und ich bei Mama. Julius und Helene. Gespräch übers Haus und die Schweizer Reise.–

8/4 Vm. Probe Josefstadt.– Korff, gestern bei dem „Circusfest" durch einen Hufschlag verletzt (er war „Schulreiter") fehlte.– Balajthy spielte den Vater zum ersten Mal.–

In die Burg mit Devrient und Zeska; Erkundigung wegen Korff; Generalprobe „Schule der Frauen".–

Nm. dictirt.–

Von Richards Olga abgeholt.

9/4 Vm. bei Schenker (Erkundigungen); Panorama (Sorrent etc.), bei Fred im Sanatorium; liegt; macht aber einen nicht übeln Eindruck;

(über die feindselige Art Berlins – gegen Wien etc.);– dann mit Mandl hinüber ins Frauensanatorium; sprach Hugo, Gerty ist vor 3 Tagen operirt (leichte Sache).– Bei Gisa (die etwas froissirt war, weil wir nicht auch von dieser Seite wegen des Hauses Geld aufnahmen) –

Nm. Klavier – (Bach und Liszt).–

Notizen zu M. u. S.

Las Bruuns „Zantens glücklichstes Jahr" zu Ende.–

– Herr Techet, der noch immer nicht weiß was mit ihm geschehen wird.–

Zum Nachtmahl: Dr. F. V. Spitzer, Gound, Richard, Paula, Kaufmann. Es war etwas langweilig.

10/4 S. Hugo holte mich ab. Spaziergang Hohe Warte. – Bat mich bei Berger wegen „Cristina" neue Fassung zu interveniren. Allerlei kluges.–

Später mit Dumont, Schauspieler bei Jarno, (Tram) im Türkenschanzpark. Komisches über Reinhardt und seine Leute; Holländer, Kahane.

– Nm. an M. u. S., mühselig, ohne die Fähigkeit zu halten, zu sammeln;– tiefe Verstimmung nach allen Seiten.

Mit O. und Heini gegen Abend spazieren; vor Richards Hause Paula und er, sowie Hugo; mit ihnen ins Haus. Richard zeigte alte Papiere aus dem Nachlaß seiner Tante. Mit Hugo eine viertel Stunde allein. Sehr klug – wenn nur nicht immer mehr das zweckbewußte im Dialog mit ihm störte – bald ein übertriebenes, nicht im Gang der Unterhaltung begründetes Lob – bald ein nicht zu überwindender Trieb, leicht zu sticheln... Gesunde menschliche Verhältnisse – wie selten – ! ?–

Mit O. über Wohnung, Einrichtung und noch andres. Immer etwas gewittrig.–

11/4 Früh mit O. Gespräch: das mich fast am stärksten interessirende Problem: allmälige Veränderung menschlicher Beziehungen,– das ich doch nicht irgendwie, zu meiner Beruhigung künstlerisch fassen kann.– Tragische Schuld des Künstlers: wenn seine Beziehung zu seinem Werk eine unreine wird. Mir geht es nur so, daß die Wurzeln meiner Stoffe durch Nebengedanken, die mit dem Werk als solchem nichts zu thun haben, angenagt werden.– Auf Stunden wenigstens müßte man es wieder erleben: nichts ist auf der Welt als ich und mein Marmor und mein Meißel!

– In die Burg. Liebelei Probe. (Sah vorher noch ein Stück Dorrit mit Arndt, neu.) – Mit Berger über Hugos Wunsch, seine Neuengagements etc.– Er ist schon erbittert über die Kritik.

– Nm. an M. u. S. weiter.

Mit O. und Heini spazieren; zu Speidels.– Sagte ihm einiges über seinen Roman, recht günstiges – da Einwendungen gegen dieses „Nahezu nichts" kaum möglich. Er ist tief, fast rührend entzückt von dem Buch.–

Daheim mit O. über die ins wahnwitzige steigenden Ausgaben. Bin fast neugierig, wie weiter?

12/4 Vm. dictirt; dann mit O. zu Gisa.

Bei Mama zu Tisch; Nm. ein Quartett von Beethoven und Brahms Haydn Variationen.–

Im Sanatorium bei Gerty. Hugo über Berger mitgetheilt.

Mit O. zu Haus Gespräch über meine Pläne literarischer Natur. Die Mördernovelle; Bernhardi, Weiher, Abenteurer – Geschwister, Verführer, Einakter.–

– Gelesen in Prescott, Pückler, Varnhagen.–

Dostojewski, Aus dem Dunkel der Großstadt.

13/4 Vm. Probe. Treßler Theodor – meinem frühern Wunsch nach, da Zeska krank. T. erklärt mir, man sei vorher gar nicht wegen der Rolle an ihn herangetreten – (mir sagte man, er hätte sich geweigert).– Berger so recht in seinem Element, wenn er unter den Leuten auf der Bühne sitzt und schmust. Ein Direktor, den das Theater freut – das ist wohl die Hauptsache. Im ganzen ist es diesmal eine ideale Besetzung.

Nm. an M. u. S. so gut es eben ging, in psychischer und wie fast immer an den Nachmittag Stunden physischer Mattigkeit.

Mit O. gegen Abend spazieren.

14/4 Vm. dictirt.–

Spazieren. Schönherr. Frau Römpler wich uns aus. Sch. verlegen. Erzählte mir von Mißverständnissen etc., während und nach den Proben von „Über die Brücke".– Ich wußte schon davon.–

Nm. holte mich Dr. Geiringer ab; zu Frau Römpler. Notar Holding. Unterschrift des Kaufvertrags. Frau R. weinte ein wenig. Ich zeigte G. den Garten. Schöner Frühlingstag.

Vorbei bei Richards, Olga und die Kinder im Garten mit Gabriel. Mit O. nach Haus.–

Einiges weiter an M. u. S.–

Andrian um 7 Uhr. Neue Sorgen. Beruhigte ihn. Auf dem Weg zu Friedjung Gespräch über freien Willen und Verantwortung, worüber ich mir heut einiges notirt.

Bei Friedjung ein russischer Professor, Bettelheim, Schönherr,

Baron Schenk (neu), Bartsch (neu) Ginzkey (neu) R. v. Kralik (neu).–
Der russische Historiker sprach eben von Josef II. als einem, der die
Menschen nicht liebte. Ich sagte, es sei ein alter Plan von mir in einem
Drama Josef als Menschenhasser darzustellen, wie ich als ganz junger
Mensch Jesus als Atheisten darstellen wollte.– Der Russe über meine
Stellung in Rußland; besonders den „Reigen" hochhaltend.

– Mit Schönherr viel über Schlenther; auch ihn (den er sehr geliebt)
habe er hingehalten und durch Unentschlossenheit geschädigt etc.– Mit
Sch. weg.

15/4 Vm. Tennis (Frau Overhoff, Speidel, Salten). Mit S. in seine
Wohnung, er zeigt mir neu gekauftes fürs Speisezimmer. (Wird wahrscheinlich das Haus kaufen.–)

Nm. an M. u. S. Vorläufig beendet.

Zum Thee Annie Strial. Später ihre Eltern, mit ihnen fort.

Bei Mama. Familie. Gustav.

16/4 Vm. dictirt.– Dann Besorgungen (Paß, etc.).

– Nm. mit O. in die Villa, Besprechung mit dem Architekten
Müller.–

Später mit O. spazieren.–

Las Prescott (Perus Eroberung) zu Ende.–

17/4 S. Vm. mit Heini im Graben Kino-Theater.

Bei Mama zu Tisch. Ein Bach-Concert.–

Mit O. Volksbühne (auf Großmanns Ersuchen) Eulenberg, Halber
Held. Starker Eindruck.

– Zu Hause Hr. Dr. Peter mit Frau, unsre Wohnung ansehn (sie
Karolyische Schwester).

Las Trebitsch neue Novelle „Des Feldherrn letzter Traum". Nicht
ganz unbegabt, aber mattoid.

– In Pückler Briefen.

Nach dem Nachtmahl mit O. musizirt.

– Ältre Pläne durchgesehn; Sommernacht (Kirchau) wirkte stark –
wo aber nehm ich den innern Frieden her?

18/4 Vm. Baronin Albertine Gutmann im Hotel besucht, die sich einer
Augenoperation unterzogen.–

Nm., in jenem Zustand von Müdigkeit und Unruhe, der mich
besonders in den Stunden von 4–7 befällt; Pläne durchgesehen.–
Vielleicht wären aus einzelnen Stoffen, die mich zu intensiver Durchar-
beitung nicht genügend interessiren, „tragische, burleske, tragikomische Anekdoten" zu machen.

19/4 Vm. Dampfbad.–

Dictirt, u. a. eine „tragik. Anekdote" aus dem Kopf.–

Nm. 1. Akt „Weites Land" durchgesehn.

Spaziergang mit O.–

Heines „Deutschland" gelesen, Pückler, Dostojewski (Eine dumme Geschichte).

20/4 Vm. wieder einmal bei Prof. Gomperz. Untersuchung und Behandlung. Flüsterstimme links ca. 15 m, rechts 7. (?) –

Panorama. Görz etc.–

Sprach den jungen Dr. Loeb; über H. Mann, Regnier, Bartsch etc. In der Tram mit Birinski (Verfasser des „Moloch") über Berger, Bahr, Burckhard.–

Auf dem Heimweg O. und Heini mit Speidels. Else erzählt mir, Balajthy war verzweifelt über seinen geringen Erfolg als Weiring, wollte von der Burg abgehn.

Nm. mit Mama ein Mendelssohn Trio.

An Balajthy einen beruhigenden Brief geschrieben.

– Der Stunde bei Gound beigewohnt. Wolf, Schubert, „Armida"...

Mit O. spazieren.

Zweiter Akt W. L. In diesem liegt die Gefahr.

21/4 Vm. beim Architekten Müller; etliches besprechen.

Dictirt „Anekdoten".–

Nm. am 2. Akt des W. L.

Bei Salten. Richard, Paula; Heinrich Mann (kennen gelernt). Er gefiel mir (als der von mir wohl am rückhaltlosesten bewunderte aller deutschen Dichter von heute) auch persönlich vortrefflich.– Seine Beziehung zu Thomas, dem Bruder, kam, in seiner Heftigkeit gegen Kerr, schön heraus.–

22/4 Vm. in der Burg, Probe von einzelnen Julia Scenen, sah mir das neue Frl. Wagner, auf die Helene hin an, sie hat Talent; ich sprach sie dann. Sprach auch Berger,– Thimig, Loewe, Gerasch, Devrient (die mir zum Haus gratulirten), Frau Senders (auch die: „ein neues Stück, ein neues Haus, ein neues Kind" –) u. a.– Auch eine Probe erster Akt Leben ein Traum. Berger macht sich etwas wichtig mit überflüssigem „das bin ich nicht gewöhnt... das ist ja fürchterlich..." zu Comparsen „das ist Unfähigkeit oder böser Wille".–

– Nm. am 2. Akt W. L.–

Zu Mama. Familie. O. war mit Richard und Paula beim Antiquitäten Händler Berger gewesen und hatte schöne Sachen entdeckt, die wir für die neue Wohnung brauchen.– Düsterkeit.

23/4 Vm. bei Richard. Seine Hypochondrie. Ich sprach zu ihm (zum

ersten Mal scheint mir) über mein Ohrenleiden.– Gab ihm Verhaltungs-
maßregeln für seine uratische Diathese.
 – Dictirt (zum W. L.) –
Nm. am W. L. gefeilt.
Kopfschmerzen, etc. hauptsächlich aus häuslichen Gründen.
Zum Nachtmahl Heinrich Mann. Es wäre noch schöner gewesen,
wenn ich ihn besser hätte hören können.– Olga sang.
24/4 S.– Mit Heini über die Felder Pötzleinsdorf; dort O., spazieren
gegen den Wald und auf die Julienhöhe, mit Speidel, den wir draußen
trafen.–
 Nm. mit Julius – Helene mit O., zu Hajeks, einen Abschiedsbesuch
in ihrem Haus (Dollinergasse 8) machen, das sie verkauft haben. Hajek
erzählt von seiner Modellirerfahrung bei Feodorowna Ries; Gisa ging
mit Margot zu Liebelei.–
 Heim mit O., sie holte Heini von Overhoffs.–
 Beim Nachtmahl schwere Auseinandersetzung; die zum leidlichen
Ende führte.– Mein seelischer Zustand unerträglich; auch für die
Umgebung wie ich begreife.
 – Las „Asra" von Burckhard.
25/4 Vm. Tennis. Agnes Speyer-Ulmann aus München hier, spielte mit.
Krankheit ihres Bruders.
 – Nm. am W. L.–
Lia Rosen; sie möchte spielen, ob in meinem neuen Stück was sei.
Wir fuhren mit ihr weg.
 Beim Antiquitätenhändler Berger, wo auch Richard und Paula. Wir
kauften einiges fürs Haus.
 Heftige Kopfweh den ganzen Tag.
26/4 Mit O. Probe Feldherrnhügel Neue Wiener Bühne (hier verboten).
Fand es köstlich. Sprach Gregori (den für Mannheim ernannten). Roda
Roda (Mitverfasser des Feldherrnhügels mit Rössler) stellte sich mir
vor und gefiel mir.– Charlé, im Costume des Prinzen kam zu uns ins
Parquet.– Leo Feld. Hofrath Gomperz.–
 Mit Mama Ouverture „Weihe" Beethoven, Passacaglia von Bach.–
Am W. L.–
 Finanzcommissär Waber stellte sich als Gemeinderathscandidat
vor.
 Spaziergang, allein.–
 W. L., 4. und 5. Akt. Fand darin wenig mehr zu feilen. Finde das
Stück gut – ja möglicherweise zu gut für einen Theatererfolg.
27/4 Vm., nach Spaziergang im Volksgarten, in der Burg, keine

Generalprobe (Leben ein Traum) sprach Berger, wegen demnächstiger Conferenz über Decorationen. Er möchte doch die Basteiszene erhalten.– Ging mit dem übeln Nachgeschmack, den vollkommene Interesselosigkeit hinterläßt. Diese Interesselosigkeit wird B. übrigens s. Z. nicht hindern, ganz bei der Sache zu sein.–

Im Schwarzenberggarten, nach Jahren. Es gibt nur *ein Erlebnis* – das heißt: Altern. Alles andre ist *Abenteuer*.–

Panorama, Mariazell etc.–

Nm. Eintragungen.–

Herr Klemperer, aus Berlin, der ein Buch über Wien, besonders mich betreffend, schreiben will. Er findet „Weg ins freie" – und „Paracelsus" die für mich charakteristischen Werke.–

Abends mit O. bei Julius' – wo auch Dr. Fleischmann und Frau sowie Hans Altmann. Olga sang sehr schön.– Sehr ermüdet heim – vom Zuhören (des gesprochenen) und der immer darauf folgenden psychischen Depression.

28/4 Dictirt.– Kais. R. Gaschler, mir Weisungen für die Steuerbehörde gebend.–

Mit O. und Heini Société française, Möbelstoffe.

Nm. Eintragungen.–

Mit O. bei Rosés. Dort Walters, Julius, Helene; Molls, Dr. Pollaks etc.– Walter spielte aus der Partitur und sang beinah ganz die achte Mahler, neu. Außerordentlich; auch Walters Leistung.–

Mit Moll und Frau Rosé (Schwester Mahlers) über diesen; sein Verhältnis zu Wien; es zieht ihn her, und er glaubt sich gehaßt.

29/4 Vm. Tennis. (Dr. O. Fr. Schmid.) –

Zu Hause fand ich O. mit der von Dr. P. bestätigten Diagnose Mumps zu Bett liegen. (Leicht.) –

Den Nachmittag vertrödelt, etwas spazieren.–

30/4 Vm. dictirt.–

Mit Richard an seinem Gartengitter geplauscht.

– Den Nachmittag ziemlich vertrödelt; Zeitschriften gelesen (N. R., Literarisches Echo etc.);– ein wenig spazieren; geordnet.

1/5 S. Regen, kühl. Spazieren Hohe Warte.–

– Nm. einiges zum Einakter „Der Vorige" bedacht – (der natürlich anders heißen muß).–

Dr. Pollak.–

Las das Mscrpt. des jungen Herrn Walter Graetzer, der sich mir in Olmütz vorgestellt, „Der Narr", ein Akt, unerlaubt kindisch.–

Spazieren. Julius Bauer begegnet und gesprochen, über Berger.–

2/5 17. Todestag meines Vaters.–

Nach Purkersdorf, dort in trübem regnerischen Wetter spazieren gegen Deutschwald. Tristheit der Landhäuser; bis zur Verstimmung.–

Nm. sehr amusirt Shaws Ehe gelesen.–

Bemerkungen zum „Vorigen", ... vorläufig „Feigling"–

Überlegung, ob das Journalistenstück nicht wieder vorzunehmen – aber mit anderm Hintergrund, nicht Strike.–

Bei Mama zum Nachtmahl. Hajeks und Margot.–

Las noch Karl Berger (Bozen), das mir übersandte „Weiberfeinde".– (Früher vom selben Verfasser Johann Biener – s. Z. mir von Wahrmund empfohlen.) Nicht ohne Talent, doch roh und dünn.

3/5 Vm. dictirt.– Beim Cottage Dir. Müller, wegen des Voranschlags etc.–

Nm. las ich Auernheimer neues Büchel „Gesellschaft", recht amusirt.

Las das Journalistenstück durch; notirte; aber es wird wohl nichts werden...

Sturm und Unwetter den ganzen Tag.–

Chancen für „D. W. L." im Moskau Künstlerischen Theater, nach Zinaida Wengerows (der Übersetzerin) Brief – Schwierigkeiten in Wien, wegen Stockung des Medardus. Glaube nicht, daß sich Berger entschließen wird, 2 Stücke von mir in einer Saison zu bringen, und mir läge viel dran, daß D. W. L. mit Kainz die Urpremière erlebe.

4/5 Dictirt.– D. W. L. zum Druck an Fischer gesandt.–

Bei Architekt Müller.–

Hugo Ganz getroffen, der übermorgen sein neues Haus bezieht. Es berührt ihn offenbar sonderbar, daß ich von all dem Unsinn, den er zeitweise über mich in der Frkf. Ztg. schreibt, nichts zu wissen scheine.

Nm. der Tapezierer Hoffmann; wir wählten Tapeten fürs neue Haus.–

In weiterdauerndem Unwetter spazieren, auch mit Speidels, dann Richard.–

Lese Bode, Goethe im Stern.–

Ordne Ausschnitte, blicke zuweilen in ein oder das andre. Welcher Wust! Welche Vergeblichkeit! Welches Übelwollen! Welche Dummheit! Welche Ohnmacht! Es wird eine interessante Sammlung.

– Allerlei über die „Journalisten" meditirt, ziemlich ohne Hoffnung.–

Ohrenqual. Davon ist der Becher so voll, daß jedes Nichts ihn überfließen macht.–

5/5 Feiertag. Vm. im Regen spazieren, auch gegen Abend. Journalisten meditirt, hoffnungsvoller, nach einem Frühgespräch mit O. Eintragungen, Ordnungen, Trödelei.–

6/5 Vm. beim Antiquitätenhändler Berger.–

Nm. „Ärztestück" gelesen (von dem 1. Akt leidlich fertig, 2. leidlich skizzirt), Scenarium zum 3. Akt, Gespräch mit O., sehr angeregt; dürfte es zunächst beendigen.–

Spaziergang; meditiren über einen (aphoristischen) Beitrag zur Mahler Schrift, nach bereits mißglücktem.

7/5 Vm. dictirt aphoristisches, zum Journalisten–, zum Ärztestück, Briefe.– Spazieren.–

Nm. mit Heini bei der Bleibtreu, Kleinigkeiten bezahlt etc.–

Frl. Rosen zum Thee.

Mit O. und Heini Wagen Prater; am Ende Regen.–

– Gestern starb König Eduard von England.–

8/5 Mittag mit O. und Heini im Cottage spazieren.

Nm. Bernhardi (Ärztestück) 3. Akt (Sitzung) begonnen.

Las Fr. Adler, von ihm übersandtes braves schwaches Versspiel „Der gläserne Magister".

9/5 Vm. mit O. Stadt, Besorgungen. Panorama (Ceylon etc.) –

Nm. weiter am „Bernhardi".–

Mit O. bei Richard, wo nur die Kinder, mit denen wir in der Halle saßen, und die O. Erzählungen von „Schlimmheiten und Bravheiten" aus der Schulzeit abforderten.–

Als wir beim Nachtmahl saßen, kam Richard herüber; über Sommer, Schweiz, Preise.–

10/5 Vm. dictirt (Bernhardi, endgiltiges Blatt zur Mahlerschrift auf Stefans Ersuchen).–

Nm. beim Architekten Müller.–

Auernheimer besucht mich; wir gingen mit ihm spazieren. Über sein neues Buch „Gesellschaft", über Heinrich Mann (besonders „Kleine Stadt") – über den Unsinn, von einem Tiefstand der Literatur zu reden. (Sections Rath Zweig, Freund des A.schen Hauses: „Es gibt keine österreichische Literatur.")

11/5 Vm. Tennis. Mit Salten zu ihm, Besichtigung seiner Neuanschaffungen.

Nm. am „Bernhardi".–

Direktor Langkammer, Gastspieltheater; will „nicht abgespieltes" von mir, ich gebe ihm unverbindlich „Märchen" mit.– Immer verbitterter und nie enttäuschter, aufrichtig-falscher, antisemitisch-verjudeter

Komödiant ohne Theaterbegabung – echt österreichische Figur.–

Las „Goethe im Stern" ergriffen zu Ende.–

Versuchte einen vor längrer Zeit übersandten Roman von Kurt Aram, Die Hagestolze – unmöglich. Welches Niveau! Und welcher Humor. Nichts ist verrätherischer als was der Autor für spaßig hält!

12/5 Vm. bei Schenker, wegen Schweizer Reise; Bank.

– Dictirt am Bernhardi.

Mama zu Tisch. Mit ihr ein Streich Trio und Leonore Ouv. Nr. II Beethoven.

Nm. am Bernhardi weiter.

Zum Nachtmahl: Fr. O. Schmid, Richard; Speidel; nach dem Nachtmahl kam Else Sp. (Gesellschaft bei Fr. v. Pollak, wo ich s. Z. am Tag des Ringtheaterbrands geladen war,– und heute wieder. Fr. P. stellte vor: – Frau Speidel – drei Barone.)

13/5 Vm. Tennis.–

Nm. am „Bernhardi".–

Mit O. (Sitze von Reinhardt geschickt) bei Cristinas Heimreise von Hugo. Sein großes Talent auch hierin nicht zu verkennen; als ganzes etwas mühselig und affectirt. Die Veränderungen geschickt, aber noch nicht durchgeführt. Unmenge Bekannte. Auf Monate hinaus ist man von Menschheit gesättigt. Die Heims war überraschend gut. Moissi mehr schwitzend als heiß. Ich bin für geruchlose Verführer.

14/5 Vm. Stadt, Besorgungen Schenker etc.–

Dictirt (Bernhardi).

Nm. weiter am „Bernhardi" –

Mit O. zu Richard und Paula; er gab mir eine kleine Dose mit scherzhaften Versen (anläßlich meines morgigen Geburtstags) – dann kamen beide mit uns und nachtmahlten bei uns.

15/5 Pfingstsonntag. 48. Geburtstag.– Viel geträumt, wie meist: z. B. Frau Lewinsky spielt die Herzogin Wallenstein, bleibt stecken, versteht den Souffleur nicht, frägt ihn hinunter – „wie –? zährt? sehrt –?" – tritt ab, in ein Nebenzimmer, man bringt ihr, da sie vom Burgtheater abgeht, eine Kaffeeserviette, sie – das gehört ja nicht mehr mir, worauf Minnie Benedict die Serviette, Monogramm L. S. mit verbindlichem Lächeln mir überreicht.– Dann Spaziergang in Straßen ländlicher Art, mit wem?, dem ich – ein Lob A. Polgars singe.

– Früh Blumen von Olga, Heini, Lili – Stöcke für den Garten. Bucheinband, Schlafrock-Seide.– Heini spielte Clavier vor (ziemlich schlecht).

Spaziergang allein Pötzleinsdorf – Dornbacher Park. Ohne Sentimentalität Nachlaßbestimmungen bedacht.– Schöner Frühlingstag, etwas sciroccal. In der Tram auf dem Rückweg die Judenmädeln, dann andersgläubige im Gespräch – beides amusant gefunden.–

Bei Mama zu Tisch mit O., Heini. Hajeks. Tante Wilheim und Arthur W. der sich eben verlobt hatte; Tante W. vergaß nicht die Mitgift zu erwähnen, Hajek unterließ nicht mäßige Witze.–

Mit Mama ein Bach Concert.

Auf überfüllter Tram mit O. und Heini heim.–

– Bernhardi, 3. Akt zu Ende.–

Julius und Helene (gestern von Paris zurück) kamen – Ich fragte vor allem nach Kainz (Salten hatte mir vorgestern erzählt, daß er erkrankt und die „Zeit" meldet heute, daß eine leichte Operation durch Julius bevorstehe) – hörte aus Julius' Andeutung mit Entsetzen, um was es sich handle.– Einiges über Paris, über unsre bevorstehende Reise, über literarisch theatralisches.–

Olga und ich von dem erfahrenen tief bedrückt; bis zu Thränen – fort, in den Cottagestraßen herum; mit Leo, der von Richard kam, unser neues Haus von außen besichtigt, es ihm erläutert.–

Nach dem Nachtmahl Pfingstnummern gelesen.

16/5 Pfingstmontag. Tennis. (Schmid, Speidel, Salten, Kaufmann.) (Auch Olga und Else Sp. am Platz.)

– Nm. gepackt.– Verfügungen niedergeschrieben. Bei Mama mit O. Souper für das neue Brautpaar. Familie. Wilheims. Die Eltern der Braut (Eisenschimmel).– Ich mit Julius meist über Kainz, auch das äußere des Falles. Welch ein Beruf. Welche Schicksale. Furchtbare Fragen.

17/5 Vm. dictirt (Bernhardi, 3. Akt).– Gepackt.–

Notizen zum 4. Akt.–

Von Julius pneumatischer Bericht, daß die Operation durchführbar und gelungen.–

Abreise mit O., Nachtmahl Westbahn.

18/5 2 Uhr Zürich. Hotel Bellevue. Spaziergang Alpenquai. Fahrt auf den Höhen.– Tonhalle.

19/5 Zürich. Ütliberg. Grieder Einkäufe.

Nm. nach Luzern. (Gotthard.) Spaziergang. Zauber der Stadt. Nachtmahl Hotel. Melancholien.

20/5 Luzern. Brunnen – Vitznau – Rigi Kulm. War 71 dort, mit Eltern und Geschwistern.– Zurück Luzern. Stadthof.

21/5 Luzern. Brunnen – Axenfels.– Axenstein gegessen. Wagen nach Flüelen. Schiff Luzern.

Günstige Nachrichten über Kainzens Befinden.

Gewitter.

22/5 S. Luzern.– Bürgenstock.– Schöne Blicke.

Las Ludwig Bauers, von ihm übersandte Novellen.

Französisches Theater im Kursaal „François Bas-Bleu".

23/5 Luzern.– Sonnenberg – Gütsch.– Hugenin.

Gletschergarten. Hugenin.

24/5 Luzern – Brünig – Interlaken Hotel Beaurivage.

Rugenpark, Heimwehfluh.

25/5 Interlaken. Harderberg.

Nm. Correctur von „D. w. L." durchgesehn und abgeschickt. Einverstanden, besonders der letzte Akt.

Restaurant an der Wiese.

26/5 Interlaken – Zweisimmen – Territet (Hotel des Alpes). Spazieren gegen Chillon.–

27/5 Territet – Bex – Villars (Hotel Muveran).

– Territet. Spaziergang Montreux.–

28/5 Territet – Caux; zu Fuß Glion.

Nm. Tram Vevey, spät zurück.

29/5 Territet – Lausanne. Autofahrt; zu Schiff nach Evian (Hotel de Paris),– Bouveret – Territet.

Kursaal, Restaurant Palmiers.

30/5 Territet – (Schiff) – Genf. Hotel de la paix. (Bewimpeltes Schiff, Einweihung, Reden im Hotel.) – Spaziergang, Fahrt, Uhrkauf, Restaurant du Nord.–

31/5 Traum: Ich fahre mit Salten im Wagen, ich frage nach Kainz, S. antwortet abwehrend. Dann erzählt er mir, Tausenau sei nicht todt, sondern bewohne ein Schloß mit Park in der Schweiz. Er wolle mich zum Universalerben einsetzen. Baron Berger habe es dem Georg Hirschfeld erzählt,– aber ich solle es nicht erfahren, weil er (B.) fürchte, daß ich dann nicht mehr arbeiten werde!–

Genf – Bern Autofahrt durch die Stadt, Casino; – Zürich (Hotel National –), Restaurant du Nord.

1/6 Zürich – Spazieren. Abreise. In der Bahn lese ich Zahn, Firnwind,– Provins, dialogue d'amour.–

2/6 Ankunft Wien. Die Kinder wohl und entzückend.–

Briefe, darunter eine Anfrage S. Fischers, zu meinem 50. Geburtstag eine Auswahl meiner Werke herauszugeben, in 3 Bänden etwa.– Dagegen.– Walsersches Titelblatt zum Medardus, hübsch.–

Frl. Pollak, bringt Cigaretten vom Zollamt.–

Zu Mama, die gestern Kainz Blumen geschickt. Bei Gustav (vorher Max getroffen), über die Reise; über äußere Lebensverhältnisse, Steigerung der Bedürfnisse.–

Dr. F. V. Spitzer begegnet, über die Goundsche Schülerproduction, die verschoben wird.

Beim Schneider, bei Prix.

Bei Herzmansky. Die Pantomime geht geschäftlich mäßig.

Bei Helene. Nur das Fräulein zu Haus.

Baron Lilienau, über Mahler „mir kommt immer vor, er macht sich lustig" ...–

Nm. Zeitungen gelesen, getrendelt.

Spazieren, ins Haus, man begann vorgestern zu arbeiten.

Die Reise eingetragen.–

3/6 Vm. Tennis. (Speidel, Schönbrunn, Kaufmann, Frl. Pappenheim, neu, Fr. Egger.) –

Nm. gelesen, was von Bernhardi fertig. Geschrieben muß es werden, äußere Hoffnungen lassen sich nicht daran knüpfen.–

Zum Nachtmahl Julius und Helene. Es erschienen improvisirt Kaufmann und Bella Wengerow.– Über Kainz und sie (mit Julius und Helene); Olgas Bericht dem Julius vorgelesen, zur Aufklärung.

4/6 Vm. im Sanatorium bei Kainz, der noch sehr schwach, sich meines Kommens zu freuen schien, von Julius begeistert ist. Frau Mautner und Mary. Mir war die Unterhaltung durch das naturgemäß leisere Sprechen im Krankenzimmer doppelt mühselig.–

Besorgungen. Kaufte mir, was thut man nicht alles, wieder einen Politzerschen Ohrendoucheapparat.–

Bei Gisa in der Pension Washington. Mama dort.–

Nm. 5, nach Besuch des „Hauses", wo gearbeitet wird, bei der Bleibtreu (sie wohnt Edelhofg. 7, in Sikoras Haus, in der Wohnung, die O. miethen wollte) – wegen Hypotheken-Unterschrift; Notar und Dr. Geiringer.

– 4. (letzter) Akt Bernhardi begonnen, in üblicher Flüchtigkeit und Ungeduld.–

5/6 S. Mit Heini Sievring – Agneswiese – Hermannskogel (Habsburgerwarte) – Sievring.–

Mit Mama Brahms' Dritte.

Nm., was ich sehr selten thue, zu Bett.

Else Speidel da; die Gerüchte über Kainz etc.

Weiter am Bernhardi; sehr verdüstert.–

6/6 Vm. mit O. im Haus; Besprechungen etc. Gewitter. Zum Antiquitätenhändler Berger; einiges gekauft.–

Nm. am Bernh. weiter.

Mit O. zu Kainz. Anfangs klagte er, dann war er sehr montirt und sprach über politisches, historisches, in Anschluß an die Wiener Zeitung 1848, die er jetzt liest, und von seinem Vater, der zu jener Zeit Bahnbeamter in Brünn war.–

– Mit O. zu Schmidls, dort genachtmahlt, mit Wassermann. Dieser mit dem Gedanken spielend, Wien zu verlassen; man sei hier einsam; habe kein Echo; Gespräch über Salten, dessen ungeheuerliche innere (und äußere) Verlogenheit; allgemeines über Literatentum (W. schrieb eben darüber); über Hugo, den Berufsverläugner. Das Detail wirkt als Klatsch; im ganzen aber wird die Atmosphäre großartig durchleuchtet. 7/6 Vm. dictirt.–

Im Burgtheater bei Rosenbaum; Besprechung Med. urgiren.– Wegen des neuen Stücks – das Fischer (gegen meinen Wunsch) schon ankündigt.– Will es der Burg nur geben, wenn Kainz spielfähig. Über K.; Vertragsschwierigkeiten; wie er (Grethes Schuld) auf den Vertrag nicht eingehn will, der ihm, wenn er *gar nicht* spielt, noch immer 50.000 Kr. sichert.– Über Cristina; ich kam auf den Einfall eines Theaterabends: Abenteurer und Sängerin – und Cristina sehr gekürzt.–

Bei Mama zu Tisch. Mahler Sechste.–

Am Bernh. weiter.

Zu Richard und Paula, die eben von einer Sommerwohnung-suchereise (Molveno, Canazei, [Atlachon]) erfolglos zurück sind.–

Mit O. Schubert Lieder, die tragischen insbesondre. 8/6 Vm. Tennis.–

Nm. Bernhardi-Skizze notdürftig abgeschlossen.

Mit O. bei Julius soupirt. Familie, auch Altmannsche. O. sang sehr schön, Brahms, Schubert, „Madame Adele".– Grammophon. 9/6 Vm. Stadt, Besorgungen.

Dictirt Bernhardi Skizze zu Ende. Briefe, darunter ans Bezirksamt wegen nur theilweiser Desinfection der Hausmeisterwohnung, wo ein Kind an Scharlach erkrankt.–

Mit O. Nm. ins Haus; allerlei mit Dir. Müller besprochen.

Mit O. und Heini zu Kainz, dem's besser geht. Wir sprachen über Napoleon (1814, Houssaye).–

Mit O. bei Holzer genachtmahlt.

Die 3 ersten Akte D. w. L. in der vorläufigen Bühnenausgabe gelesen zu Correcturzwecken. Zweifelnder.

10/6 Vm. Tennis.– Mit O. im Hause; Besprechung mit dem Elektriker.–

Nm. 4. und 5. Akt W. L. corrigirt.–

Brief von Zinaida Wengerow. Mit dem Künstlerischen Theater Moskau, für das zuerst Chancen waren, ist es nichts.–

In Aufzeichnungen (über „freien Willen", tragische Anekdoten etc.).

Mit O. bei Holzer: Schönbrunn (der uns abholte) Wassermann, später Kaufmann, Leo, Bella.

11/6 Mit O. im Haus; Anstreicher; immer neue bedeutende Steigerungen des Voranschlags; doch war ich so sehr darauf gefaßt, daß es mich kalt läßt.–

Las Nachmittag in „Gottes Zeugen im Reich der Natur" von Zöckler (Andrian hatte es mir geschickt),– Huldschiner, Die stille Stadt.–

Gespräch mit Gound über Concerte O. im nächsten Jahr. (Berlin, Leipzig, Dresden, München.) –

Zum Nachtmahl mit O. bei Richard und Paula (die uns Nachmittag eingeladen).

Durchsicht etlicher Einakterstoffe.

Organgefühle des Herzens. Hypochondrie?–

12/6 S. Vm. spazieren, Dornbacher Park. „Haß" als gleichberechtigter Trieb mit Liebe; Beweise dafür.– Notizen darüber.–

Nm. mit Mama ein Mendelssohn Qu.–

Pläne durchgesehn.–

Bei Kainz, wo Heller und Feldmann; über France, etc. K. sehr wohl gestimmt.

13/6 Vm. im Haus; Tennis.–

Nm. in Plänen.–

Arthur Fleischer und Gattin Erna kamen; später Paul Marx, blieben zum Nachtmahl.–

Von Heuberger, pneumatisch eine Bitte um Operntext. Neulich d'Albert, Brief, er möchte die „Liebelei" componiren. Leider schon, von Neumann, componirt, soll im September, Frankfurt, drankommen.–

Nm. auch Dr. Pollak da; über behördliche Nachlässigkeiten (das Kind der Hausmeister im Spital gestorben).

14/6 Vm. Besorgungen.–

Dictirt. W. L. an Brahm.–

Nm. in Plänen.

Spaziergang; Frau Fanny Schlesinger (Gertys Mutter) vor dem Sanatorium gesprochen.–

Der Plan zum „Weiher" scheint am nächsten.

15/6 Vm. General Probe Richard III. (mit Heine) – (bis nach 4). Sprach viele Leute, einen dänischen Schauspieler, den czechischen Dramaturgen Kvapil, Hartmann (über seine Cottage-Anfänge) die Bleibtreu, Gregori (den künftigen Mannheimer Intendanten, über Kleist etc.), Thimig, Rosenbaum, Berger; Speidels, die Gräfin Thun.–

– Nm. ein wenig „Weiher" angesehn.

Andrian; ich ging mit ihm nachtmahlen zu Holzer (O. Gastritis, bettlägerig) – religiöse und politische Gespräche. Er montirt sich streng clerical; kann aber nicht vollkommen läugnen, daß er nicht logisch, sondern politisch dahin gelangte.

16/6 Vm. im Haus; Gespräch mit Direktor Müller.

Dictirt.–

Nm. allerlei Plänchen durchgesehn, Notizen dazu. Trebitsch und Frau besuchen uns. Hineinfahrt mit ihnen.

Oper, Stagione, „Barbier". Langweilte mich und wurde sehr ungeduldig. Durch dicken Nebel kommen die Töne zu mir; die freie Schönheit der Musik beginnt mir auch verloren zu gehn. Widerwillen gegen das Publikum.

17/6 Sparkasse; Hypothekaranleihen; dortselbst mit Dr. Geiringer Unterredung, auch über juridische Fragen, die das Bernhardi Stück betreffen.–

Mit Gustav in der Stadt gebummelt; über Richard III., Kainz etc.–

Nm. Notizen zum Weiher. Ein dänisches Buch „Frauenherzen" nicht ohne Interesse ausgelesen.

Kainz besucht, an dem Julius heute eine Nachoperation gemacht; über sein erstes Gastspiel in Dänemark u. a. Er war von besondrer Herzlichkeit.– Mit seinem Advokaten Dr. Glogau vorher allein ein eingehendes Gespräch über die Vertragssache. Ich rieth die Sache zu enden, solange Grethe (über die allgemein Empörung) noch in Berlin.

– Zu Mama, wo Familie.

18/6 Vm. bei Richard, der zurück, in Ischl gemiethet. Dictirt. (Weiher Skizze, 1. Akt u. a.) –

Nm. Ivan Hedquist aus Stockholm (hat den Henri im Kakadu gespielt) mit Grüßen von Linden.

Reg. Rath Glossy, für die Österreichische Rundschau. Er blieb über eine Stunde; über Schlenther (Kakadu – Beatrice – Medardus) – Berger, Kainz.–

Mit O. spazieren. Veränderungen des Stadtbilds in der Gegend des neuen Türkenschanzparks.–

Brief Salters, auf Anfrage, mit Arrangements Concert-Bedingungen.–

19/6 S. Mit Heini Purkersdorf; Spaziergang gegen die Hochrahmalpe. Mama zu Tisch. Mit ihr eine Mozart Symphonie.

Nm. Zeitung gelesen.

Paul M. zum Thee, er und Gustav zum Nachtmahl, Olga sang.

20/6 Vm. mit O. beim Antiquar Berger, wo auch Paul Marx.– Dann Strohhutkäufe.

Nm. Wilhelm König zu Besuch; anfangs schwer fad, dann durch Klugheit und Anständigkeit versöhnend.

Dr. Ludwig Bauer, der höchst beschäftigte Journalist; begleitete später mich und O. bis zu Richard.

Bei Richard. Hans Schlesinger und später Gustav.

Las von Wedekind seine neueste „Tragödie" „In allen Wassern gewaschen", die er mir, mit enthusiastisch übertriebnem Dank für Comt. Mizzi (München Schauspielhaus) gesandt; unerträglich, wie aus pathologischen Zuständen.–

Ein Mscrpt. von Fr. Hayn, zugesandt; „Charis", skizzig-dilettantisch, aber vielleicht nicht ganz ohne Talent.

21/6 Vm. dictirt Briefe.

Dann bei Kainz, der heut vom Burgtheater redete; auf Berger wüthend scheint. Ein Herr Wehle zu Besuch. Dann unten Dr. Glogau – über Grethe, die sich ganz unglaublich benimmt, über die neue Operation sehr ungehalten, gar nicht nach Wien kommen will. Auch Kainz sprach von ihr, hat Birinski zu ihr geschickt.–

– Bei Dr. Geiringer; über Religionsstörung an der Hand des Gesetzbuchs (für „Bernhardi") über den Rechtsfall „Reigen" etc.–

Bei Mama zu Tisch, wo Onkel Felix und Julie sowie zahlreiche Familie. Spielten abwechselnd aus der Pantomime, die Felix in London bei Beecham zu lanciren sucht.–

Else Speidel war bei O. gewesen: Berger hat erzählt, daß er Bassermann und Walden schon engagirt habe. Wie muß das auf Kainz wirken!–

Begann eine „Parabel" zu schreiben.–

Mit O. spazieren.

22/6 Vm. Tennis.–

Zu Tisch Paul –

Nm. an der Parabel weiter.

Mit O. und Paul Jagdausstellung – Park, Somali Dorf.–

23/6 In einem Zustand von Wut bis zu Thränen erwacht. Vorerst das

Sausen und die zunehmende Schwerhörigkeit – als das bleibende. Dann
Ärger über die Arbeiten in der Villa, überflüssige Ausgaben;– über
Berger der nichts von sich hören läßt, über die Reigen Affaire (Verlag
Concurs),– über Rußland etc.–

Vm. dictirt; Briefe; Jonas (Reigen etc.), Brahm (W. L. – er hat mir
gestern sehr angenehm über das Stück geschrieben, findet es einen
Höhepunkt meines Schaffens; ich freute mich sehr, da er zu der Skizze
voriges Jahr zweifelnd stand), Wengerow etc.–

Nm. Bella Wengerow (deren Schwester ich Vm. geschrieben).–

Mit O. bei Kainz. Glücksmann, Feld, Glogau. K. heute verstimmter
als je, aber äußerlich lebhaft. Er hat Grethe (nach Glücksmann)
geschrieben, sie solle lieber nicht kommen.–

Als wir ins Sanatorium kamen, begegneten wir Onkel Felix – eben
war Julie von Mandl operirt worden.

24/6 Vm. Tennis. (Vorher „Villa".)

Nm. an der „Parabel".–

Frl. Olga Matscheko (Jarnosche Bühnen); die mir geschrieben,
Nichte von Frau Nina Hoffmann; sehr sympathisch.

Abends mit O. bei Richards im Garten.

25/6 Dictirt.

Mit O. und den Kindern bei der d'Ora; photographiren. Nm. an der
„Parabel".

Mit O. im Sanatorium. Onkel Felix. Julie gehts sehr gut. Bei Kainz,
ihn zum ersten Mal wieder außer Bett getroffen.

„Wildente" in der Burg. Tressler (Hjalmar),– (er ist ein glänzender
Komödiant und wird nie ein großer Schauspieler), Frank (Gregers) (wie
ich erwartet, sehr anständig).– Nach dem 4. fort. Mit Rosenbaum
gesprochen. Montag Med. Conferenz.

26/6 S. Mit Heini in der Jagdausstellung. Zu Tisch Paul M.; wie auch
Abends.

Nm. im Sanatorium. Mein Vetter Gustav Markbreiter aus London,
prächtiges Exemplar des englischen Juden. Über sein Amt (Ministerium des Innern) und Touristik.

Bei Kainz. Klinenberger, Heller, Julius Bauer. Über die gestrige
„Wildente". Auffallend schlechte Stimmung gegen Berger.

27/6 Vm. mit O. „Schulausstellung"; in der Villa.–

Mit Mama nach Tisch ein Mozart Quintett. Gisela zu Besuch; sehr
nervös; über Mamas psychische Zustände.– In Plänen herum.

Spazieren, Rathauspark; Volksgarten; Hajek und der brasilianische
Gesandte.–

Um ¹/₂8 Burg; Conferenz mit Lefler und Berger bis ¹/₂11; über decorative Ausstattung und Inszenirung des Medardus; sehr anregend. Bastei wahrscheinlich erhalten. Drehbühne; – Bastei als Intermezzo. Ferner über Kritik (auf die B. nun sehr übel zu sprechen) Salten, Kainz etc.

Daheim ein Brief von Poldi Andrian, mit deutlichen Convertirungs-absichten; ich sei doch wohl „ein zum Christentum prädestinirter".– Sonderbarer Geisteszustand; gewiß ein Ineinanderspielen von aufrichtigen und lügenhaften Elementen.

28/6 Vm. dictirt; mit O. im Haus; bei Tante Julie im Sanatorium; bei Kainz; er sprach über Berger, den Contract... dann „wenns nur nicht wiederkommt" und ...„übrigens es kann einem ja auch ein Ziegelstein auf den Kopf fallen". – Ein junger Mautner, Siegfried Löwy, Birinski. Ein Telegramm seiner Frau während des Essens; übermorgen Semmering.–

Nm. Max Montor von 4–6, (Wiener Jude) – Hamburger Schauspieler, der in der letzten Zeit manchmal Sachen von mir vorliest.

Richard und Paula nahmen Abschied, vor Ischl, ich gab ihm das W. L. mit.–

Spazieren mit O.; Treßler und Frau.

29/6 Vm. Tennis.–

Nm. Helene, die O. mit Gound singen zuhörte (Wolf).

Abends Gustav, Leo, Arthur K., Bella, Wassermann. Ich las „Das weite Land" mit starker Wirkung. Insbesondre W. erklärte es als mein bestes und spürte (wie Brahm) das neuartige. Noch immer ist die Exposition nicht knapp genug; und das episodische stellenweise, sonderlich im 3. Akt, etwas wohlfeil. Ich hatte Freude von dem Stück. Gustav redete vielfach beschränkt, war bald „Publikum", bald „er selbst" und verstrickte sich in so viel Widersprüche, daß er von allen, insbesondre von W. in oft sehr amusanter Weise angegriffen werden konnte. Es war ihm das Verhältnis Genia – Otto nicht genügend motivirt und er erklärte, daß ich überhaupt seit einigen Jahren aufs „motiviren" verzichte, als etwas „pöbelhaftes"; daß ich auf das Publikum zu wenig Rücksicht nehme; wenn man aber diese Rücksicht nicht nehme, müsse man sichs gefallen lassen in einer Dachstube zu wohnen. W. „Sie sehn, wir wohnen ja doch nicht in Dachstuben." – Worauf wieder Schwarzkopf das „Gekauftwerden" auf den Snobismus des Publikums zurückführte etc.–

30/6 Vm. Haus; Gärtner; Dr. Alfred Spitzer, zufällige Begegnung, besah einige Bilder in seiner Kanzlei, bei d'Ora, Bestellung der

Photographien.

Dictirt Weiher, Skizze Scenarium, 2. Akt u. a.

Zu Tisch Paul.

Nm. Chordirector Franz Schreker, der mir neulich einen Operntext zur Beurtheilung geschickt, über Beatrice, Schlenther, Mahler u. a. Kluger Mensch.–

Im Restaurant Türkenschanzpark genachtmahlt. (O. in Richard III.) Den Nachmittag so recht vertrendelt; was mich herabstimmt. Sturm.

1/7 Vm. Villa; dann Burgtheater Decorations Probe (schematisch) für den Medardus – am 30. 6. v. J. war die erste – wer mir damals prophezeit hätte – die nächste am 1. Juli – aber nächstes Jahr! Mit Berger sehr viel gesprochen – vom Solipsismus – Freud – Träumen, – Semmelweis (seine Novelle) – alte Stoffe von mir (Belastet) – Wolter – Baumeister,– Wallenstein – Rudolf II. – und hundert andere.– Mit ihm und Lefler im Löwenbräu gegessen (um 2); die Probe bis $^1/_2$5; Berger fuhr zum Begräbnis der Christine Hebbel.– In einer Pause kam Rosenbaum ins Parket und theilte mir mit, daß B. sich sehr entzückt über mich geäußert; wie seine Sympathie für mich immer steige etc. War mir ganz angenehm. Er gehört übrigens auch für mich zu den „Geistentfeßlern", wenn auch nicht in höherm Sinne (wie Arthur Kaufmann z. B.) – – Suchte dann die meinen vergeblich in Villa und Türkenschanzpark. Las (Varnhagen, Tagebücher, Heinrich IV., 2. Th. zu Ende; beginne Philippes „petite ville").–

Die Kinder; Lilis Lachen über Heini.

2/7 Vm. Villa, etc., bei Baron Berger in der Burg. Besetzung des „Medardus". Dann übergab ich ihm das W. L. und ersuchte um principielle Entscheidung, ob das Stück im B. Th. überhaupt möglich, ferner ob er dies Jahr noch spielen könne – u. zw. mit Kainz. (Auch Rosenbaum war da.) B. erzählte wieder tausenderlei, u. a., wie er Burckhard einmal über eine gefährliche Directions-Krise „remorkirt" dadurch daß er ihm gerathen „Nathan" mit Sonnenthal für die „Concordia" zu geben.–

Zu Tisch Frl. Kipiany, wie meist; heute als französisch Lehrerin Heinis wohl das letzte Mal. Ihre Unlogik, Verachtung des „Geldes" etc.–

Las altes aus dem „Eins. Weg", die Skizze „Nerven"– da ich mich jetzt, vor der Übersiedlungs-Unordnung an keine rechte und richtige Arbeit traue –

Mit O. beim Elektriker Dostal, wegen Lampen. Dann bei Julie im

Sanatorium.–

3/7 S. Mit Heini Sievering – Himmel – Cobenzl (dort Foges und Sohn. F. über seine Dozentur, die er noch nicht hat,– Hocheneggs Rede „...ich hab ihn sehr gern, den Foges – aber er ist mir zu vielseitig" – (o Ebenwald!)) – Kahlenberg; wegen Regens mit Zahnrad hinab.–

Nm. alte Medardus Vorarbeiten gelesen, mit O. darüber gesprochen, über die Entwicklung von Plänen (gesetzmäßig und doch unberechenbar!); über andre Stoffe. (Mendel-Stoff, Mord des italienischen Arbeiters.) –

Briefe an Andrian (und Brahm).

Zum Nachtmahl Auernheimer und Frau. Ich gab A. den Medardus mit.– Anfangs frisch kam ich im Lauf der Unterhaltung durch die Mühe des Hörens herunter. Gespräch über „Lustigkeit" und „Ernst", „tolles Leben" und „revers de la medaille".

4/7 Vm. Villa. Tennis. Schönbrunn und, neu, zwei Frl. Kraus, Nichten des Fackel-Kraus. Von diesem wissen sie, daß P. A. wohlhabend ja reich sein soll, und sein Geld während der Krankheit unter dem Kopfpolster verborgen habe – weshalb er nicht habe aufstehn wollen. (?) All sein Bettelwesen wäre danach auf vollkommen krankhaften Geiz zurückzuführen.–

Mit O. zu Kaufmann, der uns in die Villa begleitete. Er sagte u. a. „Gern möcht ich in 200 Jahren wieder auf die Welt kommen, um zu sehen, ob auf Ihre Dramen (mit Rücksicht auf das W. L. mit seinen [„anarchist. Tendenzen"]) weitergebaut werden konnte, ob sie eine neue Art inauguriren." – Da meine Weltanschauung eine eminent undramatische ist, d. h. vielmehr das Drama in seiner jetzigen Form aufhebt (erwiderte ich) bleibt mir sozusagen nichts andres übrig als irgend was wie eine neue Form zu suchen. Ganz charakteristisch auch, daß ich mich in den letzten Jahren aus dieser Art Übergangsdramen in das stilisirte rette, wo Grenzen a priori gegeben –.

Telegramm Rosenbaum sehr entzückt vom W. L.; offenbar von Berger inspirirt resp. gestattet; aber ohne bestimmtes betreffs Aufführung.–

Nm. „Urstoffe" etc. vom W. L. durchgesehn.–

Mit O. nach Hietzing zu Trebitsch. Mit ihm Billard vor und nach dem Nachtmahl. Sie beklagte sich über ihn bei uns – wie gestern Frau A. über ihren Gatten. Später, allein mit O., kam ihr ganzes Unglück heraus: seine Leere und Streberei, die es ihr unmöglich macht, sich auszuruhn; Verkehr in „literarischen" Kreisen, die ihr eigentlich zuwider; Hetze etc.–

5/7 Vm. Villa, Besorgungen.–

Dictirt (Weiher Skizze 2. Akt u. a.).

Nm. Bücher zum Verpacken geordnet, Philippe, la petite ville, zu Ende gelesen, etc.–

Mit O. Imperial, dort mit Julius genachtmahlt.– An Verzweiflung grenzende Stimmung wegen des Ohrenleidens. Und sonst könnte das Leben wirklich schön sein. Ist's auch. Aber da keine Viertelstunde vergeht, ohne daß man daran denken muß, daran erinnert wird!

6/7 Mit Heini auf den Semmering. Dort Mama, Gisa, Margot.– Nm. ins Sanatorium zu Brahm, dann zu Kainz. Mit Brahm viel über das Stück, kleine Änderungen etc.–

Abd. Schliessmann, nach vielen Jahren, der sich kürzlich verheiratet; und Korff gesprochen, der den Sommer auf einer Jagdhütte in den Karpathen verbringen will.–

7/7 Vm. Pinkenkogel (den Stoff von dem italienischen Arbeiter, Mendel etc. bedacht); ins „Johann", wo Helene mit den Kindern wohnt.–

Nm. kam Julie mit Mann und Töchtern an, noch recht schwach; wir geleiteten sie aufs Zimmer.

Nm. mit Heini ins Sanatorium; Brahm (Frau Jonas); Kainz besucht. Dortselbst auch Eloesser. Grethe hielt sich verborgen.–

Abends kam unerwartet und erfreulich Olga an; Übersiedlung ins gemeinsame Zimmer.

8/7 70. Geburtstag von Mama (die ihr Alter nie angibt – auch diesmal nicht). Wir überreichten ihr das d'Ora Familienbild.–

Spaziergang mit Felix Wasserleitungsweg etc.; viel über österreichische Zustände; Antisemitismus etc., Dinge, die man draußen doch nicht recht weiß.

Nm. mit Brahm und Frau Jonas und O. spazieren.

– Nach dem Souper im Café mit O., Felix; Sissy, Andrée; Eierpunsch.

9/7 Vm. im Sanatorium Brahm und Fr. Jonas.

Mit Brahm über Kleist; pathologisches aus seinem Leben; Brahm arbeitet an der 2. Auflage seines Kleist Buchs.

Nm. am W. L., Abänderung des 2. Aktschluß.

Mit Brahm spazieren (Pinkenkogelwege).

10/7 S. Früh mit Julius ins Sanatorium; Kainz Adieu gesagt; dann Brahm und Frau Jonas.

Ins „Johann" Helene gratulirt; zurück mit Mama, O., Heini.

Nm. nach Wien mit O., Heini; Julius; Hans und Paul Altmann.

Die Wohnung schon im Stadium beginnender Zerstörung; Bücher

schon gepackt.–

Hatte gelesen: Novellen von Rudolf Lindau; begonnen: France, Thais; Briefe Goethe – Willemer.

11/7 Traum: Irgend eine fremde Stadt; auf einem Podium vierhändig Klavier spielend Liszt Rhapsodie?, Rosenthal und Vanjung; ich grüße Rosenthal über seine Noten hinweg, vom Zuschauerraum aus, der eine Art Gast-Hof. Vanjung beginnt Csardas zu tanzen.

In die Villa.– Besorgungen.– Dampfbad 75.4 Kilo. Begegne Kapper auf dem Graben. Er hat heut Nacht von mir geträumt, er sehe mein Monogramm, aber statt des A. S. war es ein dreifaches W. (Was mich eine Spur unangenehm berührt.) –

Nm. wieder Villa. Bei uns wurde den ganzen Tag gepackt.–

Abends mit O. u. a. über die rasende Unsicherheit unsrer Geldverhältnisse gesprochen. Ungeheure Ausgaben; geringer Ertrag meiner Werke. Und die Zukunft!

Aß zum ersten Mal eine Kirsche vom eignen Baum.

12/7 Vm. Villa; beim Antiquitätenhändler Berger, mit O.

Nm. Villa, dann mit O. bei dem Glaslusterfabrikanten Zahn.–

Lese Thais von France.

13/7 Villa. Übersiedlung der Bücher und des Arbeitszimmers.–

Lili auf der Wiese liegend.

Abends während wir mit dem Tischlermeister conferirten, kam Gustav, war vom Haus entzückt; nachtmahlte bei uns.

14/7 Umzug Beginn. Bücherräumen.–

Beim Holzer zu Mittag.–

Brief von Brahm: Kainz habe das W. L. gelesen, möchte *sehr* gern Hofreiter spielen. Ich berichtete es an Berger.

15/7 Räumen.– Gegen 1 erscheint Baron Berger (erster Besuch in der Sternwartestr.); ob er mit Kainz auch gleich über das Stück verhandeln könne; er wolle ihm diese Rolle als eine der ersten in dem Brief, den er morgen „dichten" wolle, vorschlagen. Mit K. müsse es ein Bombenerfolg werden. Ohne ihn traue er sich kaum. Er war sehr amusant; O. lernte ihn kennen.

– Nm. Briefe an Julius, an Brahm.

Mit O. bei Bablik.

16/7 Letzte Nacht in der Spöttelgasse. Träume. Verwirrt von Onkel Felix und den seinen.

Dann: Bin in den Gängen des Burgtheaters, verirre mich beinah, Probe Medardus, ohne mich zu verständigen. Erstes Bild. (Erinnre mich nicht.) Zweites, die Schenkenszene: ein großes Orchester, lauter

junge Leute, gegen den Hintergrund ansteigend, doch ich höre nichts
(ohne traurige Betonung) – dann Bühne quasi leer, Straße, vier (?)
Jünglinge, operettenhaft costumirt, tollen herum, wie nach Masken-
ball; warum so lustig? besprech ich mit Olga, mit Secr. Rosenbaum. R.
theilt mit, jemand hätte geäußert, ob ich nicht endlich aufhören werde,
ernste Dramen zu schreiben. Ich ärgre mich (Gustav hatte mir gestern
erzählt – Leo Feld habe gefragt, warum ich nicht endlich ein Lustspiel
schreibe) – Pause. Im Parkett ein Herr, der mit O. spricht. Ich posire
den Gleichgiltigen. O. stellt mich vor, er ist ein Maler (Ebeseder?) –
Auf den Bühnengang. Ansammlung von Schauspielern um Berger, der
mit schiefem Cylinder eine Art Festrede hält – für Zeska (?) mir fällt
das W. L. ein, ich erblicke die Decoration des 2. Akts, eine Landschaft,
Husarenoffiziere im Gelände, es sollte eigentlich heißen: Schöne Aussichten (ohne Witz), freilich, das ist modern, da werden mir die Leute
verzeihn, daß es nicht nur lustig. Abgedeckte Drehbühne, bleiben
wir?...

Fahrt Kärntnerstraße, abgebrochnes Haus, aus einem Fenster,
dessen Aussicht dadurch freigeworden, blickt eine Schreibmaschinistin,
ziemlich alt, in blau weiß gestreifter Bluse –

Im Theater, sparsame Decoration, aha Brahm, bin zuerst auf der
Bühne, dann im Parkett, Traumulus; Bassermann, Scene mit seiner
Frau, er spuckt sich den Bart an, dann stützt er sich, zu humoristischer
Wirkung auf eine Sessellehne, dann legt er sich auf den Tisch, seine
Frau prackt ihn auf den Hintern, Publikum johlt, ich empört über
Bassermann und Publikum; dann, mit O. vor dem innern Volksgarten-
thor, erklär ich daß B. für mich erledigt.–

– Übersiedlung, schönstes Wetter. Briefe, darunter ein ganz interessanter von Ehrenstein; im Anschluß daran mit O. ein Gespräch über
die „Grenzer" (Goldmann – Polgar, Ehrenstein etc.) – Räumerei den
ganzen Tag, kein elektrisches am Abend. Beamtenfrechheiten der
Commune (nach Berichten des Ingenieurs etc.) – Bad.– Nachtmahl
Holzer, im Bett noch in der „Schaubühne".–

17/7 Träume der ersten Nacht: (Reihenfolge nicht ganz erinnerlich.)
Arthur Kaufmann mit Kellnerschürze, der auf einer schwarzen
Tafel Integralrechnung löst – 100 : 3 – (auf meine Frage).

Mit O. im Waggon, klein, wie Kahlenbergbahn, an der Rückwand 4
(?) junge Leute, dann eine schwarze Frau, im halb Profil; ich zärtlich
mit O., merke, daß ich die Anwesenheit der andern vergesse – dann (?)
alle (dieselben?) in einem Café (kleines Zimmer) ein Nigger auch, ich
zuerst irgendwie in Gefahr, jemand mich als Wiener vorstellend,

Händedruck des Niggers, der dann sich beklagt, daß so viele Schwindler seiner Race in Wien leben.

– Wagenfahrt, ich allein, Scheideweg, Gespräch mit dem Kutscher;
ich löse die Frage irgendwie durch Knüpfen eines Lederriemchens auf
dem Boden (?) – soll ich (?) aufs Schloß, wo der junge Gutmann seine
Geliebten hinbringt?, Kutscher räth andern Rückweg, über Virgl?
(Wilten?) – erkenne in der Stadt spazieren gehend eine Straße von
ferne nicht, es ist der Ankerhof (ungefähr wie in Wirklichkeit aussehend) – allgemeine Bemerkung darüber.–

Bei Mahler in der Oper, großer (Probe?) Salon.– „Ich bringe Ihnen
(mich versprechend) meinen Wunsch-Geburtstag... vielmehr... ich
wünsche Ihnen und uns..." rede noch weiter, Mahler (heiter) winkt ab;
ich: gestern war ich in Ihrer Achten... (Neunten?) – war entzückt. Er
bemängelt die Aufführung. Ich bemerke, daß es nicht vollständig
gelungnes gibt. Er widerspricht irgendwie. Mir fällt auf, daß wir in der
Oper sind. Also wird M. doch Director? – Plötzlich sitzt vor mir der
kleine Kraus und noch wer; auch im Gespräch mit Mahler – worüber? –
Kraus wendet sich zu mir, ich stelle mich vor, Kraus ärgerlich, da wir
uns ja so kennen; der dritte Herr ist Sonnenthal (ich seh ihn eigentlich
nicht, wieso ist er da? er ist ja todt) es wird etwas gezeigt, Bilderbuch,
ein Bild, jemand (ein Mädl?) heißt Thode, – eine Stelle aus der Fackel
wird citirt „ich hab mich immer gewundert, daß es in den Gräbern von
jungen Mädeln so leer" (von Spielzeug?... da sie so viel kriegen? –
jedenfalls hat es eine satirische Bedeutung) ich lache überlaut, aus
schmeichlerischen Motiven, deren ich mich gleich schäme.

Treffe (mit Richard) Frl. Frieda Pollak Gentzgasse Haltestelle
Lazaristengasse, ohne sie gleich zu erkennen, sie ist ernst, weiblicher
als sonst –

– Dann (?) mach ich mich, in Beisein Frau Lothars, über Lothar
lustig, ihn copirend, nicht gleich bedenkend, daß es seine Frau war,
denn jetzt ist sie ja mit einem andern verheiratet.

Wache auf, mit schrecklichem Sausen, wie immer, und, wie immer
in düsterster Stimmung, allein mit meinem Schicksal, wie man's immer
zu solchen Stunden. Vor meinem Fenster, im Dämmer (4 Uhr früh), das
weiße noch nicht bewohnte Haus Schmutzers, ferner der Kahlenberg.
Schreibe an meinem Schreibtisch, mit dem Blick über Veranda auf die
Baumwipfel unsres Gartens, Häuservielheit, Morgenhimmel, das Haus
gegenüber, wo eben das Dach fertig gestellt wird (Holzgerüst) – die
letzten Tage nieder.

Alles ist gut – vieles wunderschön; die Sorgen finanzieller Natur wären zu überwinden – aber der ununterbrochene Lärm, steigend, in meinen Ohren – und die wachsende Mühseligkeit des Hörens – das Bewußtsein, wie es kommen muß und wird – die beginnenden Schwierigkeiten in dem äußern meines Berufs (Proben, Regie etc.) – und insbesondre das Mattwerden der Musik – das bedrückt mein Leben aufs allertiefste.

– Den Vormittag mit Ordnungmachen verbracht; nur einen Augenblick im Garten, durch einen Angstschrei O.s hinuntergejagt, die vom Balkon aus geglaubt, daß Lili aus dem Wagen falle.–

Im Türkenschanzpark gegessen. Heißer schöner Sommertag.–

Nm. meist im Garten; unten in einem Zug Alfred Bergers „Im Vaterhaus" gelesen; höchst amusant und in vieler Richtung merkwürdig.–

Zu Haus genachtmahlt.– Über das W. L. mit O. vielerlei gesprochen; ihr anfänglicher Widerstand aus persönlichen Gründen.–

18/7 Ordnung machen. Mit O. zum Antiquitätenhändler Berger. Ein hübsches Pult (früher in Dörmanns Besitz) gekauft.–

Nm. kam Obst von Gisa, von Leo; von Bella W. „Brod" und „Salz" von Demel.– Düsterkeiten.

19/7 Vm. einer (Frl. Pollak substituirenden) Frl. Grethe Hoffmann ein paar Briefe dictirt.–

Mit O. in der Stadt, Besorgungen.

Nm. Ordnen, Räumen.

Lese das Alfred – Wilhelm Bergersche Buch „Im Vaterhaus", die Goethe – Willemer Briefe.–

Gegen Abend kam Bella Wengerow; wir nachtmahlten mit ihr im Türkenschanzpark.

20/7 Träume u. a.: Sehe Frau Bleibtreu in Trauer, von besondrer Schönheit – tragische Maske; – sehe Poldi M., die irgendwie von unten, Wald-Wiesenweg mit Frl. Krammer nach einem Local – ähnlich wie der „Himmel", kommt, elegant, ihren Dienst als Cl-Frau antreten.–

Vm. Tennis. (Olga, Fr. Egger, Abels.) –

Nm. Ordnen. Das neue Pult (früher in Dörmanns Besitz) kam.–

Julius kam, nachtmahlte bei uns, ich begleitete ihn dann bis zur Tram am Gürtel. Üblere Nachrichten Kainz betreffend, der sich persönlich jetzt recht wohl befindet und sehr gut aussieht. Schwierige Situation meines Bruders. „Wenn ich jetzt wegreise, und z. B. Hochenegg geholt wird, so besteht die Gefahr, daß er mir eine „Schweinerei" anrichtet."– Folgen für mein Stück, von da aus Betrachtung der ganzen Situation; ich merke, wie mein Bruder Besorgnisse über unser materielles Fortkommen hegt und fasse wieder die ganze Unsicherheit meiner Lage. Unsicherheit ?!– Auch mit O. hierüber, daheim.

21/7 Vm. dictirt (Briefe). – Besorgungen in der Stadt.

– Nm. ordnen etc.–

Abends kamen Leo V., Bella W., Arthur K.–

Nach dem Nachtmahl spielte Bella Clavier, Olga sang – altes, Schubert, Brahms, Wolf, Madame Adele;– ich spielte aus Pierrette und Cassian (auch hiezu sang O.).

22/7 Vm. Tennis; mit Kaufmann. Große Hitze.–

Nm. im Bett gelegen.–

Abends kamen Trebitsch und Frau; mit ihnen im Türkenschanzpark genachtmahlt; dann noch bei uns auf dem Balkon. Secr. Rosenbaum hat dem „W. L." einen großen Erfolg, auch materiell, prognostizirt.

23/7 Dictirt.– Besorgungen mit O.–

Düsterkeiten.

24/7 S. Regen. Mit O. zu Bankdirektor Stern, Haizingergasse, Bruder des Componisten Reinhardt, Vater von Heinis Freundinnen; er zeigte uns seine Antiquitäten, besonders Alt Wien, Miniaturen, spielte uns dann auf dem Harmonium (Meistersinger; Walzer) und auf dem Clavier famos vor; ich versuchte dann auch das Harmonium.–

Nm. geordnet, gelesen (Kleist Briefe mit Eloesser Text).– Arthur Kaufmann und Schwester zu Besuch. Zum Nachtmahl war Hajek da.–

25/7 Vm. Tennis.–

Abends mit Kaufmann (auf Bella W.s Vorschlag) nach „Venedig"; dort Leo und Bella, mit ihnen eine Detectiv-Komödie mit Polizeihund im Sportpalast angesehn (elend), dann Kino.– Der ganze Tag durch allerlei häuslich-eheliches ge-, verstört. Schlimmste Düsterkeiten.

26/7 Vm. auf den Semmering.– Nm. zu Brahm. Dem Kainz geh es schlechter. Gerüchte von Recidiven etc.– Besprechung Terminfrage W. L.– Zu Kainz, der wohl zu Bett aber sehr frisch und montirt war. Gratulirt mir zum Stück, freut sich auf die Rolle, macht Besetzungs-vorschläge, prophezeit großen Erfolg... War sehr ergriffen – tragischer Moment!– Allein oben im Hotel genachtmahlt.

27/7 Vm. über die Meierei ins Sanatorium; Brahm, Frau Jonas. Machte mit Brahm für W. L. Jännertermin – um daran festzuhalten, daß Première in der Burg mit Kainz und im Lessingtheater zugleich.–

– Brahm begleitet mich zu „Johann", wo ich mit Helene und den Kindern speise.– Nm. mit Brahm spazieren; mit ihm, Frau Jonas, Prinzhorn und Frau (Eva, geb. Jonas) im Südbahn Hotel gespeist.–

28/7 Früh 7 – Sonnwendstein – Trattenbach – Kirchberg am W.–

Mittag bei der „Linde". Gesellschaft. Es stinkt vor Judenreinheit.–
Omnibus – Feistritz Station, zu Fuß Aspang. Café beim Hirschen. Kein
Wagen. Zu Fuß nach Mönichkirchen. Schöner Weg. Schöne Gegend.
Oben kein Zimmer. Per Wagen hinab. Beim Hirschen genachtmahlt
und übernachtet.
29/7 Herum im Markt, um 11 nach Wien.–
     Ankunft. Olga.– Heini gestern von Helene abgeholt.–
     Lili.– Schlechter Nachmittag.– Garten.–
30/7 Ziemlich üble Nacht.– Mit O. Besorgungen.
     – Nm. von 5 an bis 7 im Bett.–
     Auf der Tour las ich einen schwachen Roman, Grabein, „Du mein
Jena".– Meine Stimmung war die denkbar übelste. Allein konnt ich nur
an die Geräusche – mit Menschen nur an mein schlechtes Hören
denken.
31/7 S. Vm. im Garten; 1. und 2. Akt W. L. Correctur.–
     Nm. allerlei Ordnung im Haus.
     Gustav zum Nachtmahl. Monomanisch besessen von dem Bewußt-
sein meines Ohrenleidens.
1/8 Allerlei Ordnungmacherei im Haus. Der Antiquitätenhändler Berger früh bei uns. Unruhe, Nervosität, Empfindlichkeiten.–
     3. 4. 5. Akt W. L. corrigirt. Nun Schluß.–
     Nm. Arthur Wilheim samt Gattin und Mutter, sowie Cousine Josefa
bei uns. Oh Budapest!–
     Mit O. zur Westbahn; dort genachtmahlt mit Julius, Helene, den
Kindern; und Paul Altmann. Sie reisten nach Middelkerke. Trübe
Nachrichten von Kainz. Paul A. begleitete uns bis zum Volksgarten in
der Tram.
2/8 Vm. in Haus und Garten.–
     – Frl. Kipiany zu Tisch.
     Nm., ich wollte gerade mich zur Arbeit vorbereiten – Telegramm;
Liesl Partenkirchen Rippenfellentzündung – Vorsatz mit O. abzurei-
sen.
     Arthur Kaufmann; Gespräch mit ihm und Frl. K. über russische
Zustände.
     Mit O. zu Mautners, Pötzleinsdorf, Nachtmahl im Garten. Familie.
Über Kainz und Frau. Frau M. zeigt uns ihre schönen Shawls u. a.
Stereoskopische Bilder. Wie sinkt mein Leben ab mit meinem Gehör!–
3/8 Vm. nach Klosterneuburg; Donaubad.–
     Nm. bedenklichere Telegramme von Albert und Dr. Blumenthal.–
     Nm. Willemer – Goethe ausgelesen.–

Kopfschmerzen den ganzen Tag.–

Baumeister Sikora gegen Abend.–

Düstre häusliche Stimmung; Gereiztheiten und Verschlossenheiten. Es fängt nicht gut im neuen Haus an.

4/8 Reisevorbereitungen, Packen; Besorgungen in der Stadt.–

– Nm. ein Telegramm mit dringendem Ersuchen Liesls Abreise aufzuschieben; es gehe ihr viel besser. Albert und der Arzt telegrafirten.– Wir blieben also.–

Viel Clavier phantasirt; im Garten gelesen (Varnhagen, Tagebücher).

Nach dem Nachtmahl einiges durchgesehn; Parabel, „Das Tagebuch", „Plänchen".–

5/8 Vm. mit O. und Heini Jagdausstellung; trafen Prof. Schauta mit Mandl (und K. R. Mandl); Besichtigung der Jagdschlösser.

Der Nachmittag wieder, aus den bekannten (häuslichen) Gründen, total zerstört. Unerträglicher Kopfdruck.

6/8 Vm. mit O. und Heini zum Antiquitätenhändler Berger.–

Nm. mit O. lange Auseinandersetzung; Einsicht, daß theoretisch derlei nicht zu erledigen; umso einfacher der praktische Vergleich.–

Abends wieder bedenklicheres Telegramm über Liesl; O. weinte sehr und sprach viel von Liesl, früheren und späteren Beziehungen zu ihr, tiefen Zusammenhängen.

7/8 S. Mit Heini über Wildgrube Kahlenberg Leopoldsberg – Kahlenbergerdorf.–

Nm. viel Schumann gespielt, Novelletten, Kreisleriana (ganz). Als Einakter die Geschichte von dem Mendelmord – früher Kreuzotternovelle genannt, zu schreiben begonnen. (Die Kreuzotter ist längst aus dem Stoff verschwunden.)

– Peinvolle seelische und körperliche Unruhe.

Brief von Liesl, eigenhändig, ergreifend.–

Las Varnhagen, Tgb., 10. Band zu Ende. Einiges in Julian Schmidts Literaturgeschichte.

8/8 Vm. Prof. Wilhelm Bauer aus Paris (mit dem ich längre Zeit in Correspondenz stehe und der, mit Rémon und allein, manches von mir übersetzt hat) und Frau. Nicht übler, 55j. Herr, von mäßiger Urtheilskraft (schwärmt für Philippis Pariser Schattenspiele, Götz Krafft etc.). Ich begleitete das Paar in den Türkenschanzpark.–

Nm. weiter an der Kreuzotter oder besser an „Frau Elisa".–

Einiges zur Mordnovelle (auf dem Schiff) meditirt.

Um 7 kamen Brahm und Frau Jonas. Kainz geht's schlecht. Nun ist

er so gut wie allein oben auf dem Semmering. Jede Hoffnung ist
aufzugeben; auch für kurze Frist.– Wir ließen die Terminangelegenheit
des W. L. noch weiter in Schwebe.–

9/8 Heinis 8. Geburtstag: Gartenwerkzeuge, Rollschuhe, Pastellstifte,
Dschungelbuch etc.–

– Zum Zimmermeister Oesterreicher, wegen eines Salettels oder
dergl.–

Im Garten an der Mördernov. weiter.–

Nm. an der Novelle und an „Frau Elisa" weiter.

– Ballspiel mit O. und Heini.–

Lese Gösta Berling.

10/8 Vm. Pötzleinsdorf, bei Frl. Hoffmann Briefe dictirt an Jonas
(Reigen), Fischer, Eirich etc.; beinahe durchaus Versuche ein paar
hundert oder tausend Kronen nachzulaufen; beschämend und unver-
meidlich.

– Nm. eine Art (im Ton) erpresserischer Brief (um sog. „Reini-
gungsgeld") unsres frühern Hausbesorgers; der mich mehr ekelte als
ärgerte. In welchem Haus, unter welchen Leuten haben wir (allerdings
mit Bewußtsein) durch Jahre gewohnt!

– An der Novelle „Doppelspiel" weiter.–

Abends Prof. Bauer und Frau. Viel über politisches. Affaire Drey-
fus. (Der Bernhardi Stoff präsentirte sich wieder.) Am meisten ist B.
entzückt von der Liebenswürdigkeit (aménité) der Wiener. Ja, sie
haben großen Respekt vor Leuten, die wo anders zu Hause sind;– und
speziell vor Franzosen (wenn sie nicht zu gut deutsch können!).

11/8 Vm., durch ein Morgengespräch mit O. veranlaßt, Notizen über
meinen Vater (zu Memoirenzwecken).

– Las Brehm.–

Nm. der neue Bücherschrank für O.; eingeräumt. Weiter an „Frau
Elisa".–

Zum Nachtmahl Hugo Schmidl; Domino mit ihm.

12/8 Vm. dictirt „Frau Elisa", u. zw. in stenografischer Nachschrift;
Nm. „Fr. Elisa" beendet.–

Abends kam Poldi Andrian, mit dem wir im Türkenschanzpark
nachtmahlten. Über Beziehungen zwischen Eltern und Kindern, Alten
und Jungen,– früher und jetzt. Persönliches. Unsre Väter und unsre
poetischen Anfänge.– Unser Verhältnis zum Vaterland; sein Chauvi-
nismus, meine „gekränkte Liebe", wie O. sagt.–

– Über ev. Neuauflage des „Garten der Erkenntnis".

13/8 Mit O. und Heini Baden. Von der Hildegardbrücke übers Jäger-

haus Eisernes Thor, anfangs schwül, leichter Regen. Nm. hinunter
Merkenstein; überrascht von der Anmut der Landschaft. Starke Empfindung der Gegenwart. Augenblick, wie ich stille stehe, und O. und
Heini, auf dem Waldweg an mich herankommen. Weiter über Waldandacht – Vöslau. Nach Wien. Südbahn genachtmahlt.

14/8 S.– Vm. ein bißchen spazieren.–

Nm. weiter an der Novelle.–

Gustav kam, blieb bis nach 11. Über Kainz; über allerlei menschliches Elend; über Freundschaften, Hugo, Salten.– (Auch mit Gustav
schon beginnt mir das Hören Mühe zu machen.–) Über das „Geschäfts-
gebaren" innerhalb des literarischen, die Notwendigkeit dem Geld
nachzulaufen, Widerlichkeiten der Correspondenz etc.

15/8 Täglich das gleiche Aufwachen. Es empfängt mich, wie es mich in
den Schlaf bringt: Sausen und Gezwitscher – und die Gedanken, die
sich daran knüpfen. „Ergebung heißt die Tugend"... Mir ist sie nicht
gegeben. In allem Gefühl der Ohnmacht, mit Thränen der Wuth lehn
ich mich auf – warum gerade mir das? gerade mir?!–

– Vm. in Pötzleinsdorf dictirt: Schluß des Stücks, Anfang der
Novelle.–

Gustav Mittag bei uns.–

Nm., durch das gestrige Gespräch mit Gustav über seinen Bruder
Rudolf (gestorben 93) dazu angeregt, und nach einem Morgengespräch
mit O., Notizen zu einem Theaterroman. Jahre alter Plan. „Wurstl."
Aber gestern und heute begann er zu leben.

Im Garten mit O. Gustav, Heinis „Distanzrittspiel".–

Gustav blieb auch zum Nachtmahl. Komische Elemente in der
Discussion, an der er gewissermaßen als Janus theilnimmt; bald die
literarischen, bald die Publikumsforderungen vertretend.

16/8 Mit O. Besorgungen. U. a. bei Bernhard Kohn, wo ich eine Orgel
und Harmoniums probirte (zufallsweise).–

Bei Kainz (allein) der gestern vom Sanatorium herunter gekommen, das er, mit den Ärzten, schlecht fand, und sich hier gleich (bei
Loew) (im gleichen Zimmer) wohler fühlt. Seine Symptome führt er auf
den Heilungsproceß zurück. Birinski bei ihm. Auf dem Tisch (er aß
gerade) lag ein Brief Grethes; der Name S. leuchtete mir entgegen,– ich
konnte mich nicht enthalten zu lesen: sie schreibt „hier gibt es viel
bessere Ärzte... sagen, S. sei wohl ein guter Operateur aber solche
gebe es hier (?) mehrere...".

Nach Tisch Erna, die zum Thee und dann über Nacht blieb.
Mühselig an der Novelle weiter.

17/8 Vm. bei Schenker, in der Bank. Bei Kainz, der in ganz guter Stimmung. Birinski, und kurze Zeit Mautner bei ihm. Über das seiner Ansicht nach unsinnige, moderne Opern, d. h. Opern in modernem Costume zu schreiben u. a. Birinski erzählt einen sehr glücklichen russischen Komödienstoff; gab mir seinen „Moloch".–

Nm. ein wenig an der Novelle weiter.–

Fräulein und Heini kamen aus der Jagdausstellung heim, Vorabend des 80. Geburtstags des Kaisers.

18/8 Vm. bei Kohn, Auftrag zur Reparatur des Blüthner.

Bei Weisse, der mir geschrieben; mimte wieder den Beleidigten, daß ich mein Stück dem B. Th. gegeben, ich verbat mir freundlich aber entschieden, daß er mir immer quasi im stillen vorwerfe, ich hielte ein Versprechen ihm gegenüber nicht; gab ihm einen Abriß der Geschichte meines Verhältnisses zum Deutschen Volkstheater. Wir verblieben, daß er mir, für den Fall daß sich die Zustände am B. Th. noch änderten, jedenfalls bis Ende September den Jänner frei hielte.– Übrigens bleibt er ein dummer und hohler Kerl.– Sprach Homma, der als Operettentenor fort will; Weiss, Edthofer, Askonas, die Waldow etc.

– Bestellung von Eisenbänken.–

Frl. Kipiany Mittag und übers Nachtmahl bei uns. Sie erzählte uns im Garten komisches über ihr unpraktisches Wesen.

An der Novelle weiter.

Abends brannte Heini und Fräulein ein sehr kleines Feuerwerk ab.–

19/8 Lebhafte Träume gegen morgen. Minni Benedict in der Rotenturmstraße, barhaupt, ich erinnre mich, daß ich ihr auf Rath Olgas einen Ring (?) kaufen soll; mit ihr zum Juwelier: suche einen Saphir; der Juwelier rechnet aus: 85 Kr. 40 H. Der Saphir ist bestaubt und schadhaft. Das wird in der Arbeit schon besser, sagt der Juwelier; ich denke, es ist doch besser, ich schenke ihn Olga. Dann Lauf über eine Landstraße zwischen Wiesen, hüpfend, mit Heini, es ist wohl das Isarthal (gestern Brief Heinrich Manns an Olga, Dank für die Puppe) – schöner wie Dänemark, dies hier sind Dänen . . . ?– Habe mein kleines braunes Notizbuch bei Salten (?) vergessen; Burckhard bringt's mir zurück, sieht dick, jung, fiakerhaft aus, blonde Perücke; ich sag ihm, er sieht gut aus; er: ich habe auch soeben eine junge Frau und ihren Liebhaber (?) betrogen. Ich: Die Notizen in meinem Buch sind Ihnen doch wohl unverständlich gewesen?– Er: „Ich habe mir erlaubt, meine Erklärungen beizufügen" und zeigt sie mir in kleiner Schrift.–

Pötzleinsdorf, dictirt. Im Sonnenglanz über die Felder zurück.

Nm. die alte Posse aus der „Marionetten" entstand gelesen. Wäre ganz verwendbar.

Mit O. Abreise.–

20/8 Ankunft Partenkirchen. Albert auf der Bahn. Mit ihm Sanatorium Wigger; zu Liesl. Besser als wir gefürchtet, fieberfrei.– Wohnen Pension Gibson.–

Nm. mit O. Spaziergang Garmisch. Abd. bei Liesl.

21/8 S. Spazieren gegen Kainzenbad. Bei Liesl. Notizen zum Wurstelroman. Bei Liesl. Lese „Hofdamenbriefe" und Regnier, Peur de l'amour.

22/8 Mit O. und Albert Spaziergang Partnachklamm, Graseck; Albert luncht mit uns.–

Nm. Ärzte bei Liesl, Dr. Satthof; Dr. Ranke aus München; Gespräch mit ihnen. Verhältnismäßig bessere Aspekte als voriges Jahr, Edlach.–

Liesl steht in Correspondenz mit ihrem Vater; Erregung O.s, Gefühl der Zusammengehörigkeit.

23/8 Bei Liesl. Alfred Mayer aus München da. Mit Albert Spaziergang St. Anton etc. Schwierigkeit persönlichen Nahekommens. Über Ibsen.

Nm. mit O. und Mayer gegen den Rissersee zu.

Nach dem Nachtmahl bei Liesl.

24/8 Mit Mayer Spaziergang gegen den „Kramer". Frl. Kalberg kennen gelernt, die „ägyptische Tänzerin", die sich geometrische Figuren auf den Leib malt. Mit Mayer über die stets räthselhaften Geldverhältnisse Alberts bei 18.000 Mark Gage und einigen 1.000 Nebenverdienst. Er hat nicht die Hälfte davon.–

Über M. Gl. und Gusti Gl.; den Mann, das Kind, die Theaterei, die Sparsamkeit.

Bei Liesl.

Nm. mit O. Spaziergang im Gibson Park; starkes Gefühl der Gegenwart. Mit ihr Haselthal, Bank, schöner Blick.

Bei Liesl. Ihre Thränen. Aussicht auf den Winter hier, die Einsamkeit, Eifersucht (kaum eingestanden) auf Albert –

25/8 Mit O. bei Liesl (sie liegt meist auf dem Balkon). Spaziergang mit O. und Albert und dem Hund Jura.–

Lese „Thor" von Kellermann. (Schön.) –

Oft Träume von Kainz.

Bei Liesl mit O. Abschied.

26/8 Früh nach München. „Jahreszeiten." Schlechtes Zimmer. Mayer holt uns. Bei „Bernheimer". (Treffen vorher Fred, der sich anschließt. Sehr erholt wie es scheint.–) Gobelins etc.–

Mit O. und Fred Odeon Bar Mittagessen.

Nachher „Werkstätten".–

Hut für Olga.–

Residenztheater „Solneß". Albert spielte ihn. Tüchtig, mehr nach der bäurischen Seite, von Beginn an dem Wahnsinn verfallen. Ein großer Schauspieler ist er nicht. Hörte so wenig, daß es zum verzweifeln war. Erste Reihe!–

In der Jahreszeiten Bar mit Albert, Schauspieler v. Jacobi (Ragnar).–

27/8 In die Orient-Ausstellung. Fred führte uns. Zu Mayer mit O. M. Gl. zu Tisch dort. Gutaussehend, rotweißes Kleid aus den „ledigen Leuten" vor 12 Jahren.– Bat sie, mir ihre, d. h. meine Briefe an sie zu leihen (Wurstlroman!). Sie versprach es zögernd.– Erinnerungen an Colleginnen: die Selliers, die Lincke-Rohan etc.– Sie begleitete uns bis ins Hotel und jausnete mit uns.–

Spaziergang mit O., Kino Theater.–

Vorher noch Baumfeld (New York) und Frau, kennen Deimel, die Töchter verkehren. Kleine Welt!–

Jahreszeiten Bar. Fred und M. Gl.

28/8 Vm. nach Salzburg. Hotel Europe (seit 1871 das erste Mal wieder).–

Nm. im Café Tomaselli, Fahrt Hellbrunn; dort Spaziergang; der Baum, bei dem O. vor 9 Jahren die Vision der drei Kinder hatte;– Weiterfahrt über Aigen. Souper im neuen Bahnhofrestaurant.

29/8 Nach Ischl. Mama. Tante Irene. Petter. Seit etwa 10 Jahren wieder.–

Nm. mit O. zu Richard (Steinfeld); Paula geleitet uns zum Bad, Richard uns entgegen.–

Begegnung mit Julius Bauer, Doczy, Berthold Frischauer.– Spaziergang gegen Rettenbach. Richard übers Stück (D. W. L.) –

Später nochmals Julius Bauer, der Ischl preist; sich nach Med. erkundigt und es bedauert, daß Berger, nicht Thimig (!) die Regie führt.–

Beim Petter en fam. genachtmahlt.

30/8 Brief von Haus.– Allein Ahornbühel, gegen Lindau zu. Schwül. Schönheit der Landschaft.

Nm. bei Richard. Es kamen Kaufmann, Bella, Leo.– Regen. Dominospiel. Dann Spaziergang gegen Rettenbach.–

Alle bei „Sonnenschein" gut jüdisch genachtmahlt.–

31/8 Regen... Vertrödelter Tag.

1/9 Früh an der Novelle („Mörder, Doppelspiel").

– Im Kreuz Mittag mit Hugo, Gerty – Saltens, Fischers, Richard, Paula.– Über Kainz, mein neues Stück, Chancen des „Rosenkavalier" etc. Ins Esplanadencafé, wo Gustav. Erinnerung an frühere Zeiten. 16 Jahre her oder länger, daß wir hier alle zusammen waren.

2/9 Vm. mit Louis Mandls die ich in ihrer Villa besuchen wollte und Kreidl Fahrt Laufen (Kaiserdenkmal am Weg) und zurück.–

Nm. bei Richard. Gustav.– O. sang später. Nachtmahl bei Sonnenschein.–

Regen, immer Regen.

3/9 Vm. spazieren.– An der Novelle.–

Nm. Jause bei Mandls auf der schönen Terrasse. Hofr. Schauta, Prof. Kreidl. Louis wurde vor 3 Wochen wieder operirt (Muskeldiastase, Hernie) – von Ewald, da Julius verreist war – war wieder zwischen Tod und Leben.

Mit O. Fahrt Ebenseer Straße.

4/9 S. Annie Strial zu Besuch. Spaziergang mit O. und ihr.– Später allein traf Blumenthal und Gattin (krank, Aphasie nach Thrombose). Baron Berger hatte ihn besucht und ihm vom baldigen Beginn der Medardus Proben sowie von der Lebensfrage, die Kainz für das „W. L." wäre, erzählt.–

Nm., nach Annie Strials Abreise, Richard, Spaziergang mit ihm gegen Lindau. Er nahm den Molch nach Hause mit, den O. Vormittag für Mirjam (die heut 13 wird) gefangen.

5/9 Entschluß abzureisen.– Nach dem Essen – (Mama und Tante Irene waren eben abgereist) erscheint Wassermann. Mit ihm ins Kreuz, wo Julie, Fischers, Heimanns, Richard, Paula.–

Fischer spricht mit mir über die projektirte Brochure und möchte, daß Bahr sie schreibt.– Das Projekt der ausgewählten Werke, lehne entschieden ab; die „gesammelten" werden erwogen.– Will aber eine ziemlich wohlfeile nicht prätentiöse (in der Art Hauptmann, Dehmel, die sich auch nicht rentiren).

Abreise mit O. Lese im Waggon Liliencrons „Leben und Lüge" zu Ende.– Ankunft 11 zu Hause. Alles wohl. Schlimme Nachrichten über Kainz.

6/9 Vm. allerlei geordnet.–

Nm. Mama da. Mit O. zu Speidels. Über Kainz und sie.– Else hat die kleine Rolle im Med. elegante Frau, die ich ihr zugetheilt, refusirt; was ich ihr nicht übel nehme. Speidels begleiteten uns in unser Haus, das wir ihnen zeigten.

Herbstwetter. Stimmung übel.

7/9 Vm. Pötzleinsdorf, dictirt.–

Nm. an der Novelle.–

Abends mit O. bei Julius. Familie. Julius kam von Kainz, der bewunderungswürdig sein soll. J. glaubt, er „spielt eine Rolle". Er fragt nie, klagt nicht, erkundigt sich nach Pariser Hotels, spricht mit Berger über Repertoirefragen. Wohl auch Morphinwirkung.–

Annie las uns einen „Schwank" vor; ganz komisch, naiv, kindisch, und doch nicht untalentirt.

8/9 Vm. Frl. Pollak da; einiges finanziell geordnet, ihr Haus und insbesondre Eintheilung meiner Manuscripte, Briefe etc. gezeigt –

Nm. an der Novelle.–

Gelesen Moloch von Birinski (erster Akt wirkungsvoll; begabt, aber nicht sehr hoffnungsvoll); Philipp II. von Verhaeren.–

Speidels zum Nachtmahl. Über Georg Hirschfeld, sein Eheverhältnis u. s. w. Dann stundenlang über Kainz und auch sie. Psychisches und physisches.–

9/9 Vm. Tennis mit Speidel.

Nm. an der Novelle weiter.

Abends am Bett O.s genachtmahlt. Domino.–

Las Teweles „Das Romanschiff". Dilettantismus, ohne jedes Persönlichkeitsniveau.

10/9 Vm. dictirt Briefe.– Helene zu Besuch, mit Annerl. Mit A. in den Parks die Kinder gesucht.–

Nm. die Novelle vom Mörder oder Doppelspiel? vorläufig geendet.–

Dr. Pollak zu Begutachtung von Lili da. (War von dem Haus entzückt; schätzte es auf 200.000 Kr.!–)

Lili singt ahta...ahtenta...ahta...ahtenta – „schimpft", zeigt wie „das Reiterlein näht" – sagt „da" und „Vater"–. Heini und sie zusammen zu sehn – und beide mit ihrer Mutter ––! – es gibt ein Glück, das ohne Reu!

Das „Mahler" Buch zu seinem 50. Geburtstag. (Furchtbar, wenn Hugo musikalisch und wenn Hauptmann tiefsinnig sich geberdet!)

11/9 S. In Pötzleinsdorf dictirt, Novelle zu Ende.–

Ins Sanatorium zu Kainz. Grethe, mir entgegen, ich küsse ihr die Hand. K. liegt schlafend, wie ein Sterbender. Seine Stieftochter Hutzler im Zimmer, heut angekommen. Ich spreche Paul Lindau, Mutzenbecher, Bauer, u. a. Lindau erzählt mir, Grethe mache sich Selbstvorwürfe. Sein Trost... „und wenn du auch ihm eine Puppe warst – du hast ihn doch glücklich gemacht –" Sie: „Aber ich will keine Puppe gewesen sein." – Während Julius Bauer uns eben erzählt, Kainz habe ihn neulich zu sich gerufen, ihm von einem Sohn gesprochen (den er mit der Ramazetta gehabt) – werde ich zu K. gerufen. Siegfried Löwy bei ihm, erzählt von der gestrigen Reimers-Feier. Ich spreche mit ihm über „Moloch". Er erzählt dann Lindau seine Krankengeschichte. Spricht, als wenn er an seine Genesung glaube. Scheint, zu meiner großen Beruhigung über seinen Zustand durchaus nicht klar.–

– Nm. kommt mein Neffe Hans. Ich zeige ihm und O. alte Mscrpte, lese daraus vor, Gold u. Ehrlichkeit, Raub der Sabinerinnen, Fastnachtgeschichten, Tarquinius – Stellen, die ich um 30 Jahre herum nicht gelesen!– dann aus Aegidius.–

Verhaeren, „Helena" zu Ende.

12/9 Vm. Besorgungen Stadt.

Nm. „Mommsen" zu lesen begonnen.–

Hr. M. Stöckel überbringt den Almanach der Bar Kochba (Beiträge von mir).

Stefan Zweig; bleibt übers Nachtmahl. Über seine Verhaeren Übersetzung; über Kassner (den er eine mystisch-faszinirende Persönlichkeit nennt), Rilke u. a.– Seine Handschriften (Manuscript) Sammlung.

–„Tockenburg" zu lesen begonnen.–

13/9 Vm. bei Gustav; dann im Sanatorium. Was sich um Kainzens Sterbebett begibt – von grotesker Tragik. Die Journalisten in der Halle. Birinski, der mir klagt, wie er von den Zeitungen sekkirt wird – Telephon, Auskünfte, Telegramme (um Nekrolog!), ich: warum lassen Sie sichs gefallen. Dr. Glogau (Advokat K.s, der daneben steht, zu mir): Er ist noch nicht so weit wie Sie – wenn er unhöflich ist, verreißen sie sein nächstes Stück.–

Felsenburg (von der N. Fr. Pr.) der sich nicht fortrührt, zu Birinski sagt: „Sie... bei Ihnen ists nur Trauer – aber denken Sie, meine Nervosität – wenn jemand früher die Nachricht von K.s Tod bringt als ich, bin ich entlassen, hat mir Benedikt gedroht – und ich hab Frau und Kinder –" Glogau zeigt mir ein Telegramm das eben kam... „Ich weiß Jesus kann heilen. Schicke nach Pastor Paul Steglitz Berlin, betet Genesung dem Kranken Anna Larssen–" (die bekannte Kopenhagener Schauspielerin,– die nun nach höchst bewegtem Leben fromm geworden).–

Eine Heroine – die Grethe Kainz erklärt, sie müsse von ihrem Mann noch ein „Autogramm haben, eh er sterbe...". Mit Grethe K. und später mit Frau Mautner allein auf der Stiege zum Garten.–

Briefe mit Ratschlägen. Eben ein paar Nelken, aus Berlin –

Schöner Herbsttag. Und drin – er, der große Schauspieler – dessen langes Sterben allmälig zu ermüden beginnt... und der (vielleicht) nun allen die großartigste Komödie seines Lebens vorspielt: den, der – „nicht weiß".

– Zu Hause Briefe dictirt.–

Zu Tisch Annerl. Lilis erster Geburtstag!–

Nm. Mama, Tante Irene; Helene, Gisa Hajek.

Zum Nachtmahl Gustav und Max Schwarzkopf – wie oft zeigt ich heut das Haus?–

14/9 „Katharina Memoiren" zu lesen begonnen.

Abends Abreise mit O.

15/9 Ankunft Heidelberg. 12 Uhr.– Zu Fuß durch die Hauptstraße. Seilbahn Schloß. Restaurant. Besichtigung. Seilbahn Königstuhl. Caffè Molkenkur. Rundfahrt.– Nach Frankfurt a. M. Hotel Imperial.

16/9 Früh holt uns Kapellmeister Neumann. Vor der Oper Geh. R. Strecker mit den 2 Söhnen (einer aus Dresden bekannt).– In die Oper. Intendant Jensen. Generalprobe. Sprach Bauer, den ich hier vor mehr als 14 Jahren den Fritz creiren sah. Er ging nach dem 1. Akt. Die Oper wirkte von Akt zu Akt besser auf mich, ohne einen bedeutenden Eindruck zu machen. Wie seltsam, diese Gestalten... Christine... Fritz... Mizi – nun durch Musik schwebend. Sonderbare Abenteuer sind dem Dichter beschieden.–

Wir aßen im Imperial: O., ich; Neumann und Frau. Die drei Streckers.–

Mit O. nach Homburg. Tram nach der Saalburg.– Curpark, Lampions.–

Nachtmahl Frankfurt, Imperial.

17/9 Mit O. nach Wiesbaden. Spaziergang. Seit 99 nicht dort gewesen. Wo steht die Bank, auf der ich „Beatrice", die letzten Verse – oder andre? – geschrieben?– Fahrt Daubachthal; Mittag Kurhaus.– Tram Biebrich,– die Straße, auf der mir vor 11 Jahren die „Entrüsteten" lebendig geworden – woraus der „Weg ins freie" wurde. (Heinrich Bermann denkt an diese Straße, wenn er dem Georg von den Freuden des Alleinreisens spricht.–) Schiff Rüdesheim. Café im Darmstädterhof. Bahn nach Frankfurt. Ich besuchte Emil Claar in seinem Intendanten-logen-Vorraum; Nachtmahl im Imperial.–

Ompteda – Maria da Caza in der Bahn. Schauderbar.

18/9 S. Mit O. Darmstadt. Spazierfahrt, die Künstlercolonie. Die neue Kirche.–

Mittag in Frankfurt.–

Zum Thee Herr Dr. Rottenberg, der Kapellmeister, den wir Vormittag getroffen, mit Frau. Wir thaten, als kennten wir einander nicht. Aber vielleicht weiß R. doch, daß ich vor 7 Jahren mit Goldmann und ihr in Riva und Lavarone war. Sie wirkte gut; eine Frau, die viel gelitten und viel Ekel erlebt. Sie gefiel O. sehr gut.– Ich spazierte noch mit R. und Frau in den Anlagen.

Abends Première der Oper Liebelei. Sie gefiel mir und O. viel besser als bei der Generalprobe; dem Publikum enorm. Nach dem 3. Akt mußte auch ich heraus. Famose Vorstellung; besonders Frl. Sellin als Christine.

– Große Gesellschaft im Imperial. Ich saß bei Frau Rottenberg, O. neben ihm, uns vis à vis. Die Eltern des Componisten, böhmisch… jüdisch. „Ich bin nemlich der Neumann." Die Brüder. Der Tenor Gentner (Fritz) erzählt Anekdoten. Toaste. Um 12 aufs Zimmer.

19/9 Mit O. zu Rottenbergs. O. sang, etwas indisponirt, aber viel besser als sie (auch während des Singens) glaubte, Brahms, Schubert; Mignon, Elsa.–

Mit O. Goethehaus. Römer.–

Nachmittag Abreise. In der Bahn las ich die „Katharina Memoiren" und Liliencron Poggfred weiter.

20/9 Früh Ankunft Wien.–

Den Heini in der Schule einschreiben lassen. Mit ihm und Speidel am neuen Türkenschanzpark spazieren.

Im Mittagblatt: Kainz ist heut früh gestorben.

Nm. kam Dr. Kaufmann; später Agnes Ulmann-Speyer, nicht sehr glücklich.–

Las Zeitungen. O. war zu Bett mit Catarrh.

21/9 Vm. Kränze für Kainz bestellt. Weitere Besorgungen in der Stadt. Bei Julius; nur Hans daheim, die Oper „Liebelei" wieder mitgenommen.–

Nm. „Liebelei" ein wenig gespielt. Geräumt, getrödelt.

Mit O. Abends Brahmslieder.

22/9 Vm. dictirt Briefe.–

Mit O. ins Mautnerhaus, wo man Kainz aufgebahrt hat. Wir kamen 1 Stunde vor dem Begräbnis.– Sein erlöstes Gesicht unter dem Glas. Er sah sonderbarer Weise Reicher ähnlich.– Sprachen Trebitsch, später die Mautners, Bahr, Salten. Drückten Grethe die Hand, die starr und thränenlos dasaß.–

Bei Mama zu Tisch. Mit Julius im Auto auf den Friedhof. Regen und Wind. Das Publikum. Sprach Dr. Feuchtwang und Josef Winter.

Warteten den Trauerzug ab, gingen dann. Welche Sinnlosigkeit. Das
nachdrängende Publikum, die wichtigthuenden Polizeiorgane.–
Daheim Mirjam Beer-Hofmann, von O. mitgebracht.–
Corrigirte für die Ö. R. „Weites Land", 1. A.
– Mit O. zu Saltens. Wir sprachen uns leidlich, aber der Riß ist
unheilbar tief – weil nach Gesetzen der Entwicklung entstanden.–
Über Bahr, den er jetzt nicht verträgt, Bergers Rede, u. a.– Er ging
(spät) zur Burgtheater Première.–
– Las Abends Frohgemut zu Ende, die ich mir von ihm mitgenommen. Hübsches Buch.
– Fühle mich seelisch krank durch das Ohrenleiden. Nicht im Besitz
meiner ganzen seelischen, kaum der geistigen Kräfte.
23/9 Früh mit Dr. Hugo Ganz in Tram über sein Haus, und (von Kainz
ausgehend) über Hypochondrien, Hevesis Selbstmord etc.–
Bei Prof. Gomperz. Sehr gründliche Hörprüfung, mit Stimmgabeln
etc. Am 30. 1. 1894 war ich zum ersten Mal bei ihm.– Rechts
Flüsterstimme 6 m, links 14–15.– Langes Gespräch mit ihm, auch über
theoretisches; fast 2 Stunden dort.–
Bei Dr. Rosenbaum (Burgtheater); vor Medardus kommt noch
Landfrieden, und zu Kainzens Ehren eins seiner Stücke. Wegen W. L.,
Termin, ev. Rückgabe etc.–
– Nm. Aufführungsnotizen.– Getrödelt; in schwerer Verdüsterung.–
Katharina Memoiren ausgelesen. Mommsen.
– Telephongespräch mit Siegfried Loewy – der eine Todtenfeier für
Kainz machen will;– ich rathe: abwarten, ob, was das Burgtheater
thut.–
24/9 Vm. dictirt; Briefe; Weiher Skizze zu Ende; altes aus dem
Einsamen Weg.
Dr. Cesare Levi, aus Florenz; der etliches von mir übersetzt hat
und zur Aufführung brachte (l. Masken, Literatur, Abschsouper).
Nm. Grethe Samuely mit Norbert Jacques, ihrem Verlobten. Er
klug, leidenschaftlich, absprechend. – Grethe spricht von der Aufnahme
des „Weg ins freie" im Ausland; erwähnt René Schickele, der, höchst
verständig, dem Judenproblem völlig verständnislos, wie so viele
andre, gegenübersteht. Der Gegensatz zwischen Polen und Preußen
erscheint als der dichterischen Behandlung werth;– dies ungeheuer
tiefe im seelischen liegende Problem der Juden (wie es bei mir gefaßt
ist) erscheint ihnen draußen in Deutschland offenbar als eine Art
österreichisch-wienerischer Empfindelei.– Freilich ist diese Stellung
auch aus dem feigen Nichtsmerkenwollen einiger wortführender Juden

in Österreich selbst zu erklären. Werd ichs noch erleben, daß man die Gestalt wie den „Heinrich Bermann" rein künstlerisch, vorurtheilslos erfaßt –? –

Mit O. zu Mama. En famille.– Helene erzählt O. von Verfolgungen, denen Julius seitens der Steuerbehörde ausgesetzt ist.–

Im Nachhausefahren auf der Tram durch Hajek Dr. Fritz Wittels und Frau kennen gelernt; der mir vor Jahren durch Dr. Feuchtwang seine ersten Mscrpte geschickt.–

13. Jahrestag der Geburt und des Todes in Mauer.

25/9 S. Vm. nach einem Sorgengespräch mit O.; Spaziergang Dornbacher Park. Trüber Herbsttag.

– Nm. durchsah ich meine Einakterszenarien. Einfall, die 3, die vorläufig unter den Namen „Komödiant... Komödiantin... Schauspielerstück" gehn, als Cyclus „Lügenwelt" zusammenzufassen, welcher Titel früher für Nr. 3 vorgesehen war.

Die alten Pläne und Scenen der „Liebelei" durchgelesen. Wär es nicht zu prätentiös, so ließe sich ein nicht uninteressantes Büchlein „Geschichte eines Stoffs" herausgeben.

Abends beschäftigte ich mich mit dem einaktigen Stoff des Landsknecht (Paraphrase des E. Wegs) und begann, für die Zeit, Schillers 30j. Krieg zu lesen.–

Rechnungen, Geldgespräch;– abgesehn vom Hauskauf, übersteigen die Ausgaben unsre Einnahmen 2–3fach. Geht's so weiter, so sind in 2–3 Jahren Schulden, der Ruin unausbleiblich.

26/9 Vm. Tennis (zum 1. Mal mit Frau Caučig und Frau Dr., ... sowie Speidels).

Nm. waren Saltens und Frl. Erol bei uns, zum Thee; improvisirt. Frl. E. spielt für Salten die Operetten auf dem Clavier, die er mit neuen Texten versieht.– Das Haus gefiel ihnen sehr; er nahm den „Eichensarg" zurück.– Er ordnet den literarischen Nachlaß Kainz.– Gegen mich eröffnet er nun gewissermaßen die Freundseligkeiten.–

Mit O. und Julius Helene Apollotheater.–

27/9 Vm. dictirt, Briefe; aus dem „E. W."–

Nm. mit O. zu Paula in den Garten. Die Kinder, ihre, unsre. Lili von den Hunden sehr aufgeregt.–

Mit O. zum Antiquitätenhändler Berger. Besichtigung, Einkauf. Bei Backhausen, Teppiche. Durch die Stadt. Schöner Herbstabend. Trubel. Wie hat sich dies seit meinen Jugendtagen gesteigert; es fällt mir auf, da ich im Jahr kaum 1–2mal Abends in diese Gegend komme.

Begann Bahrs „O Mensch" zu lesen.

28/9 Vm. bei Baron Berger. Bittet mich Aufschub des Medardus nicht für ein „Bühnenmanöver" zu halten; Kainz „Saul" mit „Thor und Tod" soll zuerst studirt werden.– „Das weite Land" will er mir nicht zurückgeben; reist heut ab, um „Rittner" zu gewinnen, der dann den Hofreiter spielen würde.– Über Bassermann, Walden, Burg (!).

– Er war von besondrer Herzlichkeit.–

Dann zu Rosenbaum, der als er mich doch noch schwanken sah (zwischen Volkstheater und Burg), mir den Revers zum Unterschreiben vorlegte; das „W. L." sei das Stück, nach dem „die deutsche Bühne lechzt"... er ist von einem großen Erfolg überzeugt. Dagegen ist es interessant, wie er nun innerlich – am „Medardus" zu zweifeln beginnt.–

Mama zu Tisch. Mit ihr ein Bach.

Wieder nichts gearbeitet, nur „O Mensch" gelesen.

Ein kleiner Judenbub mit 2 ditto Mädeln erscheinen plötzlich (ich lief ihnen im Vorzimmer in die Arme) – um Rat fragend wegen Gründung einer Zeitung, da ihnen ihre Arbeiten von allen Zeitungen refusirt würden!–

Las „O Mensch" zu Ende; ein recht abgeschmacktes, gräßlich geschriebnes, greisenhaft geschwätziges Buch.

29/9 Vm. dictirt, an Brahm, E. W.–

Mit O. im Cottageverein; spazieren; Frau Retty, über Kainz; zu Kainzens Grab. Schöner Herbsttag.–

Nm. mit Direktor Müller (Cottageverein) in die Spöttelgasse, die Wohnung inspiziren, da Herr Eder Reparaturen verlangt; oder Geld. Fast durchweg unberechtigte Forderung eines gemeinen Kerls, nach M.s Ausspruch.– Müller von seiner Betheiligung am bosnischen Feldzug; wie er ein langes Gefecht mitmachte, mit seiner Uhr im Stiefel.–

Begann den Einakter „Komödiantin". Vielleicht Vorstudien zum Wurstlroman, über den ich später meditirte.

30/9 Vm. Tennis.–

Nm. bei Siegfried Loewy. Besprechung wegen einer Trauerfeier und eines Grabmals für Kainz.– Anwesend: Kalbeck, Bauer, Loewe, Goltz, Glücksmann, Salten.

– Mit Salten in das Röntgen Institut. Seine Untersuchung durch Dr. Robinsohn. Seine Frau. Ihre Ängstlichkeiten.– Julius zufällig auch eben dort. Allgemeines über menschliches Leid.–

– Abends Gesang mit O.

1/10 Heftiges Unwohlsein. Vormittag ein wenig dictirt; meist gelegen, Fauteuil, Bett, Divan. Las in Schillers 30j. Krieg; begann ein mir zugesandtes Mscrpt.: „Architekt im Apfelgarten" von Hugo Wolf.–

Abends Richard, Paula; Salten und Otti zum Nachtmahl da.

2/10 S. Nicht guter seelischer Nachgeschmack von gestern.

– Spaziergang Michaelerberg; Pötzleinsdorf; schöner Herbsttag. Innerlich meist beschäftigt mit einem Brief an unsern frühern Hausherrn, der einen kleinen Erpressungsversuch macht.–

Beim Nachhausekommen Julius Helene und Kinder bei uns.–

Nm. im Garten Hugo Wolfs Stück ausgelesen. Nichts; aber nicht ohne Begabung.

Weiter an der „Komödiantin".–

Abends wieder leichte Verschlimmerung der Krämpfe; früh zu Bett.

3/10 Vm. Tennis.–

Herr Gound; wieder erste Stunde mit O.

Nm. im Garten gelesen (N. R.; Fontane Briefe etc.) –

Antiquitäten-Händler Kohn; kaufte für Lilis Zimmer ein gesticktes Merkblatt.

Mit O. zu Frau Salten; ihr einen Hut-Nadelhalter (antik) zu überbringen.–

Nach dem Nachtmahl kamen Hajeks, ergötzten sich an unsern alten Berger-Sachen.

Las „Tockenburg" zu Ende.

4/10 Vm. dictirt Briefe, Anfang der „Komödiantin".–

Nm. weiter an der Komödiantin.–

Mit O. gegen Abend spazieren.–

Die Novellette „Tagebuch" ein wenig gefeilt.

5/10 Vm. bei Dir. Weisse, ihm sagen, wie ungefähr die Sache mit dem W. L. steht. „Ein harter Schlag" für ihn behauptete er. Sprach Homma, Schreiber, Weiss, Fürth, Frl. Reinau.–

Bei Gustav. Von der Frankfurter Reise; u. a.

Nm. Klavier, wie meist;– Pantomime Dohnanyis – (zu Ehren der gestrigen Korngold Schneemann Première).–

Weiter an der „Komödiantin".

6/10 Vm. dictirt; „Komödiantin"; Briefe.–

Nm. mit O. in den schönen Herbsttag; gegen die Hartäckerstraße; Lili im Wagerl mit.–

An der „Komöd." weiter.

Auernheimer besucht mich. Zeige ihm Urpläne des „W. L.". Guter Ruf dieses Stückes; Wirkung des 1. Aktes in der Österreichischen Rundschau. – Viel über Kainz.–

Stefan Zweig sandte mir ein Autogramm von Goethe.

7/10 Vm. Tennis.– Mit Speidels über das W. L., dem sie einen großen Theatererfolg prophezein, das sie aber nicht mögen.

Zu Tisch Annie Strial und Frl. Kipiany.– Über den Umsturz in Portugal.

Den Einakter „Komödiantin" vorläufig beendet; ohne rechten Glauben.

Die Novellette „Tagebuch" gefeilt.

Zu Mama, ohne O., die bettlägerig. Familie. Verzweifelt, daß ich dem Gespräch kaum mehr folgen kann.

8/10 Vm. dictirt „Komödiantin" zu Ende.–

Nm. begonnen: „Komödiant" (wird natürlich ebenso wie das obige anders heißen –), den 2. Einakter des Cyclus „Lügenwelt".– Oder „Rollen".–

9/10 S. Vm. Spaziergang Dornbacher Park etc.

Nm. las ich Heimfelsens „Abgeschossen", österreichischer Militärroman, zu Ende; vom Autor gesandt (der meine Protektion bei Fischer will; offenbar schlimme Verhältnisse, Bekanntschaft aus der Griensteidl Zeit). Kunstlos, aber erlebt.–

Julius und Helene zu Besuch.

Zum Nachtmahl Saltens. Ich spielte „Cassian", O. markirte ein wenig; S. war ganz entzückt (z. Th. wohl veranlaßt dadurch, daß Straus mit ihm eine Operette schreibt,– aber doch auch ganz direct); auch aus der Pantomime von Dohnanyi spielt ich.– Es war, nach sehr langer Zeit, ein gemütlicher Abend mit S.–

10/10 Vm. Tennis. Wassermann „entsetzt" über Olga Frohgemut –; er könne Salten nichts drüber sagen;– übrigens habe S. ihm kein Wort über Erwin Reiner gesagt (sein „Entsetzen" über den hatte S. mir gestern mitgetheilt) – ob er (W.) – ihn doch zu seiner morgigen Vorlesung laden sollte – u. s. w. Warum überschätzen Sie die Wichtigkeit aller dieser Dinge, sagte ich zu W.;– wie gleichgiltig ist jedes Urtheil – (mir hat S. auch kein Wort über d. W. L. gesagt) ich für meinen Theil weiß jedes im voraus und eigentlich kann mir kein Mensch etwas neues über meine Sachen sagen. Man freut sich, wenn man Leuten ein Vergnügen bereitet hat, die einem sympathisch sind; man ärgert sich zuweilen über Bosheit oder absichtliches Mißverstehn und Neid; aber man „ ‚braucht' doch kein Urtheil –" „Ja ... Sie" sagte W.; und lud dann Salten ein. Auch war die Tennispartie sehr hübsch.– Salten sprach sich dann zu mir über seine materiellen Verhältnisse aus; plötzliche Angst; es scheint mit den Texten doch nicht so einfach zusammenzugehn; dieses Jahr aber will er gegen 80tausend Kr. gebraucht haben!–

Nm. versucht ich an dem „Komödianten" weiter; es ging nicht; sofort war ich ganz herunter; ... es ist immer der Tropfen mehr. Denn die Verdüsterung durch das Sausen und die zunehmende Schwerhörigkeit füllt das Gefäß bis zum Rand.–

Briefe ordnen etc. Lese Dominik von Fromentin.

11/10 Vm. dictirt: zum 2. mal Novellette „Tagebuch" – am Eins. Weg (altes).–

Gleich nach Tisch mit Heini in den neuen Türkenschanzpark, der Vormittag eröffnet worden war und im Herbstsonnenglanz wunderschön dalag. Welch ein Glück, so eine Kinderhand in der seinen zu halten.–

Den Einakter „Komödiant" neu begonnen.

– Sawa Ognianoff, Regisseur, Sofia; über bulgarisches Theaterwesen; möchte die Medardus Proben besuchen.

Abends las Wassermann drei Einakter vor. Anwesend Salten (vom 2. an), Leo Vanjung, Kaufmann, Stefan Zweig. Die Hauptscenen auf der Höhe nicht zureichend, besonders in zweien; im dialogischen und gestaltenden viel mehr Talent, als nach seinen ersten dramatischen Versuchen ihm zuzutrauen war. Ausnehmend viel reizvolles in der Diction.–

12/10 Vm. Tennis.– Mit Wassermann noch einiges über seine Stücke.–

Nm. weiter am „Komödianten".–

Hofr. Burckhard erschien um $^1/_2$ 6; sprach von seiner „Arsenvergiftung", auf die er nun seine meisten Symptome zurückführt; thaute immer mehr auf, blieb 2 Stunden und fühlte sich anscheinend wohl. Über Steuersachen, über Bahrs „O Mensch" u. a.–

A. Ehrenstein, dem ich seine Mscrpte zurück gebe. Anfangs befangen, und irgendwie feindselig; redete dann auch allerlei kluges. Der kleine Kraus sein Kreis; Ehrensteins Versuche in die Öffentlichkeit zu dringen; Production; über Weg ins freie, etc.; sein Wunsch, etwas über mich zu schreiben; über Recensiren – und Kritisiren – Fehler anstreichen und Zusammenhänge sehen.

13/10 Brief von der Sandrock: Reinhardt habe sie gekündigt; kein Ausweg; solle ihr eine Varietéscene schreiben.– Zu Salten. Den morgigen Anninger abgesagt, und über den Fall Sandrock, den er für hoffnungslos hält.–

Besorgungen in der Stadt.–

Mama zu Tisch. Nm. mit ihr ein Brahms Sextett.

Nm. Grethe Samuely und Norbert Jacques, die nächstens abreisen.

Wie hat sich das bürgerliche Elternpaar S. entwickelt!– Jacques sehr sympathisch.

Eine Zeit O.s Stunde bei Gound beigewohnt.–

Briefe geschrieben, an die Sandrock, u. a.–

Fromentin, Dominik weitergelesen.

14/10 Brief von Salten, Berger will die Sandrock unter gewissen Bedingungen engagiren; ich telegrafire ihr.–

Mit O. Besorgungen bis Nm. 5; bei Meissl zu Mittag gegessen. Im Kunstsalon Heller die Arnold Schönbergschen Bilder angesehn. Talent unverkennbar.–

Mit O. zu Mama; Familie; dann noch mit Hajeks ihre neue Wohnung besichtigt, in H.s Haus, Beethovengasse. Brachten ihr eine der vom Fräulein gemachten Puppen (Theewärmer).

15/10 Vm. dictirt.– Hr. Dr. Manheimer, aus München, bringt Grüße von Liesl und Albert; verhandelt wegen eines Vortrags Neuer Verein, München.–

– Zu Oscar Straus. Seine durch Frau v. Linden angeregte Idee, einige Scenen Reigen zu componiren (melodramatisch); lehne ab.– „Cassian" soll im Frühjahr mit der Pantomime in der Oper drankommen. Dohnanyi soll gegen die Zugleich-Aufführung intriguiren.– Straus spielt mir eine sehr hübsche Sache aus seiner (Saltenschen) Operette „mein junger Herr" vor.–

Nm. mit O. in den neuen Türkenschanzpark; wo wir Herrn Max Hiller treffen, dem wir dann unser Haus zeigen.–

Versuche den „Komödianten" neu zu entwerfen; tief gestörte Arbeitsfähigkeit, O.s Nervosität.–

16/10 Mit O. Semmering.

Nm. Spaziergang neuer Thalhofweg.

Edmund Kapper und Frau im Café; haben in Neapel unsern Eintrag im Beschwerdebuch gelesen (der der einzige geblieben) nachdem sie in Bajae noch schlimmres erlebt.–

Gefeilt am „Tagebuch", an der „Parabel".

Zum „Komödianten" meditirt.

Nach dem Nachtmahl Fr. Schiller und Sohn.

17/10 Mit O. Steinhaus zu Fuß. Nervenzustandsgespräch.

Bahn retour.–

Bei Tisch mit Bürgermeister-Restaurateur Dangl über Semmeringverhältnisse, ev. Schulbau.

Wieder einiges gefeilt.

Thalhofweg.–

Las (nicht ganz) Bojer. „Unser Reich."

18/10 Mit O. Fahrt Adlitzgraben, Maria Schutz – Semmering.

Nm. mit O. Thalhofweg. Über Grillparzerpreischancen. Schönherrs „Glaube und Heimat". Politik und Literatur.

Begann zu lesen Rolland, Jean Christophe.–

19/10 Spaziergang allein am Pinkenkogel. Über den Wurstlroman nachgedacht.

Mit O. spazieren Thalhofweg. Gründe, warum mir ein Werk allerersten Ranges nicht gelingen wird. Mangelndes Gleichmaß zwischen Objektivität und Subjektivität. Unfähigkeit mich selbst gegen die Welt völlig, und jedes Werk, jede Gestaltgruppe in sich abzuschließen. Bedauern, daß Gespräche solcher Art nicht aufzubewahren sind.

Nach Tisch kamen Hugo und Paula Schmidl, die uns zur Bahn begleiteten. Liebe Leute.

Nach Wien. In der Bahn Kahlenberg „Eva Sehring" zu lesen begonnen.

Daheim die Kinder; entzückend.

Brief Einlauf durchgesehn. Von Frau Benedict ein Eulenspiegel-Tintenfaß.

20/10 Vm. dictirt Briefe (u. a. an Benedikt, nach einem Brief Kapellmeister Neumanns, daß 2 Referate in der N. Fr. Pr. über die Première nicht abgedruckt wurden), „Tagebuch" weiter.

Mama zu Tisch. Brahms Concert mit ihr.

Siegfried Trebitsch bringt mir sein Stück „Muttersohn", das am Burgtheater angenommen ist.

Ich lese es Abends; es ist nicht so talentlos als absolut schwach- ja blödsinnig.–

Hugos Brief übers „W. L." in sehr hohen Tönen;– aber eigentlich ohne directe Beziehung aufs Stück.

21/10 Vm. mit O. Besorgungen Stadt.–

Nm. in den Türkenschanzpark, dort mit Burckhard (zufällig) spazieren.

Else Speidel kam; O. sang Brahms Lieder, sehr schön; vorher spielte ich Clavier und improvisirte, da eben meine kleine Tochter zuhörte, einen wirklich nicht übeln „Lili Walzer".–

22/10 Mit O. Burgtheater. Probe. „Thor und Tod." Hörte so gut wie kein Wort.– „Saul" von Kainz; wurde tüchtig geschrien, gings mir besser. Niveau eines talentirten Gymnasiasten. Kainzens Dichterberuf eine Legende.– Natürliche Tochter 3. Akt.– Schauspieltradition doch nur am Burgtheater.– Sprach Hugo, seine Schwiegermutter, seinen

Schwager Hans, Berger, Rosenbaum etc. Thimig, von B. als „beisitzen-
der" Regisseur für „Medardus" erkoren, machte mir Complimente.–
Bei Mama zu Tisch.–
Dictirt, Briefe.– Überliebenswürdiges Telegramm von Benedikt
(N. Fr. Pr.) –
Else Speidel und Frl. Springer zum Thee. Frl. Spr. spielte Haydn,
Chopin, Smetana, B. Förster, Olga sang.–
Las Kahlenberg „Eva Sehring" zu Ende.–
Allerlei Angstzustände; nicht nur auf mich bezüglich.
23/10 S. Vm. spazieren Michaelerberg.–
Gegen Abend kamen Wassermanns und Auernheimers. Letztere
blieben zum Nachtmahl; auch Richard Paula; sowie Julius und
Helene.– A. sehr angethan vom W. L.– Über Trebitsch, den Dilet-
tanten.– Julius spielte auf seiner neuen Geige Brahms (mit Helene),
Schumann und altes mit mir.
24/10 Vm. Burg, Decorationsprobe Medardus. Berger mit Thimig
führen Regie. Mit B. verstand ich mich wieder sehr gut; über Tod,
Teufel, Leben und Kritik. Er ist erbittert, über Polgar insbesondre,
den er „vernichten" möchte, aber fälschlich für dumm hält. (Anläßlich
der Referate über die gestrige Kainzfeier.) – Mit Devrient, Rosenbaum
über Kritik. D., der an P. einen Brief geschrieben.–
Mit Berger über „W. Land"; er solle es gleich der Censur geben.
Bassermannmöglichkeiten schwach. Erwägen Korff.– Famose Figuri-
nen zu Medardus, die uns Prof. Lefler zeigt. Freue mich auf den
„Medardus". Zweig, die gute Seele, fragt Rosenbaum „und wenn die
ganze große Arbeit sich nicht lohnt?". (Er kennt Med. noch gar nicht.)
Nm. kam Trebitsch, der seine Abreise verschoben, um näheres über
sein Stück zu hören, das ich ihm in einem kurzen Brief verurtheilt habe
– in Wahrheit um mich zu bitten, daß ich mein Urtheil womöglich nicht
weiterverbreite. Jämmerlich im Grunde. Citirt die günstigen Urtheile
Rosenbaums, Heimanns, Kahanes, Zweigs etc.– Unverstand, Unauf-
richtigkeit, Bequemlichkeit.–
Dictirt Briefe, „Tagebuch" zu Ende.–
O. von Sikoras abgeholt.
Der Trödler Klein besichtigt unser Speisezimmer.
Lese „Dominik" zu Ende.–
25/10 Probe Medardus. Vorspiel.
Nm. alte Briefe.
Abd. zu Weisse. Besprechung der Besetzung des „Anatol".
Bei Meissl genachtmahlt.– Auf die Nordbahn – Mama und Olga

abholen – aus Göding – wir verfehlten uns; O. war daheim, als ich kam.

26/10 Vm. Probe. Erster Akt, 1. Bild des 2. Aktes. Die Wohlgemuth (Helene) schwach.– Bleibtreu (Frau Klaehr) Balajthy (Eschenbacher), Treßler (Etzelt) Hartmann (Herzog) werden außerordentlich sein.–

Nm. dictirt Briefe; „Parabel" neu.–

27/10 Vm. Probe. Bis 2. Sc. 3. Act incl.– Schwierigkeit das phantastisch unwahre des Herzogshofs herauszubringen. Schwäche der Schauspieler. Die Wohlgemuth bedenklich.–

Nm. kam Burckhard, hauptsächlich um mir den außerordentlichen Eindruck zu berichten, den er vom Med. erhalten. Er war heut wieder ganz der alte; blieb über 2 Stunden.–

Hr. und Frau Schmidl besuchen uns.–

Mit O. zu Mama. Familie.–

28/10 Probe. Bis excl. letztes Bild. Zutagetreten der Längen. Erwachen der Publikuminstinkte in Direktor und Dichter. Strich-Ideen.

Nm. kam Dr. Pollak. Auch über meine „Nerven"sachen. Was hilfts.

Thimig schickt mir das Volksstück von Langer (1859) Judas von Anno 9 (Eschenbacher), las es gleich. Thaddädelei.–

Mit O. beim Antiquitätenhändler Klein.–

– Zu Salten. Er sprach gegen Berger als Regisseur; erläuterte seine Regie Ideen zu Saul, „Thor und Tod"– lauter Dinge, die er, wenn sie Berger gemacht hätte, sicher für schlecht und theatralisch erklärt hätte.–

Nach dem Nachtmahl kamen Speidels. Olga sang. Ich litt unter meinen Ohren. Wann nicht?–

29/10 Besorgungen Stadt. Panorama (Mantua, Cremona etc.).–

An der Parabel gefeilt.

Fanny Schneider, der ich neulich darum geschrieben, kam mit meinen Briefen an Olga Waissnix, die sie aufbewahrt und die ich wieder einmal lesen will. Wiedersehn nach 13 Jahren. O. und sie gefielen sich sehr gut. Sie blieb über 2 Stunden. Über ihre verstorbne Schwester, die Hinterbliebenen, den Vater, die Schwester Gräfin Gabriele Haugwitz mit ihren Kindern. „Wenn sie wüßte, welche Erinnerung Sie ihr bewahren! Daß ich ihr das nicht erzählen kann..." Über das Vöslauer Haus mit dem „Salon Wuchtl".–

30/10 S. Früh ein Brief Hugos mit einer unglaublichen Nachschrift, in der er ein 2. Exemplar Weg ins freie erbittet, weil er mit keinem meiner Kinder in dauerndem Unfrieden leben wolle und das erste „halb zufällig" „halb absichtlich" in der Eisenbahn habe liegen lassen. War Tags über (zu viel) mit einer Antwort beschäftigt.

Nm. las ich mit O. (ihr vor) einen Theil der Briefe von O. W.
Sonderbarer Eindruck.–

Nach dem Nachtmahl kam Wassermann; sehr bedrückt von dem
Widerstand, den „Erwin Reiner" findet. Über Kritik, Echo, Mißverstandenwerden, kleine Menschlichkeiten.– Seine Frau Julie habe er
erst jetzt, durch ihre Schulgründung, ganz kennen und bewundern
gelernt.– Wir wandeln in einem Gedränge von Einsamkeiten.–

31/10 Vm. dictirt Briefe; Parabel nochmals ganz.

Nm. kam Hofrath Burckhard, hatte wieder Med. gelesen und theilte
mir mit, daß er es immer mehr bewundere. Erwägungen hinsichtlich
darstellerischer Gefahren (Helene) und Kritik.– Es ist wohlthuend daß
jemand wie B. dieses Verhältnis zum M. findet und es – rückhaltlos
ausspricht. Man ist nicht verwöhnt in dieser Hinsicht in unserm
Kreise.

Las altes aus dem „Medardus", wollte Notizen machen „Historie
und Erfindung im M.", ließ es sein.–

Feilte das „Tagebuch". („Redegonda.") –

Obzwar das elende Gezwitscher in meinen Ohren ununterbrochen
gleich bleibt, gibt es Tage, an denen es mich ganz besonders wirr und
verzweifelt macht. So heute.–

Mit O. nach dem Nachtmahl viele uns noch unbekannte Hugo Wolf
Lieder.

1/11 Vm. Spaziergang Salmannsdorf – Sievring.–

Zu Tisch Frau Ella Frankfurter, Nm. mit ihr, O. ein wenig in den
Türkenschanzpark.

Frau Guttmann, Annie Strial zum Thee.

– Die „Parabel" gefeilt.

Nach dem Nachtmahl Lieder mit O.; dann kamen Saltens, später
noch Wassermanns. Mühselig dem Gespräch gefolgt. Wieder den Cassian durchgespielt, O. sang dazu, auch ich!–

S. zeigt sich O. gegenüber sehr „besorgt" über die Länge des Med.
„Wie lang wird es denn dauern..." Und als O. von den Strichen
redet... „ja was gestrichen ist, kann nicht durchfallen...". Ein ähnlich
taktvoller Scherz einem Werk S.s gegenüber würd mit lebenslänglichem
Haß bestraft werden.–

Welche Wonne diesmal für die gesammte Kritik – daß sie schon, eh
sie sonst das geringste weiß – „von der Länge" entsetzt sein kann.–

Begann zu lesen: Bodenstedts Erinnerungen.

2/11 Vm. Probe. Baron B. hatte geträumt, daß ich statt Kürzungen zu
machen – 3 Bilder dazu gedichtet. Probe: letztes Bild... 1. 2. 3.–—

Das „W. Land" von der Censur zurück, ein paar „sittliche Striche" – Mit Berger und Rosenbaum über Termin etc.–

Gegen Abend E. Matern (Moskau).–

Brief an Hugo abgesandt.–

Zu lesen begonnen Wittels „Ezechiel" – das mir der Autor gesandt,
um ein Gutachten meinerseits zu provociren, ob es als Schlüsselroman
oder als Kunstwerk zu gelten habe. (Karl Kraus als spiritus rector
eines Prozesses gegen Wittels.–) –

Fortdauerndes Übelbefinden.

3/11 Vormittag Probe.–

Richard schickt herüber, Brief (wegen Vorlesung, Leo, Mutter-
schutz –) ganz freundlich – und keine Silbe persönlicher Art – Erkundigung, Wiedersehen. Was hier passirt, unbegreiflich. O Atmosphäre!–

Nm. dictirt.– Julius eine Weile; Bericht in der N. Fr. über Frankfurt „Liebelei".–

Wittels „Ezechiel" ausgelesen; nicht uninteressant.

4/11 Vm. Probe. Bastei. Korff abwesend. Es ging schlecht. Wir
probten daran 2 $^{1}/_{2}$ Stunden. B. fand heute die Scene langweilig. So wie
die Kritiker durch eine schlechte Darstellung oft das Stück nicht zu
erkennen vermögen, so selbst Theatermänner durch eine schlechte
Probe nicht die immanente Wirkung einer Scene (deren theatralische
Valeurs sie auf dem Papier sofort sahen).–

Nm. einiges an der Parabel gefeilt.–

Mit O. bei Mama. Familie.–

5/11 Vm. bei Gustav. Besorgungen.–

Nm. dictirt: altes aus dem „Eins. Weg".

– Nach dem Nachtmahl mit O. Lieder von H. G. Noren durchgenommen (er will „Beatrice" componiren). Talent.

6/11 S. Nebel und Regenwetter. Zu Speidels. Über die Medardus
Proben u. a.

Mama zu Tisch. Nm. mit ihr das Trio des 13j. Korngold. Außerordentlich.–

Frau Benedict mit Minnie erscheinen, sehn sich das Haus an,
nehmen Thee mit uns. Minnie erledigt nur einige wenige Taktlosigkeiten (zu O.: Sie können auch ohne Ihren Mann zu uns kommen – Sie
sehen, wir sind nicht Streberinnen... Ich darauf. Vielleicht erst recht.–
Zu mir: „Auf Ihren Bildern sehn Sie immer aus wie ein schlechter
Charakter.") war aber sonst resignirt; will ein Gut kaufen bei Großreif-
ling sich aufs Land zurückziehn. Die Mutter sehr sympathisch.

– Später Dr. Kaufmann. Viel über das Problem Salten; über ihn,

Bahr, Berger – die Feuilletonisten Naturen. (Der Wurstl Roman wieder nahe, durch die Figur Saltens, der da nicht zu entbehren sein wird.) –

Frl. Vilma Balogh, Budapest; wegen Aufführung „Anatol" in den dortigen Kammerspielen, Übersetzung „Weg ins freie"; wie sich herausstellte, hatte sie mich bei dieser Gelegenheit auch interviewt.–

Mit O. nach dem Nachtmahl Pfitzner, Schubert.

7/11 Vm. Probe.– (Bis 3.)

Nm. Brief von Hugo („verzeihen Sie mir –").

H. Menkes (vom Wr. J.), interviewt über Medardus u. a.–

Mit O. neues von Wolf (Eichendorff), Pfitzner;– Schubert.

8/11 Vormittag Probe. (Ohne Berger, der unwohl.) (Wahrscheinlich Ärger über Lefler, der die Decoration nicht liefert, wie mir Thimig sagt, mit dem ich heimfahre.) –

Artikel im New Age, von Ashley Dukes über mich, in dem ich nun für England als ausschließlicher Schilderer der „Halbwelt" hingestellt werde, nachdem es doch in Deutschland ziemlich aufgehört hat. Ärgerte mich. Böswilliges,– leichtfertiges und böswillig-leichtfertiges Mißverstehn; das ist die Atmosphäre, in die wir unser Werk und Wesen immer wieder entlassen müssen.–

Dictirt Briefe, u. a. an Wittels über Ezechiel.–

9/11 Vm. Probe. Berger erzählte mir, er hatte gestern Fieber, sogar bis zum Delirium (sicher nicht wahr – aber er weiß es selbst kaum); sprach über die Wühlerei gegen ihn, seinen Ärger (... „Hunde, die zu hunderten in einen Eckstein beißen, machen doch endlich ein Loch hinein"); die Basteiszene, heute gut gehend, wirkte diesmal sehr stark auf ihn – „am besten gefallen mir die canaillösen Züge, die Sie den Wienern gegeben haben... in dem Stück möcht ich überhaupt gern selbst mitspielen". Was –? „Den Eschenbacher... Oh ich könnt ihn." Dann kommt immer gleich was autobiographisches, uncontrolirbares – halb wahres – oder wenigstens etwas, woran das Wahrsein nicht, sondern das augenblicklich passende das wesentliche ist. All dies hängt bei ihm wie bei andern verwandter Art mit einem gewissen dichterischen Begabungselement zusammen, das nicht bis zum schöpferischen sich entwickeln konnte. Im ganzen hab ich ihn direct gern, mit irgend was von Mitleid dabei.–

Nm. erschien plötzlich Richard auf ein Stündchen; wir waren im Garten, in dem letzte Herbstwärme lag.–

Baron Winterstein gegen Abend.

Mama zum Nachtmahl.

10/11 Probe. Berger mußte ins Rathaus; Reimers erhielt die Salvator-
medaille... B.: „Ich kann solche officielle Sachen nicht leiden... –"
Später kam er zurück – sehr montirt; Reimers auch, um den Rapp in
der Kerkerszene zu spielen. B. hatte eine Rede gehalten – und erklärte
sofort... wenn er vor einer großen Menschenmenge stehe, werde er ein
ganz andrer... kurz, man mußte den Eindruck haben, er sei vom Geist
erleuchtet gewesen. Im Abendblatt steht die Rede – ihre Tonart ist
etwa: Reimers gefalle ihm so besonders, weil er... in dieser nervösen
und verkünstelten Zeit – natürlich geblieben sei.– Echt Berger: vor den
Stadträten muß er die „moderne Zeit" schlecht machen – so wie er s. Z.
Schiller zum katholischen Dichter ernannt... Was ist ein Feuilletonist? Ein Mensch, der nie durch seine Überzeugung an dem Aussprechen eines wirkungsvollen Worts gehindert wird, dessen Inhalt er
selbst nicht glaubt.–

    Nm. las ich für mich Parabel, Tagebuch Redeg. – endlich „Hirten-
flöte", diese später Olga vor, $^5/_4$ Stunden. Im Anfang allerlei zu ändern;
im ganzen nicht übel, und wahr.

11/11 Probe. Berger als Regisseur. Er könnte einer sein – wenn er
sachlich wäre, wenn nicht jeder eigne Einfall ihn wenigstens für kurze
Zeit nur leicht berauschen und von seinem Genie überzeugen würde. Er
ist innerlich sozusagen aufgehalten – weil er einen Theil seiner Seelen-
kraft stets auf das Vergnügen über die vorhergegangne Erleuchtung
aufwenden muß.

    Nm. Burckhard auf ein Stündchen.–
    Dictirt, u. a. Concept zu einer Antwort an Ashley Dukes.

12/11 Vm. Probe.– Alles geht leidlich; nur Gerasch als Medardus
kommt nicht hin wohin ich will. B. sagte während einer Scene „Was ich
fürchte ist nur, daß man finden wird, Medardus sei ein uninteressanter
Hamlet". Ich: Lassen Sie den Gerasch den wirklichen Hamlet spielen,
so ist der wirkliche gerade so uninteressant – besonders wenn Shakespeare noch auf der Welt und lebendig wäre. B. gab es ohne weiters zu.
Er gibt nemlich alles ohne weiters zu.– Stern, der Theaterplauderer
vom Fremdenblatt ließ sich melden. B. spielt den darüber Verstimmten
– und gesteht gleich darauf zu, daß er ihn selbst herbestellt, um auf
diesem Weg das Publikum auf den Med. vorzubereiten, und fragt mich,
was er ihm sagen solle.–

    Fuhr mit Thimig und der Bleibtreu im Auto heim. Da ich der Bl. auf
der Probe etliches zur Auffassung ihrer Rolle sagte, kam heraus – daß
sie das Stück als *ganzes* (ohne Striche) – noch gar nicht gelesen hatte!

    – Nm. notirte ich etliches zu dem Stoff des Journalisten, der sich mit sich selber schlagen muß.–

Frau Hermine [Weinkes], „Freie politische Frauenorganisation"
wegen eines Vortrages.–

Heinrich Teweles mit Frau (früher Charlotte Bondy) zum Thee.–
Mit O. zu Mama. Julius Helene; Gustav. Mit Mama das Adagio
Bruckner VII.–

13/11 S. Kalter Sonnentag. Spaziergang Sievring Himmel, Kahlenberg
– Hohe Warte. Auf dem Weg Prof. Přibram, der seine Familie laufen
ließ; mich wegen eines (privaten) Aufrufs zu Friedjungs 60. Geburtstag
ansprach. Höchst anregendes Gespräch. Die gefälschten Documente;
Aehrenthal – Friedjung. Fr. integrer Charakter – doch Eitelkeit hat ihn
verführt.– Dann Medardus. Přibram arbeitet gerade über 1809. Das
wichtigste liegt im Polizeiarchiv. Unzählige Documente gefälscht. Auf
Napoleon waren 6 Attentate. Staps scheint *vorher* in Totis bei Franz
gewesen zu sein. Pr. kommt im Lauf seiner Arbeiten immer mehr drauf,
daß man, bei der Trübheit der Quellen überhaupt nie was wisse, gar
nicht „Geschichte" schreiben dürfe, könne. Hieraus schöpft der Dichter
(wenn ers nicht schon längst wußte) neue Überzeugung von seinem
Recht auf unbeschränkte Erfindung, Zurechtrichtung etc.– Dann über
Publikum – Dichter.– Dichter Kritik. Wir kamen auf Goldmann, an
den ich eben früher im Spazierengehn einen Brief entworfen.– Endlich
über die Neurasthenie und Psychasthenie der Schaffenden und Arbei-
tenden.

Nm. einige Feile an der „Hirtenflöte".–

Vor wenig Tagen herrlicher Fauteuil von Brooke.–

Zum Nachtmahl Gustav. U. a. über Paulsen, den Schauspieler.

14/11 Probe.–

Nm. dictirt. (Briefe.)

Bei Saltens. Dort auch Auernheimers. Olga sang sehr schön. S. war
schon wieder wegen der „Länge" des Med. besorgt und fand, daß
gestrichenes nicht durchfallen könne. Ich schnauzte ihn ziemlich ab.–
Über Trebitsch, der auf S.s ablehnende Haltung gegen sein Stück ihm
sagt... „Merkwürdig – wie verschieden die Meinungen... z. B. über
Ihre Olga Frohgemut – wie da manche Leute, selbst aus Ihrer Nähe
schimpfen..." – Oh „Literatur"!... Wie wird ganz vergessen... daß
dies eine Welt des Schaffens und der Freudigkeit über das Geschaffne
sein sollte... Neid, Mißgunst, Bosheit –

– Die Nacht brachte mir einen argen Brechdurchfall.–

15/11 Vm. Decorations Probe.–

Mit Berger über Tolstois Flucht u. a.

Nm. ein wenig im Türkenschanzpark; traf, nach vielen Jahren Frau
R., die Mutter M. R.; kaum verändert. Sie lebt ganz allein, macht im
Sommer ganz allein große Fußpartien... Der Blick von Müttern, deren
Töchter einen einst geliebt.–

Kais. Rath Gaschler, hilfreich, in einer Steuersache. Man will mir
nachträglich für den Grillparzerpreis Personal Einkommens Steuer
aufrechnen. Dabei haben sie dem Schönherr, der für den Bauernfeld-
Preis fatirte, das Geld zurückgegeben, resp. ausdrücklich mitgetheilt,
Preise seien steuerfrei –

– Trebitsch erscheint... mit lauter guten Urtheilen über seinen
„Muttersohn" versehn... Bab, Auernheimer etc... „Aber ich weiß ja
doch, daß Sie recht haben." O Verlogenheit!–

16/11 Decorations Probe. Nicht alles fertig. Manches von Lefler
schwach. Lehner sehr gut. (Glacis.) – B. zornig über die administrati-
ven Zustände; will Wandel schaffen (wie?). Mit ihm und Thimig über
die ungeheuern Mängel des Hauses, Baugeschichte. Hasenauer, Ho-
henlohes Protégé.– Verschwendung. Thimigs Audienz beim Kaiser,
resp. bei der Schratt mit ihm.– Mit B. über das Personal. Die Medelsky
unterschätzt er. Bleibtreu hat für ihn einen Geruch von Gulyas und
Bier.– Bastei von der Gallerie aus.–

– Brief von Bahr, der über den Med. nicht schreiben will, recht
dumm. Gespräch mit O. Wie das social-äußerliche des literarischen
Lebens das Wesentliche verfälscht, ja aufhebt. Man hat ein Werk
geschrieben – dessen Fehler man nicht verkennt... das aber zweifellos
zu den merkwürdigen vielleicht bedeutenden seiner Epoche gehört.
Man ist daran, dem Publikum, den Freunden – keineswegs etwas übles
zu thun, sondern eher etwas zu schenken. Und man sieht diesem
Vorgang entgegen mit dem Gefühl, der innern Frage: Also was für
übler Dinge werd ich angeschuldigt werden?... Das reine Verhältnis
zwischen Künstler und Werk erhält immer eine Trübung wenn es der
Öffentlichkeit übergeben wird.–

Helene und Frau A. zum Thee.

Hugo und Gerty zum Nachtmahl. Zeigte die Ur-stoffe zu W. L. und
Med.;– im Anschluß an ein Gespräch über Louis Fr. und die letzten
Vorfälle in seiner Familie. (Mizi, der „Flederwisch".) – Hugo war sehr
amusant, boshaft, liebenswürdig, falsch – wie meist.

17/11 Probe; O. mit mir. Die Scenen mit Comparserie. Es ging ziemlich
schlecht heut.–

Nachmittag zu Kramer; Anatol Besetzung, Inszenirung etc. Er
und die Glöckner sehr nett. Die Tochter und das Fräulein.

Briefe dictirt. Auch an Bahr.

Lese Jerome, Drei Männer in einem Boot; Pückler Briefwechsel (Laube), Bodenstedt Erinnerungen. Neulich Mary von Björnson.–

18/11 Costumeprobe. Mit O. Manches sehr schön. Die Costume durchwegs. Decorativ manches mißlungen.– Mit Thimig über Kritik etc.; er erzählt mir den Anlaß von Saltens Feindseligkeit gegen ihn. Könnte stimmen.– Probe bis ¹/₂5 Nm.

Briefe geordnet etc.–

19/11 Probe.– (Costume, 4. und 5.) –

Nm. mit O. Türkenschanzpark –

Dictirt.

Mit O. Concert Dohnanyi. Nachher im Künstlerzimmer mit ihm und seiner Frau ein paar Worte. Persönlich charmirt er immer.

20/11 S. Vormittag Spaziergang Schafberg – Neuwaldegg – Hütteldorf. Frühwintertag.–

Abends mit O. bei Hajeks (Beethovengasse). Familie. Auch Mandls, Alfred, Manassewitsch und Grethe.–

21/11 Mit O. Probe. Das erste Mal das ganze Stück in Costume und mit Drehbühne durch. Von 10 bis ¹/₂5. Wollte die Bastei wieder streichen – sie ging matt; die andern dagegen. Die letzte Herzogsscene strich ich entschieden heraus, unter allgemeinem Beifall.– Zweifelhafte Stimmung.–

Gegen Abend monomanisch am „Tagebuch der Redegonda" gefeilt.–

22/11 Probe. Thränen des Frl. Hönigswald, weil ich die Herzogsscene gestrichen; neue Besprechung mit Berger. Er begann schwach zu werden, sagte sehr geistreiches über Längen, Kürzungen im allgemeinen;– hätte *er* allein die Verantwortung, wie in Hamburg z. B. – er ließe die Scene unbedingt stehn; fürchtete auch Geschichten der H. (mit der er in Beziehungen steht) – auch Hartmann remonstrirte ein wenig gegen den Strich. Ich drang endlich mit der Ansicht durch, daß die immanente Wirkung der Scene zu so später Stunde doch höchst unsicher sei (da die H. nicht einmal sonderlich gut – was ich B. auch sagte) – die Verlängerung des Abends aber deutlich fühlbar sein werde. Also „streichen wir die Scene –" sagt B... und ist gleich mit mir d'accord, die Rolle der H., um Zwischenfälle zu vermeiden, der Lewinsky zu schicken... im übrigen lasse er sich auch nichts gefallen... kurz morgen wird er sich einbilden, daß er durch seine Energie die Vorstellung gerettet.–

Zum Thee Julius und Helene, wegen Loge und Sitzen – der

ungeheure Zulauf zur Première – kein Kartenbureau hat Sitze; ich
selbst habe nur einen Theil der bestellten von der Direktion bekommen.

– Dictirt – „Tagebuch d. Redegonda" – in Stenografie.
– Mama zum Nachtmahl.

23/11 Generalprobe Medardus. Mit O. und Helene.–

Es ging über alle Maßen gut, von 10–3 – und war eine der besten
Vorstellungen, die ich je auf einem Theater gesehen. So daß die fast
ungetrübte Freude über ein so seltnes künstlerisches Erlebnis selbst
eine ev. Enttäuschung morgen aufwiegen müßte. Hinter mir Frau
Lewinsky und Tochter. Ich vorn Ecke – sprach nur Leute, die zu mir
kamen. Burckhard, der allerlei gutes sagte, Hugo Ganz (nach dem
4. Akt: „Jetzt trau ich mich erst zu gratuliren, . . . ich hab nicht gewußt,
wie das Publikum es hinnehmen wird" – zu deutsch: Ich hab nicht
gewußt, ob's mir gefallt.) – Thimig oben sagte mir, die Leute seien „wie
besoffen" . . . natürlich gäb es auch andre Stimmen; so hatte Weilen zu
Goltz vor Beginn gesagt . . . „Das Vorspiel ist gut . . . dann ist das Stück
aus." Was ihn nicht hinderte, später an mich heranzukommen und zu
„loben". Salten hielt sich fern – war ganz Kritikus mit gelben Hand-
schuhn. Helene, „literaturfern" – war über diese Freundeshaltung ganz
außer sich.– Berger strahlte;– und war ganz überzeugt, daß er eigentlich Regie geführt hatte. Die Wohlgemuth (der ich nach der 1. Probe die
Rolle wegnehmen wollte, ja, auch ich kann mich irren!) hatte einen
großen Erfolg; sie gab O. in der Garderobe ihr Bild.

– Nm. las ich „Drei Männer in einem Boot" u. a.; Dr. Pollak; da O.
mit leichtem Catarrh zu Bett; Briefe geordnet. Mit O. viel über
Aufführung des Medardus, Copien einzelner markanter Stellen.–

In Maupassant, Maison Tellier gelesen.

24/11 Vormittag Spaziergang Hohe Warte, Heiligenstadt.–

Nm. las ich u. a. die Fackel (pamphletistischer Artikel gegen Baron
Berger) –

Erstaufführung Medardus. Mit O. und Mama in einer Loge. Vorspiel (1. und 2. Bild) wirkte stark, Thimig dankte für mich. 3. und 4.
auch stark, ich erschien. 5. 6. gut, 7. (Kreuzung) ging herunter, auch die
Bastei schlug nicht recht ein; ich kam öfters hervor; große Pause;
Berger auf die Bühne war mit der Stimmung nicht sehr zufrieden. 9. 10.
11. steigend;– vom 12. zum 13. wurde durchapplaudirt, nach dem 13.
sehr stark; zum Schluß 14. 15. noch stärker; der große Erfolg war
erklärt. Im ganzen wurde ich wohl 30mal gerufen.–

Bei Sacher mit O. Dort Fischers, Richard und Paula; Trebitsch und

Frau; Otti Salten, Julius, Helene – Salten kam später, hatte geschrieben. Es war nett; nur hatt ich starke Kopfweh. Gegen 2 daheim.–

Ins Theater war ein Lorbeerkranz von Fifi gekommen, die jetzt eine Blumenhandlung hat, wie mich die Geschäftskarte lehrte, mit Versen.– 25/11 Presse gut, theilweise glänzend. Von Burckhard, der im Fremdenblatt ein enthusiastisches Feuilleton hatte, überdies ein liebenswürdiges Telegramm.–

In die Burg. Rosenbaum fiel mir beinah um den Hals. Durchaus das Gefühl eines Riesenerfolgs. Auf die Bühne (Probe, „glücklichste Zeit"); mit Berger, der eben von Montenuovo kam; der ihm „große Elogen" gemacht hat. Nur eine „Erzherzog Karl" Stelle („Wo steckt er denn?") hatte ihn bedenklich gemacht; und Berger schien sogar eine leise Angst zu haben, man könnte nachträglich das Stück inhibiren (obwohl Erzh. Stefan mit Kindern drin gewesen, der Enkel des Erzh. Karl und viel Beifall klatschte,– auch der Thronfolger war in den letzten Akten da) – er würde natürlich dann seine Demission nehmen, aber es wäre eine Katastrophe für ihn. Ich erzählte ihm die Schlenther – Kakadu Affaire – zur Warnung. – Er sprach von Schik, copirte ihn gut; lustige Geschichte von Schiks „Selbstmordabsichten"; beklagte sich dann daß man ihn für charakterlos halte; versuchte seine Schillerrede aufzuklären.–

Zu Tisch Annie Strial.

Gleich nachher kam Burckhard, mir noch persönlich gratuliren – es war ihm zu wenig Enthusiasmus gestern „die Leut hätten auf die Bänke steigen müssen".– Er ist rührend. Irgend was wie Vaterstolz – in Erinnerung an die „Liebelei", die er auf die Bühne gebracht.

Fischers zum Thee. Sie kamen aus Berlin zur Première.– Er muß schon 5 neue Auflagen drucken, nach den 3, die vor wenigen Tagen erschienen sind. Salten hat gefunden, man hätte mir gestern zu wenig gedankt, wäre nicht genug stolz auf mich... Oh!– (Sein Feuilleton ist hübsch.)

– Mit O. zu Mama. Julius und Helene. Unter den Artikeln bemerkenswerth die clericale Reichspost – die mich als erstes Blatt in Wien den vielgestaltigsten unter den modernen Dichtern nennt und, mit allerlei ethischen Bedenken, von einem „genialen Wurf" spricht.

– Und plötzlich wird wieder das Burgtheater als solches – einstimmig – anerkannt und gepriesen.

– Helene erzählte O., mein Erfolg bedeute für Julius einen Lichtblick – umsomehr als ganz plötzlich seine Praxis zurückgehe und er schwere Kränkungen erfahre. Kainzens Tod hat ihm offenbar geschadet;– Mandl, dem er das Leben gerettet – ruft ihn seither zu keinem Consilium; die jüdischen praktischen Ärzte kriechen den arischen Professoren, sagen wir, nach.– Es ist jämmerlich.–

26/11 Vm. dictirt. Brief an Berger u. a.

Nm. ein wenig „Hirtenflöte" gefeilt.–

Zum Nachtmahl: Richard, Paula; Trebitsch und Frau, Salten und Otti, Fischers, Schmidls, Wassermanns. Frau Fischer sang ein wenig; später spielte ich Cassian, Pantomime, Bohème – O.s Stimme setzte ein, was schön wirkte.– Mit Fischer über Medardus – Reinhardt (Brief Metzls als Secretair Reinhardts).

27/11 – S. Vm. spazieren im Schnee; Michaelerberg.

Nm. kamen Gisa und Hajek, dann Julius, Helene; endlich Kaufmann.

In die Burg, Loge, mit uns Julius, Helene, Annie Strial. Ich war meist unten auf der Bühne. Allgemeiner Eindruck großer Erfolg. Sprach die meisten; Frl. Hofteufel (die gern die Erna spielen möchte; sie fing von Kranz an, der seit 8 Jahren ihr Geliebter) – Loewe (über Illusion – und Ideenassociation – über gute und schlechte Striche im Medardus) mit Heine (Ruf des Lebens; u. a.). Das technische Personal gratulirte und dankte (fürs Trinkgeld).–

Kaufmann nachtmahlte bei uns.–

28/11 Statistik der kleinen Menschlichkeiten: Die vorzüglichsten und höchst anerkennenden Kritiken diesmal in antisemitischen Journalen, oder wenigstens von zweifellosen Ariern: Reichspost, Vaterland; Burckhard, Morold. Die mißfälligsten und den Erfolg soweit als möglich unterschlagend: Hugo Ganz (Frkf.), Siegfried Loewy – Großmann (Berl. Tgbl.) Wittmann (N. Fr. Pr.), also die Esoijuden.– Natürlich gibts Ausnahmen, und Übergänge. Am rückhaltlosesten Ludwig Bauer (M. N. N.) – Polgar heute in der S. u. M. Ztg... nicht ohne Respekt – aber plötzlich schlägt der alte Haß wieder durch... So charakteristisch für ihn – (Beispiel: Eine Scene, die ihm, gewiß ganz ehrlich, schwächer erscheint, die Bastei, nennt er gleich „armselig"...) – Im ganzen ist auch zu constatiren, daß diejenigen Kritiker, die ich kaum oder gar nicht kenne, anständig referiren;– und gerade Ganz und Loewy, Großmann... („beispielmäßig") – bei dieser Gelegenheit zu verraten nicht umhin können, daß sie mir anmerken, wie zuwider sie mir sind.–

Vm. mit O. Besorgungen in der Stadt zu Wagen.

– Nm. Briefe;– gelesen.–

29/11 Vm. Volkstheater. Anatol Probe war abgesagt. Sprach Glücksmann u. a.; lernte Herrn Dr. Friedemann, Regisseur kennen.

Abends las Hugo den Rosenkavalier, Libretto zu der neuen Strauss Oper vor. Anwesend Vater Hofmannsthal, Olga, Gerty, Richard, Paula, Gustav. In der Figur der Marschallin etwas vom Dichter Hofmannsthal; im Detail etwas von dem gebildeten ja gelehrten Culturmenschen. Das ganze inhaltlich dünn; ja banal; im erotischen die Übertreibungen des Unsinnlichen bis zur Roheit; der Humor dürr-grotesk; die Verse auffallend schlecht. Als Textbuch immerhin nicht ohne Vorzüge, was bei einem so unmusikalischen Menschen ein Beweis von Talent ist.– In den Zwischenakten, besonders bei Tisch wurde viel gelacht. Man ging in mäßiger Stimmung auseinander. Er bekam nichts übles zu hören; doch von Wohlwollen war keine Spur.

30/11 Grauer Koth- und Regen-Tag. Volkstheater. Anatol Probe. Kramer Anatol – Lackner Max.– Hannemann Cora;– Reinau Gabriele – Glöckner Annie – Bianca Müller (abwesend) – Galafrès Ilona.–– Die Weihnachtseinkäufe gefielen mir und ich begriff ein wenig den großen Ruf, den der „Anatol" gewonnen. In der „Frage" viel dilettantisches.– „Hochzeitsmorgen" das erste, in London 88 geschrieben, noch ohne die Anatol Gestalt, ganz nach französischem Muster; Form ohne Seele, und schwache Form dazu.–

Nm. dictirt Briefe.–

1/12 Briefe. In Regen und Koth ein wenig spazieren.

Nm. allerlei geordnet, gerechnet.–

Mit O. beim Antiquitätenhändler Berger. Dort Hugo und Gerty. Was man hinsichtlich der N. Fr. Pr. (Goldmann) thun könnte.–

Dr. Pollak, wegen O.–

Artikel Minors; besonders albern. Primitivität. Revanche fürs abgelehnte Festmahl.

2/12 Vm. Generalprobe Anatol, mit O.– Abschiedssouper und Episode wirkte am besten.– Sprach Auernheimer, Burckhard u. a.; Weisse und Frau, die wir im Auto nach Hause führten.–

Zu Tisch Dohnanyi bei uns. Er schreibt eine einaktige Oper – nur die, sag ich ihm, wenn sie an der Oper hier gespielt wird, gibt ihm ein Recht gegen die Zusammenstellung Pierrette – Cassian zu intriguiren.– Über Berliner Concert Verhältnisse mit Rücksicht auf O. „Es gibt keine guten Tage." – Er war charmant wie immer.–

Allein zu Mama. Familie und Gustav. Über den Erfolg des Medardus, der sich immer stärker erklärt und in weitere Schichten (so rasch) dringt als je ein andres von mir.–

3/12 Ewiges Koth- und Regenwetter.–

Dictirt, u. a. an Rosenbaum. Die Annie Strial hatte mir eben von ihm die Kunde überbracht, daß die Schauspieler von meinem Dank nicht zufrieden gestellt waren! Der Tenor meines Briefes ungefähr, daß die Dankesrechnung zwischen mir und dem Künstlerpersonal auch ohne Brief leidlich aufginge.

Nm. vertrendelt.–

Abends Première Anatol... „Frage" wirkte etwas verblaßt, matt; „Weihnachtseinkäufe" auffallend stark, am besten vielleicht; Abschiedssouper recht gut (aber zu bekannt; von hier an erschien ich vor dem Vorhang), Episode fiel ein wenig ab. „Hochzeitsmorgen" wurde viel belacht; besonders Kramers Witze.– Der Thronfolger amusirte sich anscheinend viel besser als beim Medardus.

– Bei Sacher mit Julius Helene, Wassermann, Julie, Schmidl und Frau.–

4/12 S.– Kritiken sehr günstig.–

Bei Richard; mit ihm ein wenig im Cottage spazieren. Regen und Nebel, wie immer.–

Mama zu Tisch; mit ihr ein Mozart Concert.

– Die „Schenkenszene" aus dem Med. zu lesen versucht (für München).–

Zum Nachtmahl Richard und Paula.– Über das Hugosche Libretto; der triste Eindruck des Abends; dann Domino.

5/12 Stadt, Schneider etc.

Zu Haus einem Zeichner des „Merker" gesessen.

Nm. Dr. Fr. V. Spitzer, hauptsächlich O. zur Mitwirkung „Devin du village" auffordern, Protektorin Gräfin Hartenau. Jedenfalls muß O. vorher in Berlin ihr Concert geben.–

Kais. Rath Gaschler, in Steuersachen. Lieber Mensch.–

Anatol hatte auch in Berlin viel Erfolg. Telegramm von Brahm; Kritiken. Sehr erfreut. Seltner Fall, daß Medardus ein neues Stück und die fast 20 Jahre alten Einakter hintereinander so einschlagen.– Viel Briefe, auch von Unbekannten, voll Begeisterung.–

Las Nachmittag „Leisenbohg" (für München).

Hirtenflöte Beginn etwas gefeilt.

Poggfred von Liliencron ausgelesen.

Lese Jean Christophe, 2. Band.

6/12 Vm. dictirt.

Bei Frl. Lili Marberg; sie hatte mir geschrieben; Bitte, ich solle zu Weisse, daß er sie früher ans Burgtheater freigibt; sie soll die Genia im W. L. spielen.

Bei Mama zu Tisch. Mit ihr ein Schubert-Quartett.–

Las O. zur Probe vor: Schenkenszene. Lieutenant Gustl. Sehr gut. Die Abschrift von „Redegondas Tagebuch" durchgesehn und von der Parabel.–

7/12 Vormittag dictirt.

Bei Dr. Rosenbaum. Gerasch gekränkt, wegen der Kritiken, und daß ich ihm nichts lobendes gesagt. (Stimmt nicht.) – Medardus nach wie vor die ausverkauftesten Häuser.– Über den Fall Marberg. Briefwechsel der Directoren.–

Nachmittag ein wenig spazieren. Gepackt.–

Brief von Benedikt, ausführlich; möchte für die Weihnachtsnummer meine politischen Anschauungen darlegen (ungefähr). Antwortete sofort ablehnend.–

Bei Dr. Fr. V. Spitzer. Quintett Probe; kam gegen Schluß. Nachtmahl. Olga, Gound, Frl. v. Lauterburg, Herr Ritter. Nachher sangen Frl. L., Spitzer, und O. Lieder.

8/12 Abreise nach München. Orient Express.

Gelesen die neue Novellensammlung von H. Mann, „Das Herz". Außerordentliches.– Meine Vortragsstücke durchgesehn.–

Ankunft München. Hotel 4 Jahreszeiten. Mit Albert Steinrück und Manheimer in der Bar genachtmahlt.

9/12 München. Bei Exc. Speidel im Hoftheater. Besetzung des „Weiten Land". Über den Medardus-Erfolg.–

Bei Glümers. Meine Briefe in der Hutschachtel. Nahm einen Theil gleich mit. Der Bub spielte mir Clavier vor.–

Gegessen bei Manheimer; Rococopalais; mit Albert, Blei und Frau Schaffer (Tochter J. V. Widmann). Leidliche Unterhaltung, für mich nicht mühelos. Waldau, der Schauspieler nachher.– Blei begleitet mich ins Hotel. Gescheidt, nicht verläßlich, nicht ohne Snobismus, rührig.–

Allein daheim im Hotel, lese meine Vortragsstücke, Christophe, 2. Bd. zu Ende.

Hinunter. Raoul Walter mit Stammbuch seiner Tochter.– Manheimer, Mayer.– Vorlesung im Saal der Jahreszeiten. Lese Medardus, Schenkenszene, Leutn. Gustl, Weihnachtseinkäufe. Starker Vorleseerfolg, besonders mit Gustl.– Las besser als je.–

Im Künstlerzimmer: Heinrich Mann, Glümers, Agnes mit Mann; Frau Hanel-Deiglmayr, die ich ziemlich abfahren ließ.

Nachtmahl oben; Georg Hirschfeld, Heinrich Mann, Maler Oppenheimer, Albert, Jacobi und Frau u. a.–

In der Bar besuchte ich Glümers, die unten saßen mit Robert Eysler, Frl. Schaffer und Mann (Ergas), Albus, Frl. Woiwode.

10/12 München. Langer Brief von O.–

Zu Agnes. Ihre Ehe. Der Geliebte in Paris. „Wenn ich wenigstens ein Kind hätte . . .“ „Jacob liebt mich doch so, er kommt im Jänner . . . er sagt, es würde ihn metaphysisch interessiren, wenn ich von ihm ein Kind hätte . . .“ Ich mußte noch auf der Straße so weiter lachen, daß ich fast verlegen wurde, als ich ihren Mann begegnete und mit ihm reden mußte.–

In den Jahreszeiten gespeist mit Albert und mit Heinrich Mann. Angeregtes Gespräch.

– Zum Thee zu Glümers. Menge Leute. Sprach u. a. Ergas und Frau, Frl. Woiwode, Mayer, Gräfin Baudissin u. a.– Erinnre mich: wie Gusti vor mehr als 20 Jahren mich besuchte, von mir verlangte, ich sollte von ihrer Schwester lassen – und wie die Beziehung zwischen mir und ihr die stolze Erinnerung des Hauses ist. Oh Leben! O Groteske des Ruhms!–

– Schauspielhaus. Direktionsloge. Mußte sie verlassen, da es total ausverkauft war. Sah „die letzten Masken“ stehend; Literatur vom Parkettsitz des Herrn Ergas, „Comtesse Mizzi“ von einem Logenplatz aus. Mußte schon nach „Literatur“ von einer Loge aus mich verbeugen; am Schluß auf der Bühne. Direktor Stollberg zerfließend.– Waldau in allen 3 Stücken famos. M. Gl. als Comtesse sehr gut, aber zuweilen dilettantisch – und auch dadurch rührend. Die andern mäßig bis schlecht.–

In den Jahreszeiten genachtmahlt mit Glümers, Ergas', Woiwode; endlich Waldau. Charmanter Mensch.

11/12 Früh 8 mit Mayer nach Partenkirchen. Zu Liesl. Sieht mäßig aus. Villa Döllgast.– Ich wohn Gibson wie im Sommer. Spazieren mit Albert und Mayer.–

„Mittags bei Liesl.“

Nachmittag zu Ende gelesen „Ruhm“ von Münzer, nicht so talentlos als affectirt. Notizen zu einem Brief an Benedikt und an Hugo Ganz.–

Zu Liesl. Fürstin Liechtenstein (Hedwig Stein). Mayer. Über Paul Goldmann, Hofmannsthal u. a.–

12/12 Früh bei Liesl.

Im Sanatorium; sprach mit Dr. Renner, Dr. Wigger; dann lang mit Dr. Marcuse, Nervenarzt; das seelische in Liesl betreffend. Finanzielles und Ehe.

Spaziergang allein.

Bei Liesl zu Tisch mit Mayer. Marcuse später, über Wedekind u. a.

Zum Thee wieder bei Liesl. Verspätung des Wagens. Mit Mayer München. Las Godwin, „Begegnungen mit mir"; hatte die Verfasserin (ohne zu wissen daß sie's war) in Gesellschaft Bleis am Vortragsabend kennen gelernt.

In München an der Bahn Gusti. Später, aus dem Theater Mizzi. Im Restaurationssaal zusammen. Sie redeten von Medardus, naiv und schwärmerisch. Wie werden diese beiden Gestalten ganz zu fassen sein! Welcher Hauch von Vergangenheit, ja von „historischer Atmosphäre" um sie beide.–

Abfahrt.

13/12 Ankunft Wien. Olga, die Kinder.–

Viel Briefe. Erfreulich von Brahm; Anatol als Zugstück.

Nachmittag geordnet etc.

14/12 Vm. bei Gisa (leidend), und Mama.–

– Nm. den Einakter „Komödiant" überdacht.–

Las Ludwig Bauer: Königstrust (vom Autor übersandt) anfangs lustig, geistreich, dann versandend.

15/12 Vm. dictirt, Briefe etc.

Nm. mit O. im Türkenschanzpark.

– Die schreckliche Nachmittagsnervosität.–

Mit O. die Briefe an O. W. weitergelesen; nicht ohne Bewegung.–

Mit O. neue Lieder (von Schubert) –

Las zum ersten Mal durch die dictirte Mördernovelle „Doppelspiel"; der Anfang noch recht gezwungen, später hoffnungsvoll, und gut.

16/12 Mit O. Stadt, Fischmeister, Schneiderin etc.

– Bei Dr. Harpner, in Angelegenheit Bereny – Wiehe – Abschiedssouper.–

Begann Nm. neu zu schreiben den Einakter „Komödiant".–

Dr. Pollak, wegen des Fräuleins.

Mit O. Lieder, neu, von Wolf.

17/12 Vm. dictirt: Briefe, „Komödiant".–

Nm. Dr. Kaufmann; über Tolstoi,– Heinrich Mann,– Goethes Alter, Ulrike Levetzow.– K.s Gespräch mit Rothschild über Anatol und Medardus. (R.: „Im ganzen ist der M. nicht viel werth" etc.)

Weiter am „Komödianten".–

Mit O. bei Mama. Julius, Helene, Gisa, Hajek. Einiges vierhändig aus der Mahlerschen VII. Leichte Enttäuschung.–

Ein mir unbekannter, junger Hugo Wolf, von dem ich einige begabte Mscrpte früher gelesen, schickte mir ein sehr charmantes

„Vorspiel zur Erstaufführung" „Dem jungen Medardus" zugedacht. (O. las es mir und Kaufmann vor.) –

Der Wust von „Kritik" aus der letzten Zeit. Viel Ekel.– Im Merker von einem jungen Menschen, Paul Czinner ein angeblicher Aufsatz,– talentlose Äsoiparaphrase der oberflächlichen Berger-Feuilletons. – Die immer wiederkehrenden Phrasen vermehren sich. Zu „Anatol", „süßes Mädel", melancholische Grazie etc... ist die Grenzabsteckung „Liebe, Tod und Spiel" getreten.–

18/12 Kritiken über die gestrige Schönherr Première; beispielloser Erfolg; einige können sich Seitenhiebe auf Med. nicht versagen.–

Regen. Kurzer Spaziergang.

Nm. weiter am „Komödianten".–

Abends zum Nachtmahl Gustav da. Bericht über die gestrige Première. Antiklerikale Demonstrationen der Deutschnationalen. Verhalten der Juden und der jüdischen Journalistik.– Wie gut könnten sich zwei Dichter in einem Land vertragen, wenn man den einen nicht immer als Prügel für den andern benützte: „Ach, Kinder, wenn ihr nur nicht so dumm wäret..."

– Über das Unberechenbare am Theaterleben. Die Erfolge des Medardus und Anatol – zur Weihnachtszeit!–

19/12 Vm. Besorgungen.–

Bei Rosenbaum (Burg). Über den Termin „Weites Land" mit Hinblick auf die Schwierigkeiten, die Weisse der Marberg macht. Über Waldau; er ist schon so gut wie engagirt. Über Bergers Versuche, über die Schratt, den Kaiser zu einem Besuch des Burgtheaters zu bewegen, wofür der Medardus benützt werden dürfte. (Notiz in der Sonntag Montag Zeitung.) –

Über Beatrice, von der Rosenbaum dem B. nun abgeraten hatte, mit Hinblick auf die Pantomime. Klärte ihn auf.– „Wir möchten im Lauf der Zeit alle bedeutenderen Sch.-Stücke ins Repertoire bringen."–

– Herr Otto König (vom „Merker") stellt sich mir in der Direction vor; über actuelles; Schönherr, Kritik, Judentum.–

Nm. las ich zu Ende Eulenberg „Alles um Liebe". (Ein kostbares Spiel im luftleeren Raum.–)

– Mit O. gegen Abend u. a. bei Otti Salten. Unmöglichkeit herzlicher Beziehung.–

Schwere Verstimmung vom Ohr aus. Jede Conversation fast mühselig.–

20/12 Vm. dictirt; u. a. Komödiant weiter.

Nm. weiter an dem „Komödianten".

Mit O. zu Gisa;– stellte sich heraus, daß wir für den nächsten Tag geladen waren. Wieder heim.

Begann zu lesen „Pierre blanche" von France.–

21/12 Mit O. Besorgungen: bei Antiquitätenhändler Berger; Gerngroß, Société française, Mühlhauser.–

Gegen Abend Else Speidel da.

Mit O. Gisa. Familie. O. sang.

22/12 Vm. dictirt.– Mit O. Türkenschanzpark; dann zu Richards; nur die Kinder daheim, Gabriel noch bettlägerig.–

Der Stunde O. bei Gound beigewohnt. Ihr Concertprogramm.–

Weiter am „Komödianten".–

Allerlei geordnet, gerechnet.

23/12 Mit O. Besorgungen, u. a. zum ersten Mal beim Antiquitäterich Stern. Einkäufe.

Nm. Brief an Brahm etc.

Mit O. Raimundtheater. „Junger Herr" Première Straus. Buch von Salten. Musik charmant. Text matt und humorlos. Girardi außerordentlich. Man wär vielleicht minder streng gegen das Buch, wenn der Autor andern gegenüber weniger prätentiös wäre.– Trebitsch, im Theater, erzählt mir erfreuliches über den Anatol Erfolg, Wien und Berlin.–

Nachtmahl Meissl mit Hugo, Gerty, Paula und Richard, Schmidls, Wassermann, Kaufmann, Leo, Frl. Mütter.– Allerlei Bosheiten; so Wassermann: „Wenn die Lebendigen einschlafen." Hugo leistete erklekliches. „Welch Atmosphäre von Seelengüte" sagte ich; fand aber doch, daß wir den wahrhaft abwesenden Dichter feierten.

24/12 Vm. dictirt: Komödiant weiter; (Briefe, u. a. Fischer, Monographie).–

Nm. eine kurze Weile im Park.

Zur „Bescherung" Mama und Kaufmann. Geschenke. Gespräch mit Kaufmann über Radium, und Verbrechen.–

Bei Julius Abend. Familie. Karl Cello; Hans Klavier (talentirt, aber hudlerisch); O. nur ein Lied; Phonograph.–

25/12 S. Mit O. und Heini wollt ich zu Wassermanns (Julie krank), trafen ihn auf dem Weg, wieder mit ihm heim. Über „mein junger Herr" etc.

– Nm. las ich „Variété" von Mann; nicht gut.– Ein Mscrpt. von Franz Wolf: „Recht des Menschen." Lächerlich.– Weihnachtsnummern.–

Kopfschmerzen.–

Mit O. eine Anzahl neuer Wolf-Lieder.–

Bodenstedts Erinnerungen (2. Bd.) zu Ende.

An d'Albert, Antwort auf seinen und der Frau Ida Fulda Brief; sie erzählen die Geschichte des letzten Jahrs, Vereinigung, Geburt der Desiderata etc.

26/12 Vm. Spaziergang mit O. und Heini über die Felder nach Pötzleinsdorf. Ich erzählte ein Märchen, Heini setzte fort; dann ich, dann er u. s. w. Er hatte überraschende Einfälle.–

– Trafen Familie Mautner. Über Paul Goldmann, der gestern bei ihnen war.–

Nm. am Komödianten weiter.–

Andrian besucht mich. Wird Legationsrath in Warschau. Über Medardus; er ist gegen die Valoispartie, bestreitet das Recht, dergleichen zu erfinden; ich vertheidige das unbeschränkte, nur durch die Atmosphäre der Zeit und menschliche Möglichkeit beschränkte Erfindungsrecht des Dichters.– Über den Zusammenhang zwischen Persönlichkeit und Werk. Er erzählt mir, daß ihm der „Weg ins freie" so sehr mißfallen. Ich erwähne bei dieser Gelegenheit die Wirkung, die das Buch in sonst mir fernern Kreisen gemacht... Er sagt: „Ja, das wird halt den Leuten gefallen haben... daß es so gut ausgeht... daß die zwei sich am End doch heiraten." Ich berichtige, daß es ganz anders ausgehe – und rathe ihm neuerliche Lecture.–

Zum Nachtmahl Paul Goldmann, der sich pneumatisch angesagt, mit Schwarzkopf.– Ich sage ihm schonungslos alles ins Gesicht, was ich gegen ihn auf dem Herzen; meine Empörung über sein Verhalten gegen Hauptmann, Hofmannsthal etc.– Im ganzen war er durch seine Naivetät etwas entwaffnend: er möchte ein Theater leiten, eine Wochenschrift gegen die Corruption gründen; – wenn er Geld hätte. Gustav räth ihm sichs von seiner Frau auszuleihn. Nein, das nicht. Ich bedaure, daß man bei ihm nie die Probe aufs Exempel machen kann.–

27/12 Vm. dictirt: Komödiant, altes aus „Eins. Weg".

– Speidels, mit ihnen zu ihnen hinauf.– Weihnachtsgeschenke, etc.

Nm. weiter am Komöd. und vorläufig (ohne viel Hoffnung) abgeschlossen.–

Dr. Paul Eger; über Angelo Neumanns Tod.– Bevorstehender Cyclus meiner Stücke in Prag. 12 Abende – dabei ohne Märchen, Beatrice, Medardus, Weites Land.–

Ins Pucher, seit Jahren nicht, wegen Hugo, dem ich für Reinhardt Instructionen wegen Medardus gab. Zum Schluß bat er mich, ein wenig seine Bemerkungen über „junger Herr" bereuend, resp. Rückerzählung befürchtend, Leo Vanjung aufzuklären – er, Hugo, sei nicht boshaft.–

Mit O. Lieder von Brahms und Wolf neu.–

Lese Grillparzer Gespräche, 3. Bd.–

28/12 Vm. mit Heini im Kunsthistorischen Museum (oberster Stock). Bei Mama mit O. und Heini, auch Paul G. Ich sagt ihm die schlimmsten Dinge: insbesondre daß er über Lebend. Stunden und Beatrice anders in der N. Fr. Pr. geschrieben als mir persönlich und als er mündlich zu mir und O. gesprochen. Er redete sich zweifach aus. „Bei einer Aufführung kommt man auf Mängel, die einem bei der Lecture verborgen blieben." Und: „Aus Rücksicht und andern Gründen sagt man zuweilen einem Freund privat günstigeres über seine Sachen als in der Öffentlichkeit." – Es war leicht ihm zu erwidern; u. a. sagt ich ihm. Du hast einen Doppelselbstmord begangen mit deiner Erklärung: den Freund und den Kritiker hast du umgebracht.– Außerdem, früher: „Im ‚Hoffnung auf wen setzen' seid ihr (Kritiker) groß – aber weh denen, die sie erfüllen!–"

Trotzdem schieden wir nicht unherzlich, und nicht ohne Sympathie. Wie anders selbst dieses Verhältnis, als das mit Salten, wo jedes unbefangne Wort ein Ding der Unmöglichkeit geworden.–

Nm. das Schauspielerstück erwogen.–

Von einem Herrn Lemberger, der neulich schon vorgelassen werden wollte, und sich an die Friseurin herangemacht, offenbar im Auftrag von O.s Vater ein Brief, dessen schlechte Verhältnisse erwähnend. (Mein Standpunkt: er hat seine Töchter verflucht, wie's ihm bequemer war, ihr Erbtheil unterschlagen, mir Jahre lang die Sorge für Liesl überlassen – jetzt mögen sie weiter verflucht bleiben. Er hat wieder geheiratet, seine Frau starb bald, er blieb mit einem Kind zurück; jetzt lebt er mit einer dritten, die ihm ein Kind zugebracht, und eins geboren,– hat also (wenn die Informationen von Frau Samuely, die neulich dort war, richtig) für 3 Kinder zu sorgen – was er natürlich gern mit mir theilte.)

– Mit O. Lieder, neue von Wolf.

Mit ihr über das Schauspielerstück; ihr den s. Z. begonnenen 1. Akt vorgelesen. Vieles ist ins Weite Land übergegangen. Jetzt solls ein Einakter werden. Über andre Pläne.–

29/12 Vm. dictirt; Briefe, Komödiant quasi zu Ende, altes „Eins. Weg".–

Mit O. spazieren in Park und Straßen. Frau Schmidl mit ihrer Schwägerin Clara Speyer, deren Mann an Paralyse erkrankt ist. Ihre Ähnlichkeit mit M. R.

Nm. kam Max Oppenheimer, Maler, mit Grüßen von H. Mann und

Einladung seine Bilder zu besehen. Über Klimt u. a.–

Max Weinberg (der die Comtesse Mizi ins französische übersetzt hat), recht dummer Mensch im Grund.

Zu viel Leute. Zu viel Geschwätz.–

Nach dem Nachtmahl las ich O. den Schluß meiner Briefe an O. W. vor. Was ist mir alles aus dem Gedächtnis entschwunden!

30/12 Vm. las ich das Adamsche Mscrpt. „Neidhard" weiter.– Mit O. Stadt, dann bei Benedicts gegessen. Sachs, Frau Emmy, Kinder; ferner „Bubi Franckenstein", der „Felician" – der Weg ins freie. Sehr nett, und wie ich glaube, „eher" geschmeichelt – wie übrigens im Verlauf der Begebnisse auch Minnie geworden.

Frau Mautner mit Fr. August Wärndorfer, die später kamen, autelten uns nach Hause.–

– Grillparzer Gespräche 3. Bd. zu Ende. Anheimelnd und doch nicht sehr erfreulich; etwas ärmlich.

– In Plänen herum.

31/12 Vm. dictirt Briefe,– an Weisse (wegen schlechtem Ansetzen des Anatol),– an Rosenbaum (Verschiebung des W. Lands) etc.

Türkenschanzpark, dann mit O.

Nm. mit O. Gespräch, unter dem Einfluß der O. W. Briefe.

– In Plänen.

Siegfried Trebitsch erscheint, Sliwinski habe sich geäußert, er könne Anatol in Amerika sicher anbringen. Brief an S. Fischer, sofort, in plötzlicher Habgier, sehr begreiflich, da die Nachlässigkeit des Agenten gerade im jetzigen Stadium meiner Bekanntheit mich um tausende bringen kann (und schon gebracht hat).–

Bei Mama. Familie. Heini spielte Clavier vor. Paul Altmann spielte, ich.–

Dann Sylvesterfeier bei uns: Leo Vanjung, Kaufmann, Bella (heut aus Rußland), Auernheimers,– Schmidls, Julius, Helene. Roulette. Ich verlor und gewann in einer Bank alles zurück. Clavier; Bella, ich (meine Walzer) – dann „Tivoli", ich verlor. Die letzten blieben bis $^1/_2$ fünf.– Stimmung recht animirt. Irene Auernheimer, sehr schön, tanzte solo. – Mit Raoul A. über Benedikt, Goldmann etc. – O. ganz gegen Schluß äußert sich über Richard und Paula, die sich nicht kümmern.– Wo zu Sylvester. Bei Kahlers. Was sinds für Leute? Leo: „Leute – von denen Richard nicht begriffe, daß man mit ihnen verkehrt, wenns ein andrer thäte." –

Las im Bett noch die neu erschienene Fackel zum Theil.–

1/1 S. Kurzer Schlaf,– von $^1/_2$6–$^1/_2$9. Traum von Kainz, peinlich. Lakaien, Kellner?, die am Buffet mit seinem Hirn zu thun haben.

Blumen für O. von mir und den Kindern.

– Richard mit Töchtern und Hunden wünschen Neujahr. Eigentlich soll ich bei Julius fragen, was er ihm schuldet. Im Garten herum, dann begleitet er mich und O. in den Park. Irgend was stimmt nicht. Ich' denke, man hat sich zu sehr in seine Angelegenheiten gemischt.

Mit O. gegen Pötzleinsdorf. Erzähle ihr kleinere Stoffe – (X gegen X.– Der Gläubiger des Bruders als Verführer.–)

Nm. gerechnet; in Plänen.

Zum Thee Oscar Straus mit Gattin. Die Cassian Angelegenheit. Soll mit Gregor sprechen.

Die Salten Kinder bei den unsern. Annerl spielt mit den Polichinelles.

Weiter in Plänen. Der Doctor Tennhardt–Assuan Stoff wird lebendig.

Beginne die Ahnfrau neu zu lesen; mit Mißbehagen.– Aufsätze von Kuh.

2/1 Vm. zu Dr. Oskar Reichel, wo Oppenheimer. Bilder Oppenheimers; Romakos, Kokoschka. Sehe viel interessantes. Oppenheimer begleitet mich; will mich malen.

Assistire der Stunde O.s bei Gound. „Führe Regie."

– Dr. Pollak; da Lili Fieber.–

Nm. ziemlich vertrödelt.–

Brief Liesls, den Vater betreffend. Bin zu Unterstützung bereit; wünsche keine Verbindung.–

Abends begann ich das Schauspielerstück (Herbot) zu schreiben.

3/1 Hatte gestern wieder von Kainz' geträumt: an seinem Krankenbett;– er wußte nicht, daß er sterben müßte; heut Nacht wieder böse Träume von Krankheiten.– Wache aber ganz frisch auf.

Vm. dictirt, Herbot etc.–

Mit O. Park; auch Nm. mit ihr und Mama. Heini auf dem Eis. Mit O. über mich. Ich weiß, daß ich nicht zu den großen Dichtern zähle; nie ein absolutes großes Kunstwerk schaffen werde;– fühle aber stark die Merkwürdigkeit meines Gesammtwesens, in dem auch dichterische Elemente ersten Ranges sind – die nur als ganzes keine Dichterkraft ersten Ranges bilden.–

Zum Thee Frl. Kipiany, mit dem Pianisten Wolfsohn. Viel über das geschäftliche im Concertwesen. Meine Popularität in Rußland.– W. spielte uns schön auf dem Clavier Chopin und eignes vor.–

Weiter an Herbot.

4/1 Vm. bei Mama, bei Helene, um das Theater wegen O.s Grippe abzusagen.

In der Burg. Gespräch mit Berger. (Wie falsch man ihn beurtheilt! Ein Diplomat? Intriguant?– Ein Kind, ein Komödiant, ein Lügner, fast ein Stück von einem Poeten, von entwaffnender Eitelkeit und mit irgend einem Genie Funken.) Ich erzählte ihm von meinen Kainz Träumen. Er: man kann sie nicht psychologisch, aber mythologisch erklären – er sei mit mir noch nicht fertig... die ungespielten Rollen etc... Er dann von seinem Vater, von dem er oft träumt, wie von einem gefangnen.– Über Korff,– der wohl fliegen wird; über Waldau (mein Telegramm kam ihm sehr willkommen).– Dann wollte er plötzlich noch in diesem Jahr Beatrice aufführen – ich erklärte, es sei unmöglich, was er sofort einsieht; dann über den Termin Weites Land (October), eventuelle Aufführung April Lebendige Stunden;– Zwischenspiel mit Waldau und Marberg – Einsamer Weg,– und noch andres. Er hörte mir sozusagen besser zu als sich.

Mit Dr. Rosenbaum über Berger.–

Nm. las ich Freds Stück zu Ende, mir von ihm im Mscrpt. übersandt. Noch mehr zuwider als schlecht.–

– Herr Hugo Wolf, junger Dichter, von dem ich schon einiges begabte gelesen. Nicht unsympathisch. Die Nähe des Kraus-Kreises.

Zu „Théodore und Cie." ins Josefstädter; Julius, Helene, Speidel;– Leo, Kaufmann, Bella, Wassermann. Leidlich lustig (Maran), soweit ich hörte.– Wir alle im Riedhof.

5/1 Vm. dictirt Briefe, „Herbot".

Nm. Kaufmann; über die standard Feuilletonisten Berger – Bahr – Salten. Ähnlichkeiten und Unterschiede. Die Rede Bergers auf dem Friedhof, am Grabe der Frau Tressler, wie er sich an seinen Worten berauschte, bis Tressler fast hysterische Krämpfe kriegte und Leute sagten: „Er soll doch endlich aufhören."– Salten am schlechtesten dran; er hat innerliche Kämpfe durchzumachen, da er Urtheil hat;– eine gewisse Fähigkeit der Sachlichkeit;– Bahr völlig ungehindert – sein Urtheil ist (ganz ohne dolus) nur an die Person gebunden.–

– Um 6 Hr. Fritz Georg Antal (der mir nach dem Med. geschrieben und jetzt Vorträge über das Stück hält – die ganz dumm sein sollen). Junger Mensch, 23 Jahre, Jude, blond,– Budapest, Iglau,– anfangs befangen; später gefaßter; nicht dumm; aber sicher ohne Talent; mit

Vielseitigkeit posirend,– einiges „geistreiche", nicht ganz unvorberei-
tet zum besten gebend, eben daran einen Roman zu beenden,– fühlt
sich zu „allgemeinen Sätzen" in der Unterhaltung gedrängt.

Um 7, mit Fieber zu Bett. Grippe.–

6/1 Größtentheils zu Bett (wie auch O.), Fieber.

Las in Torresani (Schwarzgelbe Reitergeschichten); sah Pläne
durch.– U. a. das „Sommerstück"; das seinen Reiz nie für mich verliert
und das ich doch wohl – wie so vieles, nie schreiben werde.–

7/1 Vm. dictirt, Dogmen der Kritik – altes aus dem „Eins. Weg" zu
Ende. Wie mühselig sich dieses Stück eigentlich entwickelt hat.–

Nachmittag zu Bett, Fieber. Las Varnhagen, Tagebücher, Mommsen, Heine: Lutetia.–

8/1 S. Las Vm. das Adamsche Manuscript (Neidhard) zu Ende (Begabung), und die Ahnfrau.

– Nm. wieder zu Bett; Roman meditirt – der Held muß Hypochon-
der sein; daher seine Rettung das Theater, das allen Ernst auflöst.–

Skizze vom Abenteurer (Anselmo) durchgelesen, einiges auch O.;
Notizen dazu.

9/1 Traum: Gesellschaft, wenig, (wer?) um einen Tisch; Kainz spielt
herrlich Klavier, vielmehr hat eben gespielt (es ist sein Beruf), ich
ergriffen, weil ich weiß, es ist das letzte Mal, fall ihm um den Hals;
ängstige mich, daß er meine Bewegung merkt – er bleibt starr, wie die
(unsichtbaren) andern.– Bauarbeiten an einem Flüßchen (Wien, bei
Hütteldorf) – weiße Maurer, ich, wie andre auch, muß (?) mir das
Gesicht mit röthlichem Staub einpudern.–

– Mit O. spazieren Türkenschanzpark. Treffen Salten mit Otti
und Töchterl. Er war sehr geladen gegen Bahr (B.s letzter Artikel
gegen Berger „kein Mensch spricht mehr vom Burgtheater"...
4 Wochen nach Medardus – man hat seit gewiß 10 Jahren nicht so
viel vom Burgtheater gesprochen)... ich bestreite S.s Auffassung. Er
(Bahr) hat es leicht zu schreiben, was ihm grade aus persönlichen Gründen paßt – da er durch Überzeugungen, Urtheil, Sachlichkeit niemals
gehindert ist. – Über Burckhard. Die Redacteure des Fremdenblatt
angeblich verzweifelt, weil B., von ihnen engagirt, in diesem officiösen
Blatt immer antimilitärische, antiaristokratische Nebenbemerkungen
macht.– Verhältnis Bahr und Burckhard – worin haben sie sich gefunden (da sie einander heute innerlich doch sehr fern sind) – irgendwie in
der „Lausbüberei".–

Nm. weiter an „Herbot".–

Frau M. Fleischmann (Wetzler) besucht uns. Zeig ihr das Haus.

Lese „Lutetia" u. a.

10/1 Richard bei mir. Von Hans Schlesinger: er ist... aus Überzeugung... zum Katholizismus übergetreten. Glaubt schon ans Fegefeuer, wie überhaupt an alles was im Katechismus steht. Ist nun zufrieden und glücklich. Wird vielleicht sogar Geistlicher...– Ein Jud hat entweder begabt zu sein oder nicht auf die Welt zu kommen. Sonst gibt es solche Exemplare! Diese Familie!–

Dictirt.–

Nm. weiter am „Herbot".

Noch nicht ganz wohl.

11/1 Mit O. Besorgungen.– Panorama (englische Städte).–

Nm. an Herbot weiter.–

Las ein neues von Fred eingesandtes Mscrpt. „Der Unbestechliche" – nicht ganz so übel.

12/1 Vm. dictirt.–

Hr. Jacques Spitzer, Brünn, wegen der Vorlesung.

Nm. Fr. Alice Gurschner, mit einem Stück „Der heilige Kuß"; und dem Ersuchen, Rosenbaum „milde" zu stimmen.–

Zum Thee Kaufmann und Bella Wengerow.

Weiter an Herbot.

Correctur des Concertprogramms von O.; wir nahmen Lieder durch.–

Dauernde Zugkraft von Medardus und Anatol.

13/1 Vm. dictirt.

Hr. Wilhelm Aldor, vom „Az Est" als Interviewer hinsichtlich Medardus.–

Abends Robert Adam (Dr. R. A. Pollak, Untersuchungsrichter) Verfasser des Abu Ibn Bekkar und „Neidhard". Konnte ihm vielfach günstiges sagen. Ratschläge.–

Abends bei Mama. Julius und Helene.–

Brief von Liesl mit Einlage: Brief des Vaters G. – „dem es ja weniger auf Geld ankommt, so dankbar... etc., sondern auf ein friedliches Einvernehmen...". Armseliger und verlogener Brief.

14/1 Vm. dictirt, Briefe, Herbot.– Spazieren mit O.; auch Nachmittag ein wenig.–

„Herbot" quasi zu Ende.–

Brief von Paul Goldmann, Antwort auf meine Anwürfe bei Mama; ziemlich scharf, aber doch schwach; mit leichten Spritzern von Gemeinheit.–

Die „Ratten" von Hauptmann – (gestern Première) besser wie

seine letzten Sachen; aber mir nicht sympathisch.

15/1 Früh „Ratten" zu Ende. Gestalten mit einer Wahrheit,– wie kein andrer. Aber wie sie sich bewegen, interessirt uns schon weniger; die ethisch-intellectuelle Atmosphäre unbehaglich.–

In Nebel Kälte bei rother Sonne Spaziergang Sommerhaidenweg etc. Später klar.

Nm. allerlei gelesen: das Althofsche Mscrpt.: „Der heilige Kuß" zu Ende. Brav, sogar begabt, aber langweilig.– Heines „Lutetia" zu Ende.– In Julian Schmidt, in Pitaval. Freytags Bilder 30j. Krieg (Landsknechtstück!); Torresanis „Schwarzgelbe Reitergeschichten".

Notizen zu dem Brief an P. G. Kopfweh.

16/1 Früh in die Stadt. In der Tram Paula mit Mirjam (in die Stadt wegen Köchin – „Richard ist unglücklich, daß er nicht mitkann – er muß dictiren...") –, Else Speidel (über Lanval Proben).–

Traf auf dem Stefansplatz Schönherr, der gestern für „Glaube und Heimat" den Grillparzerpreis erhalten; ich gratulirte ihm herzlich; er war sehr erfreut und begleitete mich. Es war ein echtes Dichterge-spräch über Tantièmen, Directorengemeinheit, Verleger-Geiz.–

Beim Maler Oppenheimer, Georg Cochgasse. Er malte mich. Über Kunstkritik; den Kreis des Kraus u. a. Ich hatte oft Müh ihn zu verstehn. Über München – Wien; Frauen da und dort.–

Auf dem Ring Tante Rebekka und Cousine Gisa Frid.

Dann Hofr. Gomperz, auf dem Weg zur Akademie-Sitzung (Grill-parzer Preis).– Über Medardus (über den er mir auch geschrieben).

Nm. Bilanz-Notizen.–

Später Else Speidel.

Mit O. fortgefahren, sie, trotz Indisposition, zur Quintettprobe bei Frl. Ferstl; ich holte ihren Geburtsring [!] bei Rozet; dann Neue Presse. Benedikt auf dem Semmering. Sprach Brunner (von früher bekannt, doch vergessen), Sternberg über Medardus, die Valois, Este, Benedikt u. a.–

Auf dem Ring Heuberger mit Tochter. Ich solle ihm was schreiben.–

17/1 29. Geburtstag O. Blumen, Ring, Geld.–

Vm. dictirt. Herbot zu Ende; Briefe; Beginn des Briefes an P. Goldmann.–

Besuch von Helene.–

Nm. ein halbes Stündchen Park. Fr. Schmittlein mit Gemahl.

Zum Thee Gisa und Margot.–

Dr. Pollak; wegen O.s Katarrh.–

Wie gewöhnlich viel phantasirt auf dem Piano, mit auffallend viel

Einfällen.

Pläne durchgesehn.

18/1 Mit O. Generalprobe Lanval. Die 3 ersten Akte wirkten sehr stark auf mich; der 4. ist wirr. Sprach kurz Stuckens Frau, begrüßte ihn. Sprach Berger; nach dem 3. auf der Bühne, Gerasch (Lanval) unwohl.– Weilen verwickelte O. in ein Gespräch über Schönherr, den er überschätzt findet. Die tiefern Gründe wurden nicht erwähnt. O. und später ich hielten ihm die Stange.–

Nm. Herr [Lampl]-Jacob (Berlin); über Medardus.

Dr. Manheimer (München), Neuer Verein. Ev. Aufführung des Eins. Weg.

Sandor Jaray mit Photographien seines Kainzdenkmal Entwurfs.

Zum Nachtmahl: Bella, Leo, Kaufmann, Wassermann, Julie (nach ihrer Krankheit), Schmidls.– Tivolispiel. Später spielte Bella Klavier (ich auch ein wenig).

19/1 Vm. dictirt (Concept zum Brief an P. G.).

Nm. vertrödelt; etliche Notizen zur Novelle Tennhardt (Assuan).

Nm. Siegfried Trebitsch zu Besuch.

20/1 Vm. bei Gustav (nach Influenza);– Hr. Max Hiller, Ebermann.–

Mit O. Besorgungen.–

Nm. mit Briefconcept an Paul G. und Direktor Bock (Petersburg,– will durchaus W. L. aufführen, dummer Brief an Brahm) vertrödelt.–

21/1 Vm. dictirt.

Zum Thee Frl. Matscheko (Residenzbühne). Ihr Wunsch, den begabten Hrn Traeger zur Burg zu bringen.–

Mit O., Julius und Helene: Urania – Branns Puppentheater „Prinz Violon" – „Mädchen von Elizondo".– Hübsch, zu lang. Sprachen Brann. Auf der Bühne. Puppen und Prospekte.

– Nachtmahl Restaurant Hartmann.

„Hölle." Trist und öd. Leidlich die Parodie auf den Medardus, derentwegen wir hineingegangen.– Conferencier Grünbaum, vor Jahren als Vereinsstudenten in Brünn gekannt, besucht mich in der Loge.– Übel gestimmt, sonderlich wegen des mühsamen Hörens, spät heimgefahren. Nach 4 eingeschlafen.–

22/1 S.– Übelgestimmt erwacht.– Spaziergang mit Heini Hohe Warte etc. Er erzählt mir den Österreichischen Robinson.–

Nachmittag kurze Briefe, u. a. an Lola Burger, die „ihr Unrecht einsieht" und mich gern sprechen möchte. Antworte sehr höflich, aber ohne auf den Wunsch einzugehen.

Zu Julius. Kinderball. Sah tanzen zu, und tanzte selbst mit dem

Geburtstagskind Annie. Alte Musik mit Julius.– Mit O. und Heini heim.–

23/1 Vm. beim Maler Oppenheimer.–

Trübseliger Tag.– Dictirt gegen Abend.

24/1 Mit O. Semmering. Mit Schmidls und Dr. Zweig im Coupé.– Über das ausspielerische Treiben der Kritik, die mich mit Schönherr todtschlagen möchte. Zweig: „Lassen Sie sich nicht verhetzen.–" Über Bettelheim, Ganz etc.–

– Nm. Spaziergang Liechtensteinweg, mit O.–

Den Brief an P. G. gefeilt (der mir wahrlich mehr Zeit kostet als die Sache werth).–

25/1 Semmering.– Spaziergang.

Mittag Stucken und Frau; Wassermann.–

Nachmittagsspaziergang mit diesen. Über historische Stoffe. Dreißigj. Krieg.– Stucken erzählte mir sein Leben.

– Zu M. Benedikt (Villa Kleinhans). Vorher mit dem Sohn, der sich mir vor dem Thor vorstellte, hin und her. Ein Dummerl.– Mit dem Vater eine Stunde über Verhältnis von Literatur zur Politik; über den Medardus; Augier, Anatole France. B. ein merkwürdiger und doch beschränkter Mensch... Eigenschaft der Leute, die „im Leben stehen".–

Über Hugo, den ich, nicht ganz ehrlich, gegen den Vorwurf der „Artistik" vertheidigte.–

Nach dem Nachtmahl Domino, Billard.

26/1 Spazieren mit Schmidl und Wassermann. Über Finanzien [!], Arbeit, verschiedene Arten von Productivität (Richard – wir).–

Nm. mit Zweig, Wassermann, Schmidl, Auernheimer. Über freien Willen und Causalität. Freier Wille: der Mythos des Künstlers.–– Die Causalitäts-Faschingskrapfen.–

– Dann las W. bei Schmidls vor diesen, mir, O., Auernheimer aus „Der goldne Spiegel" vor. Außerordentlich. Konnte gewisse Erzählungen daraus nur mit Kleist vergleichen.

Nach dem Nachtmahl Billard.–

27/1 Spaziergang in Gesellschaft. Neu: Frau Giustiniani und Schwester.– Gemeinsamer Mittag.

Nm. mit O. Abfahrt. (Die Offiziere im Speisewagen, die mich erkannten „Also ein Scribifax" ...) –

Daheim. Die Kinder.– Briefschaften.

Lieder mit O. nach dem Nachtmahl.

28/1 Vm. dictirt.–

Nm. eine Novelle begonnen (etwa Doctor Tennhardt und seine zwei Liebsten).–

„Doppelspiel" energisch zu feilen begonnen.–

Schematische Aufstellung meiner literarischen Einnahmen begonnen.–

Lese Reuter „Aus der Franzosenzeit".–

29/1 S. Vm. mit Heini im Graben Kino; dann bei Gustav.–

Nm. einiges am „Doppelspiel".

Mit O. zu Gound. Schülerinnen sangen. Olga sehr schön; auch Frl. v. Lauterburg. Olga erhielt von Frau Benedict mit Töchtern, Frau Moll, Prof. Epstein u. a. Complimente, die zum Theil echt waren, und es jedenfalls hatten sein dürfen.

30/1 Kais. R. Gaschler; mit ihm Steuerfassion.–

Beim Maler Oppenheimer.–

Zu Tisch bei Mama, mit O. Ein Bach Concert.–

Nm. besucht mich (nach einem Brief) Frau Uhde-Drechsel; Gans. Besichtigt, auch unter Führung O. die Wohnung.

Dr. Alfred Pollak – seine gelähmte Schwester wünscht Empfehlung an Verleger wegen Übersetzungsarbeit.–

– Letzte (?) Feile an dem Brief für P. G.

Nicht gutes Befinden; bilanzirte (Aufstellung bisheriger Tantiemen).–

31/1 Vm. dictirt Briefe (darunter an Hofr. Horsetzky, wegen Verzögerung der Tantièmen-Zahlung Burgtheater) Doppelspiel, Tennhardt.–

Nm. zu Siegfried Löwy. Kainzdenkmalsitzung. Geringer Erfolg der Sammlung (kaum 3.000). Anwesend Burckhard, Salten, Loewe, Bauer.– Loewe sprach die Idee eines Medardus Gastspiels aus, Siegfried Löwy sofort bereit, es zu „finanziren".–

Mit Burckhard fort; über den vor 2 Tagen verstorbnen Christomanos, Urbild des Aigner –, ein Mann so charmirend, daß ihm, wie B. erzählt, die Mütter gern ihre Töchter überließen.–

Heinis Fortschritte im Clavier bei Frl. Reiß. Er versucht nach dem Gehör meine Walzer (die ich dann Frl. R. vorspielte).– Seine Caricaturen etc., die ich mir mit O. ansehe.–

Die Tennhardt Novelle weiterversucht.–

1/2 Mit O. bei Dr. Karolyi, bei Frau Harpner (Concertkleid), und andre Besorgungen.–

Nm. dictirt. Brief an P. G. endgiltig etc.–

Victor Klemperer übersendet mir Separat Abdruck Allg. Ztg. des Judentums Artikel über mich; so ziemlich das tiefstgehende, was bisher über mich geschrieben, wenn auch nicht in den Einzelurtheilen durchwegs zutreffend; Unter- und Überschätzungen. Immerhin hatte er den Erfolg, daß ich „Paracelsus", was er zu meinen allerbesten zählt (ich keineswegs) aus Neugier neu zu lesen anfing.–

2/2 Vm. bei Richard; mit ihm spazieren Park; wo auch Speidels.–

Saltens vor Tisch bei uns.

Verrechnung Burgtheater. Wußte gar nicht, daß dort solche Einnahmen möglich. Die 12 ersten Med. Aufführungen – mindestens 7.200, – höchstens 7.960!–

– Mama zu Tisch. Mit ihr Beethoven Op. 59; 1.

Mit O. spazieren.–

Angstgefühle bis zur Arbeitsunfähigkeit. Bilanzirungen –

P. Brann zum Nachtmahl. Hörschwierigkeit, Ermüdung.

3/2 Mit O. beim Antiquitätenhändler Berger. Kredenz.

Zu Oppenheimer. Beendigung meines Bildes. O. sagt. Talentirt, aber unfertig.

– Nm. erscheint Trebitsch. Berlin das Narrenhaus.– Soirée Fischer. Hugo, Gerty – und Zifferer der Adjutant.– Die „Wieland"proben bei Reinhardt.– Er war förmlichwitzig.–

Hauptmann Robert Michel; jetzt beurlaubt; Bekanntschaft früherer Zeit, Andrians Freund. Begabter Schriftsteller. Literarische Ambitionen –

Dr. Albert Ehrenstein. Schreibt manchmal für Kraus. Dieser gestattete nicht, daß er über Medardus schreibe (Artikel Viertels über Schönherr – dortselbst) –

Nur als Charakteristikon zu erwähnen, da E.s Artikel kaum erfreulich gewesen wäre.– Er erklärte 3 Stellen als ihm sympathisch, ganz nebensächliche; ich wehrte rasch ab und betonte mit Absicht das wunder-hafte, das überhaupt im Produciren und gar in so einzigartigem nicht einziger Schöpfung stecke wie Medardus.

– Seine Versuche in Zeitungen, in Ministerien unterzukommen; seine Erfahrungen. Ich riet zu andrer als journalistischer Carrière.– Kluger, aber doch nur negirender Geist.

Bücherordnen und Transport Stiegen auf und ab.–

4/2 Weiter mit Frieda Pollak Bücher geordnet. Dann dictirt; u. a. an Klemperer.

Zu Tisch Brahm, den ich dann zur Tram begleitete. Über die „Ratten". Hugo, Goldmann etc. –

Nm. die Novelle von Tennhardt (Graesler?) neu begonnen, Doppelspiel weiter gefeilt.–

5/2 S. Vm. spazieren; Hohe Warte; dem Roman nachgesonnen; soweit es die mangelnde Concentrirtheit zuließ.–

Nm. mit O. „Volksheim". Sie sang, von Gound begleitet, zuerst von der Angst erheblich gehindert, dann freier und manches sehr schön. Etwa ³/₄ Arbeiterpublikum, sonst Bekannte von O. und andern Mitwirkenden: Schmidls, Richard, Paula, Leo, Kaufmann, Gustav, Helene u. a. Wolfsohn blätterte um.

– Zu Hause gerechnet etc.–

Zum Nachtmahl: Brahm, Otti Salten (Felix in Budapest), Zweig, Jacob und Julie, Raoul und Irene Auernheimer, Leo, Kaufmann; Richard. Brahms 55. Geburtstag. Wenig animirt; mein Gehör bereitet mir Pein.– O. hatte meist mit Kaufmann und Leo geredet – diese hatten ihr fast nur ungünstiges über ihren Gesang gesagt, was sie nun bis zu Thränen deprimirte.

6/2 Vm. allerlei Besorgungen.–

Mit O. Nm. ein wenig spazieren. Zweifel wegen des Berliner Concertes, die durch Else Speidel, die 2 Stunden da war nicht beschwichtigt wurden.

Las den ganzen „Prof. Bernhardi" durch – ohne entschiedenen Eindruck. Manche Figuren gut angelegt; manche „Schlager" im Dialog – aber im ganzen bin ich flau.–

7/2 Neue Schreibmaschine. Die Novellen Graesler und Doppelspiel neu zu dictiren begonnen.–

Nm. Oppenheimer – pumpte mich an, worauf ich vorbereitet war. (Ob ich einen Käufer für mein Portrait wüßte... er brauche dringend Geld...)

Granville-Barker, der jetzt in London (Variété) den Anatol spielt, hatte mir seine Übersetzung geschickt; ich las einiges.

Frau Samuely zum Thee. Aufforderung zu einer Mitwirkung O. zu wohlthätigem Zweck.– Die Berliner Concert-Frage.–

Brochuren meines Vaters über Kämpfe gegen die Poliklinik u. a., wegen Bernhardi, wieder gelesen.–

Weiter am „Doppelspiel".–

8/2 Brief Stephan Großmann;– Ehrenstein hatte aus unserm letzten Gespräch völlig erfundnes an Fackel Kraus weitererzählt – antwortete gleich höflich, wie es dem Gr. Brief entsprach.– Man lasse niemanden zur Thür herein. Besonders keine Literaten.– War auf einem Spaziergang Hohe Warte etc. immerhin damit beschäftigt.–

Nm. Wolfsohn und Nina Kipiany. Chopinlieder, Concertgespräch.

Waldau erschien, sich für meine Intervention an der Burg

bedanken.–

Mit O. zu Schmidls. Kaufmann, Vanjung, Wassermann. O. sang ein
wenig, ohne entrain. Tivolispiel.–

9/2 Erst nach 6 früh eingeschlafen – bis $^1/_2$9!–

Dictirt Doppelspiel. Brief an Ehrenstein, etc.

– Abends mit O. Concert Messchaert.

10/2 Vm. bei Prof. Gomperz. Verschlimmerung; zum Theil vielleicht
auf die Influenza zurückzuführen (?) –

Panorama Hamburg.–

Mit Alfred Mandl durch die Stadt.

Bei Dr. Rosenbaum Burgtheater. Die Marberg eben da. Antritts-
rollen.– Daß die Wohlgemuth die Erna spielt, ist ihr nicht recht.– Mit
R. über Berger, „das schwankende Rohr".– Einnahme-Record des
Medardus.– Schlug vor nächstens Puppenspieler mit Heine etwa zur
„Liebelei".–

Nm. erschien Adele Sandrock, gastirt hier Kleine Bühne in Euripides Medea;– sieht aus wie eine Hebamme; alt und ärmlich. Betrachtet
ihre Lage ruhig; hofft wenig mehr aufs Burgtheater, will zur Schratt
gehn; ist ohne Engagement, hat Variété Anträge.– „Alles geht..." –

Weiter am „Doppelspiel".–

Abends bei Mama en fam.– Unerquickliche Beziehung zwischen
Julius und Hajek.–

11/2 Früh zu Gomperz.– Dictirt.–

Nm. im Türkenschanzpark mit Familie und der Engländerin. Lili
herumtrippelnd.–

F. O. Schmid; über Schweizer Zustände. Er will ev. nach Wien
übersiedeln und die „Alpen" hieher verlegen.–

Weiter an der Tennhardt (Arztens) Novelle.–

Zum Nachtmahl: Gound, Dr. Spitzer, Ritter (Volksoper), Frl.
Lauterburg, Frl. Bergmann; nach der Quintettprobe.–

12/2 S.– Nach Brünn. Auf der Reise ein wenig der Novelle (Tennhardt)
(= Graesler = Arztens) und dem Wurstlroman nachgesonnen. Wiedergelesen: Fontane, Irrungen.

An der Bahn Hr. Spitzer; Grand Hotel; Mittag. Mit Spitzer in
leichtem Schneefall Spaziergang. Dann allein im Hotel. Die Programm-
nummern durchgeflogen. „Irrungen" weiter. Die ganz spezifische Einsamkeit solcher Stunden in fremden Städten in der Zimmerstille – mit
dem ewigen Lärm in mir. Melancholie.–

Vorlesung im Redoutensaal. Medardus Schenkenszene. Las
schlecht, hustete, fürchtete die Stimme ganz zu verlieren. Aus dem

3. Capitel Weg ins freie. Leidlich.–

Pause. Ober Stabsarzt Dynes – einstiger Kamerad – vor 28 Jahren.– Las dann Gustl, recht gut. Beifall größer als je.–

Im Grand Hotel mit Dynes (Erinnerungen), Dr. Landesmann (auch längst bekannt), San. Rath Spitzer und Sohn (der Arrangeur), Dr. med. Haberfeld.– Ganz gemütlich.

13/2 Abreise. Dynes auf der Bahn.– Im Zug: „Irrungen" zu Ende; Jean Christophe 3. Bd. begonnen.–

Olga hatte eben Stunde bei Gound – und war [!], nach Gespräch mit ihm und gestern mit Vanjung ihr Berliner Concert vom 23. Feber auf November zu verschieben.– Sie war gestern bei Saltens („Freundes"-gespräch; er beklagte sich auch über mich, oh Gott), und bei Beer-Hofmanns.

– Nm. mit ihr Türkenschanzpark. Sie ist deprimirt. Ich bin gegen den Aufschub; insbesondre gegen das Vorher Concertiren in kleinen Städten, wie Gound vorschlägt;– höchstens Aufschub Ende März.

Gegen Abend Schwarzkopf und der alte Hofmannsthal.–

– Am „Doppelspiel".

14/2 Dictirt.– Mit O. im Park; sie tief deprimirt.– Das Telegramm wegen Verschiebung des Concerts war abgeschickt.

Nm. an der Arztensnovelle. Else Speidel.–

Zum Nachtmahl Salten. O. sang; S. wirkte sehr ermutigend durch Lob und allgemeine Bemerkungen; O. wieder ganz in der Höhe und fast gewillt, das Telegramm zu revociren. Dem Wohltätigkeitsconcert Frau Samuely für 6. 3. hatte sie schon zugesagt.– Ich bin für die Verschiebung des Berliner Concerts Ende März.

15/2 Vm. bei Gomperz.–

Panorama: Karawanken.

Mit Auernheimer ins Cottage – über Berger, Burckhard etc.–

Nm. an der Arztensnovelle weiter.–

Frau Schmidl, mit komisch-traurigem Geplauder. (Erzählung von der Damenjause, wo alle lustig zusammensitzen und die schwerern Schicksale, die hinter ihnen liegen.)

„Bernhardi", ersten Akt durchgesehn, Notizen.–

Am „Doppelspiel" weiter.–

Concertdiscussion mit O.

16/2 Vm. bei Gomperz.–

Dictirt.–

Nm. Gound. Mit ihm und O. über das Concert. Sie hat wieder Muth.

An der Arztensnovelle.

Nahm zum 1. Mal eine Kola Pastille.–

In der Kleinen Bühne (Wollzeile), mit Gustav. Sandrock als Medea von Euripides; als Wittwe von Ephesus in einer Albernheit von Berstl. Immer noch das große Talent; aber wie traurig in dieser Umgebung. Willy, die Schwester, führte mich in die Garderobe, wo auch die Mutter. Wie unter schlechten äußern Umständen gleich der Typ herauskommt.– Die Schratt, bei der Willy war, sei für das Burgtheater-Engagement; ich möge mit Berger reden. Willy noch leidlich aussehend, Schmuck, falsch?– Mutter und Dilly kläglich.–

Mit Gustav im Stefanskeller soupirt.–

17/2 Burg; Generalprobe Fulda, Herr und Diener. Sehr anständige, wohlthuend reinliche, im ersten Akt vortreffliche Arbeit; später leuchtet das constructive zu sehr durch das dünne Fleisch.– Sprach Fulda und seine mir noch unbekannte zweite Frau. Nach dem 1. Akt zu Reimers, der sich einen Muskelriß zugezogen und dem ich das Bein fatschte.–

Der Bruder Baron Berger, den ich noch nicht kannte, mischte sich in mein Gespräch mit Sect. Chef Jettel. Sprach Salten, Hartmann (über Schlenther. „Er war immer eine Enttäuschung, nicht nur jetzt beim Berliner Tageblatt; man hats nur nicht bemerkt" sagte ich) Hugo Ganz, Siegfried Loewy u. a.– Am Ende Berger wegen der Sandrock.–

Nm. den 2. Akt Bernhardi durchgesehn; Notizen. Weiter Feile am Doppelspiel (diese Feile bedeutet zum großen Theil Neuschreiben).–

Bei Mama (ohne O.); Julius und Helene.

18/2 Vm. bei Gomperz.– Föhn.– Fulda in der Schlafwagengesellschaft. Première wegen Reimers abgesagt.–

Dictirt. Arztensnov. und Doppelspiel weiter.

Zum Thee Fulda und Frau. Über die Zustände bei Reinhardt, über Hauptmanns Ratten, kritische Periode seines äußern und innern Lebens; – naturalistisches Artistentum.– Die neue Frau Fulda sehr einfach und nett. Er wie immer etwas trocken; aber klug und nicht ohne Humor, auch nicht ohne Wohlwollen.– Er ist mir menschlich sympathisch, und mehr werth als die meisten Lausbuben, denen er nicht tief genug ist –

Weiter an der Arztensnovelle.–

Doppelspiel endgiltig gefeilt.

Lese Jean Christophe, Band 3; Freytag, 30j. Krieg. Pückler Briefe; Pitaval, u. a.

19/2 S. Spaziergang gegen Pötzleinsdorf;– dann Türkenschanzpark, wo Olga und die Kinder.–

Zu Haus Jacob Wassermann (Abenteuer Juliens mit der Schule, antisemitische Umtriebe; Frau Schalk, und ihre christliche Weltanschauung), Julius Helene –

Nm. Bernhardi, 3. und 4. Akt durchgesehn, Zweifel.–

Zum Nachtmahl Speidels; dann Salten. Ich spielte viel „Junger Herr" von Straus; Salten erzählte amusant verjährte Probenabenteuer mit Holländer.–

20/2 O. sang ihr Berlinerprogramm vor Herrn und Frau Dr. Samuely; Helene, Frau Altmann, Frau Karplus, Else Speidel.– Sehr gut.–

Nm. gepackt; getrendelt.–

Notizen zur Arztensnovelle.

Concert Ysaye (– Casals) mit O.– Mein Genuß war gering; die Fülle des Tons ist dahin.–

21/2 Dictirt über Dichtung und Historie (Medardus – Valois);– Doppelspiel zu Ende.–

Nm. gelesen Varnhagen.–

Abreise mit O. Paula Schmidl mit.

22/2 Ankunft Berlin. Hotel Esplanade.–

Mit O. zu Norbert Salter, dem Agenten. Er war herablassendbefangen. Gab mir ein Beethovenbild. Ob ich nicht auf einige Monate nach Holland wollte – Puccini möchte eine holländische Oper componiren. Über die Schwierigkeiten des Anfangs im Concertiren.–

Zu Fischer ins Bureau mit O. Bie dortselbst.–

Mit O. zu Michaelis. Mittagessen. Die Schwestern Dora M., Paula Schmidl, Agnes Ulmann (aus München da).–

Abends kurzer Spaziergang allein.

Im „Esplanade" mit Brahm genachtmahlt.

23/2 Berlin. Vm. im Thiergarten spazieren.

Mit O. Klindworthsaal. Probe, mit Gound, beiläufig, nach allerlei Schwierigkeiten. Zuerst im Blüthnersaal; dann im Kl. ohne Clavier.–

Im Esplanade mit Gound gegessen.–

Nm. las ich in Bel Ami weiter.

Abends das Concert von O. Blumen,– auch von Salter; von Fischer, Frau Jonas, Fr. Tagger, Lantz, Horwitz' etc.–

Zwischen 2. und 3. Nummer Erich Wolff, sich vorstellen lassend – „Sie sind gut weggekommen... andre singen ihr Programm erst in der Provinz. Die Kritik wird nicht gut sein..." Ich: „Zwischen der 2. und 3. Nummer eines ersten Concertes scheint mir dieses Gespräch unangebracht." –

– Ich war meist an der Thür, später im Saal. O. weniger befangen als ich gedacht hatte; ihre Stimme gefiel allgemein; ihre Tonbildung wurde als anfängerisch empfunden. Beifall nicht nur freundschaftlich, sondern auch freundlich.

Im Esplanade Hotel mit Fischers, Brahm, Stuckens, Kyser, Oscar Straus und Frau, Dora, Paula, Agnes, Kerr, Otti Salten.

24/2 Mit O. im Kaufhaus Wertheim.– Mittagessen bei Fischers. (Über Hugo, Schönherr etc.) –

Abends mit Fischers und Otti Salten „Lichtspiele" am Nollendorf-platz; dann bei „Frederichs".

25/2 Referate ganz leidlich.– Bei Stuckens, bei Frau Huldschiner; Mittag bei Brahm; seine Schwester und Frau Jonas.– –

Thee im Hotel mit Fred und Jacobsohn.–

Première Bahr Kinder, in der Loge mit Brahm. Schwach und etwas unappetitlich.

Im Palasthotel mit Brahm, Kerr, Prinzhorns, Fischers, Heilbuts.–

26/2 S. Grunewaldspaziergang mit Dora und Paula, dann Mittagessen bei Michaelis.–

Abends bei Fischers. Hr. und Frau Elias (Tischnachbarin),– Eloesser – (über Kainz, über Berger); Bruno Eisner spielte Clavier. Er und Frau Wolff (Concertagentur) verwarfen O.s Tonbildung vollkommen; riethen neues Studium und Flucht aus der Öffentlichkeit.

27/2 Mit O. bei Marschalk (Hauptmanns Schwager) um etwas über seine „Athemtechnik" zu vernehmen. Kluger, feiner Mensch.–

– Mittag bei Jonas. Fred, Prinzhorns,– Frl. Zeis sang ein wenig.–

Abd. 40. Vorstellung mit Anatol. Übertraf meine Befürchtungen. Monnard schrecklich, Reicher unerträglich. Die Damen gut. Ich sagte zu Brahm: Aus dieser Inszenirung spricht Lessings ganzer Haß gegen Wien.–

Wir soupirten mit Brahm bei „Adlon".

28/2 Packen. Mit O. und Paul Marx zu Wertheim. Mittag im Hotel. Spaziergang Linden. Abreise; mit Paula; die Schwestern auf der Bahn.–

1/3 Ankunft Wien.– Alles in Ordnung. Die Kinder wohl und lieb.–

Erfolg des ungarischen Anatol; von Granville-Barker, besonders im farewell supper.–

Dictirt, Briefe. Zum Wurstlroman erste Pläne.

Prof. Reich; ich möge in der Grillparzergesellschaft lesen.–

Nm. befand ich mich ziemlich unwohl. Ein wenig spazieren. Zeitungen gelesen.

2/3 Vm. Besorgungen.– Dictirt (Briefe).

– Nm. die 2 Med. Scenen zu Vortragszwecken durchgelesen.

Mit O. Concert Cahier. Schöne Stimme und viel Kunst. Gesellschaftliche Beobachtungen. Der Gemahl, der die Honneurs macht; Leute, die sonst nie in Concerten zu sehen sind. Ein Duft von Interesse aus secundären Ursachen verdarb die Atmosphäre des Saals. 3/3 Direktor Müller bei uns; über ev. bauliche Veränderungen im Haus.–

Mit O. und Else Speidel spazieren. Burgtheaterzustände. „Medardus" das einzige Stück, das geht.– Berger müd. Rosenbaum der eigentliche Direktor.–

Nm. „Redegonda" und die „Dreifache Warnung" durchgelesen.– Weiter am Dr. Graesler, sofern es die schwere hypochondrische Verstimmung zuließ.–

Mit O. Concert der Lauterburg.

4/3 Dictirt, u. a. weiter über „Dogmen der Kritik", wie schwer gehn mir solche theoretische Dinge von der Hand!–

Der Nachmittag wie fast immer in hypochondrischen Gedanken und Zuständen nutzlos verbracht; spazieren mit O.; gelesen, geduselt. Gegen 6 fängt erst das menschenwürdige Dasein an. Weiter am „Graesler". Wie langsam, wie zerstreut,– und ein Aug oder anderthalb immer auf andres gerichtet.

5/3 S. Vm. bei Richard.–

Nm. mit O. Bösendorfersaal; Wohlthätigkeitconcert (Samuely) in dem sie mitwirkte. Vorher hatte sie entsetzliches Lampenfieber. Ich hörte nur an der Künstlerzimmertür. Ihre Stimme klang schön; aber sie selbst fand, daß sie schlechter, mindestens kunstloser gesungen als je. Lernte Pahlen, der auch mitwirkte, kennen.– Gound, Frl. Lauterburg, Olga Walter-Segel etc.– Im Hof noch Gustav und Arthur Kaufmann.

Frau Paula Schmidl kam nachher zu uns und war rührend nett wie immer.– Zum Nachtmahl Gustav und Kaufmann. O. erzählte ihre Gesangs-leidens-Schule. Der Total Eindruck steht nun fest. Schönes Material; Tonbildung noch in den Anfängen. Hiezu Anleitung nötig. Frau Elizza empfohlen.–– Über das unberechenbare im Theaterleben. Die Kassen-Erfolge von „Glaube und Heimat", „Medardus", Anatol.–

6/3 Besorgungen Stadt.– Frau Leinkauf (Ehenamen vergessen) sprach mich auf dem Ring an (jetzt in England, vor 12–15 Jahren zuletzt gesprochen) mit Kindern und Freundin.–

Panorama „Cordilleren".–

Bei Mama allein zu Tisch. (O. leicht fieberisch bettlägerig.) Ein Bach Concert.–

– Waldau (der dieser Tage hier gastirt) und Feld besuchen mich.–
Las Speidels (Mscrpt.) Stück „Grüne Erde" zu Ende. Nicht ganz
unbegabt, aber etwas schwachsinnig. Dabei von einer prätentiös süßli-
chen Deutschelei und voll schlechter Verse.– Wahrheit – unmöglich,
auch aussichtslos. Aber auch meine bescheidenen Ausstellungen werden ihn nur überzeugen – daß ich eben dieser „echt deutschen" Art –
(als Jude!) ohne das rechte Verständnis gegenüberstehe.– Moral: man
sollte mit Menschen, die auf „gleichem Gebiet" mit viel weniger
Begabung sich umthun, gar nicht verkehren.–

Weiter am Graesler.

Umordnung der Zeitungsausschnitte-Sammlung.

7/3 Dictirt. Briefe, Graesler etc.–

Redacteur Stern, in Angelegenheit „Puppenspieler" (Concordia
Vorstellung mit Heine, Tressler, Marberg), Schalom Asch. Über russische Zustände, über jiddisch, über „Weg ins freie", Figur des
Bermann.– Er blieb übers Mittagessen. Erzählt von der Erschießung
seines 16j. Schwagers.–

Nm., wie nun so oft, in Kopfweh, Ermattung und Angstgefühlen
herumgeduselt.

Frl. Lubelsky zum Thee.–

Mit O. Concert Lula Gmeiner.

8/3 Vm. Hr. Percival Pollard aus Boston, Journalist und Verfasser von
„Masks and Minstrels". (Auch ein Artikelchen über mich, ohne andres
zu erwähnen als Liebelei und Anatol.) Kein sonderlicher Mensch
offenbar, und doch wie gut wirkend gegenüber Deutschen auf gleichem
Niveau. Was vermag „Welt" alles zu ersetzen – vielleicht vorzu-
täuschen.–

Mit O. Besorgungen; u. a. Teppiche bei Adutt.

– Nm. am „Graesler".

Mit O. Burg, Loge, „Liebe wacht", wegen Waldau, der hübsch
spielte und viel Erfolg hatte.–

Ganze Scenen entgingen mir. Wie soll man sich an Dinge gewöh-
nen, von denen man weiß, daß sie nur schlechter werden können,
müssen.

Mit Saltens bei Sacher soupirt.

9/3 Dictirt.– Prof. Reich brachte Gastkarten für meine Vorlesung.
Gespräch über Medardus; ich zeigte ihm die Anfangsskizzen.–

Nm. an Graesler weiter.–

Lese wieder Goethe Schiller Briefwechsel;Tillier–Pfau, Benjamin.–

Zum Nachtmahl: Hugo, Gerty, Saltens.– Mit Hugo über die An-

nehmlichkeiten des Geldverdienens (er: Rosenkavalier, Oedipusauf-
führungen).– Salten über Bahr. Viel über Berger. Das rührende an
ihm.–

10/3 Vm. bei Speidel. Ihm milde allerlei über sein Stück gesagt. Else:
„Du findest es nicht herrlich–?" –

Mit O. spazieren Pötzleinsdorf.–

Nm. weiter an „Graesler", ziemlich mühselig.–

Mit O. zu Hajeks. Julius Helene (von der Riviera zurück), Mama.
Bronislaw Hubermann (lernten wir kennen. Interessant.) – Dr. [Horch]
und Frau u. a.

11/3 Vormittag dictirt; spazieren.–

Nm. gleichfalls im Park.–

Herr Fekete; wünscht meine Protektion; resp. günstige Voraussa-
ge, wenn von einem angeblichen Fabrikanten, der ihn engagiren will,
Anfrage an mich gelangt.

Waldau, der mit großem Erfolg gastirt hat, verabschiedet sich; ist
sehr nett, riecht überstark nach Wein.

Anfangs zugleich mit ihm Poldi Andrian, der mich dann in einer
neuen Hypochondrie consultirt; er fürchtet, wegen auftretender dé-
doublement-Gefühle, wahnsinnig zu werden, läßt sich fürs erste leicht
beruhigen.– Hatte den „Weg ins freie" nochmals gelesen, findet nun
viel schönes; besonders die jüdischen Figuren, während er gegen die
Hauptgestalt viel einzuwenden hat, die nicht Luft um sich hätte. Wir
discutirten lang darüber; er blieb zum Nachtmahl, war recht anregend.
Geht als Legationsrath nach Warschau.

12/3 S. Spazieren Neuwaldegg. Im Park Speidels. Auf dem Rückweg O.
mit Heini.– Mit Sp. über Kainzdenkmal, Schauspielerdenkmäler überhaupt. Ich finde: eher als andre, da von ihnen nichts bleibt.

– Las Nm. O. zu Übungszweck „großen Wurstl" vor, dann den
alten Einakter, aus dem er geworden. Lustig, aber construirt, daher die
Flucht ins Marionettige.– Las dann für mich und strich zu Vorlesungs-
zweck 1. Sc. 5. Akt, in der ich manchen Schwulst finde, der mir
unbehaglich ist. Blätterte in meinen aphoristischen Bemerkungen;
über Kritik, Kunst – all das nicht concis genug.

13/3 Vm. Speidel bei mir; wegen seines Stücks, redete mit ihm
ernsthaft wie über eine wirkliche Sache.–

Spazieren.

Nm. weiter am „Graesler".–

Frau Trebitsch und Frau Auernheimer zum Thee.

Die Vorlesestücke durchgelesen.–

Zum Nachtmahl bei Schmidls; Wassermann und Frl. Bachrach. W. las weiteres aus dem „goldnen Spiegel"; sehr reizvoll.

14/3 Vm. dictirt.–

Nm. weiter an „Graesler".–

Mit O. Concert Schnabel und Behr.–

15/3 Mit O. Besorgungen Stadt. (Herr Fleminger bei Koppel, der mich „aus Verehrung" plötzlich küßt.)

– Nm. Vorlese-Probe.–

Im Componisten Concert Gound; dann mit O., die im Lehmanncon- cert, bei der „Jesovits" genachtmahlt.

16/3 Vm. dictirt.–

Prof. Reich; ein Gespräch, das sich in die Fragen vom „freien Willen" verlor.–

Frl. Pollak erzählt, wie Speidel von seinem Stück gleich gesagt, es werde mir wohl nicht nahe gehn... mit deutlicher Betonung der „Racenverschiedenheit –" – es sei so „deutsch". Hm... Goethe... Keller... Kleist sollen es auch sein und – gerade Speidel... „zu deutsch"... – dabei zu mir... „nichts interessire ihn mehr als mein Urtheil...".

– Sei nur erwähnt – mehr zur Charakteristik der Epoche. Wo sie nur können, flüchten sie sich – ins Deutsch- oder Christentum.–

– Nm. weiter an Graesler, recht ohne Talent.–

Vor Monaten übersendet mir ein junger Mann, nach frühern Talent- proben, Vorspiel zu Medardus-Erstaufführung.– Ich sage ihm – da es sehr hübsch, er solle es doch, eventuell – ohne Medardus – drucken lassen, einfach als Vorspiel zu einer Erstaufführung. Empfehle ihn, vergeblich, zu Bie. Nun schreibt er mir – Hugo Wolf ist sein Name, – der Merker hätte es genommen – für die Strauß – Hofmannsthal Num- mer – also gewissermaßen – als Vorspiel – zum Rosencavalier.– Ja sie haben Talent, die jungen Leute.–

17/3 Vormittag spazieren Hohe Warte etc., in ziemlich übelm Befin- den.–

Nm. die Vorlesesachen durchgeflogen.

An Graesler etwas weiter.–

Mit O. und Frau Schmidl Grillparzergesellschaft. Prof. Reich und Dr. Hock begrüßen mich.– Las Medardus 4. Akt 3. und 5. Akt 1. Sc. leidlich gut. Weg ins freie aus dem 3. Capitel, selbst innerlich bewegt und so gut, wie ich noch nie gelesen. Dann den „großen Wurstl" ziemlich frech und mit guter Wirkung.

18/3 Heute vor zwölf Jahren starb M. R.–

Vm. dictirt; u. a. die „Dogmen der Kritik". Recht matt in der
Diction.– Spazieren mit O.–

Nm. mit O. und Heini ins Marionettentheater. „Die Zaubergeige."
Heini war entrüstet über die vielen Striche.– Dann in die Stadt, bei der
Todesco gejausnet. Das Publicum... Ich dachte an die Stelle aus dem
„Weg": „Zum ersten Mal ging ihm das Wort Jude... in seiner ganzen
düstern Beleuchtung auf..." Einkäufe.– Bei Grünbaum. Vorführung
der Jupe Culotte.–

Las zu Ende Kuprin, „Freudenhaus". Nicht gut. Weiter an „Graesler" – unsicher; scheine in eine falsche Gasse geraten. Wär ich nur
„dabei".

19/3 S. Spaziergang Hohe Warte etc. (Frau Ehrenstein-Fraenkel,
einstige Patientin, nach langen Jahren; erkundigt sich nach O.s Singen
etc.)

Mit O. zu Saltens. Mit Kalbecks und Hupkas.–

Gespräch ging von Mazzes bis zu Beethoven-Manuscripten.–

Zum Thee Julius und Helene bei uns.

An Graesler mühselig weiter.–

20/3 Vm. bei Mama und Besorgungen –

Bei Dr. Rosenbaum (Burgtheater). Über Berger, der sich um nichts
kümmert; R. macht alles. Einfälle, die man ihm gibt und die er am
nächsten Tag als die seinen erzählt.– Der Wäschekorb mit den uneröffneten Briefen und Büchern, der, als Sommereinlauf ins Burgtheater
geschafft wird. Die uneröffneten Briefe von Juli und August, die mir R.
zeigt.– Die vielvermögende Protektion der christlich-sozialen Partei –
R. zeigt mir die Empfehlungsschreiben Neumayers – die dann aber
natürlich wieder vergessen werden.

– R. hat eben versucht, das Speidel Stück zu lesen – nach 25 Seiten
war er so hin – daß er – Patience legen mußte.–

Nm. Hr. [Menceau], Lehramtscandidat Paris, von Prof. Bauer
empfohlen. Junger Mensch von 21; erzählt mir von seinen innern
religiösen Kämpfen; war früher gläubiger Katholik.–

Lese Erinnerungen von Laube, Onkel Benjamin, Pückler Briefe.–

21/3 Vm. dictirt. Briefe, darunter an M. Elsinger, die in Hamburg nicht
die Beatrice spielt. Graesler.–

Dr. Pollak; da Lili Halsentzündung.–

Nm. Siegfried Trebitsch, mit einem Jacobson Feuilleton gegen
„Glaube und Heimat", mit dem er (Tr.) mir offenbar Freude zu machen
gedenkt!–

Mit O. Burgtheater. 25. Vorstellung Medardus. Wieder total ausverkauft. Noch nicht erreichter Record des Burgtheaters.– Mama mit uns in der Loge. In der Pause Rosenbaum gratuliren, sehr herzlich; später seine Frau. Nach dem 3. Akt auf der Bühne. Sprach die Wohlgemuth, Tressler (sie anschmachtend), Gerasch, die Bleibtreu, Straßni, Balajthy, – fand mich aber irgendwie nicht behaglich. Die Vorstellung ist gut geblieben; Gerasch besser als früher; die Wohlgemuth in manchen Scenen noch wirkungsvoller als früher – manchmal zu Tragödinnenmanieren geneigt. Balajthy nicht umrissen genug,– eine Natur, aber kein Könner. Ideal die Bleibtreu.– Mir fehlte heute sehr die gestrichene Scene des 5. Aktes.

22/3 Vm. Besorgungen mit O.–

Bei Mama zu Tisch. Mit ihr Beethoven, op. 131.–

– Am „Graesler" weiter.–

23/3 Vm. bei Direktor Gregor. Bekanntschaft. Über die Berliner Aufnahme der Oper Liebelei, letzte Première unter Gregor; Gr. mit der Kritik, die es ganz fallen ließ, einverstanden.– Kam hauptsächlich ihn fragen, wie es mit Pierrette und Cassian stünde. „Schleier d. P." findet er sehr schön, führt's jedenfalls auf; Cassian will er nicht, da ihm Oscar Straus nicht in die Oper zu gehören scheint, doch kennt er Cassian noch nicht. Ich ersuche ihn es bald sich vorspielen zu lassen; und ev. eine Concordia Vorstellung damit zu versuchen.– Er spricht von den „anarchischen" Zuständen, die er an der Oper vorgefunden; mit Beispielen.– Sieht aus wie ein reiferer Schauspieler eines kleinern Hoftheaters; etwas redselig, leidlich brutal, ziemlich von sich eingenommen, ganz klug, wenig künstlerisch, als ganzes mittelmäßiger Mensch.–

Dictirt.

Gegen Mittag Kaufmann, der nach Algier reist.–

Nm. weiter an Graesler.–

Spaziergang mit Olga.

Las ihr bis in die Nacht „Bernhardi" vor, die Skizze; die einen viel stärkern Eindruck auf sie machte, als ich vermuten konnte. Besonders 2. und 3. Akt. Sie räth unbedingt fertig machen, so gering Aufführungsmöglichkeit. Die Charakteristik zum Theil wirklich vorzüglich; besonders Ebenwald famos; auch Fielitz und Adler.–

Gespräch über die letzte Scene Bernhardi Pfarrer, O. sagte wieder ausnehmend kluge Dinge.–

24/3 Vm. Stadt Besorgungen.– Panorama (Aussee etc.).

– Dr. Hugo Ganz im Nachhausefahren. Auch einer, für den ich in mündlichem Gespräch,– nachdem ich mich über sein albernes kritisches Geschreibsel gelegentlich geärgert,– eine Art leichtes Mitleid emp-

finde.– Er sprach vom „Localcolorit" des Med., ich erklärte ihm, daß
der Erfolg nie von dergleichen abhängig sei.

Brief von Gusti Gl., die ein paar Tage bei Liesl verbracht, in dem es
u. a. heißt – „Die Ärzte meinen, es wäre ein Wunder – wenn sie übers
Frühjahr hinauskommt –" nach verhältnismäßig bessern Nachrichten.–

Nm. an „Dr. Graesler" weiter. Es ist bisher ein ziemlich hoffnungs-
loses Geschwätz.–

Im Garten bei uns werden allerlei Änderungen vorgenommen.

Mit O. (und Gisa, die uns besucht hatte) zu Mama. Familie.

25/3 Regen; mit Heini Historisches Museum der Stadt Wien.–

Brief von der Sandrock, der Verzweiflung, dem Verhungern nah;
möchte tausend Kronen.–

(Die Briefe der letzten Zeit: von der Schwester M. R.s, von M. E., –
von der Schwester M. G.s und nun von der Sandrock!) –

– Nm. weiter am „Graesler".

Notizen zu Bernhardi. Es ist mir klar – daß ein letzter Akt fehlt;
nach verbüßter Strafe Bernhardis, im Ministerium spielend.–

– Zum Nachtmahl Speidels und Schwarzkopf. Auch mein Ärger
gegen Speidel verebbt im persönlichen Gespräch.– Über Schönherr,–
Chiavacci;– über die Bleibtreu und Paulsen.–– Wie tragisch, daß die
Menschen auch denen, von denen sie geliebt oder geschätzt und
aufrichtig beweint worden – zu rechter Zeit sterben. Daß Römpler
dahin ist,– verdanken wir unser schönes Haus – und seine Wittwe
wahrscheinlich ihr letztes Liebesglück.–

26/3 S. Vm. spazieren Hohe Warte etc.–

Nm. in Kunstaphorismen gefeilt.

Mit O. Concert Lehmann. Bewunderungswürdige Frau.–

Im „Schachclub" genachtmahlt mit Paula Schmidl und Wassermanns. Später saßen Dr. Kaufmann und Schönbrunn bei uns. Juliens
Schulgeschichten. Sie hat sich da in eine finanziell gefährliche Sache
verrannt. Die Intriguen gegen sie, die nicht unerklärlich sind. Sie ist
geistig kaum ganz normal. Allgemeiner Rath: Heraus!

27/3 Vm. Burgtheater bei Rosenbaum. Über Besetzung des W. L.
Dann über das Reengagement der Sandrock, von der ich einen verzwei-
felten Brief (um 1.000 Kr. flehend – ich sandte 100) erhalten; wenig
Geneigtheit. Es hängt natürlich nur von Berger ab, der nun aber trotz
seines Versprechens die Verantwortung nicht übernehmen will. Gna-
dengehalt ev. Wozu frage ich,– da sie doch als Schauspielerin gebraucht
werden kann.–

– Nachmittag etliches in den Kunstaphorismen gefeilt.–

Mit O. Concert Culp. Sie sang sehr schön.–

28/3 Vm. dictirt. Frühlingstag.

Nm. spazieren, Park.–

Aph. über Kunst weitergefeilt. An Graesler weiter; schwierig, zerstreut, auch in physischem Übelbefinden; und von dem Ohrensausen und -zwitschern wie zerstört.–

Las „Heiße Städte" von Jacques. Begabt.

29/3 Las früh „Glaube und Heimat" zu Ende, wovon ich bisher nur den 1. Akt kannte. Außerordentlich, vor allem in dem schlanken Aufbau und in der Charakteristik. „Monumental?" Nein. „Region des Erhabenen, die Aischylos, Dante, Shakespeare, Schiller nur in ihren höchsten Momenten erreicht haben"– (wie Antropp z. B. schrieb) – Hm...!–

Stadt Besorgungen. Panorama. (Wintersport.–)

Bei Eisenstein, über ev. Commissionsverlag des Reigen.–

Bei Karolyi, wo O. Zahnpflege.

Bei Mama zu Tisch. Eine Haydnsymphonie.

Mit O. bei Prof. Mandl.–

Daheim auf dem Balkon gelesen.–

Weiter an „Graesler".

30/3 Dictirt (Graesler, Aphorismen, etc.) –

Nm. Richard, der (für Meran) Abschied nahm. (Sein Bub beinah den ganzen Winter mit Spitzencatarrh bettlägerig.) – Er hofft, in 4–5 Jahren mit der ganzen Pentalogie fertig zu sein. Welche Selbsttäuschung!–

Mit O. bei Julius. Dr. Robert Breuer, Hans Breuer, Dr. Fleischmann mit Frauen. Helenens Bruder. Käthe Breuer sang Gstanzeln. Dr. Fleischmann über Zustände im Rothschildspital. Es wäre gemütlich gewesen, wenn das Hören für mich nicht in Gesellschaft anfinge Mühsal zu werden.

31/3 Vm. mit O. Generalprobe Figaros Hochzeit (Bearbeitung Kainz). Welch ein Geniestück!–

Bei Mama zu Tisch.–

Nm. Aphorismen und dergl. durchgesehn; gefeilt, gereimt.–

Zum Nachtmahl Trebitsch und Frau; Bartsch und Frau. B. über den Thronfolger.– Sein Beichtvater in Brioni zu Frau Kupelwieser... „Ich weiß wohl, er ist ein Schützer des Christentums etc. – aber als Christ und Mensch bin ich verpflichtet Sie zu warnen; er ist ein böser Mensch."–– Er will dem Besitzer K. die Hälfte der Insel um 5 Kr. jährlich abpachten.– Sein Geiz, seine Brutalität, seine Treulosigkeit.– B.s Erinnerungen aus der Militärzeit (Archiv) etc.–

1/4 Vm. dictirt. Aphoristisches etc.–

    Nm. am „Graesler" weiter.

    Mit O. spazieren. Tennisplatz genommen.

2/4 S. Mit Heini Langenzersdorf – Bisamberg und zurück. (Das erste Mal in meinem Leben auf dem Bisamberg.) – Durch den Augarten heim.–

    Mama zu Tisch.

    Den ganzen Nachmittag im Garten; Frl. Steffi Bachrach, später Julius und Helene.–

    Nach dem Nachtmahl kamen Schmidls und Jacob. Viel über Salten. Der Artikel des kleinen Kraus, der ein niedriger Kerl ist, und sehr begabt.– Über die „Schule".–

    Begann „Mutter u. Sohn" (Beate Woiwod) durchzusehn.

3/4 Vm. Besorgungen in der Stadt, z. Th. mit Olga.

    Bei Mama zu Tisch.

    Sah Nm. die Novelle „Mutter u. Sohn" (Beate Woiwod) bis zu Ende durch: Führung correct, ein paar hübsche Stellen, im Stil vorläufig großentheils unmöglich – jedenfalls ganz neu zu schreiben. Wie lang ists nun her, daß ich nicht die Lust, die Kraft, die Sammlung habe, irgend was fertig, druckfertig zu machen? Diese Verstörung scheint mir mit dem Beginn des Gezwitschers (nicht des einfachen Sausens und Klingens – oh schöne Zeit!) in Zusammenhang zu stehn.–

4/4 Dictirt. Wegen Schlafwagen in die Stadt.

    Riviera Panorama.–

    Nm. weiter an „Graesler".

    Mit O. Concert Steiner; Strauss am Clavier.

5/4 In der Zeitung ein Vortrag Baron Bergers vor den Universitäts-Professoren aus Anlaß der bevorstehenden Reise nach Griechenland;– mit Bemerkungen über den „Tiefstand der heutigen Dramatik...". Der Burgtheaterdirektor – in – diesem Jahr!– – Ebenso aber würde er in einem Vortrag vor einem modernen Verein erklären, alle Professoren seien alte Esel – (wenn dazu nicht etwas mehr Courage gehörte). Der „Feuilletonist als standard individuum". – Berger, Bahr, Salten – ja wenn man ein Essayist wäre! Die drei in ihren Ähnlichkeiten und Verschiedenheiten!– –

    Mit O. Besorgungen Stadt.–

    Nachmittag am „Graesler" weiter; hoffnungsvoller.

    Bei Mama (ohne O.) Julius, Helene, Gustav.

6/4 Dictirt, „Graesler" (bis zu seiner Abreise aus dem Badeort, etwa 1. Hälfte) – Briefe (u. a. an Oscar Straus der mit meiner Behandlung der

Cassian-Angelegenheit bei Gregor nicht einverstanden; ihm sein Unrecht nachgewiesen).–

Bemerkungen zum „Feuilletonismus" –

Nm. in Reinach – Mahler „Orpheus" zu lèsen begonnen.–

Eintragungen.

Bei Salten; wir redeten ganz gut miteinander, sogar manchmal rein sachlich über Schönherr z. E., Franz Ferdinand etc. Über Kerr (die Angriffe auf ihn, zum Theil berechtigt – nur haben eben die Angreifer nie recht).

Ordnung von Ausschnitten.

7/4 Vm. bei Brann (der sich verlobt hat).

Nm. sah ich mir den Einakter Student (Mord auf der Mendel) durch, an dem nicht viel zu machen wäre, um ihn fertig zu machen. Aber was ist es, wenn es fertig ist? Eine theatralische Studie, kaum mehr.–

Das Szenarium des „Weiher" durchgesehn.– Der Stoff lockt mich. Müßten Verse sein.–

Zum Thee Herr Kahn aus Amerika, Bruder der Frau Jonas, Metropolitan Opera etc., Bilderkäufer (Hals) (25 Millionen Dollars) sichrer, eleganter, kluger Mensch. Über amerikanische Theaterverhältnisse; über amerikanische Eigenschaften. Die Leute dort angeblich ohne Neid und Schadenfreude.–

Salten und Frau blieben dann noch.– Salten redet zum „Lustspiel" zu, wer, wenn nicht ich, etc.– Sliwinski bereit ihm für Texte zu 3 musikalischen Einaktern 100.000 M. zu geben. (Glaubt S. das selber? Lügt er mit Bewußtsein?) Über Polgar, Trebitsch, Großmann – der literarisch-journalistische Hexenkessel. (Manche sitzen drin, brodeln mit und ahnen es nicht.) –

Mit O. viel über meine Stoffe; insbesondre über den Theaterroman. 8/4 Vm. dictirt (Feuilletonismus etc.); mit O. in der Stadt Besorgungen.

Mama zu Tisch. Mit ihr Bach Orgelfugen.–

Zum Thee Brann mit Braut, Frl. Jäger vom Bürgertheater. („Ein süßes Mödchen, um die sich mancherlei dröhn und begeben dürfte", wies im Wurstl heißt.)

Mit O. zu Speidels. Burgtheaterzustände.–

„Tragische Anekdoten" durchgesehn und gefeilt –

Las ein paar Novellen von Georg Hirschfeld „Auf der Schaukel". Welch ein Niveau! Dabei doch dichterische Atmosphäre; ja sogar Einfälle.–

Notizen über die Un-Menschen: den Feuilletonisten – den Politiker

– den Literaten.

9/4 Palmsonntag.– Spazieren, in schneidendem Wind.– In einem leidlichen Gefühl innrer Fülle. Wär es mit Arbeitskraft und Ausdrucksfähigkeit ebenso gut bestellt!–

Nm. gepackt.–

Mit Heini spazieren.–

Allerlei Notizen und Aufsätze (Kritik und dgl.) durchgesehen. Unter den Plänchen scheint mir Finck contra Fink (der Journalist, der, an 2 Blättern beschäftigt, sich selber fordern muß) hoffnungsvoll.

Zu lesen versucht: Siegfried, Tino Moralt. [Naiv].

10/4 Vm. dictirt.

Nm. erscheint Hofr. Burckhard; Frage wegen einer Bemerkung im Lexicon der Pseudonyme, wo bei einem pornographischen Buch „Josefine Mutzenbacher" als mögliche Autoren ich und Salten mit Fragezeichen genannt sind. (Wohl Salten.) – B.s Umständlichkeit, gewundne Ausdrucksweise; Schrullenhaftigkeit.– Er kam nach einer Stunde wieder, nur vorhersagen, daß wir wohl schönes Reisewetter haben würden.

Abreise mit O. über München.

11/4 Um ¹/₂11 Partenkirchen. Albert an der Bahn. Zu Liesl. Ihr miserables Aussehen. Glaube nicht mehr an eine Möglichkeit der Rettung. Hatte den Eindruck: Noch 2–3 Monate.–

Lese „Ärzte" von Schullern.–

Doctor Marcuse bei Liesl.

12/4 Im Sanatorium Wigger mit Renner und Marcuse über Liesls Befinden. Sie sind wohl auch ohne Hoffnung, geben aber längre Frist.

Nm. mit Marcuse „Almhütte". Dort O. mit Liesl, Frau Marcuse und einer Brasilianerin.

Auf dem Rückweg mit Marcuse über Wedekind u. a.

Lese „Lorbeerbaum und Bettelstab" von Holtei – das ich noch nicht kannte. Fabelhaft dumm. „Vagabunden" versucht ich neulich, kam nicht weiter.

13/4 Partenkirchen.– Schnee.– Spaziergang.– Abschied von Liesl, die sich wohler befindet.–

Nach München. Bahnhof soupirt. Albert. (Ungeduld?) – L. Thoma flüchtig vorgestellt.– Rössler, Ergas.

Abreise.– Verona –

14/4 in Mailand Mittag; Billetenschlamperei, Abends Genua, Hotel Miramare.

15/4 Im Auto Genua–Nervi (Frau Bachrach und Töchter Steffi und Fr.

Giustiniani) – Portofino Kulm;– spazieren zum Semaphor – Mittag im Hotel Portofino Kulm.– Rapallo – Margherita – Portofino – Genua. Bachrachs.

16/4 Ostersonntag. Genua – Mentone. Hotel National.

Abends am Meer.–

17/4 Ostermontag. Cap Martin.–

Nm. Fahrt zu den Gärten auf Mortola.–

Abends Monte Carlo. 15 frs. verloren.

Dr. Gaßner, Frau Wärndorfer.–

18/4 Mentone.–

Nm. Tram nach Carlo, – nach Turbie und zurück.–

19/4 Mentone.– Nach Nizza. Tekla Perlen für O.

Mittag in „Regence".–

Nm. Fahrt Cimiez; zurück nach Mentone (Herr Metzl in der Bahn). Mentone; Casino, kleines Spiel.

20/4 Mentone.– Allein Spaziergang zum Kloster Annunziata.–

Nm. Einkäufe etc. Bachrachs.

Nach Monte Carlo. „Russisches Ballet."–

21/4 Mentone.– Autofahrt Monaco – Nizza – Californie, Observatorium Cannes – (Mittagessen: Casino municipal.) –

Antibes – Villa Eilenroc (Herrlichkeit!) – Mentone.–

Lese Xanrof „C'est pour rire".

22/4 Mentone.–

Nm. Wagenfahrt Castellar.–

23/4 Traum: – Beethovensches Orchestervorspiel, zu einer Art Lied der Leonore aus Tasso – in B dur – Gram, daß ich es einmal nicht werde hören können. (Fähigkeit des Traums, sowohl Glücks- als Unglücksgefühle quasi chemisch rein darzustellen.–)

– Spazierfahrt Cap Martin.–

Nm. las ich meine Mscrpte: Redegonda, die 3fache Warnung;– beides leidlich; dann Doppelspiel, das ich sehr gut finde.–

Nach Monte Carlo. Spiel. Ich verlor um 80 frs. O. gewann etwa 50.– Nachtmahl im Café de Paris.–

24/4 Mentone. Allein spazieren Borigo Thal, Primevères.–

Nm. packen.– Spazierfahrt Gorbiothal.– Nachtmahl im Casino.– Abreise.

25/4 Reise (über Ala – Bozen –) München. Auf der Fahrt „Stilpe" von Bierbaum gelesen. Hotel Jahreszeiten.–

26/4 München.– Holte Agnes Ulmann-Speyer ins Hotel.– Mit O. zu Glümers mit Blumen, und Büchern für den Buben. Mittagessen. Dazu geladen Tilly Waldegg (kennen gelernt), Albert.

Nachmittag kam Waldau mit Frau (v. Hagen).

Einkäufe mit Olga.–

Bei „Anatol" im Schauspielhaus. (3. Aufführung; ausverkauft.) (Ergas trat mir wieder seinen Sitz ab.) In der Loge Wedekind und Frau Tilly (der ich meinen Sitz abtrat), später M. Glümer und Frau v. Hagen.–

Waldau sehr nett und amusant (aber nicht klug genug); Randolf schlecht; die Damen zum Theil ganz gut. Mußte nach 4. (Abschiedssouper) und 5. (Hochzmorgen) mich mit den Schauspielern verbeugen.–

In der Bar Jahreszeiten: M. Gl., Wedekind und Frau, Waldau und Frau, Randolf und Frau (Swoboda),– Ergas und Frau (Schaffer: Ilona).– Ich war müd und in nicht heitrer Stimmung.–

27/4 München – Partenkirchen;– mit Albert.–

Liesl fühlt sich besser, sieht aber nicht anders aus.– Dort zu Mittag.–

Nm. Dr. Rudi Olden, Referendar, mit Monocle und nicht ohne Humor, bei Liesl.–

Begann zu lesen „Les frissonantes" von Scheffer, „Heine" von Rudolf Fürst.

28/4 Regen.– Im Sanatorium. Mit Dr. Renner, Marcuse über Liesl.–

Nm. feile an der Hirtenflöte.

Bei Liesl. Dr. Marcuse. Über Gedankenlesen, Telepathie, Spiritismus.

29/4 An der „Hirtenflöte".–

Bei Liesl. Spaziergang mit O.–

Nm. am „Doppelspiel".– Bei Liesl. Marcuse. Regen; meist.

30/4 S. Spaziergang.–

Liesl bei uns zu Mittag.–

Nm. an der „Hirtenflöte".–

Mit O. und Liesl bei Frau Stegmann (Tochter Hans Oldens) und Frau Olden; sehr charmante Frau.–

Mit O. spazieren.

Bei Liesl genachtmahlt. Albert. Seine Thätigkeit. Gastiren, Proben, Spielen, Dichter empfangen.–

Nachher auch Marcuse. Maibowle.–

1/5 Regen.– Hirtenflöte gefeilt.

Nm. bei Liesl. Abschied – Frau Stegmann und Fr. Olden.

Nach München.–

In der Bar mit Siegfried Trebitsch und Albert (der eben den

Crampton gespielt).

2/5 München. Einkauf mit O.–

Mittag mit M. Gl. und Trebitsch; zufällig auch Dr. Manheimer.
Später Waldau; Gusti Gl.

Bei uns im Hotelzimmer Mizi und Gusti.

Frau Albu zum Thee. Über Liesl (die uns nicht alles erzählt). Unter
den Briefen, die sie gefunden, war einer, in dem Frau Carlsen (die nun
wieder ans Hoftheater kommen soll) dem Albert schrieb... „Gib doch
dieser Sterbenden einen Fußtritt...“

– In Caesar und Cleopatra mit O. Trebitsch.– Albert sehr gut. Ich
hörte wenig.–

Auf die Bahn mit M. Gl. Abreise.

3/5 Ankunft Wien. Veränderungen des Hauses. Briefe. Dumm-unver-
schämter von Albert Ehrenstein. Unverhältnismäßiger Ärger.

– Die Kinder entzückend.–

Gespräch mit dem Gärtnergehilfen.–

Kopfweh etc.–

4/5 Vm. Briefe dictirt.–

Bei Rosenbaum in der Burg. Fragen betreffs des W. L.– – Über die
Geldzusendungszustände in der Intendanz. Hatte meine Tantièmen
vom 1. April noch nicht. R. telephonirte. Ausreden. R. hälts für
wahrscheinlich, daß die Beamten sich ärgern, weil sie nur ein paar
tausend Kr. Gehalt haben und mir jetzt für den Med. so viel schicken
müssen. Dann Rache daß ich voriges Mal gemahnt.–

Bei Mama zu Tisch. Felix Julie und Töchter. O. sang ein paar
Lieder sehr schön.– Später der alte Doctor London.–

Daheim gelesen; im Garten mit Lili.– Abends Hirtenflöte wohl zu
Ende gefeilt.

Las O. „Doppelspiel“ vor, das wohl „Der Mörder“ heißen wird.
Besonders der Schluß gefiel ihr, während sie anfangs gegen eine starke
Antipathie wider den Helden anzukämpfen hatte.

5/5 Vm. mit O. Burg, Generalprobe „Herodes und Mariamne“ (Bleibtreu, Heine) starke Wirkung. Mit Salten nach Haus. (Will das Haus in
dem er jetzt wohnt kaufen, anbaun; steht nicht gut mit der „Zeit“, ist
unsicher, gehetzt.)

Nm. las ich das bisher geschriebene des „Doctor Graesler“, es ist
ganz leidlich. Mit innrer und äußrer Sammlung, ohne Ohrensausen, und
in besserm Nervenzustand ließe sich noch mancherlei machen. Daß
mich heute noch der Brief an den Jammerkerl Ehrenstein beschäftigte,
ist beschämend, aber nicht zu läugnen.

Mit O. zu Speidels, er hat einen Ischiasanfall. (Auch hier keine gute Atmosphäre.)

Zu Gisa.– Mama.– Empfindlichkeit und Mißtrauen der Mama, das nah an Verfolgungswahn grenzt.

6/5 Vm. dictirt Briefe (an Ehrenstein abfertigend u. a.).

Mit O. zu Richard. Er aus Meran, Seis etc. zurück, recht herzlich, auch Paula.–

Nm. in Briefen.–

Wieder Richard und Paula getroffen, im Park spazieren – Über Herodes und Mariamne; über Wassermann, den er nun doch mehr zu appreciiren anfängt.

Zu Speidels. Dort Doctor Hink und Frau.– O. holt mich, von Bachrachs kommend, ab.–

Versuchte an der Graesler Novelle weiter; ohne Glück.–

Lese Pückler, Schiller – Goethe Briefe; Fürst, Heine Biographie.

Nm. war Kais. R. Gaschler bei mir, Auskunft einholen inofficiell quasi über Einkommensverhältnisse Schönherrs, der thatsächlich in seiner Fassion das unverschämteste geboten zu haben scheint (Melodie: „Wenn das ein Jud thut…" oder „Das kann nur ein Jud thun…") und einer Strafuntersuchung nah war. (Ich erklärte natürlich, daß meines Wissens Sch.s Einkünfte bis „Glaube" ganz unbeträchtlich gewesen, und verständigte ihn.–)

7/5 S. Regen. Ein bißchen spazieren.–

Brochure Juliens über ihre Schule. Ganz anständig im Ton.

Jacob vor Tisch; über Salten. In seinem Haß gegen ihn beging er die Taktlosigkeit O. zu sagen, daß er (S.) sich vorigen Sommer übel (speziell über ihr Singen) geäußert (im Gegensatz zu seiner Ermutigung im Feber). Thränen O.s, etc.;– Einsicht Jacobs.–

Nm. weiter an Graesler.

Mit O. spazieren; Frau Bachrach und Steffi; in ihrem schönen Garten.

Nach dem Nachtmahl Jacob der reuige, wieder, mit Hugo Schmidl.– Carrièrefragen, Anfänge; Widerstände etc.

8/5 Vm. bei Gustav.– Über Chiavacci (dem der Fuß amputirt wurde), Schönherr („Ich habe keine glückliche Stunde gehabt seit dem Erfolg von Glaube und Heimat." – O Hexenkessel Literatur!) –

Nm. an Graesler weiter.

Mit O. und Heini beim Berger, wegen Kredenz etc.–

9/5 Vormittag dictirt.–

Zu Tisch bei Mama. Dvorak Quartett C dur.

– An Dr. Graesler weiter.

10/5 Mit O. Besorgungen.

Bei der Hofr. Zuckerkandl (die mir wegen Antoine–Medardus geschrieben). Über meine bisherigen Erfahrungen und Chancen in Frankreich.–

Über Baron Berger. Etc.–

Regenguß. In der Tram Steffi Bachrach, aus Grinzing kommend.–

Nm. am Graesler weiter.–

Mit O. „Dorothys Rettung", Burg, Direktionsloge, um die Marberg zu sehn. Die ganze Aufführung glänzend, wahrhaftes Burgtheater.– Mit Dr. Rosenbaum über die Verfolgung Bergers; besonders den neuesten Feind Salten (den B. verletzt hat – in seiner Schwäche ihm Einflüsse zuzugestehen schien, die nun notwendig wieder aufhören). Die Einnahmen. Außer Medardus alles miserabel.

11/5 Vm. dictirt. In der Früh spazieren, Park. Hugo Ganz, über Literatur, Politik, Luftschiffahrt, Kindererziehung, Autos. (Er kann, nach meiner Art mit ihm zu verkehren, nicht wissen, ob ich je eine Zeile von ihm, besonders über mich, gelesen...) –

Zum Thee Heinrich Mann. Später Steffi Bachrach, Auernheimer; mit allen in den Park.– Mit Mann über internationale Rechtsverhältnisse, russische, italienische Erfahrungen. Er schreibt jetzt ein Stück.–

Die Abschrift von Doppelspiel „Der Mörder" durchgesehn.

12/5 Mit O. spazieren; im Vorbeigehn im Garten bei Richards, dann im Park.– Trafen Bassermann (der jetzt hier gastirt) zeigten ihm unser Haus. Er war sehr charmirend und nicht wenig komödiantisch.–

Nm. Frl. Hannemann, die nach München Hoftheater will und bei Albert empfohlen sein möchte.– Nettes Wesen; ganz unkomödiantisch.–

Mit O. Oper Rosenkavalier. Text blieb mir ziemlich zuwider. Musik gefiel mir sehr. Leider klang sie mir recht abgedämpft. Frl. Osten gastirte.

13/5 Vm. dictirt. Hr. Schneider (affectirt und etwas schwindelhaft, Bruder des „Jugendfreundes" Siegmund) führt uns das Dictaphon vor. Allerlei Scherze.–

Nm. Heinrich Glücksmann, Volkstheater; besprachen die Besetzung der „Marionetten".–

Frau Giustiniani zum Thee, im Garten.–

Mit O. Circus Busch. Reinhardts Oedipus. Außerordentliche Regieleistung. Moissi hervorragend. Böswilligkeit und Dummheit eines Theils der Kritik, die vom „Cirkus" nicht loskommen kann oder will.

14/5 S. Spaziergang Sievering – Dreimarkstein (auf schöner Waldbank
geruht, Notizen, auch zum Wurstlroman, Figur F. S.) – Pötzleinsdorf.–
Nm. am „Graesler" weiter.

Heinrich Mann kam, las uns den 1. Akt „Ernst des Lebens" vor;
sehr gut.

Mit ihm Prater. Waldsteingarten. Dort mit ihm und Maler Oppenheimer soupirt. Über Genie und Talent. Olgas „Irene Auernheimer
Anekdoten".

– Wurstelprater. Riesenrad. Scenic Railway mit leichtem Zusam-
menstoß. Präuscher.

15/5 49. Geburtstag. Schöner Frühsommertag.–

Blumen von Olga und den Kindern; die schönen d'Ora Photographien in einem Album. Else Speidel brachte Maiglöckchen. Mit ihr,
Steffi Bachrach abholend zum ersten Tennis dieser Saison. Es kamen
später: Wassermann, Kaufmann, auch Frau Dr. Caučig und ihre (uns
neue) Cousine spielte mit. Später kam Olga.– Dr. Abels. Gespräch mit
ihm, anschließend an den Fall Mahler über Immunitätsfragen, was sich
noch auf dem Heimweg fortsetzte.

Mittags kamen die (von mir subscribirten) Lieder von Vrieslander,
die ich nachher zum kleinsten Theil durchzuspielen versuchte.

Nm. etwas müd. Gelesen „Gletscher" von Jensen, Schiller – Goethe
Briefe.–

Weiter am „Graesler".–

Im Garten, der sich nun sehr hübsch präsentirt, Gustav. Später
Mama, Julius, Helene, Hajeks. Nachtmahl in dem neu hergerichteten
untern Raum. Weiß Lack. Sehr schön.–

Gustav blieb noch bis gegen 12. Auf der Veranda.

Telegramme, u. a. von dem eben auf die Welt gekommenen Alexander Wilheim.–

16/5 Dictirt. Ins Sanatorium Loew. Im Garten (nach flüchtiger Begegnung mit Bahr) J. Bauer und Chiavacci, die in einem Rondeau sich
eben gegenüber liegen. Sprach mit beiden.– Dann auch Frau Rosé, die
Schwester Mahlers, der verloren scheint.

In die Burg. Rosenbaum. Besetzung. Schlage vor: doppelte. „Berger wird von dem Einfall entzückt sein, ein paar Tage später glauben,
er ist von ihm, und sich am Ende nicht traun, ihn auszuführen."– Das
Mscrpt. der Frau E. Kastner, vom Obersthofmeister des Thronfolgers
zur Beurtheilung übersandt – sie ist nemlich unterzeichnet. „Besitzerin
des päpstlichen Ordens..." Wer von Bürgermeister Neumayer empfohlen ist, ist fast schon engagirt.–

Rathe Rosenbaum Memoiren zu schreiben. Er hat eine gewisse
Angst vor Hausdurchsuchungen –
Nm. Frau Mosé (Paul Marx' Mutter) zum Thee.
Siegfried Trebitsch gleichfalls, mit ihm im Garten herum.
Camill Hoffmann, wegen Pfingstbeitrag.
– Abends auf der Veranda Blochs „Sexualleben" zu lesen begonnen.
17/5 Tennis.–
Nm. am Graesler weiter.
Mit O. Türkenschanzpark. Schönherr und Schauspieler Schmid
setzen sich an unsern Tisch. Mit Sch. über seine Steuersache, seinen
„Glaube" Erfolg, über Staackmann den Verleger, über die Unwilligkeit
der Leute, wenn Dichter Geld verdienen, über das mangelnde Rechts-
gefühl des Publikums dem Begriff des literarischen Eigenthums gegenüber; über Hypochondrien, Krankheiten u. s. w.– Er war mir, wie fast
immer im persönlichen Verkehr sehr sympathisch. Und wir haben ja so
gut nebeneinander Platz in der Welt (mit viel andern) – nur in den
Schädeln der Kritiker nicht.

Von Herrn Ehrenstein eine lausbübische Antwortkarte. Ich reagire
nicht mehr. (Er insinuirt mir daß ich Anspielungen auf seine verflosse-
ne Geisteskrankheit gemacht – was ich *absichtlich* vermieden!) –
18/5 Dictirt (Graesler, Briefe).–

In die Burg zu Baron Berger. Er klagte sehr über die Kritik, die
ihm ganz die Lust zum Arbeiten nehme und schien wieder von
besondrer Sympathie und Hochschätzung für mich erfüllt. Besetzungsfragen, Repertoirefragen. Sein Unglück ist eben seine Schwäche, seine
Beeinflußbarkeit von allen Seiten, seine Eitelkeit.– Er gab mir ein
pseudonymes Stück zur Beurtheilung mit, das, wie ich vermute, seine
Nichte zur Verfasserin hat.

Nm. an Graesler weiter.– Gewitter.
19/5 – Heut Nacht starb Gustav Mahler. Ich habe ihn ein einziges Mal
gesprochen, Spätherbst 1905 bei Rosé. Gesehn zuletzt voriges Jahr
Sommer in der Kärntnerstraße, und ging ihm, wenn mich meine
Erinnerung nicht täuscht, ein paar Schritte nach, weil mich sein Gang
interessirte.–
Mit O. kurzer Besuch bei Benedicts. Herr Prof. Mehoffer.–
Mit O. bei Ress. Er war sehr liebenswürdig und erklärte sich, fast
ungebeten, bereit, nächstens O. wieder anzuhören.
Beim Antiquitätenhändler Wengraf. (Richard war eben 3 Stunden
lang dagewesen und wollte gleich nach dem Essen wiederkommen.
Machte mich geradezu nervös.) –

Nm. an Graesler weiter.

Frau Bachrach zu Besuch.

20/5 Neue Dictaphonversuche etc. in Beisein des Herrn Gustav Schneider, und mit O. und Gound.

Nm. weiter an Graesler. Wie immer wenig und mühselig.

21/5 S. Mit Heini Himmel – Cobenzl, Waldwege unbekannter Art – Grinzing. Er interessirt sich sehr, was in der Geschichte wahr, was erfunden sei, wie man das wissen könne; Nibelungenlied – Buchdruckerkunst – ob Goethe alles geschrieben, was man ihm zuschreibe etc.–

Mama zu Tisch. Mit ihr Fünfte Mahler. Welche Autobiographie!–

Hans, Karl, Annie, Kinder im Garten. Lili mit Steinen, Tannenzweigen und Blättern. Später auch Helene.–

Zum Nachtmahl Frau Giustiniani und Steffi Bachrach (ihre Schwester). Ganz nett, aber zu lang.– Zu viel Menschen überhaupt, zu wenig Sammlung. Arbeit! – Fast der Begriff schwindet mir.

22/5 Vormittag Tennis.

Bei Mama zu Tisch. Mit ihr Brahms Violin – Violoncell Concert.–

Mit O. zu Manassewitsch (nach leichter Knieverletzung Grethes).–

Bei mir Hr. Steif, Verlag Lahme, Gründung eines deutsch österreichischen Verlags; meine Mitwirkung wäre unerläßlich etc. Dilatorisch.–

Hr. Antal, wieder recht viel schwätzend; aber nicht dumm.

Baron Winterstein, mit ihm, später Schmidls, O. im Garten.–

23/5 Dictirt.–

Burgtheater; bei Baron Berger. Brachte ihm „Guido Helzers" „Der Sohn der Sonne" zurück. Meine Vermutung, die Verfasserin sei seine Nichte Gisela v. Berger, bestätigte sich. Begabung unzweifelhaft. Durch Halm verdünnter Hebbel. Durcheinanderflimmern der „Weltanschauungen". Gefährlichkeit des 4. Aktes. Er hält Theatererfolg für möglich; ich kaum. „Ob es ein Talent wäre, das meiner Ansicht nach besondre Förderung durch Aufführung verdiene?" Förderung dadurch, daß man das nächste Stück sofort liest.– B. gab mir in allem recht (wie immer und wie jedem) (ohne Falschheit – er hat über alle Dinge so viele Urtheile, daß auch das richtige drunter ist).

Sah mir einen Theil der Faust-Probe an; Herr Höbling als Faust.–

Nm. ließ sich Salten ansagen, kam; erzählt mir die Conflictsgeschichte mit der Zeit, die vor wenig Tagen durch Kündigung von Seiten der Zeit geendet. Über allerlei Eventualitäten: Versöhnung, Neue Presse, freie Schriftstellerei.–

Zu Julius und Helene. Nachtmahl. Familie. Paul Altmann spielte nach dem Gehör meine Walzer.–

24/5 Mit O. Besorgungen in der Stadt.–

Nm. am „Graesler".–

Frl. Emma Loewenstamm: soll ihr zu einer Radirung sitzen, nur einmal.–

Gegen Abend zu Salten, nachdem ich sein überschicktes Mahlerfeuilleton (prächtig) und Novelle „Agathe" gelesen; wegen Erkrankung Paulis. Otti theilte mir mit, daß Paul morgen von Julius operirt wird (Appendix). Salten hatte eben eine Vorlesung.–

25/5 Vm. dictirt.– Spazieren.

Nm. am Graesler weiter.

Abd. mit O. und Steffi Bachrach Staatsbahnhof. Nachtmahl. Abreise.

26/5 Prag. Hotel Palace.–

Teweles holt mich ab. „(heneral)"probe Medardus. Einiges sehr gut. Eger guter Regisseur. Onno Medardus, Durieux Helene;– Hetsey Frau Klaehr als Gäste.– Einiges (Schütz: Herzog) so provinziell, daß O. und Steffi lachen mußten. Mittagessen bei Czada. Verstimmung, weil das Lachen bemerkt und auf der Bühne offenbar peinlich empfunden worden.–

Nm. sah ich mir auch noch einige Scenen an.

Abends „Anatol" im Landestheater; ganz hübsche Vorstellung. Nachher bei Teweles', mit O. und Steffi; Zieglers, Durieux, Grabs.

27/5 Prag. Correctur des „Mörder".–

Autofahrt; von Frau Alice Ziegler abgeholt mit O. und Steffi; Baumgarten, Hradschin, Strahov, Synagoge, Rundfahrt; zu Zieglers; der Bub.–

Mittag im Hotel; Ruhe am Nachmittag, lustige Jause;– Steffis Humor.

Abd. Medardus-Première.– Zu lange Zwischenakte. Vor Schönbrunn 40 Minuten. Trampeln und Applaudiren. Ich erschien vom Schluß des 3. Akts an. Sehr großer Erfolg. Schluß $^{1}/_{4}$ 1.–

Im „Stern".– Teweles', Zieglers, Eger, Pringsheim (hier Kapellmeister), Holzers, Handls. (Seine Kritik in der Bohemia. Mein Widerspruch. Er gibt mir im Grund recht.–)

28/5 S. Prag. Im Hotel erscheinen Frau Teweles und Frau Ziegler.–

Vor der Abreise ein paar Minuten bei Zieglers. Eger und die Durieux. Sie möchte die Helene in Berlin spielen.–

Nach Karlsbad. Pupp.–

29/5 Karlsbad.– Spaziergang gegen Kaiserpark mit den Damen und Isidor Benedikt.

Nm. mit Isidor Benedikt und Frau (Grethel Loewenbach) Auto Hans Heiling.–

Bei Pupp Nachtmahl.

Dr. Oskar Kraus (Vormittag) und Dr. Gerstl (Abend).–

30/5 Karlsbad – Marienbad. Hotel Ott. Nm. mit Steffi Wohnung gesucht. Glatzen und Königswarth zu Wagen.

– Im Hotel nach dem Nachtmahl Julius Elias und Frau. Über Schlenther und Berger. Er ein Intimus von Schlenther. (Der hat ihm angeblich gesagt: „Der größte Schmerz, den ich in Wien erlebt, war mein Bruch mit Schnitzler. Denn er war der einzige, den ich dort geliebt habe.") – Doch hat er zu Elias manche Unwahrheiten gesagt und viel verschwiegen, was ich nachweisen konnte.

31/5 Marienbad. Vormittag allein im Wald spazieren (gegen Rübezahl).–

Schlechtes Wetter. Übelbefinden.

Nm. auch allein spazieren, gegen Egerländer.–

Elias bei der Wohnungsuche behilflich.–

Nach dem Nachtmahl mit Elias.

Bahnhof – Abreise.

1/6 Wien. Vm. dictirt (Briefe, Graesler).

Nm. ein bißchen am Graesler.–

Mit O. zu Salten. Dort Wassermann, der mit uns kam und bei uns (nach gemeinsamem Besuch bei Schmidls) nachtmahlte. Nachher kam auch Steffi.

2/6 Vormittag Tennis.– (Wassermann, Steffi, Kaufmann, Frau Egger, Else Speidel.) –

Nm. im Garten an Graesler.

Mit O. zu Mama. Familie (auch Hans, Karl, Annie). Ganz heitre Stimmung. Es wäre heute der goldne Hochzeitstag unsrer Eltern gewesen.

3/6 Vm. dictirt.– Mit O. Besorgungen.

Nm. Glücksmann; Tantiemenfragen etc.

Emil Thieben; wegen italienischer Übersetzungen. Schicksal meiner Sachen in Italien. Machte einen vertrauenswürdigen Eindruck.

4/6 Pfingstsonntag.– In der N. Fr. Pr. meine Novelle „Der Mörder"– in der Zeit „Die dreifache Warnung".

– Steffi Vormittag da; die das W. L. gelesen hatte.–

Mit O. zu Julius, Mittag; mit ihnen und Paul Altmann zum Derby. Dort zum ersten Male nach mehr als 20 Jahren. In einer Loge. Sprach Holzer, und Fr. Hetsey (soll bei Weisse für sie reden), Moritz Wechsel

u. a.– Ich setzte und verlor (im ganzen 75 Kr.) – Derbysieger: Dealer.–
Sprach überdies J. Mautner, Minnie Benedict und Emmy Sachs („der
Mörder" gefällt sehr).–

Auf dem Rückweg vom Derby stiegen die Buben von Julius bei uns
ein.

Julius und Helene zum Nachtmahl da. Heini hatte sich den Magen
verdorben, was anfangs zu Blinddarmangst Anlaß gab.–

Wassermann und Frau nach dem Nachtmahl. W. sehr eingenommen vom „Mörder", nur solle der Held den Mord nicht wirklich
begehen, sondern wirklich nur durch seine Liebe tödten.– Das wäre
vielleicht eine schönre, gewiß aber eine ganz andre Novelle. Unendlich
komisch Julie, die gestand, sie hätte geglaubt, ich meine sie und Jacob.
„Nun hast du mich nicht schon manchmal vergiften wollen" – wendet
sie sich an ihren Mann. (Nicht nur komisch, auch rührend, da sie ja
ihres Gatten Verliebtheit für Steffi B. kennt.) Ich: „Sie sind doch keine
Correspondentin wie Elise . . . ?" „Nein . . . aber sie ist doch herzlei-
dend." Ich: „Sie haben doch kein Herzleiden . . ." Sie: „Nein, ein
Herzleiden hab ich allerdings nicht." – Dann: „Und eigentlich hab ich
gedacht, Sie haben den Alfred nur aus Schonung für mich schlank und
groß gemacht . . ." (Weil Jacob klein und untersetzt ist!) – Während
dieses Besuches kamen Steffi B. und ihre Schwester uns für morgen
einladen, blieben aber unten.–

5/6 Pfingstmontag. Mit O. zu Beer-Hofmanns; mit Richard spazieren
über Gersthof, Schafberg–Pötzleinsdorf.– (Ein Ereignis!) –

Nm. Richard und Paula bei uns; das Haus in seiner neuen Gestalt
besichtigen.–

Am „Graesler" weiter.

Mit O. zu Bachrachs. Herrn B. kennen gelernt. Wohnung und
Garten. Zum Nachtmahl Auernheimers und Wassermann. Über den
„Mörder". W. versprach, die Novelle nach seiner Art zu schreiben.–

6/6 Vm. dictirt. U. a. an Fischer, in Sachen des Buchs Handl über mich.
Ich sage Nein.–

Zu Rosenbaum in die Burg. Besetzungs- und Terminfragen. Über
Berger. („Ich krieg so viel anonyme Briefe über Sie." „Vor dem
Höbling müssen Sie sich in acht nehmen . . .")

– Zu Tisch bei Mama. Mit O. in der Prag-Rudniker.–

Frau Schmidl;– im Garten.

Otto Tressler erscheint; möchte den Hofreiter spielen (was er schon
Rosenbaum gesagt) – ich stellte Möglichkeit doppelter Besetzung in
Aussicht. Zum Thee blieb er, und kam Paul Marx.

Paul über die Zustände bei Brahm; Lessing und Reicher insbesondre. (R.: Das passirt mir... der ich seit 20 Jahren unter Lebensgefahr im Lessingtheater thätig bin...) –

Im Türkenschanzpark. Kaufmann, Richard und Paula, Kaufmanns
Schwester; Bella, Leo.–

Man sah sich nachher noch unser Haus innen an.

7/6 Vm. Tennis.– Auf dem Heimweg lernte ich durch Steffi B. unsre
Nachbarin Frau Schmutzer kennen.–

Verärgerter Nachmittag. Keine Arbeitsmöglichkeit.–

Las im Garten Dickens „Raritätenladen", Lili neben mir. („Tater-
le...")

Hugo und Gerty. Hugo über seine nervösen Herzzustände, über
„Mörder" (am Schluß fehlt ihm was); über Schönherr; Korngold – und
Goldmann, Ohnmacht der Kritik.– Über die neue Homer Übersetzung
von Schröder,– über Griechentum im allgemeinen. Seine Pläne, „Jedermann" insbesondre.–

8/6 Vm. dictirt Graesler, Briefe.–

Zu Mittag Brahm da, blieb bis gegen 6, wir begleiteten ihn zur
Tram. Über „Weites Land". Erfolgchancen, Striche; über Berger etc.;
seine Rücktritts„absichten" und die Gerüchte.–

Mit O. bei Saltens. Verhältnis zur „Zeit"; anderweitige Chancen.
Er scheint sich unsicher zu fühlen.

Mit O. Türkenschanzpark genachtmahlt.–

Auf dem Balkon bis 12 „Hirtenflöte" Correctur nach der letzten
Abschrift.

9/6 Vm. Tennis.–

In die Burg. Gespräch mit Berger. Über seine letzten Feuilletons
(Schuselka etc.), über 48, politisches, Stoffe und dergl.– Dann über die
Doppelbesetzung „Weites Land". Endlich über Rosenbaum. „Deswegen lag mir besonders daran, mit Ihnen zu sprechen. Ich erhalte allerlei
Briefe, man intriguirt gegen ihn, erzählt das und das – was halten Sie
von ihm?"(Zuerst: Sind Sie intim mit ihm? Ich: Sehr gut...) – Ich lobe
seine Verläßlichkeit, seinen Takt, sein Urtheil etc.; warne Berger vor
den Antisemiten, die natürlich einen der ihren an R.s Stelle hineinbrin-
gen wollen, erkläre, daß hier all mein „Gerechtigkeitsgefühl" aufhöre
und nannte sie ein tückisches, gemeines, talentloses Geschmeiß. Sie
meinten nun (sage ich weiter) den Boden wohl vorbereitet zu haben, da
Berger als Schützling des Este gelte, ferner weil B.s Bruder clericales
Herrenhausmitglied.– B. schien sehr beeindruckt – was nicht hindern
wird, daß am Ende R. doch fallen dürfte. „Soll ich R. etwas sagen von

der Geschichte", frage ich perfid, „er kommt nächstens zu mir." B.:
Nein ... ich hab ihm von all den Dingen kein Wort gesagt – (Unwahr;
denn R. hat sich ja neulich selbst bei mir beklagt.) Ich rathe B.
dringend, bei nächster Gelegenheit auf einer Confrontation zu bestehen, und wer nicht bereit sei, einzustehn, einfach hinauszuschmeißen.–
Am Schluß sagt B.: „Es thut mir wohl mit Ihnen geredet zu haben; zu
Ihnen hab ich so großes Vertrauen ... ich möchte oft mit Ihnen
reden ..."

– Nach Tisch Paul Marx, später Frl. Matscheko; über Theater-
sachen; Höbling, Rottmann etc.–

Bei Mama zum Nachtmahl. Familie. Gustav.–

10/6 Vm. Stadt, Reisebureaus.–

Dictirt. Briefe –

Hr. Artur Loewe; aus Berlin, in Sachen „Reigen". Übergab ihm
41. – 43. Auflage.

Nachmittag wie so oft in Müdigkeit und Verstimmung. Notizen
zum Graesler.

Zum Nachtmahl Grethe Samuely mit Norbert Jacques, Geschichten
von Balder Olden etc.–

11/6 S. Vormittag mit Heini Predigerstuhl – Jubiläums Warte – Rosenthal Hütteldorf.– Über die Revolution, den 30j. Krieg ... Er bittet
mich, Marbot lesen zu dürfen. „Woraus besteht die Erde?"

Nm. lag ich im Garten auf der Wiese. Die Kinder und Saltens
Kinder spielten.–

Julius Helene holen uns im Auto, wir fahren auf den Cobenzl.
Wundervoller Sommertag. Das Publikum. Die bunten menschenvollen
Wiesen. Das Treiben um das Hotel.– Spaziergang in den Wald.
Zurück.

Zum Nachtmahl Gustav Schwarzkopf und Paul M.– (Vorher Mimi
Giustiniani Adieu sagen vor Paris.) – Mühsal des Hörens und allerlei
Melancholien.

12/6 Vormittag Tennis.

Die Gartenmöbel aus München langten an.

Nm. am Graesler weiter.

Dr. Ludwig Bauer. Sein Erfolg mit „Königstrust". Über Hrn
Arthur Langen, der meine Eintheilung zur Physiologie des Schaffens
mir mittheilt, rundfragenhaft, vergessend, daß sie von mir stammt und
er sie durch Bauer erfahren.

Türkenschanzpark mit Frau Bachrach und Steffi, sowie Dr. Zweig
(aus Amerika zurück); dann auch Saltens.

13/6 Wahl. Ich wählte sozialdemokratisch (Obrist).

O. vom Tennisplatz geholt; Gound wartete; Gespräch in der Hasenauerstraße. Singen; Tod seines Sohns; Verlobung mit Frl. Lauterburg.

Dictirt. Briefe, Graesler.–

Nm. an Graesler.

Frau Hofr. Zuckerkandl; in Sachen Medardus für Paris.–

Spazieren mit O. Prechtler und Frau. Elogen. Hatten eben mit Hagemann gesprochen. Falsche Leute.–

Nach dem Nachtmahl Steffi, später ihre Mutter und Wassermann.

14/6 Vm. Tennis im Regen mit Steffi und auch dem Trainer. Frau Bachrach.–

Nm. am Graesler.

Mit Saltens (ohne O., die bettlägerig) zu Trebitschs, wo Zweig, Wassermann.–

Nach dem Nachtmahl Baraque-Spiel.

15/6 Regen. Später mit Heini spazieren.

Mama zu Tisch. Schumann Quintett.

Am Graesler weiter.–

Besuche: Steffi, Frau Schmidl, Hajek und Gisa.–

Gisa erzählt O. (ohne mein Beisein) von dem Geklatsch das Mama über meine Ausgaben fürs Haus macht. Statt daß sie sich darüber freut, mich endlich (wenn vielleicht auch nur vorübergehend) mit fünfzig, mit meinem Namen, in ein anständiges Verdienen gekommen zu sehn. Diese Eigenschaften von Mama nehmen mit dem Alter pathologisch zu.

Zum Nachtmahl Dr. Rosenbaum und Frau; später Richard mit Paula.– Thiergeschichten; über Berger u. s. w.– Mein miserables Hören brachte mich zur Verzweiflung.

16/6 Vm. dictirt (u. a. an die Steuerbehörde, für Schönherr). Am Graesler.– Med.-Scenarium für die Hofr. Zuckerkandl.

Nm. am Graesler weiter, trotz verstörten Tages.–

Bei Mama. Julius und Helene.

17/6 Vm. Besorgungen.– Panorama (Paris).

Bei Frl. Loewenstamm; die mich radirt. Wurde xmal photographirt.–

Nm. Herr Josef Kitir, als Bittsteller.–

Paul Marx, im Garten.–

Dictirt.– Der dumm dreiste Brief von Hrn A. Langen.

18/6 S. Mit Heini Kahlenberg–Josefsteig–Klosterneuburg. Himbeer-

kracherln in der Waldschänke.– War innerlich zuviel mit dem Brief an
Langen beschäftigt – eine so nichtig-unwürdige Gelegenheit. Überhaupt,– meine Correspondenz dies Jahr : Goldmann, Ehrenstein, Langen
etc. Wieviel Zeit, Nerven geht für diese Überflüssigkeiten, Widerlichkeiten, Aussichtslosigkeiten auf.– Solches Zeug, wenn nicht ernsteres,
düsteres begleitet mich auf meinen Spaziergängen. Wieviele Stunden,
Viertelstunden war ich im Laufe der letzten Jahre auf solchen
Spaziergängen mit „Denken", mit „Entwerfen" beschäftigt – ? – Und
das Glücksgefühl, dessen ich mich [!] großer Intensität bewußt werde :
hier gehst du mit deinem Sohne durch den Wald,– daheim, in einem
schönen wohlgehaltnen Hause warten Olga und Lili – ist durch
Altersgedanken und ähnliches oft fast schmerzlich betont.–

Nm. erschien Kapellmeister Walter, ich ließ O. von Bachrachs
holen. Er sprach sehr schön vom Medardus, den er vorgestern gesehn.
Über Mahlers Tod. Über Weingartner und Gregor (den er, in der
amusantesten Weise, vernichtet). Er hat etwas fascinirendes, fast
genialisches.–

Dr. Ludwig Bauer; kurz über die Angelegenheit Langen. Erlebnisse, Briefe aus dem Publikum.–

Nach dem Nachtmahl: Frau Bachrach, Steffi; später Salten, Was-
sermann, Julie; dann auch Otti Salten, Frl. Heim, Frl. Jarosch (neu).–
Julie, miserabel aussehend, ging bald. (Steffi!) – Pokerpartie mit Frau
B., Salten, Wassermann, Otti.– Maibowle.

19/6 Vm. dictirt.–

Nm. am „Graesler".

Später mit Frau Schmidl und Hansi von uns aus in ihren Garten,
mit O.

20/6 Stichwahl. Wählte Pollauf.–

Dictirt (Brief an Langen), Graesler. Das Med.-Scenarium an Frau
Zuckerkandl nach Paris geschickt.–

Nm. an Graesler weiter.

Mit O. und Steffi spazieren; in Sommerwind.

Lese Sombart (Juden und das Wirtschaftsleben), Mommsen, Bloch
(Sexualleben), Pückler Briefe,– Kleist (Schroffenstein) Jean Christophe
(4. Band „Revolte") Heine von Kraus, Goethe Sprüche u. a.–

21/6 Vm. spazieren; im Maria Josefa Park beim Arsenal.– Besorgungen.– Buchhändler Eisenstein klagt über seine Einsamkeit und
weint; erzählt ein Kahlenberger Abenteuer.

Mit O. bei Mama zu Tisch.–

Dictirt – „Graesler", sozusagen aus dem Kopf „zu Ende". Unmöglicher Strudelteig. Traurig, daß seit Feber dies und nichts andres meine Arbeit war. Vielleicht läßt sich übers Jahr eine leidliche Novellette draus machen. Von den 300 Seiten auf 120 etwa.

– An das literarische Echo (Heilborn) zur Aufbewahrung die Abschrift meiner Correspondenz mit Arthur Langen.

22/6 Vm. Burgtheater; Decorationsplan-Probe zum W. L. Mit Berger und Lehner. B. über 1848, über seine melancholischen Depressionen (er hat früher manchmal absichtlich den Revolver verlegt) etc.

– Nm. mit Kopfweh meist im Garten.

Mit O. und Mama bei „Glück im Winkel", wegen der Wohlgemuth. B. hat nemlich wieder Zweifel wegen der Erna bekommen.– Sie war wirklich schlecht, ja hilflos und schülerhaft – ich habe sie doch bei den ersten Proben zur Helene richtig beurtheilt. Aber es stecken Qualitäten in ihr und sie ist eine gute Proberin.

23/6 Vormittag Tennis.–

Zerstörter Nachmittag.–

Else Speidel, im Garten, über Felix' Neurasthenie, über Besetzung des W. L.–

Abends bei Gisa. Familie.

24/6 Vormittag dictirt. Briefe.–

In der Burg bei Berger. Im Zuschauerraum (Probe Schmetterlingsschlacht). Schlug vor, die Erna in der 1. Besetzung der Hofteufel zu geben. Er war einverstanden. Über den „Faust" als undankbare Rolle.– Sprach die Medelsky, Frank (über die Kinder), Frau Seydelmann-Osten, Wilke.–

Las Nm. Heinrich Manns Stück (Leonie), das er mir im Mscrpt. übersandt; schon der 1. Akt wirkte schwächer auf mich als bei seiner Vorlesung; der 2. und 3. unangenehm.

Trebitsch kommt sich verabschieden.

Frl. Loewenstamm bringt die Photographien zur Ansicht, bleibt lang im Garten, später auch mit O.

Zum Nachtmahl bei Kaufmanns. Leo, Bella, Wassermann. Julie ganz spät. Kauf der Wiese die an die Schule grenzt. Balzacsches Wesen und Treiben.–

Bella über ihre Schwester, über „Pierrette" (in Petersburg).

25/6 S. Mit Heini Hameau, Dornbacher Park.–

Mama zu Tisch.

Nachmittag im Garten las ich Zweigs Manuscript „Haus am Meer". 1. und 2. Akt spannend – begabt,– der dritte balladesk – und es kommt heraus, daß nichts dahinter steckt. O. saß neben mir und las Manns

Stück. Gespräch darüber.

Mit O. bei Bachrachs. Zweig, Wassermann; Max Leitner (Frau B.s Bruder, vom Sehn seit Jahrzehnten mir bekannt). Nach dem Nachtmahl im Garten. Bowle.

26/6 Vormittag bei Speidels. Elses Bild, von Dessauer. Tennis. (Steffi, Wassermann, Kaufmann.)

Nm. dictirt Briefe (an Mann, über „Leonie") –

Zum Nachtmahl Steffi. Später Wassermann.

27/6 Mit O. Semmering.

Nachmittag ins Kurhaus, wo Brahm und Frau Jonas.– Mit ihnen genachtmahlt.

28/6 Mit Brahm und Fr. Jonas spazieren.

Mittag kam Wassermann.–

Nachmittag Spaziergang.

Billard mit W.

29/6 Mit O. und Wassermann spazieren neuer Weg Thalhof (Gespräch über Steffi, Familienverhältnisse und dergl.) – Prein; beim Eggl zu Mittag – auf dem Balkon drüben einsam perorirend der Philosoph Holzapfel; Herr Werthner begrüßt mich („Saubermann") – Wagen Payerbach, Bahn Semmering.–

Mit Brahm und Wassermann spazieren. Geburtstagssouper für Frau Jonas im Kurhaus.–

30/6 Erst um 4 Uhr morgens eingeschlafen.

Zu Brahm. Mit Wassermann im Wald gelegen (Doppelreiterkogel) (über Schlüsselromane). Über die Figuren ringsum,– den Streber, den Lebenskünstler, den Philosophen u. a. Lauter Intentionisten, wie ich sie nenne.

Nm. mit Wassermann zu Fuß Maria Schutz; zu Wagen kamen Brahm, Olga, Frau Jonas und Sohn Fritz.– Mit Olga im Wagen zurück. Sie essen bei uns zu Abend.

1/7 Hr. Seybel sen. stellt sich vor, für das Interesse dankend, das ich an seinem Sohne Georg nehme.–

Mit Frau Jonas, Fritz und Wassermann Spaziergang übern Pinkenkogel. Über Jugendversuche, literarische Anfänge, Aeroplane.–

Nach Tisch Hugo, Gerty. Spaziergang mit ihnen und den andern. Mit Hugo über Wagner (Autobiografie).

Domino Abend.–

2/7 Mit O., Hugo und Gerty, Wassermann, Frl. Annie Schindler (neu; Josefstadt, Schauspielerin) Sonnwendstein.–

Nm. Brahm, Frau Jonas bei uns. Besetzungsfragen Weites Land.–

Nachtmahl Terrasse – Domino.

3/7 Abreise. Wassermann, Hugo, Gerty, begleiten uns zur Bahn;–
Station Wolfsbergkogel Brahm und Fr. Jonas mit Blumen. Im Coupé
zu lesen begonnen Kroepelin, Harte Ehen. (Oben las ich Jean Christophe Bd. 4.) –

Nm. allerlei geordnet. Briefe an Liesl und Albert; Geld an Liesl.–

Den Einakter „Komödiantin“ durchgesehn.

Steffi zum Nachtmahl bei uns. Höre mit Mühe dem Gespräch zu.
Schwere Verdüsterung.

4/7 Bei Mama, die krank (Periostitis wie vor 17 Jahren).–

Besorgungen. Sprach Ebermann, Kapper; beide in Lebenslügen
verstrickt – oder gerettet?

Nm. las ich die 2 andern Einakter des Komödianten Cyclus.
(Philibert – Lügenwelt.) Der letztere hat Zukunft.

Strial und Frau im Vorübergehen in Garten und Haus.

Mit O. und Heini bei Gisa zum Nachtmahl. Auch Mama, an der
Julius eine kleine Incision gemacht. Familie, auch die Kinder.– Sommerplangespräch, das sich mit O. auch daheim unerfreulich genug
fortsetzte.

5/7 Vm. Tennis mit Steffi. Über ihre Unharmonie, über die Übergangs-
zeit, in der wir, insbesondre die jungen Mädchen leben, allgemein, und
mit Beziehung auf Jakob.–

Mit O. die später kam und Steffi zu Bachrachs. Mimi (von der
Automobiltour zurück) erzählt von Paris.

Zu Speidels. Sommerabschied. Auf der Terrasse von Beldowicz’.
Frl. Marx.–

Nm. im Garten Mimi, Steffi.

Zu Mama. Adieu für den Sommer.

Dictirt dem Frl. Hoffmann. Briefe.–

Wieder ein Sommerplangespräch mit O., das ins unerträglich-
abgründige verlief.

6/7 Im Garten gelesen. Sombart (Judentum und Wirtschaftsleben),
Heine (Kraus), Orpheus (von Reinach) etc.– Auch im Türkenschanzpark spazieren, in düsterster Stimmung.

Nm. Dr. Pollak da. Ratschläge für den Sommer. Prächtiger
Mensch.–

Paul M. zum Nachtmahl. Steffi und Frau Bachrach Abschied
nehmend.

7/7 Vm. bei Gustav. Über Paulsens Verheiratung etc.–

Bei Dr. Karolyi mit O. und Heini.–

Nm. im Wagen mit O. nach Rodaun. Alte Wege; Erinnerungen. In Rodaun schöner Spaziergang mit Hugo und Gerty. Gespräch über Wagner, Bülow, Kleist, Novalis – Verkanntheiten und falsche Berühmtheiten. Hugo erzählt mir einen sehr hübschen Stoff (Graf Larisch und die Schwiegertochter). Im Garten bei ihm genachtmahlt. Über Risa Horns Krankheit; über Louis Friedmann, der (offenbar etwas geschmeichelt) nach dem 1. Akt W. L. geäußert: „Da bin ich Modell gestanden.–"

8/7 Vm. bei Karolyi.

Baron Berger bei mir. Doch lieber keine Doppelbesetzung des W. L.; nur gewisse Schauspieler in Reserve. Mir ganz recht. Über Schlenther. Er scheine irgend wie sexuell pervers. (Unsinn.) Dafür spreche auch seine Beziehung zu Brahm. Ich: Daß Br. es nicht ist, darauf zu schwören. B.: „Vacano war bei mir – vor Jahren, von Brahm empfohlen, hat mir erzählt, Brahm habe ihn ruinirt etc." Ich: V. ist ein Schuft. B.: „Ich hab ihn auch hinausgeworfen – und Brahm durch seinen Bruder Ludwig vor ihm (V.) warnen lassen... Übrigens ist es auch ein Zeichen für Br.s Normalität, daß ich ihn so gern habe – perverse Leute sind mir immer zuwider." – Ein echter Berger Dialog.–

Nm. bei Frau Schmidl mit O.

Abends Baron Winterstein und Schmidls.– Kopfweh.

9/7 S. Spaziergang mit O. Auch auf dem Friedhof, Kainz' Grabstein.–

Nm. Auseinandersetzung.– Krisenluft –

Abends Domino mit O.–

10/7 Vm. Sombarts Buch (interessant) ausgelesen.–

Mit O. bei Hajek wegen ihres Catarrhs.

Nm. begann ich wieder Bernhardi durchzusehen.–

Las die „Fackel" mit großem Vergnügen.

Zum Nachtmahl Schmidls.–

Nachher wieder Auseinandersetzung. Wie soll das werden.

11/7 Vm. allein Pötzleinsdorfer Wald. Einsam trübe Stunde auf der Bank. Notizen.

Nm. las ich in Bernhardi, notirte zum 5. Akt.–

Abends Paul M. und Hajek zum Nachtmahl.–

12/7 Besorgungen Stadt.–

Nm. lange tiefgehende, aber gerade darum besser endende Auseinandersetzung.–

Julius zu Besuch.

Im Türkenschanzpark genachtmahlt. Leo, Bella, Kaufmann, Schmidl. Leo Schwimm- und Tauchgeschichten aus alter Zeit.

Tagelange Kopfschmerzen; Verdüsterung durch das Fortschreiten des Ohrenleidens. Als schwände der Boden unter den Füßen.

13/7 Vm. mit O., Heini, Hansi Schmidl und deren Fräulein nach dem Gänsehäufel; gebadet.– Heini einige Tempi beigebracht.

Nm. Notizen zu Bernhardi –

Julius holt uns, per Auto Cobenzl. Im „Schloß" genachtmahlt. Entzücken über Wien. Julius 46. Geburtstag.

14/7 Schmutzer stellt sich mir vor bei der Tram.

Vm. Tennis mit Kaufmann. Heini schaute zu. Gespräche mit Kaufmann. Von allen Menschen, die ich kennen gelernt wohl der wahrhaft „vornehmste". Eine Vereinigung von Güte und Intellect wie selten.–

Er speiste bei uns. Über Wassermann (von dem eben ein sehr hübscher aber recht schwindelhafter Brief an O. gekommen war) etc.–

Am 1. Akt Bernhardi redlicher als bisher. Die Scene Bernh.– Pfarrer.–

Mit O. spazieren. Auernheimer im Park, mit ihm.

15/7 Mit O. Besorgungen; bei Hajek.

Nm. am Bernhardi. Zweiter Akt.

Gegen Abend Herr Bachrach im Garten.

Zum Nachtmahl Kaufmann, Leo, Bella. (Über Instinkt und Verstand.) Bella spielte Clavier.–

16/7 S. Mit Heini von Gumpoldskirchen auf Anninger (das abgebrannte Haus); über goldne Stiege nach Mödling.–

Nm. am Bernhardi, 3. Akt. Fange an an das Stück zu glauben.–

Zum Nachtmahl Herr und Frau Schmidl. Über Wassermann, etc.

17/7 Vm. Besorgungen in der Stadt.–

Nm. am Bernhardi, besonders 4. Akt.–

Neue Sommerschwierigkeiten; weil wir möglicherweise mit Mama zusammen sein sollen. Thränen Olgas. Mißlichkeiten mit dem Fräulein. Julius kam gegen Abend, später Frau Schmidl.– Es könnte alles, vieles, leichter sein.

18/7 Vm. im Pötzleinsdorfer Wald. Dem Roman erinnernd nachgesonnen.

Nm. Tante Irene da; wegen Sommeraufenthalts Mama etc.

Notizen zum Bernhardi, 5. Act.

Las Biberich, „Auf der Spirale", ganz fein zum Theil. Begann Charmatz, „Innre Geschichte Österreichs". Lese ferner Pückler Briefe; Freytag, 30j. Krieg, Bloch Sexualleben unsrer Zeit, Mommsen u. a.

19/7 Vm. Tennis mit Frau Dr. Fleischmann und dem Trainer, dann Dr.

Kaufmann. Mit K. über allerlei historisches; Jesus Christus. K. hat in jungen Jahren einen „Judas" Plan entworfen.–

Nm. einige Blätter aus den „Journalisten" eingesehn.–

Notizen zum „Bernhardi".

20/7 Vormittag in beträchtlicher Hitze Pötzleinsdorf; Wald, Bank, wie neulich.

Zu Tisch Kaufmann bei uns.

Nm. einige Pläne durchgesehn. Kam auch zum „Verführer", der mich nicht mehr losließ. Ein fascinirender Stoff. Vom 1. Akt ist schon manches da. Dachte weiter nach. Beschloß ihn zunächst in Angriff zu nehmen.–

Julius am Nm.; Sommerunklarheit, auch wegen Mama.

21/7 Vm. mit O. Besorgungen in der Stadt.

Nm. im Anschluß an Telegramm von Mama und Frau Schmidl (Semmering) Sommeraufenthaltsgespräche. Immer complicirter.–

Croquet im Garten.

Zum Nachtmahl Herr Schmidl. Domino.

22/7 Endlose Verwirrungen wegen des Sommers; ob Mama Baden fährt oder nicht; Unaufrichtigkeiten in der Familie. Nm. Tante Irene da. Kam zu nichts. Große Hitze.

23/7 S. Vm. Julius bei uns.

Las Charmatz (Österreichs politische Geschichte seit 48), Mommsen Band 1 zu Ende.

Lili liest: Ellabullabullebull.–

Abreise. Mit O. Westbahn genachtmahlt.

24/7 Ankunft Salzburg. Weiter nach Berchtesgaden. Wagen auf den Ober Salzberg. Pension Antenberg. Dort gegessen. Freundliche Wirthin. Miethgedanken.

Zurück. Nach Gilgen. In Plomberg stieg Annie Strial mit Gemahl und ein Frl. [Duren], Malerin aus Kassel zu uns ein.– Wohnen See-Hotel. Sikoras. Nachtmahlen alle in Lueg.

25/7 Vm. Lueg. Wald. Bad.

Nm. am See gesessen; mit O.; Jean Christophe gelesen.–

Zu Burckhard, den ich in Lueg eben radbesteigend treffe. Mit ihm in seine Villa. Er immer umständlicher, althofrätlicher. Erzählt mir von der Lümmelei des Verlegers Georg Müller.– Im Salettl, die drei Damen, die er mir vorstellt.

Bad.– Im Seehotel mit Sikoras.

26/7 Vm. Bad.

Nm. gelesen, dann in dem Garten bei Sikoras, das Obst vom Baum und Strauch gegessen.

Bad. Nachtmahl Lueg.

27/7 Spaziergang gegens Zwölferhorn.– Bad.

Nachmittag kommen aus Unterach Fischers und Saltens. Mit S.
über ev. Schritte bei Benedikt.–

Bad.–

28/7 Fortdauernd außerordentliche Hitze.

Mittag bei Sikoras, ebenso am Abend. Champagner. Geschichten
von Excellenz Weiskirchner, die Annie der Olga erzählt. Die 30.000
„für den christlich-sozialen Wahlfonds", die Baumeister S. und noch
einer ihm geben – dankbar für die Übertragung der Wasserleitung.–
Jammerkerl.

29/7 St. Gilgen – Salzburg. Olga direct Wien. An der Bahn Frau Hanel
mit Töchterchen und obligatem Mutterstolz.

Ins Europe. Nm. auf den Gaisberg und zurück.

Abend Spaziergang. Im Europe im Freien genachtmahlt. Im Zimmer unleidliche Hitze.

30/7 Salzburg Innsbruck. Im Coupé der Decor-Atelier-Winternitz.
„Elogen." Geschichten von Weingartner, der Marcel, Gregor, Berger;
Weiskirchner.

– Hotel Sonne. Nachmittag Stubaithalbahn Fulpmes und zurück.
Sogleich Hungerburg (Drahtseilbahn), zu Fuß ins Hotel.

31/7 Vm. Spaziergang. Hofkirche.–

Bahn. Hajek. Aus Gossensass kommt Mama an, mit Gisa und
Margot. Hajeks reisen nach Silz.– Ich mit Mama ins Hotel Sonne.

– Nm. beschäftigt ich mich einigermaßen mit 5. Akt Bernhardi.

Abd. Abreise mit Mama.

1/8 Wien. Mit Mama zu Julius. Untersuchung. Telephonische Baden-
aussicht für Mama von Tante Irene. Mit Mama Südbahnhof; ich dann
nach Hause. Lili.

Olga und Heini auf dem Semmering.

1/8 [!] In Wien. Übelbefinden Nm.–

2/8 Auf den Semmering. Olga und Heini mir entgegen. Auch Mama
schon oben.

3/8 Die Correcturen „Redegonda" (Süddeutsche Monatshefte) und Hirtenflöte (N. R.).–

4/8 Mit O. über „Hirtenflöte". Sie hält es für meine beste Novelle.–

Nm. sah ich Mutter u. Sohn durch.–

Gespräch mit O. über Vater und Mutter, mit Beziehung auf den
Wurstlroman.

5/8 Ankunft von Lili. Abreise von Mama nach Baden. Düstrer Eindruck.

An M. u. S.

6/8 Beim Frühstück Hugo Salus.

Mit O. Pinkenkogel.

Nm. an „M. u. S.".

Mit O. und Salus spazieren.

7/8 Mit O. und Heini Mürzzuschlag. Im Laschitz Wäldchen. Schwül.

Nm. an M. u. S.

Mit Salus beim Nachtmahl. Geschichten von Kindern und von Kinderkriegen.

8/8 Mit O. spazieren.–

An „M. u. S.".

Mit O. Nm. zu Georg Seybel in die Villa. Herr Leon Doret und die Engländerin, die bald gehn. Tennis mit Georg Seybel.

Im Kfh. nach dem Nachtmahl mit Prof. Steinach (und Salus) über seine Versuche von Hoden-Transplantation etc. Kühne Pläne Steinachs: Verjüngungsmöglichkeiten.

9/8 Heinis 9. Geburtstag.

Mit O. Ortsbauer – Breitenstein.–

Nm. bei Benedikt. Über Judentum (Sombarts Buch); etc.; er frägt nach meinem „politischen Stück", doch bleib ich dabei keinen Inhalt zu erzählen.–

10/8 Umsiedlung in beßre Zimmer. (Wir wohnen Waldhof.) –

Nm. an M. u. S.–

Brief an Bernauer, sehr skeptisch, er will den Medardus aufführen.

11/8 Vm. mit Salus und O. Spaziergang Meierei. Salus erzählt, wie meist, Geschichten aus der Praxis; liest Gedichte vor, auf einer besonnten Bank.

Nm. an M. u. S.–

Abends mit O. und Heini der Production eines „Zaubrers" Ralph Wintherry beigewohnt.–

Las den 5. Band Jean Christophe aus („Antoinette").

12/8 Regentag.

Nm. im Café spricht mich Alfred Pick an (hier zu Tisch bei der Tante) – hat so viel schweres erlebt – in der letzten Zeit, wollte schon in Wien zu mir kommen, mir erzählen – da ich „alles verstehn müsse". Ob er im Herbst kommen dürfe.–

13/8 Brief Mamas über O.s „Animosität".–

Nm. „Bernhardi" wieder vorgenommen.–

Abends mit Dr. Glass und Frau, Prof. Steinach. Glass über Arbeiterzustände in Zwittau etc.–

14/8 Den 2. Akt Bernh. vorgenommen.

15/8 Mit O. Vm. ganz kurze Zeit beim Tennis Tournier (sprachen Prof. Ress und Frau), Nm. wieder. Schönes Match Graf Salm – Wessely. Widerliches Benehmen des Grafen.

Gewitter. 3. und 4. Akt Bernhardi.–

16/8 Beim Frühstück mit Hofrath Dlabač über Ministerium, Parlamentarismus; technische Fragen, wegen „Bernhardi".

Den 5. Akt B. durchgedacht, der noch nicht geschrieben ist.

An unserm Tisch Abend, wie meist Hugo Salus, Frau Glass.–

17/8 Mit Heini über die Ochner Alpe zum Fuß der Kampalpe.–

Nm. am 5. Akt zu skizziren versucht, in schlechter Stimmung.

18/8 Vm. Ochnerhöhe. Himbeern.

Nm. weiter am 5. Akt skizzirt.

Liechtensteinstraße, Olga mit den Kindern im Wagen mir entgegen.

Feuerwerk auf der Terrasse (81. Geburtstag des Kaisers). Die Kinder, Heini unter ihnen.

19/8 Beim Frühstück Ingenieur Müller, über die Zustände an der Grenze Ungarn, Rumänien, bei den Kohlengrubenarbeitern.–

Mit O. Pinkenkogel auf dem Rodelweg.

Nm. am 5. Akt weiter.

20/8 Vormittag mit O. über die „Freunde". Mit ein Grund, nicht nach Altaussee zu gehn, weil sie mich alle nervös machen. Jacobus, der Steffi „zu gestalten" versucht. Hugo mit seiner Geschäftigkeit. Richard, der ganz in sich eingeschlossen ist, in einer ewigen Sorge, zuviel zu geben, sich was zu vergeben.

Nm. am Bernhardi weiter. 5. Akt Skizze notdürftig abgeschlossen. Einfall, dem Hofrath Burckhard Züge zu verleihn.–

Im Café Abends durch Prof. Steinach Herrn und Frau Thummer (?) kennen gelernt. Frau Th. sehr literärisch; über den „Weg ins freie".

21/8 Mit Heini Wagen Mariaschutz; zu Fuß nach Schlagl und Raach. Herr Mandl (von Firma Kranner) macht die Honneurs in Landschaft und Gasthof.– Hinab durchs Syhrnthal Gloggnitz, Bahn Semmering.–

Nm. beschäftigte ich mich mit dem Einakter, der früher „Der Vorige" hieß.

22/8 Beschäftigt mit „Der Vorige".–

Mit Ing. Müller über Geologie; mit Salus u. a. über den jungen Eisler v. Terramare. Sein Todtengebet an der Leiche des Chauffeurs, von dem der Vater erzählt. „Mein Sohn ist nemlich ein fanatischer Katholik."–

23/8 Mit Heini nach Baden; Hotel Sacher, wo Mama mit Tante Irene. Mama auch nach der psychischen Seite recht sehr verändert. Klagen der Tante.

Auf der Rückfahrt Hofr. Dlabač; über Mahler, Pfitzner, Walter.

Nach dem Nachtmahl Ing. Müller über amerikanische Verhältnisse.

24/8 Telegramme an Julius und Gisa.–

Verstimmung mit O. (die sich von Ärzten umgeben aber doch in ihrer Gesundheit nicht genügend berücksichtigt findet).

– Spaziergang. Salus auf einer Bank Pinkenkogel, liest mir ein Waldesgedicht vor.–

Ich notire, nach langer langer Zeit, ein paar Verse („Vogelschrei . . .").

Treffe Seybel; er gibt mir ein Feuilleton aus dem Temps über die Wiener Theatersaison von einem Herrn J. F. Prater – der u. a. erzählt, Med. sei so durchgefallen – daß man es sofort abgesetzt. War unverhältnismäßig wüthend, entwarf eine Erwiderung.

Baronesse Edith Beschi, heut abgereist, schickt Blumen und liebe Worte. (Ich hatte sie nicht persönlich kennen gelernt.)

Brief Tante Irenens, über Mama, der mich zu neuem Telegramm an Julius veranlaßt.

Gewitter. Elektrische Störung. Hofr. Dlabač spielt im dunkeln Klavierzimmer schön Clavier, seine Mutter sitzt neben ihm.

Schweres Gespräch mit O. bis in die Nacht.

25/8 Spaziergang mit O. Wir fragen uns, warum wir eigentlich manchmal uns nicht vertragen, was uns beide doch immer bis zu Selbstvernichtungsideen herunterbringt. Ich glaube, hier wirken innere erotisch-metaphysische Gesetze.–

Nm. Teleph. mit Julius, der schon heut Vormittag bei Mama war.

Mit O. bei Benedikt und Frau (die wir bei dieser Gelegenheit kennen lernten). B. stellt sich mir für die Temps-Sache zur Verfügung.–
Über Ltnt. Gustl, Comtesse Mizzi u. a.–

Nach dem Nachtmahl zeigt Prof. Steinach mir und Salus die Transplantations-Photographien.– Tanz daneben, dem wir zusehen.

26/8 Mit O. Baden. (Salus auf der Heimreise mit uns.) Psychische Symptome bei Mama im Zunehmen. – Nm. Gespräch im Garten des Hotel Sacher mit Gottliebs.

Auf der Rückfahrt im Coupé Julius und Prof. Mannaberg.

27/8 Gegen die Ochnerhöhe zu.–

Einem Bureautrottel des Hotels die Briefe an den Temps und Frischauer dictirt.–

Kopfweh.

28/8 Mit O. zur Ochnerhöhe.–

Nm. mit den Kindern bei Benedikts zur Jause. Die Kinder erregten großes Entzücken – nach Verdienst. Mit B. sprach ich über Theodor Herzl, Zionismus u. a.– Berger solle einen Cyclus meiner Werke geben!–

Spaziergang mit O. Liechtensteinstraße wie meist Abend.–

29/8 Früh 7 mit O. Wien. Im Kremser gefrühstückt.– Ins Loew Sanatorium. Mama seit gestern dort;– Fieber. Verwirrung. Dabei Euphorie, was die Traurigkeit dieser Tage ein wenig erhellt.– Gisa Frid, Tante Pauline.

Mit O. in die Sternwartegasse. Haus und Garten. Wieder ins Sanatorium. Mit O. zu Hajek. Der Bronchialcatarrh noch nicht ganz geschwunden. Dort gegessen, auch Julius.– O. blieb in Wien; ich ins Sanatorium, dann auf die Bahn. Herr [Aman] im Coupé.–

Beim Nachtmahl an meinem Tisch Eisler v. Terramare, ein unausstehliches Jüngel.– Später am Tisch von Frau Glass und ihrer Schwester.–

30/8 Vormittag nach Wien. Südbahn gegessen. Ins Sanatorium. Mama etwas besser, aber recht benommen.– Nach Haus. Gewitter. Wieder ins Sanatorium.– Mit O. Riedhof. Traurigkeit der Alserstraße. Musik.–

Übernachte bei Mama. Schon im Bett liegend empfang ich Dr. Rudi Kaufmann (behandelnder Arzt). Wir reden bis gegen 11, über Tod, Krankheiten, Hypochondrien, Hebbel, mein Ohrenleiden u. a.– Seine äußere, und wohl auch innere Ähnlichkeit mit Polgar. Seine vorsichtigwiderwillige und doch von tieferer Sympathie erhellte Stellung zu mir.–

Unwohlsein Nachts. Kopfweh. Unerträglicher Lärm auf der Straße.–

31/8 Mama des Morgens besser, klarer. Julius spricht mit mir sogar schon über ev. Wohnungswechsel für später.

Nach Hause. Agnes Ulmann besucht uns. O. spricht mit ihr über Jacob. Was für ein Schwindler! Agnes gegenüber erklärt er ... Steffi laufe ihm nach; will nun wieder mit Agnes anbandeln.–

Ins Sanatorium mit O. Dort gegessen. Sehr abgeschlagen. Wie gering ist doch meine Widerstandskraft!–

Las in der letzten Zeit Jean Christophe weiter; Kellermann, Yester und Li.–

1/9 Befinden Mama Vormittag besser, Nachmittag wieder schlechter.

War Vm. im Burgtheater bei Rosenbaum. Über die Affaire „Temps".

Nm. geordnet, Briefe etc.–

Im Sanatorium genachtmahlt.–

Nachher bei uns Schmidl und Agnes. Über Jacob und Steffi. Agnes weinte.–

2/9 Den Vormittag im Sanatorium –, dort gegessen.

Nm. mit O. in den Dornbacher Park gefahren. Dort spazieren, wieder (nach communalen Wegschwierigkeiten im Pötzleinsdorfer Wald) ins Sanatorium.– Mama unruhig; aber nie Krankheitsgefühl.–

Dem Frl. Hoffmann Briefe dictirt.

Neue Striche von Brahm (W. L.) kamen.

Nach dem Nachtmahl fuhr ich nochmals ins Sanatorium. Mama auf. „Der Tag war ganz gut... nur jetzt ist es so heiß..." Ihr Aussehn. Erinnerung an die Physiognomie ihres Vaters.

Las zu Hause den 8. Band Jean Christophe (les amies) zu Ende.

3/9 S. Früh ins Sanatorium.–

Mit O. Prater gefahren. Beim Lusthaus spazieren.–

Ins Sanatorium.– Gustav dort.–

Nach Tisch Briefe. Im Garten Novalis gelesen.

Speidels kamen.

Ins Sanatorium;– von den Julius Kindern im Auto geholt. Wir, Julius und Helene im Deutschen Haus genachtmahlt.–

Ins Sanatorium. Dort geschlafen.

Das Befinden Mama Vormittag leidlich, Nm. immer Fieber, Verwirrtheit.

4/9 Mama: „So früh schon da? ...Hast du denn heut schon Première?"– Ich. Nein, erst am 14. October. Sie: Ah, das ist gescheidt, da bin ich ja schon zu Haus.–

Dr. Rudi Kaufmann (der gestern mit Agnes bei Medardus war). Wir sprachen über das Stück.–

Nach Haus. Agnes zu Besuch; im Garten.

Ins Sanatorium. Sprach wieder Rudi Kaufmann. Ärztlich-ethische Fragen, Medardus.– Blut- und Sputumuntersuchung.–

Nach Tisch zu Haus allerlei Rechnungshaftes. Else Speidel, erzählt uns die Geschichte von Georg Hirschfelds Scheidung und neuer Ehe. Elly hat sich für alle Fälle die Moosschwaige und eine Rente gesichert. Und den Petersen hat sie schon lang. Else sehr gegen Georgs neue Braut. Es war vieles komisch.–

Abend mit O. im Sanatorium genachtmahlt.

5/9 Sprach Vm. Paulsen, der seit Sommer mit der Bleibtreu vermählt; über Weites Land (er spielt den Mauer) Besetzung u. a.;– über Wilbrandts letztes Stück Siegfried der Cherusker (das ich noch nicht kenne).

Ins Sanatorium. Mama leidlich frisch; ißt sitzend; man ist immer bereit an Wunder zu glauben.–

Zum Thee bei mir Grace Palotta, deren Mutter vor kurzem starb, sie will zur deutschen Bühne übergehn. Brief an Berger.– Speidels auch da.

Ins Sanatorium. Plötzlicher Verfall. Wir blieben alle die Nacht, nachdem ich mir mit O. spät Abends noch allerlei von Haus geholt.

6/9 In der früh erholt sich Mama wieder.–

Nach Hause. Aufklärungen über die Person des Temps Lügners, Herr „Caudrelier", der, nach Horowitz (Präsident des Verbands der Auswärtigen Presse) und nach Rosenbaum sehr bedauert, ... zu jeder Genugthuung in seiner Zeitung bereit sei etc.–

Ins Sanatorium;– mit O. gegessen.

Nach Haus. Die Kinder kamen vom Semmering.

Wieder ins Sanatorium; mit O. nach Haus.–

Zurück ins Sanatorium. Dort geschlafen.–

7/9 Mama früh unverändert.–

Gespräch mit Dr. Kaufmann über Beziehungen zu Kindern, über Freud, Traumdeutung. Nach Haus, zurück mit O. ins Sanatorium.

Nm. zu Dr. Kunn; er verschrieb mir ein Glas mit $^1/_2$ Dioptrie, kaufte es gleich bei Fritsch.–

O. aus dem Sanatorium wieder abgeholt; bei uns Annie, später Karl und Hans mit ihrem Lehrer, Hrn Brodafka. Ping Pong mit den Buben, das sie dem Heini gebracht hatten.–

Fortdauernd schönes zu warmes Wetter.

Mit O. ins Sanatorium.– Mama immer schwächer, aber gar nicht leidend. Auf meine Frage: Wie gehts. „Gut... sehr gut..."

8/9 Früh ins Sanatorium. Zunehmende Schwäche. „Ist heut nicht deine Première?"–

In die Burg (auf Telegramm). Berger über Doppelbesetzung Genia etc. Er hat im Sommer einen Roman geschrieben, täglich 14 Stunden.– – Sprach auch Zweig, dessen Stück „Haus am Meer" wahrscheinlich angenommen wird.– Er beabsichtigt eine Feier für die 50jährigen des nächsten Jahres anzuregen: daß ihre Stücke am betreffenden Tag an allen deutschen Theatern gespielt werden.–

Ins Sanatorium – mit O. dort gegessen.–

Nm. nach Haus; im Garten.

Abends ins Sanatorium.– Mit Rudi Kaufmann über Darwinismus, und die „letzten Dinge".–

Schlief dort; begann vor dem Einschlafen (zum 2. Mal) „Juliens Tagebuch" zu lesen.

9/9 Mama früh sehr sehr schwach.– Sie fragt mich nach den Kindern. „Gehst du jetzt zu den Kindern." Später, als ich sage, sie sind auf dem Semmering, droht sie scherzhaft. „Ich weiß schon."–

Gegen 9 setzt die absolute Bewußtlosigkeit ein. Sie dauert bis $^1/_2 4$ Nachmittag; ohne sichtlichen Kampf entschlummert Mama. Das Zimmer 101, Pelikangasse 5, 2. Stock – sehr heiß, die Sonne fällt herein. Wir Kinder alle, Tante Irene mit Olga, Tante Pauline, Tante Johanna, Tante Rebecca, Gisela Frid waren im Sterbezimmer. Ich fühlte, wie unsagbar ich sie geliebt hatte; trotz der kleinen Entfremdungen, die das Leben immer wieder bringt. Zwischen 9 und 10 schien mir, lächelte sie mich noch einige Male an. In der Nacht hat sie oft, wie mir die Wärterin erzählt, „Heini" gerufen.

Mit Julius in die Frankgasse. Wir fanden in der Kasse einen kurzen Brief, vom 10. 1. 1911 „am Tage vor der Volkszählung" an ihre „theuern Kinder", in dem, von unbedeutenden Bestimmungen abgesehn (Tante Pauline 10.000 Kr.) wir zu Erben eingesetzt werden.– Wieder zurück ins Sanatorium, wo schon Herr Breitner, der sich uns für das äußerliche unvermeidliche zur Verfügung gestellt.–

Mit O. nach Hause. Las einiges, was über die Bea. in Hamburg gedruckt worden war.–

Fuhr mit O. wieder hinein, brachte sie Frankgasse, ich ins Sanatorium; wo Julius und Hajek. Nach zehn begleiteten wir den Leichnam unsrer lieben Mutter in die Frankgasse – wo alles zum Empfang bereit war. Wir sechs saßen noch einige Zeit im Salon – so wie an den Familienabenden. Und unsre arme Mutter lag todt daneben. Und wieder erträgt und überlebt man einen Schmerz. Unvergeßlich, ewig unvergeßlich der ungeheure Ernst ihres Antlitzes.

10/9 Fast den ganzen Tag in der Frankgasse. Condolenzen. Wir speisten zu Mittag und Abend dort.–

11/9 Das Begräbnis unsrer Mutter. Schöner Herbsttag. Bahr erzählt mir daß er nach Salzburg übersiedeln wird („Stadt des Trostes").– Die ungarischen Verwandten.– Das Trauermahl.–

Das Nachmittagsgespräch mit Dr. Geiringer über die Nachlaßverwaltung.–

Nach Hause. Das völlige Unverständnis Heinis, das mir fast etwas schmerzliches hat.–

Mirjam Ziegel, wegen Volkstheater Verhandlung hier. (Sie hatte einen Kranz geschickt. Ich gab ihr Medardus.) Wir zeigten ihr das Haus.–

Bei Gisa zum Nachtmahl. Wir sechs. Keine Mama. Unfaßbar. Gespräche über Jugendtage. Julius viel über Else Störk.–

12/9 Besorgungen mit O.– Mit ihr bei Hajek. Die Bronchitis noch nicht ganz gut.–

Zu Tisch Mirjam bei uns.

Später zum Thee außer ihr Frieda Pollak, Speidels.–

Qual des Gedankens: nie wieder. Ich hätte nicht gedacht, daß es mir so unerträglich sein würde –

Las zu Ende „Juliens Tagebuch". Begann zu lesen Brahms Kleistbuch, das er mir eben geschickt (wie O. sein Stauffer Buch).

13/9 Mit Heini für Lili (2. Geburtstag) Geschenke gekauft.– Silber aus der Bank abgeholt.

Bescherung. Schöner Herbsttag.–

Dictirt dem Frl. Pollak: Bernhardi, Skizze 5. Akt.

Gegen Abend und zum Nachtmahl Julius Helene, Gisa, Hajek.–

Nachher Schmidl; Familienerinnerungen.–

14/9 Vm. Besorgungen in der Stadt.

Frankgasse. Conferenz mit den Advokaten Karplus und Geiringer. Documente in der Kasse. Erinnerungen mancher Art.

Nm. kam Grace Palotta, trug uns, mit peinlich englischem Accent einen Kitsch von Wildenbruch (Hexenlied) vor; Frau Altmann war dabei.

Dictirt Bernhardi.–

15/9 Burgtheater. Erste Setzprobe zum Weiten Land. Erster Akt. Schon heut zu sagen, daß die Hauptrollen Korff – Marberg – Hofteufel durchaus im Niveau zu tief sein werden.

– Nm. las ich in alten dramatischen Fragmenten.

16/9 Probe. 3. und 2. Akt.–

Nm. Vanjung, aus Sylt zurück.

Dr. Pollak, wegen O.s Bronchitis.

Dictirt: Bernhardi.

17/9 S. Vm. Richard bei mir. Über seine Beziehungen zu Menschen und zu seinen Arbeiten. Mirjams Prüfung und die Bosheit der Lehrerinnen.–

Mit Heini ein bißchen im Park.

Nm. Briefe geschrieben, Dank.

Zu Besuch Magda Klein, Johann Klein; später Julius, Helene.–
Else Speidel; Besetzungs- und Probenfragen zum W. L. Schauspieler Launen, Unzufriedenheiten.

– Dr. Arthur Kaufmann.–

O. bettlägerig; ich allein zu Hajeks, wo Julius und Helene.

18/9 Probe W. L. 4. und 5. Akt.–

Sagte zu B. einiges (liebenswürdig) über seinen Hofrath Eysenhart
(den er mir mitgegeben hatte).–

Nm. Briefe geschrieben.

Dictirt Bernhardi. (Die Scene Bernh. – Flint 2. Akt zum Theil.)

Dr. Pollak und Hajek wegen O. Bronchitis. Noch ein paar Tage
liegen, dann fort, Semmering oder Lovrana. Im übrigen ganz unbedenklich –

19/9 Vm. Oper Generalprobe Pierrette. (Wymetal hatte mir erst
Sonntag geschrieben, er hatte endlich „durch einen glücklichen Zufall"
meine Adresse erfahren.–) Saß neben Frau Zuckerkandl; hinter mir die
Mildenburg (die mir Grüße von Bahr brachte). Schwache Vorstellung.
Der Pierrot ganz unzureichend (Czadill). Schalk dirigirte glanzlos;– der
schöne Walzer vom 1. zum 2. Bild nicht wiederzuerkennen.– Es war
nur Kritik und sonst wenig Leute; es schien zu mißfallen. Wymetal,
mit ihm auf die Bühne (ich kenn ihn von Prag, Freiwild) sagte
noch einiges; sprach mit Czadill, Frl. Jamrich Pierrette, Godlewski
(Arlechino).– Blieb in dem Regie Verschlag Wymetals, da Caruso kam
um zu probiren. Er markirte nur und ich entfernte mich.

Nm. Fr. Callier, eine russische Übersetzerin, die sich mit den
Worten einführte: „Ich habe Sie viel bestohlen" und mir dann, angeblich uneigennützig vorschlug, bei einem Krakauer Verleger ev. gericht-
lich Zahlungen (Reigen) für mich zu erwirken.–

Felix Salten erschien, condoliren. Über Verstorbne und übers Sterben; über den beabsichtigten „Strike" der Burgtheater Kritiker gegen
Berger (sie wollen nicht mehr über die Burg schreiben, wenn er ihnen
nicht die General Proben wieder aufmacht (Es wär ein Glück fürs
Burgtheater!));– ein Komödienplan (eher Vaudeville);– er blieb bis
gegen 9, von 6 an.–

20/9 Früh zu Prof. Gomperz. Wieder erhebliche Verschlechterung.
Sprachen viel über Schallverbesserungsmittel.

– Zu Rosenbaum in die Burg; wegen der ev. Doppelbesetzung.
Gespräch über Berger. Er hat natürlich den Kritikern schon nachgege-
ben... Sobald er mit mir gesprochen, äußert er sich entzückt über mich
– was gewiß nicht hindert, daß jedes üble Wort über mich auf ihn

Eindruck macht. Dieser Tage war Pernerstorfer bei ihm; sprach über Salten – er sei Zionist, hasse alles nicht jüdische, besonders alles germanische... „Und Schn. ist geradeso." Sofort kam Berger zu Rosenbaum, sich erkundigen wie es sich damit verhalte.– Jetzt soll R. den Verlags-Waschzettel für Bergers Novelle schreiben.– B. denkt daran, einen Lector zu engagiren, ev. seine Nichte oder Thaddäus Rittner. (Ich vermute, daß man Rittner allmälig in die Burg bugsiren will, um einen Direktors-Candidaten zu haben.) – R. zeigt mir einen anonymen Brief, wie sie Berger zahlreich über ihn erhält. Dieser Tage kam einer, wo B. beschimpft wird, weil er wieder von dem Juden Sch. ein Stück aufführe. (Den zeigte ihm R. gar nicht; denn auch davon läßt sich B. beeindrucken und beeinflussen.) Sonntag, anläßlich der Theuerungsdemonstration lagen 800 Husaren in der Nähe des Burgtheaters (wegen Rathaus, ungarischem Ministerium) – B. läßt sich nicht nehmen, daß das Burgtheater beschützt war und benützt es, um sich großartig zu erscheinen.–

Trebitsch, der die Annahme des „Muttersohns" zu forciren gesucht hat (mit Erfolg) daß er ans Burgtheater schreibt – seine Mutter sei so krank, es wäre vielleicht ihre letzte Freude etc.–

Nm. ein wenig im Park; schwerste Verstimmung wegen des Ohrs;– das düstre Wort war ausgesprochen worden. Als hätt ichs nicht gekannt!–

Abends in die Oper. Am Eingang Schalk und Rosé, die ich sprach. Auf die Bühne. Wymetal. Gregor, breit und aimable. „...Ich bedaure sehr das malentendu..." (daß ich nemlich nicht verständigt worden war). Ich fragte: Ist Dohnanyi nicht verständigt. Er. „Wir wußten nicht seine Adresse." Ich: Er ist Professor in Berlin – ein Brief hätte ihn erreicht. Dann hielt ich meine Meinung nicht zurück: es sei verkehrt, Pierrette als Lever de rideau vor Carusos erstem Auftreten zu geben. Er redete sich aus, und herum: er selbst hätte eigentlich auch nicht – jetzt habe aber der Fürst wollen, und warum ich ihm nicht geschrieben... u. s. f.– In den Regieverschlag; Gregor brachte einen illustern Gast, Caruso kam schon als Bajazzo; Vorstellung. Er hörte sich den Anfang der Pantomime an, sang die Eingangstakte als zu bekannt (resp. an Walküre erinnernd) mit, fand den D Walzer grazioso und entfernte sich dann als zu aufgeregt. Kapellmeister Walter war gekommen; sein bevorstehendes Engagement nach München; er zeigt mir das charakteristische Telegramm von Richard Strauss: „Fest bleiben, Presse mobil machen." – Die Pantomime wurde besser gespielt als gestern, fiel aber ab. (Ich hatte Gregor gesagt: Und wenn es das größte Meisterwerk wäre – heute muß es durchfallen.) – Ich blieb über den Bajazzo, hörte Caruso zum ersten Mal, sehr schön.– In den Verschlag kamen noch zwei Beamte, Jakoby und Schlader, sprachen von einem eben verstorbnen Collegen. Wymetal als Regisseur machte sich etwas wichtig, war mir aber nicht unsympathisch.–

21/9 Kritiken über Pierrette, von der üblichen Dummheit; ich komme besser weg als Dohnanyi (verhältnismäßig).–

Bei Gomperz. Behandlung.–

Dictirt. Bernhardi.–

Nm. kam Basil (München), über Inszenirung und Striche im W. L. Frl. Marberg wartete draußen; ich führte sie herein, wir plauderten, ich zeigte ihnen Haus und Garten.–

Dr. Pollak. Über Frau Mahler, die bald wieder heiraten soll.–

Zum Nachtmahl Hajek. Über Vermögens- und Steuerverhältnisse.

22/9 Mit Heini ins Lyceum, ihn für die 4. Cl. einschreiben, Schulbücher gekauft. Frau Reichel (die Gattin des Maecens) erzählt mir im Laden, daß Oppenheimers Ausstellung (München) großen Erfolg gehabt und daß mein Portrait von irgend einem Museum angekauft sei.

Dictirt: Briefe.

Frau Jenny und Frl. Mautner zu Besuch.

Süddeutsche Monatshefte kamen an, mit „Redegonda", eins meiner schwächern Producte.

Nm. las ich Bahrs „Tänzchen", das er mir zur Revanche für das gewünschte W. L. überschickte. Besser als Kinder und auch als „Konzert"; besonders in der Gestaltung. Das anekdotische nicht stark.–

23/9 Vm. bei Gustav. U. a. über den eben angelangten Brief von Paul Goldmanns Frau, die mir schreibt, er leide unter dem Zerwürfnis mit mir.

Seine (G.s) nicht geschmackvollen Andeutungen über Unstimmigkeiten seiner Ehe. Sie in Heringsdorf mit dem eben gebornen Kind, er in Martino. Anspielungen auf seine Weibersehnsüchte.– Seine „unglückliche Liebe" zu mir (nach Gustav). Nicht einmal so sehr, da eine gewisse Sympathie für ihn in mir constant bleibt.–

Bei Helene.–

Nm. Herr Steif, in Verlagsangelegenheiten.

Steffi; verzweifelt, daß W. nicht abläßt sie zu verfolgen.– Auch ihre Mutter da.

Dictirt: Bernhardi, Pfarrer Scene des 4. Aktes, die das schwierigste des ganzen Stücks bedeutet (und vielleicht in der Ökonomie des ganzen nicht einmal notwendig).

24/9 Vm. erscheint Jacob; war „unglücklich" über einiges z. Th. ent-
stellte, was ihm Agnes aus unserm letzten Gespräch nach Altaussee
hinterbracht; sieht im ganzen ein, daß wir recht haben. Ich sage etwa:
„Machen Sie Steffi glücklich – wie, das ist Ihre Sache, indem Sie sie zu
Ihrer Geliebten machen,– indem Sie sie heiraten, oder indem Sie sie frei
geben,– nur dieses Weiterwursteln ist unmöglich." Er will doch noch
einige Mal hingehn, – um sie „zu calmiren".
– Mit ihm und Hrn Schmidl in dem herbstlichen Park spazieren.–
Nm. Steffi bei O.; sehr unglücklich, mit sich unzufrieden. Ihre
Passivität. „Wozu auf der Welt..."–
Sah aphoristisches über Kritik u. a. durch.– Der Erfolg von Anatol
(der nun über viele Bühnen geht) wird von den letzten Zeitungs-
schmocken ausgenützt, meine „Einakterdomäne" abzustecken. Es
ekelt mich ziemlich an.–
Gustav (Auernheimer zu flüchtigem Besuch; sehr nett), Julius,
Helene zum Nachtmahl.
(Julius verlor neulich einen jungen Menschen (einziger Sohn) an
Darmlähmung nach Appendicitis-Operation. Die Eltern, ohne Julius'
Wissen, bestellen in die Todtenkammer einen pathologischen Anato-
men und einen Chirurgen, um controliren zu können, ob etwa ein
Kunstfehler vorlag, und ev. auf Schadenersatz zu klagen.)
25/9 Burg. Probe, 1. Akt.– Bergers gar nicht mehr wiederzugebende
Schwankungen – ein Dutzend in der Viertelstunde, z. B. in der Alterni-
rungsfrage. Bald ist er der Tyrann, bald der Diplomat, bald will er die
Wohlgemuth vernichten, bald hofft er, sie wird ihm von selbst in die
Arme laufen, bald *muß* sie die Rolle spielen, bald wär ihm so die
Medelsky lieber – u. s. f.
– Zum Thee Dohnanyi (nach Telegramm-Wechsel). Er ist selbst an
all dem Unsinn schuld: hat im Sommer seine Zustimmung gegeben –
daß Pierrette zu Caruso gegeben wird – und noch dazu zu normalen
Tantièmen. Nun bedauert er sich nicht mit mir verständigt zu haben.–
Las „Alles um Geld" das mir Berger mitgegeben; das in Berlin
abfiel.– Ein phantastisches Spiel für Marionetten mit lebendigen Herzen. Bewunderungswürdige Stilreinheit (wie immer bei Eulenberg) –
reines Dichtwerk – doch von Selbstgefälligkeit und Manier nicht frei –
und wieder möchte man rufen: Eulenberg, wo bist *du* ? Wir lieben alle
deine Masken – aber wo bist du ?–
26/9 Vm. Spaziergang Pötzleinsdorf – Dornbacher Park. Dem Wurstlroman nachgedacht. Soll geradeaus erzählt werden, ohne Rückblick,
soweit als möglich.–

Zum Thee Gustav Pick. Mit seinen 79 möchte er immer wieder, ich soll ihm einen Volksstück-Text schreiben – ev. – mit Sigmund Schlesinger – „das würden sich ja die Direktoren aus der Hand reißen... und viel Geld könnten wir verdienen... und ich brauch Geld. Und ich wäre der richtige für das Wiener Stück, beim Medardus habe er sich so glänzend unterhalten...". Schicksale, Alter, – wie wenig bedeutet es im Grunde für das innerste Lebensgefühl. Man ist, was man ist.–

Dictirt.–

Nach dem Nachtmahl kam Wassermann, las seine neueste 1actige Bearbeitung des Hockenjos vor. Sehr schwach. Rieth ihm gewisse Änderungen.

27/9 Probe W. L. 3. Akt.

Nm.: Steffi Frau Bachrach, Julius, Helene.

Dictirt.–

Im Temps mein Erwidrungsbrief (was mich irgendwie nervös macht).

Dohnanyi zum Nachtmahl. Ziemlich entsetzt über die gestrige Vorstellung der „Pierrette".– Er spielte uns seine neue einaktige Oper auswendig vor. Sehr hübsch. Linie vom Barbier von Bagdad (den er nicht kennt). Vorher erzählte er den Inhalt – ich hörte kaum eine Silbe. Zum Verzweifeln.

28/9 O. reist mit Steffi Semmering. Ich, auf dem Weg aussteigend Frankgasse. Gerichtliche Schätzung. Mit Geiringer, über Urheberrecht und dgl. redend, stadtwärts. Einkäufe.–

Nm. Korff bei mir, übers W. L.–

Dictirt: Bernhardi (Scenen aus 4. Akt).

Nach dem Nachtmahl die „Ama" bei mir, die mit Steffi telephonirt hat. Allerlei Geplauder über meine literarischen Anfänge, Medizin und Dichterei u. s. w. Über Direktor Taussig, Tripolis, etc.

29/9 Probe, 2. Akt.–

Nm. 5 kam Albert, der zu Arrangirproben hier ist für „Erdgeist". In München spielt er Hofreiter. Liesl gehts viel besser.–

Julie Wassermann; Gedeihen ihrer Schule.–

In den Schachclub, wo ich mit Kaufmann und Wassermann nachtmahlte. Später kam Auernheimer. Ich war müde und vom mühseligen Hören herunter, ging um 11.–

Charakteristisch eine Notiz im Literarischen Centralblatt über Hamburg, „Schleier" – „der äußere Erfolg kann nicht hinwegtäuschen, daß S. ... über den Anatol Cyclus nicht hinauskommt...". Ich setze dies her für hundert andre in gleichem Ton. Der verspätete Erfolg des

Anatol wird nun ausgenützt, um alles übrige was ich gemacht zu
verkleinern, zu schmähn, ja zu ignoriren. Das Malheur ist – daß das
Gesindel die Sachen nicht anonym zu lesen bekommt. Sie *wissen* aber
... es ist derselbe Autor – so haben sie's leicht. Wie lange wirds
dauern, bis mein wirkliches Wesen in der Weite erkannt sein wird –?
„Kümmere dich nicht –" – Leicht gesagt. Es ist nun einmal ein
widerliches Gefühl, von lauter Augen hinter angelaufenen oder trüben
oder Zerrgläsern angestarrt zu werden.– Nun geht es wohl den meisten
so, daß sie falsch berühmt sind;– aber selten ist es der Fall, daß die, die
es besser wissen, so gründlich sich drüber ausschweigen.–

Las zu Ende: Liliencron „Breide Hummelsbüttel".

30/9 Früh bei Frau Bachrach – Nachrichten vom Semmering abholen.–
Probe. 4. und 5. Akt. Thimig nicht wohl, unlustig, vielleicht auch
ärgerlich über mein vieles Dreinreden; fast ganz unbetheiligt. Mein
schlechtes Gehör macht mir auch bei der Leitung der Probe Schwierigkeiten, die vorläufig noch kaum bemerkt (gewiß nicht richtig gedeutet)
werden.

Nm. dictirt.– Brief von O., der Catarrh viel besser. Gegen Abend
wieder bei Frau B., wo ihre Schwester Kara und Ella Naschauer.

Dann zu Julius. Hajeks, und Altmanns.– Allerlei über das W. L.
Meine Familie goutirt die Atmosphäre des Stücks nicht recht. So ist
Erna z. B. für Helene „ein Mistvieh".–

1/10 S. In Regen auf den Semmering. Im Coupé Adolf Loos, über sein
Haus am Michaelerplatz, die Angriffe, über Altenberg etc.– Ankunft.
Steffi am Bahnhof. Mit ihr Kurhaus. O.s Zustand nicht gebessert; aber
Tendenz dazu. Im Saal mit Steffi gegessen. Thimig erscheint; er war im
Südbahnhotel gewesen, sich Rostler (Rosenstock) genau besehen, um
die Rolle im W. L. naturwahr darstellen zu können. Ich geleite ihn zur
Bahn. Über Bergers Inconsequenz. Neulich zu Thimig: „Es geht nicht
mehr mit diesem Rosenbaum... Er ist ein Schuft... Er öffnet Briefe
an mich, macht sie dann wieder zu..." (Die Wahrheit zweifellos so,
daß B. den R. ersucht, auch seine Privatcorrespondenz zu erledigen –
daß ihn (B.) irgend einer von der andern Seite, etwa der Bruder
Herrenhausmitglied gewarnt – was sich nun in B.s Schädel so verändert, daß er fast glaubt, Th. die Wahrheit zu sagen.) – Gestern nun
Rosenbaum zu Thimig, zeigt ihm ein Telegramm von Berger: „Habe
zwei Riesenerfolge in Hamburg gehabt..." – Über die Schratt; Fürsor-
ge des Kaisers. Der Kreis im Salon Schratt.–

Bei O. Gespräch mit Doctor Kraus (der ein ziemlicher Esel ist). –
Mit Steffi in der Dämmerung vorm Kurhaus spazieren.– Über ihre

Mutter. „Es wär mir schrecklich zu denken – daß sie wirklich gar nichts erlebt habe – und mein Vater, mit dem sie kaum je starke erotische Beziehungen gehabt, den einzigen Mann in ihrem Leben bedeuten sollte.–"

Billard.–

2/10 Vormittag Nebel, Regen, Schnee. Etwas spazieren.

Nm. bei Benedikt, Villa Kleinhans. Der junge beim Eingang; aber meist ich mit B. allein – Über Berger; Generalproben, Kritik; über das Wesen der Tragikomödie, mit Beziehung aufs W. L., über Goldmann; Kerr, auch Salten. (B.: „sehr viel Geist und sehr viel Urtheil".) Recht lebendiges Gespräch. Auch die Frau kam; über die Kinder, denen sie viel Freundschaft erwiesen.

Mit Steffi Billard.–

Begann zu lesen Kussmaul, Erinnerungen; Wassermann Der goldne Spiegel.

3/10 Spaziergang Meierei, gegen Pinkenkogel; Nm. die Wege ums Kurhaus etc.–

Benedikt junior und die Engländerin kamen; Gespräch mit dem jungen (der nicht sehr klug und etwas befangen) über Kritik im allgemeinen, Goldmann, über Elektra, Hofmannsthal, Sophokles. B. findet, Prometheus wär ein Text für Richard Strauss.–

Olga, viel wohler, zum Nachtmahl im Speisesaal. Frau Senders, Dr. Kraus und Frau.–

4/10 Spaziergang.–

Nm. Bernhardi, 1. und 2. Akt durchgesehn.

Abends Frau Lothar gesprochen. Sie erzählt von Sudermann, der vor der Première der Strandkinder „wie ein Kind geweint" in der Vorahnung von Kerrs Kritik. Die verhältnismäßige Günstigkeit meiner Position; auch in höherm Sinn – da ich, abgesehn von meiner literarischen Wirksamkeit so viele (menschliche) Ressources habe.–

Dr. Kraus erzählt mir den Inhalt französischer Stücke.

5/10 Spaziergang.– Besichtigung des „Alpenheim" (Frau Lovary).–

Nm. spricht Frau Lothar von Paul Goldmann; er sei unglücklich, daß ich (und meine Schwester?) über ihn „zur Tagesordnung übergegangen" etc. Ich erkläre die Angelegenheit so gut es geht. Ich solle bedenken, es gehe ihm schlecht... Wieso?– Seine Ehe unglücklich, etc. Ich erwähne, daß mir seine Frau in seinem Sinn und „versöhnend" geschrieben. Sie. Alle Frauen seien eben Komödiantinnen.–

Briefe an Brisson (Temps, Dank für die Aufnahme meiner Berichtigung), Th. Mann (über die Grundlosigkeit von Heinrichs Verstimmung, der darunter leidet, daß man sein Stück nicht spielen will).

6/10 Vormittag Spaziergang.–

Nm. begleiten wir Steffi zur Bahn.

Spazierfahrt mit O. Dann zu Benedikts. Er erzählte mir von seiner Begegnung mit Bismarck; wir sprachen über Harden; über meine hypnotischen Experimente etc.–

Lese den goldnen Spiegel, der bewunderungswürdig ist. Daneben flüchtig Holländers letztes Glück; ein sentimentaler Dreck.

7/10 Spazieren. Traf den jungen Benedikt, der sehr gebildet war und die Antike gegen Hugo und Strauss vertheidigte.

Nm. 3. Akt Bernhardi durchgesehn.

8/10 S. O. nahm ihr erstes elektrisches Lichtbad.

Frau Lothar las Nachmittag das W. L. und schien sehr ergriffen.

Sah Bernhardi, 4. und 5. Akt durch.–

Frau Doctor Baum erzählt von Ch. Wolter, der sie sehr ähnlich sah.

Frau Lothar äußert allerlei superlativisches und viel falsches über zeitgenössische Dichter.

9/10 Nach Wien. Maupassant gelesen. Dann Gespräch mit Frau Lothar, die mir ihre Lebens- und Leidensgeschichte erzählte.–

An der Südbahn gegessen.–

Daheim. Die Kinder.

Dictirt: Briefe. Herr und Frau Schmidl im vorbeigehn.

Zum Nachtmahl bei Richard. Über Wassermann, dem Richard nun doch mehr Gerechtigkeit widerfahren läßt. Es ging ins allgemeinere. Das wesentliche: Er verlangt in jedem einzelnen Fall das höchste; ich sage: es ist in jedem Sinne, für Dichter und Welt besser, wenn die Zeit, die vielleicht noch zu letzter Feile irgend einer Arbeit aufgewendet werden könnte, für neues Schaffen in Betracht kommt.

10/10 In die Frankgasse. Helene und Gisa. Über Vertheilung des Schmucks, des Silbers etc.

Ins Burgtheater. Im Gang u. a. Rosenbaum. „Wir haben einen schweren Verlust erlitten. Hartmann ist heut Nacht plötzlich gestorben." Burckhard dort; Berger führt mich und ihn ins Bureau. Sonderbare Stimmung dieses Zusammenseins. Ich erzähle davon, wie ich eben gestern noch mit Richard lange über Hartmann gesprochen, über den tiefen Wohlklang jener Stelle... „die Seele ist ein weites Land...". (Ich setzte hinzu... Ewig wird mir das in den Ohren klingen, – wenn nicht vielleicht meine Stimme ihm länger erklingen wird – als mir die seine – Und wir lächelten noch über diese Schicksalklausel.)

Die Probe.– 1. und 2. Akt ging glatt. Im dritten kam schon

Devrient mit Hartmanns Rolle in der Hand (und wird sicher sehr gut sein!). Die Unheimlichkeit des ganzen Vorgangs wurde durch die Notwendigkeit, den Alltagslauf, gewissermaßen ins triviale pervertirt.– Berger klagte über seine Leiden; die Hofteufel sprach mit mir über ihn und hält ihn für sehr krank.–

Nachmittag Herr Max Steif bei mir. Schmutzer möchte sehr gern Hirtenflöte illustriren;– schon lang mich selbst radiren. Ausführliche Besprechung, insbesondre mit Rücksicht auf Fischer und die schon vorhandnen Illustrationsproben (von Christophe, die ich approbirt).– Über allerlei literarisches, kritisches, buchhändlerisches, echten und falschen Ruhm.

Zu Bachrachs. Stephi. Ich telephonirte mit Olga.

Bei Gisas mit Juliussens genachtmahlt. Lese nun Heinrich Manns „Schauspielerin" im Druck.– Es wird nicht besser; und selbst der erste sank mir ein wenig herab.

11/10 Probe in Costume. Es wird eine gute Vorstellung. Das episodische des 3. Aktes ist unter dem Niveau des Stücks.–

Nachmittag erschien Frl. Matscheko (solle mit Berger wieder wegen Traeger reden), dann Siegfried Trebitsch, dann Dr. Oskar Kolm (deutsch-österreichischer Verlag – Hirtenflöte, Luxusband, Schmutzer), Felix Salten (erzählte ihm von Benedikts Äußerungen), seine Frau, dann Wassermann, mit Frau Bachrach – inzwischen dictirt ich Briefe.

Nach dem Nachtmahl auf ein Stündchen zu Bachrachs, wo Wassermann. Mimi aus Meran angekommen. Ich war müd, hörte schlecht und ging verstimmt heimwärts.

12/10 Vm. Probe. Machte für den 3. Akt noch einige Striche.

– Nm. auf den Friedhof. Hartmanns Begräbnis. Langes Warten. In den Wagen zu Moser, Baumgartner, Strebinger.–

Daheim Burckhard, der auch vom Begräbnis kam. Über Christomanos – Aigner. Ihre Begegnung auf dem Latemar an Kaisers Geburtstag. B. hat ihn sehr gern gehabt.– Über die „Liebelei" und warum sie B. so gut gefiel –

Olga kam an, noch während B. da war, mit Paula Schmidl.–

Später Kaufmann.

13/10 Mit O. zur Generalprobe. Auch Julius, Helene, Gisa dort. Wirkung im 1. Akt gut, 2. Akt auch, aber nicht ganz sicher, 3. Akt schwächer, 4. Akt enorm, 5. Akt tief.– Korff, insbesondre im 4. außerordentlich. Die Marberg und die Hofteufel sehr gut, die letztere in den Hauptscenen etwas zu schwach. Höbling (Kreindl), Wilke (Frau Natter) unter dem Niveau des Theaters.–

– Frank klagt mir sein Leid (er spielt den Gustav) – er sei am Aufhängen.– Nach dem 4. drückte ich Korff in seiner Garderobe meine Bewunderung aus.– Salten in unsrer Nähe, bewahrt seine Stummheit (er kennt das Stück seit 1 Jahr!) – äußert sich nur, der Ausdruck „Hopf" sei gefährlich. (Ich finde sein Benehmen albern.–)

Meine Prophezeiung an Berger: 1. Akt leidlich, 2. nicht ungefährlich, 3. Widerspruch 4. und 5. werden einschlagen. „Wenns anders kommt, sind weder Sie noch ich schuld", sage ich.– Hugo Ganz nach dem Stück, gratulirt... „Aber ich bin noch nicht fertig" ... Ich: „Das wär ein schlimmes Stück, mit dem man nach einem Mal hören fertig wäre – und wohl auch nicht der rechte Kritiker, der glaubt, nach einmal Hören fertig zu sein..." –

Nachmittag Dr. Pollak; dictirt.

Las Brahms Kleist zu Ende.–

14/10 Vm. dictirt.– Frau Bachrach.

Im Park. Schöner Herbsttag. Speidels auf einer Bank, mit Schwester; etwas feindselig. Dann noch Frau Bachrach, mit Steffi.–

Nachmittag gelesen, in Maupassant (Band: M. Parent). Lese auch Rhankabes Erinnerungen 1870/1 –

Ins Theater. Loge mit O., Julius Helene. Nach 1. Akt Reimers, vom 2. an ich. Im ganzen 24 mal. 1. Akt zuwartend, 2. mäßig, eher gut, 3. fast etwas steigend, 4. schlug mächtig ein, 5. wirkte tief.–

Nach Haus im Auto mit Olga, Fräulein, Gustav. Bei uns Buffet. Es kamen Julius, Helene, Frau Bachrach mit Mimi und Steffi, Wassermanns, Kaufmann und Schwester, Richard und Paula, Schmidls, Saltens; Max Leitner (Bruder der Frau B.). Salten hatte schon geschrieben; hatte (falsche) (ich die richtigern) Einwendungen gegen den 3. Akt. Er will daß Genia vorkommt; ich finde das episodische zu schwach.

Man blieb bis nach eins.

15/10 S. Aus den andern Städten gute Nachrichten; nur Berlin scheint schwach gewesen zu sein. Die Kritiker: Gerade die fernsten, wie Kalbeck und Wittmann sehr freundlich; Bahr und Salten bei aller Anerkennung von schlecht verhehltem Mißmut erfüllt.–

Spazieren, Pötzleinsdorfer Wald. Auf dem Rückweg Heine mit Frau (Rabitow), die eben proviantirt nach Weidlingbach wanderten. (Er hat gestern den Natter glänzend gespielt.) Über den gestrigen Abend und andres. Später treff ich die Bleibtreu („Fr. Aigner") und Paulsen (Mauer); wir plaudern über Berger u. a. Die Wilke (Frau

Natter) mit irgend einem jungen Menschen an uns vorüber.–
Weiter, am Friedhof vorbei. Hinein, zu den Gräbern Kainz und
Hartmann. Heut vor acht Tagen stand er noch als Herzog von Valois
am Grab seines Sohnes!–

Weiter, Frau Schmidl mit Hansi – gleich darauf Speidels – frostig;–
sie vermochte sich nur abzugewinnen: „Das war ja gestern ein
Rummel"– Er schwieg. Arme Leut im Grund. Man möcht sich fast
entschuldigen.

Zu Hause. Telegramme. Steffi, die „so was" eigentlich das erste
Mal in der Nähe gesehn – und naiv erstaunt ist, daß alle Leute das
Stück so mißverstehn –

Nm. kamen Julius Helene; Hajeks.–

Ins Theater. Mitte des zweiten. Ausverkauft. Blieb bis Schluß.
Sprach Berger, Rosenbaum, und fast alle Schauspieler, die sämtlich mit
dem Erfolg sehr zufrieden waren.

16/10 Vm. Briefe dictirt.–

Nm. Dankbriefe etc. geschrieben.–

Berliner, Hamburger, Breslauer Kritiken.– Die Mehrzahl übertrifft
an Idiotie das erwartete. Für Deutschland scheint das Stück im großen
und ganzen (vielleicht von Hamburg abgesehn) ziemlich erledigt. Eine
Geldhoffnung ins Wasser gefallen. Ärgerlich.–

17/10 Vm. Besorgungen. Bei Dr. Kolm, in Angelegenheit Hirtenflöte.–
Seine schöne Gallerie. Ribarz!–

– Nachher der arme, halb erblindete Postbeamte, den ich beschenke
und der zu schluchzen beginnt (Josef Prochazka). Geht mit 31 Kronen
Pension nach Mähren zu Frau und Kindern! So ein Schicksal im
Vorbeigehn! Es *gibt* kein Mit„leid". Sonst bräche jeder zusammen.–

– Nm. mit O. zu Schmutzers (zum 1. Mal), die mir nach der Première
schöne Blumen aus ihrem Garten geschickt hatten. Haus, Atelier. Olga
sprach *sie* zum ersten, ich beide zum 2. Mal.

– Nach Brahms Telegramm bestehen trotz der idiotischen Kritiken
in Berlin Hoffnungen das Stück zu erhalten. (Sonntag 5538.)

Gegen Abend bei uns Steffi, Frau Schmidl. Ich spielte Clavier. Nicht
sehr wohl. Früh zu Bett.

18/10 Vm. dictirt (über Kritik).–

Kerr im Tag, albern und ungezogen.

Zum Thee Grethe Samuely, Jacques, Frau Samuely. Plötzlich
Albert, der von dem Erfolg W. L. in München und seinem eignen als
Hofreiter erzählt.

19/10 Vm. im Lyceum; mit Frl. Klein über Heini. Dann bei Frau

Zuckerkandl; über ihr schönes W. L. Feuilleton, über Saltens „Mißverständnisse"– über Berger, über Mahler, Schönberg (den Mahler durch Jahre unterstützt hat).– Ihr Sohn.–

Nm. sehr unwohl, im Bett. Dictirt, an Hrn Caudrelier, der sich nun plötzlich meldet.– Nach dem Nachtmahl Schmidls. Über Brioni, den Thronfolger und seine Unbeliebtheit.–

20/10 Besorgungen. Sprach bei der Oper Godlewski (über die Ruinirung der Pierrette).–

In der Pappenheimstr. Klimts Mosaik für die Villa Stoclet besichtigt.

Bei Gisa.–

Nm. im Park mit O. spazieren. Die kleine Desiderata, d'Alberts und Ida Fuldas Kind, das O. intuitiv erkannte.–

Dictirt.–

O. von Bachrachs geholt; wo auch Emmy Heim und Max Leitner. Der große Erfolg W. L. (Brahm telegrafirt daß die Steigerung Dienstag auf Donnerstag ungewöhnlich und verheißungsvoll).

21/10 Brief von Brandes, ergreifend, über das W. L., seine Armut u. s. w.–

Dictirt.–

Nm. im Park, schönes Herbstwetter, mit Olga, Steffi, Mimi.–

Abends Dr. Hans Mueller; während er noch da, Julius und Helene.– Über Schönherr u. a.

22/10 Albern frecher Brief von Caudrelier, der sich nun gern auf den Beleidigten hinausspielen möchte.

Mit der Beantwortung beschäftigt, mit Heini im Dornbacher Park.–

Nm. bei Bachrachs. Mit Raoul Auernheimer im Garten herum; ihm die Caudrelier Affaire erzählt, wegen ev. Zeugenschaft bei Unterredung.– Über Salten, Neue Freie Presse. Auch Irene, Frau Frankfurter und „Onkel Max" waren dort.–

Zu Haus Frl. Kipiany; erzählt ihre Abenteuer als Lectionistin; Herrenzudringlichkeiten etc. Sie war jetzt auf einem Schloß bei Baron Nadhernys. Eigentlich eine Gans.

23/10 Vm. dictirt. Besorgungen.–

Nm. laut (für die Vorlesung) „Mörder" und „Redegonda" gelesen.–

Zum Nachtmahl Julius, Helene, Hajek, Gisa. Die „Caudrelier Affaire" dem Julius an den Briefen erläutert.–

Der Jubiläumskatalog von S. Fischer (25 Jahre) kam. Ich hatte telegrafirt.

24/10 Vm. dictirt.

Nm. Albert, Steffi, Grethe Samuely zum Thee. Ein neuer Brief der vereinigten Herrn Caudrelier und Blociszewski störte mich unverhältnismäßig.

Nm. war Richter Matern aus Moskau da.–

25/10 Einen Schlußbrief an die Franzosen dictirt, das Material an Brisson und Horowitz geschickt. Nm. Norbert Jacques' „Pierrot Tod" gelesen. Mscrpt. Leidenschaftlich, aber dünn.–

Zum Thee Frau Ella Frankfurter.

Mit O. Residenzbühne. „Erdgeist." Albert gastirte als Dr. Schön, Frl. Landing als Lulu. Er war ganz außerordentlich. Sprach Leoster, Salten, Holzer, Bachrachs etc. Mit letztern heimgefahren.–

26/10 Vm. dictirt.– Im Park mit O. und Steffi. Zu Tisch Albert. Nachher noch Steffi und Mimi, die sofort Unsinn redete. Alberts großer Erfolg.

– Allerlei für meine Vorlesungen durchgelesen.

27/10 Dictirt.– Stadt, bei Gustav, der mich begleitet. Mißverständnisse betreffs des W. L. etc.

Nm. Übelbefinden.

Mit O. und Stephi Quartett Rosé.

Mit O. bei Hajeks. Nachlaß der Mama. Briefe. Erster und letzter von Papa an Mama.–

28/10 Vm. bei Richard.–

Dr. Pollak bei uns. Catarrh O. fast fort. Auch ich ließ mich untersuchen. Verordnung: Pancreon.–

Dictirt.–

Nm. zum Thee d'Albert (neu) und Frau, frühere Frau Ida Fulda. Sie thun sehr turteltäubig. Er will (wie schon brieflich) einen Operntext von mir.– Kluger, auch liebenswürdiger, aber nicht vertrauenerweckender Mensch. Wir sprachen uns gut.

29/10 S. Gepackt. Mit O. spazieren, trafen Leo Feld, der uns in den Türkenschanzpark begleitet. Wir sitzen dort in der Sonne. Über das W. L., Erfolg, Kritik, Verlogenheit der Leute, die einem (wie Stefan Großmann) Stoffe der „Politik" – das Attentat des Njegus oder die Theuerungskrawalle zur dramatischen Behandlung aufgeben und sich angeblich für Liebe nicht interessiren.–

Zu Tisch Albert bei uns. Nachher kam die Landing (ich hatte sie schon in München in Episode gesehn, und sie fiel mir auf). Ihre Carrière. Ich widerrate ihr den Volkstheater Antrag (6.000 Kr.!) anzunehmen. Sie ist die Geliebte des Baron Simolin, der 70 Millionen hat.–

Zum Thee Arthur Klein. Schmutzers kamen, zum ersten Mal; nach
Ansage über die Gasse hinüber. Wir sprachen über die Illustrationen
zur Hirtenflöte. Er und sie gefallen mir sehr gut.–

– Abschied. Lili, die den Schluß von Heinis Wenzellied unbeschreib-
lich komisch nachspricht... „Haifiß um die Eck... Wenzel weg..."
war setzt sie ordnungsliebend hinzu. Unterbricht ihn mit Klatschen.
„Bawo, bawo!"

Abschied von Olga. Wie wenig wir in der letzten Zeit von einander
haben. Die vielen, vielen Menschen!

30/10 Ankunft Prag (vor 6). Palast Hotel. Spazieren innerste Stadt.
Kalt. Um 10 kommt Teweles. Über Medardus für Berlin, über Bahr,
über den Aufschwung des hiesigen Theaters (er hat seine Direktion mit
„W. L." eingeleitet).–

Ins czechische National Theater. Direktor Schmoranz. Mit ihm
Bühne und Parkett. Ein Bild der Generalprobe Jan Hus. Regisseur
Kvapil.– Der Dichter des Stücks, zwischen Thür und Angel.–

Salus holt mich aus dem Hotel. Bei ihm. Er fortgeholt. Mit seiner
Frau über ihn und seine Nervenzustände. Heftige Zahnweh. Mittag-
essen, Salus, Gattin, deren Mutter. Blick in die Voigtländersche
Literaturgeschichte.–

Im Hotel, Brief an O., Kussmaul gelesen.–

Zu Teweles'; mit ihm ins Theater Weites Land. Loge neben der
Bühne, nur 3. Akt vis à vis, weit, so daß ich fast nichts hörte. Gut
inszenirte aber darstellerisch zum Theil grauenhafte Aufführung. Faber
als Hofreiter absolut unleidlich. Die Medelsky als Genia von den
Hauptdarstellern die einzig mögliche; wenn auch im Niveau, gesell-
schaftlich und seelisch, viel zu tief. Nebenrollen einige recht gut, wenn
auch alles vergröbert. War öfters auf der Bühne mit den Leuten
sprechen.

Mit Eger und Teweles im Stern genachtmahlt. Er möchte (und
wird) bald ein Berliner Theater haben. Ernsthaft-scherzhafter Zank um
den Medardus, den Teweles und Eger spielen wollen.

31/10 Vm. besucht mich der blinde Oskar Baum, Schriftsteller, mit
seiner Frau, informirt sich über geschäftliche Fragen.

Salus holt mich ab, Apotheke (Zahnweh), Salipyrin, Dr. Kuh,
Begleitung, Krankheits- und Hypochondriengespräch.–

Bei Zieglers zu Tisch. Teweles.

Gegen Abend kommt ins Hotel Dr. Adler mit Tochter und Stammbuch.

Vorlesung. Redegonda. Wirkte leidlich, Pointe versagte. Gustl.

Aus Weg ins freie. Ich las nicht gut und hatte wenig Beifall.

Dr. Max Brod (eine nicht wohlthuende Erscheinung), Matras geleiten mich zum Haus Ziegler.

Dort Nachtmahl. Teweles und Eger. Ein Spiel „Erraten". Ganz anregend. Es wurde aufgegeben „Völser Weiher" – „Ärger Egers, daß Teweles Ernsts „Liebe höret nimmer auf" angenommen". T. und E. begleiten mich ins Hotel.–

1/11 Um 12 nach Dresden. Im Waggon „Mörder" durchgesehn. Une comédienne von Bauer weiter gelesen.– Ankunft 4. Hotel Bellevue. Engler (Arrangeur; Inhaber der Buchhandlung Tillmann) erscheint. Lese ihm probeweise aus „Wurstl" vor, – Gustl, als das doch wirksamere wird gewählt.

Vorlesung. „Der Mörder." Wirkte stark. „Gustl." Las ihn heut famos.– (Frau Feinberg und Frau Springer mit Tochter nachher.) 700 Mark. Im Grunde doch leicht verdient!

Bei Kneist genachtmahlt mit Engler und Fanto s. Gemahlin.–

2/11 Vm. nach Berlin. Esplanade Hotel. Gegessen.

Zu Heinrich Mann ins Hotel, von dem eine Einladung zur Samstag Generalprobe Schauspielerin da war. Mit ihm bei Josty. Er schreibt einen Roman „Der Unterthan".

Dora, später ihr Mann im Hotel.

Brahm holt mich ab, Lessingtheater.

„Weites Land". Gut inszenirt. Monnard als Hofreiter absolut unmöglich. So konnte das Stück hier nicht verstanden werden. Triesch (Genia), Herterich (Erna), Grüning (Frau Wahl) sehr gut. Nach dem 4. Akt wurde der Beifall so stürmisch, daß ich mich ein paar Mal bedanken mußte. 12. Vorstellung. Es wird nicht lang gehn.

Esplanade genachtmahlt mit Fischers und Elias. Der Rosenkavalierwalzer, während dessen (zufällig) Siegfried Wagner den Saal verläßt. Karte an Hugo.

3/11 Nicht sehr wohl. Bis Mittag in dem entzückenden Hotelzimmer. Zu Erich Schmidt, sprach nur seine Tochter – Zu Richard M. Meyer. Schöne Bilder. (Für die zahlreichen Einladungen dankend.) Über Wassermann und H. Mann.–

Zu Fischer ins Bureau. Erfreuliche finanzielle Resultate. Wassermann erscheint. Heimann, der mir im Gespräch sympathisch wird.

Bei Fischers zu Tisch, mit Wassermann. Über Kerr, Goldmann; über „Kritik" ... über die falschen Begriffe von „Empfindlichkeit" etc.

Dora erwartet uns (mich und Wassermann) vor ihrem Haus;– ich begleite beide zu Stuckens Haus.–

Bei Erich und Mirjam Ziegel. Mirjams Erlebnisse mit dem zudring-
lichen Direktor Weisse auf der Reise Wien – Salzburg, wo sie die Nora
spielte. Pläne und Zweifel.–

Zu Stuckens; wo Wassermann und Heimann. Gespräch über politisches und Weltgefühl; Unheimlichkeit des Staatsgedankens.–

Mit Wassermann zu Brahm. Dort mit Ernst Hardt und Frau
(nächstens Gudrun) und Frau Jonas genachtmahlt. Ich mußte Erklärungen zu Friedrich Hofreiters Charakter liefern. W. las seine Kritik
über Brahms Kleist Buch vor. Das Gespräch macht mir immer größere
Mühe; mein Gehör verschlechtert sich von Tag zu Tag. Düster nach
Haus. Warum mir das!

4/11 Hebbeltheater. Generalprobe „Schauspielerin". Die Directoren,
Meinhard und Bernauer; rechte Buben (nicht in bösem Sinn). Dora
Michaelis. Mann. Ich konnte leider meine Meinung über das Stück
nicht ändern, was ihn sichtlich verstimmte. Durieux in der Hauptrolle
sehr gut. Sprach sie und lernte ihren Mann Paul Cassirer kennen, der
mir gleich zuwider war.

Zu Tisch bei Michaelis. Wassermann und Heinrich Mann (den Dora
erst in der Probe kennen gelernt hatte).–

Zum Thee bei Jonas. Das Paar und ihre Schwester, Frau Deutsch.–

Mit Brahm im Hotel gegessen; ein recht angenehmer Abend.

5/11 S. Früh zur Bahn; Olga kommt aus Wien; mit ihr zum Lehrter
Bahnhof, nach Hamburg. An der Bahn Direktor Koehne. O.s Gepäck
in Tetschen liegen geblieben. Atlantic Hotel. Mittagessen dort
(Pfordte).–

Allein spazieren gegen Uhlenhorst. Dunkle Erinnerungen an 1896.
Hatte die Alster kleiner in der Erinnerung. (Fuhr damals nach dem
Nordcap. Besuchte Liliencron. Arbeitete an Freiwild. M. R. war in
Schladming, glaub ich. Es war eine helle, aber nicht sehr reiche Zeit.)

– Hagemann holt uns ab; Diner bei Dr. Antoine-Feill, Präsident
des Theatervereins. Meine Nachbarin Fr. Ellmenreich. Sehr kluge
Person.– Die Elsinger (früher M. E. genannt) erste Schauspielerin hier,
sprach mich schon in der Garderobe an; O. sprach später lang mit ihr.
Sie ist die Geliebte eines der reichsten Hamburger, was man ihr
ansieht; im übrigen aber harmlos und Theaterflitscherl wie sie war.–
Doctor Seelig über das Arbeiten in Hamburg.– Dehmel und Frau.
Andre.

6/11 Hamburg.– Dr. Huldschiner und Mutter führen uns in der Stadt
umher. Bismarck Denkmal von Lederer. Alte Thore.–

Holen Julius und Helene von der Bahn. Essen mit ihnen und

spazieren an der Alster im Sturm.–

Abends „Weites Land" im Schauspielhaus. Nhil im 5. Akt sehr gut, im ganzen doch zu alt. Die Elsinger als Genia liebenswürdig und schauspielerisch geschickt. Nicht seelenvoll genug. Am besten die Ellmenreich als Frau Meinhold.–

Nachher mit Dehmels im Atlantic soupirt. D. gefällt mir besser als je. Er fragt mich, warum ich die Dichter immer „so schlecht" mache. (Mit Beziehung auf Rhon und Loschi – womit er kaum Recht hat.)

7/11 Mit O., Julius, Helene. Hafenfahrt. Besichtigung der „Pennsylvania", häßliches Schiff.–

Gemeinsames Mittagessen im Hotel.

Nm. fuhr ich nach Wandsbek zu Lindner; traf aber nur seine Frau (Strakosch Tochter) an.–

Diner bei Hagemann. Saß bei Frau Koehne. Nachher „Beatrice" im Schauspielhaus. Hatte sie in den letzten Tagen wieder gelesen, einige Stellen nicht ohne leise Enttäuschung; fand aber manches sehr schön. Das beste dran die Beziehung der zwei Männer, Filippo und Herzog – unterirdische, überirdische – und was sie übereinander sagen. Auch die Beatrice als Gestalt wird kaum so bald vergehn. Das Stück ist seit 1903, Berlin, nicht gespielt, früher nur in Breslau,– beide Mal ziemlich abgefallen; hier hatte es zum ersten Mal Erfolg.– Die Valéry als Beatrice ganz gut; Wagner leer (als Herzog) (zum Schluß leidlich), Montor als Dichter intelligent, darlegend. Auffallend ein Frl. May als Rosina. Inszenirung sehr anständig.–

8/11 Julius und Helene, deren Anwesenheit uns sehr erfreut hatte, reisen ab. Bahn. Dann mit O. ein wenig spazieren.

Nm. nach Stellingen, Thierpark von Hagenbeck.

Abends kam Lindner ins Hotel; er denkt nun doch dran, nach Fischers Vorschlag, das Buch über mich zu schreiben – ich verhalte mich kühl. Immerhin ist L. einer der wenigen, die nicht mit den bekannten Clichés über mich arbeiten.–

Direktor Koehne kam gleichfalls; zu „Anatol" ins Schauspielhaus. Lang, der als Aigner schlecht war, als Anatol amusant. Wlach (Max) anständig, die May als Gabriele wieder auffallend; sagte ihr einiges darauf bezüglich. Die Elsinger Ilona, gut. Mußte, wie gestern und vorgestern auch, nach Schluß mich bedanken; auch nach dem Abschiedsouper, bei dem ich selbst viel lachen mußte, besonders über den Kellner.–

Im Hotel nachtmahlten wir mit Hagemann, Koehne und Frau, und der Elsinger. Sie sprach von einem Stück „wo sich der Sohn am Schluß

erschießt – oder was …“. Die Idee wurde aufgegriffen, auch hier zum
„Tänzchen“ „Comtesse Mizi“ zu geben, mit der Elsinger.–
9/11 Mit O. nach Lübeck. Stadt. Ratskeller. Im Auto nach Travemün-
de. Todter Badeort. Das Meer. Strandhotel. Café. Zurück.–

Mit O. allein im Hotel genachtmahlt.–

10/11 Hamburg. Ruhig daheim. „Hochzeitsreisetag.“–

Nm. Blankenese. Sonnenuntergang über der Elbe.

Abreise. Herr Koehne an der Bahn.

11/11 Ankunft 11 Uhr München. Continental.–

Mittagessen mit Gusti Glümer und Albert.–

Spazieren.–

Nachtmahl mit Albert bei „Boettner“.

12/11 München. Vm. mit O. zu Glümers. Der Bub. Mit ihm vierhändig
gespielt. Mizi weint ein wenig. Sie fragt nach meinen Briefen, will
wenigstens einige zurück.

Über den Tod meiner Mutter. Rinnen der Zeit.

Zu Tisch bei Ulmanns (Agnes Speyer). Sie spielte aus dem Rosenkavalier und zeigte ihre plastischen Versuche.

Abends Residenz Theater „Das weite Land“. Sehr mäßige Vorstellung. Albert in seiner Art vorzüglich, aber (natürlich) etwas total
andres als meine Figur. Die Hagen (Genia) ein Theaterroß, manchmal
geschickt. Unmöglich Frl. Michalek als Erna.– Zu Albert in die
Garderobe. Komischer Moment, als auf der Bühne ein wilder Tektosa-
ge aus dem benachbarten Nationaltheater, wo Wagner gespielt wurde,
die Möbel trug.

Im Continental mit Albert, Jacobi (guter Otto), Wedekind, Waldau
(Hagens Mann) und Mizi Gl. (die uns am Theater erwartet hatte,
nachdem sie zum 2. Mal in Dauthendeys „Drache Grauli“ eine Mutter
gespielt). Die Mühsal des Hörens drückte mich nieder.

13/11 München. Mit O. kleine Einkäufe bei Bernheimer. Auf dem Wege
in die „Jahreszeiten“ Glümers und der Bub, die wir im Auto mitnahmen. Mizi wünscht dringend eine Rolle in den „Marionetten“. „Ich bin
nemlich eine sehr gute Schauspielerin.“– O. bemerkt, wie phantastisch
sie wirken, in der seltsamen Nüchternheit ihrer Existenz. Wie faßt
man sie? Wie werden diese sonderbaren Verhältnisse, die Beziehung
zwischen einst und jetzt je deutlich zu machen sein? Über den
Theaterroman.

Mit O. in der Bar Jahreszeiten gegessen.–

Abreise. Vorher im Hotel Gespräch mit Herrn Merz und Ettlinger
von der Duncan-Schule. Mit Albert zur Bahn. Über die gestrige

Vorstellung.

Partenkirchen. Regen. Haus Gibson. Liesl in der Villa Döllgast. Sieht viel besser aus, ist sehr gut aufgelegt. Wir nachtmahlten dort, in Gesellschaft einer Prager Dame Frau Behringer.

14/11 Partenkirchen.–

Nm. im Hotel spricht mich eine Dame an, in mittleren Jahren. Nach ein paar gleichgiltigen Sätzen weist sie auf die vor ihr liegenden Couverts: „Wenn Sie Ibsen verehren (von dem noch nicht die Rede war), müssen Sie meinen Namen kennen." Es ist die „Maisonne eines Septembermorgens", Frl. Bardach. Im weitern Verlauf des Gesprächs beklagt sich die Maisonne, daß ihr Georg Brandes nur einmal für das Buch (das Ibsens Briefe an sie und Aufsätze von Brandes enthielt) 300 Mark geschickt habe... Sie reist in der Welt herum, lebt nur in Hotels, ist etwas affectirt, nicht sehr klug, wohl hysterisch und im Grunde bedauernswerth.–

Abends bei Liesl mit Frau Ascher genachtmahlt.

15/11 In der Sonne spazieren mit Liesl und Olga und Frau Ascher.–

Nm. auf unserm Balkon in der Sonne, Kussmauls Erinnerungen lesend.

Mit O. bei den Antiquitätenhändlern Fuchs, und Simon.

Bei Liesl genachtmahlt.–

16/11 Früh bei Dr. Renner über Liesl. (Mäßiger Arzt.) Ich untersuchte sie dann laryngoskopisch, fand eine nicht ganz unverdächtige Schwellung. Telephonirte mit ihrem Halsarzt Dr. [Hornke].

Liesl und Fr. Ascher zu Tisch bei uns.–

Gepackt. Abschied von Liesl. Nach München. Auf der Bahn Gusti und Mizi Glümer (letztere mit der Perücke aus dem Feldherrnhügel), sie nachtmahlten mit uns und benahmen sich komisch. Abfahrt.–

17/11 Ankunft in Wien. Nach Hause. Die Kinder entzückend.–

Frl. Pollak. Allerlei Correspondenz etc. erledigt. Stephi vor Tisch, etwas stolz, daß man sie als Erna gut getroffen findet. (Das Stück war längst fertig, als wir sie kennen lernten.)

Nm. mit O. zu Bachrachs. Dortselbst Wassermann, der eben die Aufführung zweier Einakter (Hockenjos und Gentz) in Berlin hinter sich hat. Mit W., Mimi, Stephi zu dem vor wenig Tagen enthüllten Kainz Denkmal in den Meridianpark. (Von Jaray; kunstgewerblich anständiges, aber künstlerisch unbeträchtliches Ding.) –

Allerlei geordnet.–

18/11 Vm. bei Gisa, Lose in die Bank getragen.

Bei Heller, dem Buchhändler, die Kalmarsche Kainzbüste (schön);

soll mit Berger wegen Annahme reden. Radirungen von Kasimir, sehr gut.–

Zum Thee Frau Zuckerkandl; Angelegenheit W. L. Frankreich. Bewerber. Werde direct an Antoine schreiben.– Betrachtung einiger Neuanschaffungen. Über Frau Mahler und das Wiener Geklatsch.–

Nach dem Nachtmahl Stephi, die Tapeten putzt, und Frau Bachrach mit dem Krampus.

19/11 S. Mit O. bei Tante Pauline. Vergangenheit, sehr trüb, rollte auf. „Seit 25 Jahren wohn ich hier – eine Hochzeit – drei Leichenbegängnisse."

– Nm. „papierlt" wie ich mein Herumordnen frei nach Olgas „zimmerln" nennen will.

Zum Nachtmahl Julius, Helene, Gisela; Gustav blieb noch länger. Viel über Richard und Paula.–

20/11 Vm. dictirt Briefe.

In die Burg zu Rosenbaum. Der Kassenerfolg des W. L. Über die Kainzbüste der Kalmar. Man scheint dagegen.

– Nm. mit O. bei Berger und Stern (Antiquitäten).

Aphoristisches und dergl. durchgelesen.–

Zum Nachtmahl Paula Schmidl. Ich phantasirte auf dem Clavier.

21/11 Vormittag dictirt. (Briefe, über Feuilletonismus (Fortsetzung).–)

Dr. A. Bettelheim kam sich bedanken für meine Theilnahme an der Widmung zu seinem 60. Geburtstag.–

Nm. mit O. ein Schubert Quartett.

Begann die Novelle („Mutter u. Sohn" oder Beate) durchzusehn.–

Abends Hugo und Gerty. Nachher Jacob. Hugo erzählt sehr amusant von den Zuständen bei Reinhardt. Das amerikanisch-großartig-unverläßliche. Über Richard Strauss, komisches von seiner Gattin – Bevorstehende Aufführung von „Jedermann".

22/11 Begann die Novelle (Beate) neu zu dictiren.–

Spazieren im Park.–

Nm. mit O. eine Mozart Symphonie.

Nm. Frau Lustig, Nichte meines Lehrers Lang, wegen ihrer zum Theater wollenden Kinder.

Adolf Paul zum Thee (lernte ihn vor Jahren zwischen Thür und Angel in Berlin, Restaurant, durch Albert kennen). Ist zur Première seiner „Stimme der Vögel" hier.

Ersten Akt von Bernh. durchgesehen.–

Den Einakter der „Vorige" bedacht, und Notizen.–

Nach dem Nachtmahl ein Fräulein da, das Olga aufnehmen will.–

Mein Gehör bringt mich zur Verzweiflung. Minutenlang sitz ich da, ohne Gesprächen recht folgen zu können; der Lärm, Sausen und Zwitschern unerträglich.

23/11 Vm. dictirt („Der Vorige") (neu begonnen).

Herr Tropp, von einer neuen Kinogesellschaft, wegen „Liebelei". Er trug mir – pauschaliter – 300 Kr. an, was ich refusirte. Wollte mirs noch überlegen.–

Spazieren Nm. mit O. und Stephi.–

Herrn Wolfgang Schumann geschrieben, der mir wirklich schöne Referate über „Weites Land" und „Weg ins freie" aus dem Kunstwart, mit Brief übersandt. Las bei dieser Gelegenheit Stellen aus dem „Weg" (im Kunstwart abgedruckt) und finde, daß dieses Buch wahrlich nicht nach Verdienst gewürdigt wird.

Besprechung mit Frl. Schröter, wegen Stunden für Heini.–

Weitere Notizen zum „Vorigen" (wird natürlich anders heißen).–

Gerechnet etc.–

Lese Kussmauls Erinnerungen, R. M. Meyer Aufsätze, Pückler u. a.

24/11 Vm. dictirt. (Novelle.)

Bei Speidel. Seine Versuche mit dem Stück.–

Nm. kam Thimig. Über die Kino Sache, die er inszeniren soll. Ev. Änderungen für die „Liebelei". Seine Erinnerungen an das Hermannstädter Gastspiel vor 20 Jahren. (Sie haben jetzt dort – den Med. aufgeführt.)

Julie Wassermann, mir für die Schulbetheiligung (500 Kronen) danken. („Sie werden vielleicht heuer schon 20 Kronen bekommen – das ist doch sehr angenehm!")

Zu Salten. Dort Wolff und Frau (Dresdner Nachrichten) kennen gelernt. Sympathische Menschen. S. gab mir sein neues Novellenbuch mit. Las die mir noch unbekannte „Heimfahrt". Vorzüglich – und doch: nichts! Dann sein bestes, mir schon bekannt: König Dietrichs Befreiung. Und auch hier, im höchsten Sinn, nur die „Geberde" gestaltet. Genialischer Feuilletonismus.–

25/11 Früh spazieren, auch mit Richard, der eben zu mir wollte. Über die Hamburger Aufführungen.–

Dictirt: Novelle.–

Nm. mit O. Beethoven Op. 59, 3.–

Novellistische Pläne durchgesehn.–

Mit O. und Heini zu Hajeks. Sein 50. Geburtstag. Hatte ihm die Doré Bibel geschenkt. Spielte mit Hans dort das Mozartsche D moll Concert.

26/11 S. Mit O. und Heini spazieren. Zuerst mit Baumeister Sikora, später mit Speidel, endlich auch mit seiner Frau und der kleinen Else. Diese hatte eben eine Probe zu einer Dilettanten Vorstellung gehabt und war sehr komisch, da sie schon Rollen zurückgeben wollte und die Darstellende der Hauptrolle sehr schlecht fand.

Nm. mit O. und Heini zu Saltens, wo Julius Wollf und Frau. Über Dehmel und Frau („Dehmel... heut haste wieder gelesn wie n Gott..." Er: Oh... ich möchte dich auf mein Lager reißen...) – Harden (sein Ohnmachtsanfall während einer Vorlesung, das „Süppchen" im Hotel Bellevue zu 2.50), Lily Braun, Trebitsch, Shaw, Wassermann.– – Es geht wohl nirgend viel edler und reinlicher zu – aber die „Literaten" erzählens gleich so gut weiter!–

Begann zu meiner Überraschung plötzlich das „Sommerstück" zu schreiben, ein alter Plan, der mich, so oft ich ihn durchlas, immer bewegte...

Mit O. nach längrer Zeit viel Lieder durchgenommen.

– Las Hardts Gudrun zu Ende. Ohne jede innre Notwendigkeit geschrieben. Wenn auch durchaus auf anständigem Niveau gehalten; mühselig, prätentiös, falsch seelenvoll und mit gar zu viel harten ja schlechten Versen.–

27/11 Dictirt (Sommerstück).

Zu Dr. Karolyi. Mit O. fort.

Nm. mit O. Brahms Sextett.

Zum Thee Dr. Kraus (Semmering) und Frau; Stephi, auch zum Nachtmahl.–

Olga sang.

28/11 Vm. dictirt Novelle.

O. von Karolyi abgeholt.

Nm. mit O. ein Mozart Quartett.

Bernhardi neu zu dictiren begonnen.

Las „Jedermann", eben von Hugo überschickt, das mir in der ersten Hälfte einen starken Eindruck machte.

29/11 Mit O. Burg Generalprobe Adolf Paul, „Sprache der Vögel", ganz fein; Thomas „Lottchens Geburtstag" mäßiger Scherz.– Sprachen Berger, Rosenbaum u. a. Mit Salten nach Haus gefahren.

– Nm. mit O. und Heini im Park spazieren.–

Am Sommerstück weiter.–

Stephi da, nach dem Nachtmahl auch, mit d'Ora Bildern; gute von Mutter und Mimi, ihre schlecht.

30/11 Vm. dictirt Novelle und Pläne –

Zum Thee (ohne O., die bettlägerig) zu d'Alberts. Über Lothar (seinen Librettisten), Goldmann, Wiener Umgebung u. a. Sie war recht affectirt, im ganzen wars nett – nur daß mein schlechtes Hören mich störte.–

Las ein im Mscrpt. gesandtes Stück von Aleksandrowicz, Venus Vulgivaga. Scheußlich.–

Ziemlich kindliche Mscrpt. Gedichte eines jungen Mediziners Loewy, von Frau Berta Fröhlich empfohlen.

Baron Berger, der nach dem Tod Hartmanns einen Artikel schrieb, ungefähr, nun sei es ziemlich aus mit dem Burgtheater etc.– sagt uns gestern. „Ja, seit Hartmann todt ist, kann ich mich erst rühren." „Er hat mir eigentlich das halbe Repertoire verstellt..."

1/12 Vormittag dictirt „Beate" und „Der Vorige" – Heimkehr neu betitelt.–

Abends Bernh. weiterdictirt.

Zu lesen begonnen: Wagner, mein Leben. Auernheimer, Der gußeiserne Herrgott.

2/12 Dictirt „Beate".

Zu Dr. Geiringer. (Erwerbsteuer; Oper – Sliwinski – Pierrette,– urheberrechtliche Fragen (Kinemo etc.) – Andrews etc.)

Dem Dr. Kaufmann einen Sitz für heut Abend gebracht.

Nm. kommt d'Albert, wegen eines Hauskaufs, um Rath.–

Am „Sommerstück" weiter.

Gedenkfeier. Zweite Mahler. Die leisern Orchesterstellen verwehten mir. In die Pausen sauste das verfluchte Gis. Das Zwitschern um mich war nur durch Fortestellen zu übertäuben.– Walter als Dirigent, nach München berufen, aber noch nicht fortgelassen, wurde ovationirt. Ich sprach ihn dann, ganz blaß, hin, auch verweint glaub ich, in dem schmalen Gang von Orchester zu Künstlerzimmer.–

3/12 S. Mit Heini Pötzleinsdorf spazieren.

Dr. Oskar Kolm ersucht mich, einer Romanpreisjury beizutreten. Nein.

Nm. Beate, 1. Cap. gefeilt.

Zum Nachtmahl Richard und Paula, Kaufmann, Stephi. Über „Jedermann", den Richard völlig verdammt.

4/12 Vormittag Besorgungen mit O.

Nm. Bernhardi dictirt.

Mit O. nach dem Nachtmahl Mahler Zweite.

Las Auernheimers Novellenbuch „Der gußeiserne Herrgott" zu Ende. Einige sehr hübsche, reinlich erzählte Sachen, von gutem Humor.

5/12 Dictirt Briefe. Bernhardi 1. Akt zu Ende.

Nm. mit O. im Park.–

An der „Beate".–

Mit O. Volkstheater „König Dagobert" von Rivoire, Bearbeitung von Salten. Hübsch, zum Theil fein, die Verse von Salten schlechter Blumenthal. Für mich insofern angenehm, als es genügte, wenn ich den ersten Vers verstand: der zweite verstand sich von selbst. Er holte uns ab, dann wir zusammen seine Frau, wir nachtmahlten bei uns. Mit der Operettengesellschaft hat er völlig gebrochen. Komisch widerliche Geschichten von Fall und Lehár.– Über den Christus-Snobismus in Deutschland, die Feigheit der Juden („... Oi weh – Christus!"), mit Beziehung auf Emanuel Quint. Was man öffentlich aussprechen kann, was nicht. Wie die Dinge anders klingen, wenn der Widerhall sie verstärkt, fälscht, die Antworten mithallen. Wer ins „Volk" dringt, die Wiener Buchhandlungen, Lechner insbesondre, die in ihren Auslagen das „jüdische", so weit es geht, unterschlagen.–

6/12 Dictirt Beate.–

Spazieren mit O. und Steffi und Ama.–

Nachmittag an der Novelle. (Beate.)

Mit O. jüdische Stickereien in der Ausstellung gekauft.

Ins Rosé Quartett.–

Las Wedekinds Franziska. Schwach, von einer grotesk-dürftigen Phantastik; luftlos, hölzern, aber ohne den Reiz der Puppenkomödie – nur stellenweise ein hellerwerden, dann blitzt die kräftige Eigenart durch, die sonst nur als monomanisches Geschwätz auftritt.

7/12 Vm. dictirt „Beate".

Zum Thee Hr. Schumann Dresden, Kunstwart, er hatte mir sehr gute Aufsätze über Weites Land, und Weg ins freie gesandt, ich ihm sehr herzlich gedankt. Ein 24j. junger Mann erschien, irgendwie an den verfloßnen Falk Schupp erinnernd, Stiefsohn von Avenarius, viel von persönlichen und Familienverhältnissen redend, recht interessant, vielgeschäftig, wohl auch etwas selbstgefällig; gradheraus und doch nicht ganz vertrauenerweckend, amusant und doch nicht von ganz gutem Nachgeschmack.–

Währenddem Frl. Loewenstamm, mir eine Radirung von mir bringend, noch nicht ganz fertig, aber ganz vorzüglich.

Mit O. zu Julius. Familie, auch Altmanns. Paul A. und ich spielten abwechselnd Clavier.

8/12 Mit O. Mahler Dritte (Gesellschafts Concert, Nedbal).

Nm. kamen Trebitsch und Frau.

Weiter am „Sommerstück".

Wassermann erschien, mit seinem „Fragt's mich Gesicht", sehr düster, interessant und etwas komisch. Später auch Schmidls.

9/12 Vm. dictirt.

Spazieren mit O. und Stephi.

Nm. am Sommerstück.–

Oper mit O. und Schmidls: d'Albert, Tiefland, Ballet: Jahreszeiten der Liebe; nachher bei Sacher soupirt.

10/12 S. Spazieren Schafberg, Salmannsdorf. Auf dem Rückweg über die Felder kamen mir Heini mit Frau Bachrach („Ama") entgegen.

– Zum Thee Wolfgang Schumann, unbefangener und daher angenehmer als neulich. Ich hoffe ihn doch richtig erkannt zu haben. Irene Auernheimer kam auch, blieb zum Nachtmahl.

Mit O. und Irene Auernheimer nachher zu Bachrachs, wo ich Klavier spielte („Brüderlein fein" von Fall).

11/12 Dictirt: Sommerstück. Beate.–

Nm. Red. Stern, wegen Concordia Aufführung Cassian mit Opernkräften. Theater- und Journalistengeplauder –

Concert Casals; mit O. und Bachrachs.

Nachher bei B.s, auch mit Onkel Max und Dr. Arthur Kaufmann soupirt.–

12/12 Vm. dictirt (Beate).–

Nm. Bernhardi, 1. Act Neudictat durchgelesen; dann 2. Akt; mit Bemerkungen.–

Zum Nachtmahl Hagemann (Hamburg), Salten und Frau, Wassermann und Frau, Richard und Frau, Zweig. Gespräche über Kleist (Schroffenstein, zerbrochnen Krug) u. a. Es wurde gemütlicher als Hagemann (der sympathisch und ziemlich still war) mit Zweig gegangen waren. Salten hatte über einige Mitmotive des Baumeisterschen Ruhms (Sonnenthal – Judentum etc.) gesprochen. Im Anschluß daran über eine Art jüdische Literaten, deren Typus Zweig. Dann komische Discussion Wassermann–Salten; über W.s Verhältnis zur Kritik etc.–

13/12 Dictirt (Beate).

Das Fräulein Anna Loew, die seit $5^{1}/_{2}$ Jahren bei den Kindern und im Haus thätig war, verläßt, allerdings nach vorhergegangner einverständnismäßiger Kündigung, mit Hinterlassung eines Briefs das Haus, um den Abschied allen leichter zu machen. Wir waren sehr ergriffen.

– Stephi am Nachmittag. Über das Los der intelligenten Bediensteten.–

Professor Reich, wegen Vortrag etc. Erzählt u. a. daß Hofr. Minor in den Bibliotheken nachgeforscht, ob „die Seele ist ein weites Land" bei Christomanos vorkäme (dem Vetter des Aigner-Christomanos).– Über Reichs deutschnationale Vergangenheit – Ich: Sind Sie eigentlich Halbblut –? Er: „Wenn Sie mich nicht verraten... sogar ganz Ganzblut..." Ich: Schämen Sie sich etwa?!– Er: Ich habe ja nur einen Scherz gemacht... – Nichts hat tiefern Sinn als solche Scherze.–

Beate Cap. 2 in der neuen Abschrift; dann das dritte durchgesehn.–

Lese mit Interesse: Wagner, „mein Leben".

14/12 Vormittag Besorgungen.– Bei Auernheimer. Über seine, Zweigs und Müllers Novellen. Über Einheit, Continuität und Intensität als Kriterien des Kunstwerks.– Über Theodor Herzl (dessen Biografie im Mscrpt. A. begutachten sollte) als tragikomische Figur (in hohem Sinn). A. gehört zu den Leuten, mit denen ich angeregt, klug, und unbefangen zu reden vermag. Hiezu eignen sich gewiß am besten begabte leidlich erfolgreiche, von sich überzeugte und ohne innern Widerstand respekterfüllte Menschen.

Nm. mit O. Smetana Trio.

Am Sommerstück weiter.

F. O. Schmid, der über meine „Weltanschauung" schreiben will... Allgemeineres Gespräch hierüber; Stellen aus dem „Weg ins freie", Mißverstehn des „Weiten Land" und andrer Werke. Grundfehler des „Ruf des Lebens" (Grafen von Charolais und Ringelspiel).– Seine Ausgrabungen im Aargau, Militärleben in der Schweiz.

15/12 Dictirt: Sommerstück, Beate.–

Nm. dictirt Bernhardi.–

Hübsche Novelletten von Burckhard: Scala Santa gelesen.–

16/12 Mit O. zu Berger. Antiquitäten.–

Zu Dr. Kolm. Novelli, Alfred Grünfeld, Eisner v. Eisenhof, Weingartner und Marcel. N. gab sich interessirt für meine Stücke die in Italien angeblich bisher wegen der schlechten Übersetzungen keinen Boden gefunden, die er aber alle nicht kennt. Die Familie Kolm recht sympathisch. Saß zwischen einer Tochter und einer Schwiegertochter.–

Mit O. zum Juwelier Fischmeister.

– Am Sommerstück.–

Hajeks mit Margot zu Besuch.

Abends bei Schmidls; wo Wassermanns und Isidor Benedikts.– Tivoli-Spiel.

17/12 S. Warmes Wetter. Spaziergang Dreimarkstein, zurück die neue Krottenbachstraße (zum ersten Mal).–

Nm. an Beate und am „Sommerstück".–

Nach dem Nachtmahl mit O. die Dvorak-Serenade.–

Speidel, über „Gudrun" u. a.

18/12 Dictirt: Sommerstück, Beate.

Nm. Notizen zum 2. Akt des Sommerstücks.

Frau Samuely zum Thee.–

Mit O. Neue Wiener Bühne; Novelli im Raub der Sabinerinnen.

19/12 Mit O. zu Berger und zum Tischler wegen Kredenz.–

Nm. an der „Heimkehr".–

Abends mit O. bei Gisela. Ihr Geburtstag. Familie.

20/12 Dictirt „Beate".–

Nm. am Sommerstück.

Allerlei kleine Notizen über menschlich-kritische Jämmerlichkeiten, angeregt durch ein Saltensches Feuilleton über 1812.– Ich prüfe mich: Eitelkeit? Nur zum geringsten Theil. Ich war kaum weniger angewidert von seinem affectirten Lachen bei Novelli als von seinem journalistisch-kritischen Verhalten.

Stephi zum Nachtmahl. Alte Manuscripte;– und neuere.

21/12 Dictirt. Sommerstück (Anfang II. Akt).–

– Heimkehr weiter.–

Sprach spazierengehend Paulsen, über Beatrice Möglichkeiten an der Burg.

– Gedichte und dergl. im Mscrpt. von einem Herrn Adolf Schüler aus Berlin. Hoffnungsloser Dilettantismus.

Lese Kirchsteigers „Weltpriester", aus Kaplan-Gründen.–

Abends mit O. Weites Land, Burg, die Wohlgemuth als Genia (momentweise gut; aber die Übergänge dilettantisch), Arndt als Natter (ziemlich schwach). Loge 2. Stock – hörte schlecht.– Hatte wieder die Empfindung: *wie* gut – das gute ist, weiß doch eigentlich niemand. Und ferner. Was für Frechheit gehört schon dazu – daß die Leut überhaupt das Maul aufmachen!–

22/12 Neuer Ladenschrank, Umräumerei, Umstellung im Arbeitszimmer.–

Nm. mit Olga Besorgungen in der Stadt.–

Gerechnet etc.–

Christbaumputzen nach dem Nachtmahl. Der Bub, Stephi.–

23/12 Dictirt: Beate.–

Nm. Notizen, u. a. zu einem Brief an Brandes (dänische Zeitung, 70. Geburtstag) – an Walter (Fr. Rosés Anregung zur Schenkung der Rodinbüste) u. a.–

Die österreichische lyrische Anthologie langte an; auch von mir, die üblichen Gedichte. Nein, ein Lyriker bin ich nicht.– Allerlei wieder und neu gelesen, schönes von Richard, Hugo u. a.;– lächerliche Verse von Salten.–

Kopfweh und Trübsinn.–

24/12 S. Schönes Wetter. Spazieren. Hofrath Tezner, meinen Lehrer aus den 70er Jahren. Jugenderinnerungen. Über Literatur und Cliquenwesen.

– Später Prof. Přibram. Er hatte kürzlich gelesen, daß ich in Schweden der meist gelesene deutsche Autor bin. Über meine Stellung im Ausland; daß ich in Rußland und den nordischen Ländern sehr stark, in den romanischen Ländern noch kaum durchgedrungen bin, obwohl oberflächliche Beurtheiler das Gegentheil für wahrscheinlich halten müßten.

– Zu Haus Jacob; der von einem Gespräch mit Salten über des letztern Novellen erzählte. Wie aussichtslos, ich sagt es Jacob, da man ja doch nie die ganze Wahrheit sagt – sagen kann – auch nicht sagen soll. „Lieber Freund... Sie haben nur 4 Zehen...“ „Sie irren, ich habe 5...“ „Verzeihen Sie... es sind gewiß nur 4...“ „Oh, es sind 5, und die fünfte ist überhaupt die schönste, die je ein Mensch auf Erden gehabt hat.“ „So muß ich die fünfte wohl übersehn haben.“

Nm. Bescherung. Es waren anwesend Gustav, Kaufmann, Bachrachs, Frl. Pollak.–

Abends mit O. und Heini bei Julius'. Frau Altmann, und ihre Söhne. (Hajeks in Salzburg.) – Das erste Weihnachtsfest ohne Mama.– Grammophon.–

25/12 Spaziergang. Sprach Paulsen und seine Frau (Bleibtreu); über Burgtheater Personalia,– d'Albert und Frau (Fulda) (Hauskauf etc.),– Rosé (Walter – Rodin).–

Nm. zum Thee bei Bachrachs. „Onkel Max.“– (Über Wiener Geschäfte und Geschäftsleute.) –

Las Zifferers „helle Nacht“, von ihm gesandt. Blümeranter Unsinn mit irgend einem vagen poetischen Hauch.–

26/12 Von Hütteldorf über Satzberg, Galitzinberg, Liebhartsthal;– ziemlich warm.

Die Julius Kinder zu Tisch bei uns. Mit dem sehr begabten Hans die Mahlersche Dritte (mit O. angefangen).

Julius und Helene kamen später.–

Heini auf seinem Theater Scenen aus „Tell“ spielend.– Lili singt den „guten Kameraden“ „...Wer will unter die Soldaten... der muß

haben..." und fährt plötzlich fort „eine Cousine" –
– An „Beate".–

Schwere Bedrücktheit, vom Ohr aus.

27/12 Dictirt Briefe und allerlei.–

Nm. am Sommerstück.

Prof. Ludwig Stein mit Tochter Else. Wegen Mitarbeiterschaft an
„Nord und Süd". Über Zionismus, Herzl, Nordau, Weg ins freie. Etwas
selbstgefälliger überthätiger und doch wohl nicht sehr wirkender Mann.

28/12 Von $^1/_2$ 12 bis früh $^1/_2$ 8 ohne eine Sekunde zu schlafen! Das erste
Mal in meinem Leben. Gelesen und herumgegangen;– plastische Visionen, unerträgliches Ohrensausen, Brom ohne Wirkung;– geweint vor
Wuth. Nach dem Bad und Frühstück unruhig geschlummert eine
Stunde.–

In die Burg zu Rosenbaum. In Sachen der Kainzbüste.– Aufführungen im nächsten Jahr; vielleicht Beatrice. Die „Feier" im Mai.– Berger
hat sich neulich als „Antisemit" declarirt. „Ich darfs ja sagen – bin nur
$^1/_{16}$ Jude." – Darauf R.: Ihr Vater $^1/_4$ – also Sie – $^1/_8$!– Berger: „Nun ja
– so zwischen $^1/_8$ und $^1/_{16}$." – F. E. und Gemahlin beklagen sich neulich,
daß Gerasch nicht ins Burgtheater gehöre... „Er ist doch ein Jud"...
fügt die Gattin hinzu... – Der Jüngere, F. E.s Nachfolger, über seine
junge Gemahlin zu seiner Maitresse: „Was soll ich mit ihr anfangen.
Sie sieht so jüdisch aus." Sein Telegramm nach der Brautnacht.–
Dessen Mutter und die Kapläne. – Nette Familie.

Nm. Religionslehrer Breuer, wegen Beitrag für eine Zeitung.–

Frau Tesi, mit russischen Vorschlägen.

Las Brods „Abschied von der Jugend" (vom Autor übersandt) nicht
ohne Begabung; im wesentlichen flüchtig, leer und prätentiös.–

29/12 Vm. bei Frau Prof. Rosé, wegen des Briefs für Walter bei
Überreichung der Rodinschen Mahlerbüste.– Über Mahler, Walter, u. a.

Nm. mit O. die Prometheus Ouverture, 2 mal, rechts und links
wechselnd.

Am Sommerstück.

Baron Winterstein, der nun in Leipzig bei Wundt arbeitet. Über
Leipzig, über W.s Gedichte, die eben erschienen (viel gutes eigenartiges, manches allzu spröd), über Kritik, Erfahrungen dieser Art.–

Ein Mensch von Zukunft.–

30/12 Wieder erst, nach $^1/_2$ 4 eingeschlafen (um 11 ins Bett).–

Beim Notar (Rußland, Fr. mit Dolch).

Dictirt: Sommerstück. Beate.–

Mit Heini Nm. (nach flüchtigem Aufenthalt bei Bachrachs) ein wenig spazieren.

Hofr. Burckhard. Über sein Novellenbuch (Scala santa), über das Mißverstandenwerden der Erna im W. L. (er schiebt es z. Th. mit Unrecht auf Hofteufel).

Papierlt und gerechnet.

Nach dem Nachtmahl Stephi.

31/12 S. Träume: Julius hat irgend wen operirt, wohl einen Schauspieler, er sieht irgendwie dem jungen Mahler ähnlich (Bild bei Frau Rosé) – sagt, er sei in Treßler und Kutschera geradezu verliebt, ich etwas eifersüchtig, in der Empfindung daß mir durch schlechtes Hören die Lebendigkeit im Gespräch versagt sei;– Dr. A. Kaufmann erscheint flüchtig: O. erzählt, sein Vater werde in diesen Tagen (zwischen Weihnacht und Neujahr) sterben (er ist längst todt).– Fahre in Fiaker von $^1/_2$ 12 bis $^1/_2$ 2, berechne (correct) die Taxe, gebe ihm 6 Kronen – er „bitte, es sind 10 Gulden", ich nehm einen Theil zurück (gestern brachte mir Sophie unser Stubenmädchen einen irrtümlich zuviel gegebnen Hunderter!) – ich bin irgendwie bei „Anatol", lese einen Bericht darüber in der N. Fr. Pr. – – bin in einem Garten, erhöhter Platz, Paula B.-H. kommt zu Besuch Stiegen herauf mit den Kindern, Mirjam voran, Paula ist stattlich und ernst – ich kaufe mir auf dem Graben Berl. Tgbl. und N. Fr. Presse – – lauter ganz uninteressante immer auffallend lebhafte Träume.–

– Mit Heini Sievring – Himmel – Cobenzl, – Grinzing (Frau Fleischmann mit Kindern auf dem Weg, über Gymnasien und Berchtesgaden) – treffen später noch Schmidl und Wassermann.–

Brief von Liesl, mit eingelegtem Brief des Vaters (den wir nun regelmäßig unterstützen), hjalmarisch.–

Nach Tisch spielte ich „Schleier der Pierrette".

Gerechnet; ganz 1911 abgeschlossen. Einnahmen – und Ausgaben höher als je.

Bei uns Familie, auch Altmanns, die Söhne zum ersten Mal, denen wir das Haus zeigten. Julius theilt mit, daß er ein Haus gekauft, Laudon- Langegasse Ecke, noch nicht fertig, und Mai einziehn wird. Nun sind wir alle „Hausbesitzer"... (sozusagen).– Mit Hans spiel ich ein Schumann Quartett.– Paul A. spielt allerlei, darunter meinen Walzer. Die Sylvesterstimmung war nicht trüb, aber recht gedämpft, und um Mitternacht, beim Neujahrwünschen, konnten wir Geschwister, in Erinnerung an unsre Mutter, die nun für immer fort ist, uns der Thränen nicht erwehren.

Vor dem Einschlafen las ich in Wagners Selbstbiografie weiter.

1/1 Hübscher Wintermorgen. Blumen für O.

Mit O. zu Richards. Erneuerungen des Hauses. Aufstellungen, Bilder; ich war ganz entzückt. Mit ihm spazieren, Park. Über Fischer (Semmering) und die Strömungen in seiner Umgebung.– Trafen Frau Bachrach und Stephi. Über den Selbstmord des Frl. Munk wegen H. H. Ewers.–

Nm., in nicht guter Stimmung einige Beethovenouverturen 2hd. versucht; dann spazieren, Stephi getroffen (die nach Berlin will).

Die Richard Kinder bei den unsern, wir spielten Tombola mit ihnen.

Am Sommerstück weiter; matt, herunter.

Las O. wie längst versprochen meine alten Gedichte vor: Fast lauter Schmarrn. (Was mich, trotzdem ichs ja wußte, auch ein wenig verstimmte. Man möchte lauter Überraschungen erleben!)

Nach dem Nachtmahl O. zum Singen begleitet. Schubert, Brahms.

Lese: Wagner (Mein Leben), Novalis (Aphorismen etc.), Varnhagen (14. Band Tgb.).–

Sah Ullstein Weltgeschichte, I. Bd. Neuzeit zum Theil durch. (Bilder.)

2/1 Mit Heini in die Stadt. Besorgungen.–

Nm. Dr. Pollak.

Vorher Mimi und Stephi. Über Menschen und Literaten. Über Winterstein.–

Papierlt.

3/1 Mit O. (die mir im letzten Moment unvermutet nachkam) und Richard Semmering. Dort Fischers, Saltens.

Nm. auf dem Spaziergang im Schnee mit Fischer über die Gesammtausgabe. Ich sage: entweder eine solche oder nichts; da ich keine verfrühte Classification wünsche.–

– Im Café mit Richard und Fischer über den Reichtum an Talenten; über die Manns, Wedekind, Wassermann u. a.–

Nach dem Nachtmahl Pokerspiel.

4/1 Semmering. Früh mit Richard über die „Gesammtausgabe". Seine guten Vorschläge –

Mit Salten (der gestern eher verschlossen) über seine ev. Chancen Neue Presse etc.– Rate ihm den neuen Antrag der Zeit anzunehmen und sich nicht auf Production allein fundiren zu wollen. Begegnen Benedikt. „Schicksalswink." S. sagt sich für Nachmittag an.–

Mit Fischer verlegerisches. Gesammtausgabe. Erster Theil Erzählendes im Mai, ev. später der zweite Theil, Dramatisches.–

Nm. Abreise mit O.

Daheim u. a. eine Brochure über mich von Ratislav vorgefunden, nicht ganz dumm, aber ohne Spur von Talent.

5/1 Dictirt „Beate".–

Ob der Wurstlroman nicht „Liebe, Spiel u. Tod" heißen sollte? Werd ich ihn je schreiben?–

Nm. den Brief an Walter neu concipirt. Was mir derlei für unverhältnismäßige Mühe macht!–

Zum Nachtmahl: Baron Winterstein, Stephi, Mimi. Eher langweilig; mich strengte das Hören an.

6/1 Mit Heini Spaziergang Hameau. Über Reformation, Göttersagen, Anfänge des Christentums – Ausgrabungen, was ihn doch vor allem interessirt.

Nm. erscheint Trebitsch; will Rath wegen des contractbrechen wollenden Barnowsky.– Räth mir, Le Bargy (der sich angeblich (Neues Wiener Journal) über W. L. entzückt geäußert) zu besuchen etc.–

Weiter am Sommerstück.–

Las Abends Gabriel Schilling von Hauptmann. Es ist nichts – und doch von unverkennbarem Genie. Wie alle wieder dastehn – und die Landschaft,– und der völlige Mangel an Prätension,– und am Ende versinkt diese ganze dichterisch gesehne, einwandfrei gestaltete Welt – und man sagt: Welch ein Genie – warum ist es denn nichts? Keiner kann das außer ihm – warum zwingt es uns nicht nieder? Es ist einzig – warum ist es zugleich so unbeträchtlich?–

7/1 S. Spaziergang Schafberg Neuwaldegg, Pötzleinsdorf.–

Am Park Frau Bachrach, mit ihr zu uns, wo Stephi. Semmeringgespräche.–

Nachmittag Hajeks bei uns. Lili singt: „Ich hatt einen Kameraden."–

Am Sommerstück weiter.–

Zum Nachtmahl bei Bachrachs. Lothar Müller (Bruder Hans M.) kennen gelernt. 22, in Redeweise, Gedankengang, Geberde ganz Hans; sehr klug für das Alter; amusant, nicht ganz vertrauenerweckend. Spielten „Erraten". Mir gab man auf. „Freude, die Felix S. über den Erfolg des „Weiten Lands" hatte."–

8/1 Früh Dampfbad (76.3).

Dictirt Beate, Sommerstück, Briefe.–

Nm. dictirt Beate.–

9/1 Vm. dictirt Beate u. a.

Mit O. zu Prof. Ress, der sie nur fallweise übernimmt und hauptsächlich an Frau Brossement übergeben will.

– Besorgungen.–

Nachmittag Wassermann, mit einer neuen Roman Idee, Stanley, Congo etc.– Er erzählt solche Dinge sehr anregend; von dem kommenden Meisterwerk naiv prächtig, und nicht einmal ohne Grund überzeugt.–

„Beate" weiter dictirt.

Die Kasimir Radierungen werden im Stiegenhaus aufgehängt; die Photographien der Antiken als Supraport.–

Mit O. musizirt; Schubert, sie war unverhältnismäßig durch Reß verstimmt.

10/1 Dictirt Beate zu Ende. (Einige Feile noch nötig.)

Nm. gepackt, vertrödelt.

Lese Anna Hollmann von Frenssen.

Zum Nachtmahl: Fischers, Jacobs, Richards, Saltens.– Nachher bald Roulettespiel.– Salten erzählt mir von seinem Gespräch mit Benedikt, das nicht sonderliche Aussichten aufthut.

11/1 Auf den Semmering mit O., Mimi, Wassermann, mit vielen komischen Aperçus.

Oben Brahm. Spazieren und in der Halle mit ihm. Über das „Tänzchen" (von Bahr, das eben ohne Erfolg gespielt wurde) und Gabriel Schilling.

12/1 Semmering. Spazieren. Allerlei Gespräche. Auch Frau Bachrach und Stephi sind hier. Mit dem zufällig begegneten Benedikt und O. spazieren.

13/1 Spaziergang mit Brahm. Über sein bevorstehendes Wiener Gastspiel u. a.

Nm. zum Thee mit O. bei Benedikts. (Er gibt mir ein Feuilleton aus den Débats über W. L. mit; sehr klug.)

14/1 S. Mit O. spazieren. Sonnenwintertag. Skiläufer, Rodelleute, schönes Bild beim „Johann".

Nach Tisch Bahr. (Erzählt von Frau Munk, ihrem Telephoniren gleich nach dem Selbstmord der Tochter (wegen Hans H. Ewers...): „Was sagen Sie zu dem Buch –?") Mit Bahr, während Brahm zu Hause schläft, zur Meiereiwiese (Reste des Stafettenskilaufs). Über Vorlesungen und Vorlesungsprogramme. Unintimes Gespräch.–

Mit O., Bachrachs, Rappaports zurück.

– Wassermann liest in seinem Zimmer Frau Bachrach, Mimi,

Stephi, Olga und mir den Anfang seines neuen kleinen Romans Der
Mann von 40 Jahren vor.–

Nach dem Nachtmahl Billard mit ihm.

15/1 Mit Brahm gegen Pinkenkogel. Über Salten, „Feuilletonismus"
u. a.–

Zu Tisch mit O. bei Benedikts. Ganz angeregt. Über Dramen,
Leitartikel, Kritik, Zionismus, persönliches von Herzl. Thee in der
Halle mit Bachrachs und Rappaport Mutter und Tochter (Petersburg).
Spielten „Erraten".

Gleiches nach dem Souper, sehr lustig; besonders Schwierigkeiten
als W. „das letzte Kracherl auf dem Tennisplatz" finden sollte.

16/1 Mit Brahm ins Kurhaus, wo schon O.; mit Dr. Kraus spazieren.

Bei Tisch mit dem pfiffigen Dangl über das „Tuberkulosenheim".–

Nach Wien mit Bachrachs und Wassermann. „Erraten." Mir gab
man auf „mein Skeptizismus gegen die Philosophie".

17/1 Olgas 30. Geburtstag, Blumen und andres.–

Dictirt: Briefe.– Kopfschmerzen.

Nm. Stephi, Frau Bachrach.

Zum Thee Bella Wengerow.–

Zum Nachtmahl: Julius Helene, Hajek, Gisa, Gustav. Der Woh-
nungsplan von Julius.

– Sie brachten mir eine Porzellanstatuette von Goethe und die
Beethovensymphonien (4hdg.).

18/1 Vm. dictirt.

Mit O. zu Berger; Möbel.

Nm. am „Bernhardi".–

19/1 Dictirt (Bernhardi).–

Hr. Ingenieur Berger aus Innsbruck, der mir einige nicht unbegabte
Stücke (Kanzler von Tirol, Weiberfeinde) gesandt, bringt Grüße von
Wahrmund.

Lola Lorme in einer Prozeßangelegenheit Willy Dias, mit einer
Novelle, für die „Pschütt" zu wenig Honorar gezahlt.

Nm. Dr. Herz und Auspitzer von Firma Ullstein mit Anträgen.
Einmarkbändchen mit alten Novellen – 80.000 Ex. – 8.000 Mark.–

Kramer vom Volkstheater, Besetzungsfragen der Marionetten. Er
trank Thee mit mir und verschaffte sich und seiner Frau Rollen, war
übrigens ganz klug und angenehm.

Holte O. ab von Helene; sie hatte wieder ihre erste sehr glückliche
Lection bei Ress gehabt. Mit ihr Brahm geholt; ins Johann Strauss-
theater, 100. Vorstellung Heimliche Liebe (Ottenheimer – Bauer),

Girardi war entzückend.–

Bei Sacher, wo auch Jacob und Julie, später Schönherr, der mir wieder sehr sympathisch war.

20/1 Dictirt Briefe (an Lothar, der auf seinem Theater das er September übernimmt, Medardus spielen will – skeptisch; an Fischer auf seine Vorschläge hinsichtlich der Erzählenden Werke), Bernhardi.–

Zu Tisch Brahm, Jacob, Julie, Hugo und Gerty. Es war etwas stimmungslos; Brahm allein blieb bei mir zum Thee. Brahm wird immer wärmer, seelisch wohlthuender, zu den Kindern von besondrer Herzlichkeit. Er wünscht sehr, daß ich mit Schönherr zu „Erde" und „Mizi" nach Berlin komme.–

Am „Bernhardi".–

Dauernde arge Kälte.– Meine Ohren schlimm, schlimm.

21/1 S. Zu Tisch ohne O. die verschnupft zu Bett lag bei Bachrachs. Rappaports (er auch, neu), Auernheimers, Wassermanns, Onkel Max. Irene A. verwickelte mich in ein „geistreiches Geplauder" über Liebe und ähnliches, und leistete den Ausspruch... Maler und Modell müssen in einem ähnlichen Verhältnis zu einander stehn wie Roß und Reiter.–

Nm. am Bernhardi.–

Stephi kam, mit ihr und ihrer Mutter in der frischen Abendluft ein wenig spazieren.

22/1 Dictirt (Bernhardi, Briefe).

Frau Galafrès erscheint, wegen einer Aufführung von „Pierrette" zu wohlthätigem Zweck.–

Nm. nicht sehr wohl.–

Mit O. einige der Salzburger Briefe von M. G. gelesen.

Nach dem Nachtmahl kamen Speidels. Allerlei Burgtheatergeklatsch.

23/1 Vm. Besorgungen. Steuerbehörde etc. Bei Annie (Geburtstag).

Nm. kommt Schönherr, wegen der ev. Reise nach Berlin; wegen ev. gemeinsamen Briefes an die Intendanz die unpünktlich die Tantièmen auszahlt. Besichtigt das Haus. Wird in Telfs bauen. Eigenbrödlerisch, hypochondrisch, verschlossen und doch seiner Einsamkeit nicht froh.–

Am Bernhardi. Ziemlich unwohl den ganzen Tag.

24/1 Dictirt am Bernhardi.–

Briefe – An Fischer (Ges. A. ablehnend).

Nm. mit Speidel, dann O. spazieren.– Kopfweh.–

Mit O. zu Altmanns. Julius Helene, Hajeks, Alfred Mandl, Rudi Kaufmann.– Gisa über Margots voraussichtliche Verlobung.–

Alfred klagte über seine starke weibliche Inanspruchnahme und constatirte mit Vergnügen die fortschreitende Verderbtheit der Mädchen und Frauen.

25/1 Dictirt Briefe. Bernhardi.

Mit Kais. R. Gaschler die Personal Einkommens Steuer Fassion aufgesetzt.–

Nm. am „Bernhardi".–

Neue Kommode! – im Arbeitszimmer.

26/1 Dictirt (Bernhardi).–

Gegen Abend zu Schönherr, wegen einer ev. Reise nach Berlin zu „Erde" und „Mizi".– Er hatte keine rechte Lust, und ich auch nicht. Sprachen über den ev. Brief an die Intendanz (Tantièmenverspätung). Die etwas trübselige Wohnung, die er bald verläßt. Er gab mir die Jubiläums-Ausgabe von „Glaube und Heimat".–

27/1 Seit heut Telephonanschluß, aber gegen Anruf verstöpselt.–

Bei Schmutzer, der mich zum Zweck der Radirung öfters photographirte. Plauderei mit ihm und seiner netten Frau.

Nm. Regisseur Steinert, der plötzlich (warum?) statt Kramer die Regie der Marionetten bekam. Besprechung von Einzelheiten.–

Die Novelle (Beate) neu durchzusehn und zu feilen begonnen.

Brief von Fischer – er gehe auf alle meine Vorschläge ein;– Kinogesellschaft – mit allem einverstanden – von Bloch (Sliwinski) ausnehmender Glacéhandschuhton (über Pierrette);– Empfindung: Nun wär man ja so weit... Auf nichts angewiesen sein und sich nichts gefallen lassen, das ist das Geheimnis. Aber bis man so weit ist.–

– Nach dem Nachtmahl Frau Bachrach.

28/1 S.– Mit Heini spazieren gegen „Hohe Warte".

Nm. an „Beate".–

Nach dem Nachtmahl Dehmels (er hatte hier gelesen) und Jacob. (Mit dem Jacquet. Neulich: „Wenn ich bedenke, daß es eine Zeit gegeben hat, in der ich nicht elegant war...") Über einen Bonner Hypnotiseur und meine einstigen Versuche auf diesem Gebiet.

29/1 Erste Probe Volkstheater. Bei Weisse. Über die kinematografischen Vorstellungen, die er seinen Spielern verbieten will und „entehrend" findet.– Regie der Marionetten Steinert wieder abgenommen – Kramer; angeblich wegen (wohl vorhandner) Nervosität (W. vermutet P. p.) Steinerts.–

Probe im Foyer Puppenspieler, Cassian.

Nm. dictirt Briefe. (Fischer, Gesammtausgabe;– Intendanz Concepte,– Lothar Absage für den Med.)

– Las Rösslers „Fünf Frankfurter" ansprechend aber dünn.–

O. mit Bachrachs vom Concert Culp zurück, Nachtmahl mit ihnen.

30/1 Vm. Probe. Nur „Puppenspieler" (im Foyer).–

Mit der Galafrès über ihre Gastspielpläne, Kinematografie etc.
Besorgungen in der Stadt.–

Nm. auf der Bühne die Decoration schematisch gestellt.–

In den Cottage-Eislaufverein. Dem Fest zugesehn. Heini als
Bajazzo.–

31/1 Mit O. Generalprobe „Fünf Frankfurter" in der Burg. Sehr
hübsch.–

Nm. erste Probe zum „Wurstl" im Volkstheater.

Zum Thee Bachrachs und Rappaports.–

1/2 Dictirt Bernhardi, 2. Akt zu Ende. Correcturen zur „Beate".–

Nm. an „Beate".

Frl. Loewenstamm zu Besuch.

Kritiken über „Mizzi" die am 30. bei Brahm mit „Erde" dummer-
weise zu Anfang! gegeben wurde. Sehr guter Erfolg; durch den mattern
der „Erde" in Frage gestellt hinsichtlich Dauer.

Stephi nach dem Nachtmahl. Cassian und Pierrette gespielt. Stephi
durch den schönen Schnee nach Haus begleitet.–

Olga in Thränen und zweifelnd wegen des Gesangs.

2/2 Spaziergang im Schnee Schafberg, Dornbach, Pötzleinsdorf; später,
am Park mit O.–

Nm. an der „Beate".

Abends bei Richard, wo Saltens und Leo Vanjung. Discussion über
Gabriel Schilling, das ich vertheidige. Richard liest Stellen aus Atlan-
tis, G. Hauptmanns neuem (Berl. Tgbl.) Roman vor. Kaum deutsch zu
nennen. Das bekannte Gespräch über Literaturpolitik und dergl.

3/2 Kritiken über „Mizzi". Sie benützen den Erfolg doch wieder
hauptsächlich, um meine andern Sachen zu unterschlagen – oder zu
unterschätzen –

Dictirt: Briefe.–

Bei Frl. Loewenstamm, die ein kleines Ölbild von mir, wohlgelun-
gen, in nicht viel mehr als einer Stunde anfertigte. Über Träume,
Visionen etc.

Nm. an Beate gefeilt.–

Lese Tolstoi, Chadschi Murat.

4/2 S. Vm. Dr. Paul Eger, der vom Herbst an General Direktor des
Darmstädter Hoftheaters. Die äußere Geschichte des Medardus (Reinhardt, Schlenther) besprochen.

Cousin Arthur mit Gattin erscheinen; ich ein wenig spazieren, finde

2 4 – II 10

den Besuch sammt Schwiegereltern noch vor.–

Nm. an der „Beate" gefeilt.–

Zum Nachtmahl: Gustav, Kaufmann, Schmidls, Wassermanns. „Errathen." (Aufgabe für Kaufmann: sein Spiegelbild während er sich heute rasiren ließ;– für mich: Blick von der Seiser Terrasse auf den Schlern.) – Dann „Halb zwölf". Es war unliterarisch und ziemlich lustig, besonders als Julie sich auf den „Altentheil" zurückzog, und Jacob behauptete, der sei nicht älter als die andern.–

5/2 Vormittag Probe der „Marionetten".

Nm. dictirt Briefe, Correcturen „Beate".–

6/2 Probe im Volkstheater.

Brief von Stefan Großmann, der nun, nachdem er W. L. mit Steinrück in München gesehn, von seiner (Zeitungs)meinung zurückkommt und bedauert etc... Verlogner Kerl.

Nm. dictirt. Beate Correcturen etc.

Las Unruh, Offiziere, vom Autor gesandt; interessant.–

7/2 Vormittag Probe.–

Nm. mit O. spazieren.

Zum Souper bei Dr. Fleischmanns, wo nur der Vater der Frau, Comm. R. Wetzler. Ich hörte mühselig, und wir gingen bald.

8/2 Probe. Edthofer krank.

Nm. mit O. spazieren.

Mit O. Concert Lauterburg – Gound.

9/2 Lebhaft von meinem Vater geträumt: ich in einem Gebäude, das halb das akademische Gymnasium schien, an Stelle der Technik stand; ich hinter einem Fenster im Parterre, mein Vater geht draußen, etwas jünger als in seiner letzten Zeit auf und ab, mit seinem charakteristischen Hut, ich rufe ihn, er thut als wolle er nicht hören, entfernt sich auf Zickzackwegen im Schnee.–

Probe; im Cassian Günther für Edthofer; im Wurstl Böhm.–

Plötzliche Wärme. Nm. mit O. und Stephi spazieren.

Mit O. zu Gisas. Julius, Helene. Oberltnt. Vallo, Margots Bräutigam, vom militärisch-geografischen Institut. Sehr sympathisch.

10/2 Mit O. und Heini Generalprobe Marionetten (die im übrigen gesperrt war). Führte Heini auf die Bühne; er war voll Interesse und Auffassung; mit Hrn Veit in die untern Räume.– Die Probe im ganzen matt. Onno (im Puppenspieler als Jagisch und als Tod im gr. W.) am besten. Ich sagte ihm nach dem Puppenspieler was freundliches; er faßt meine Hand. „Ich hab Sie ja so schrecklich gern, Herr Doktor..."

– Mit Kramer und Frau (Glöckner) in Nebelkühle ein Stück nach

Haus.

Nm. sah ich alte Kritiken über Cassian, Wurstl, Puppenspieler durch.

Heini machte eine Skizze der Cassian Decoration. Wie der Bub sieht! Dann holte er sich Cassian und Wurstl zum lesen.–

Mit O. ins Theater. Sie mit Julius, Helene, Hans in der Loge. Ich meist auf der Bühne. Puppenspieler wirkt leidlich. Cassian fiel sanft ab, auch Widerspruch.– Vorm Wurstl erkundigt sich Frl. Erol (Tochter des 2. Bürgers) nach der Bedeutung des Unbekannten; bringt Grüße von Salten, findet, ich richte eine Wand auf im Verkehr mit andern und beobachte in einer Weise, die etwas beschämendes habe. Wir kamen ins Plaudern, und die „Wand" fiel.

– Der Wurstl wirkte schwächer als im Lustspieltheater, aber gegen Schluß doch. Recht viel Beifall und Zischen.–

Bei Sacher (im Zimmer, wo ich einst mit Kainz Bruderschaft trank); Julius, Helene; Wassermanns, Schmidls, Gustav, Kaufmann, Trebitsch und Frau, Richard und Paula. Es war ganz gemütlich.– Kramers Puppenspieler wurde schlecht gefunden; als Hauptfehler die marionettenhafte Inszenirung des Cassian.–

11/2 S.– Mit O. zu Onkel Johann Klein, Eßlinggasse. Familienerinnerungen. Über den Vater meines Vaters, der, ein Tischlermeister, sehr geschickt, aber Trinker und Spieler war. Seine widerwärtige prätentiöse Frau, die mir aus meiner Kindheit so in Erinnerung. Ein ungarischer Ortsname, in der Jugend oft gehört, Kaposvar, wo Johann Klein geboren, taucht auf.

Zu Manassewitschs; Grethes 3wöchentliche Tochter besichtigt.

– Nm. mit O. spazieren. Trafen Salten, der eben von mir kam; ich fragte nach seinen Angelegenheiten und Arbeiten; er schreibt ein Stück, das nicht nur Donnerstag fertig, sondern am 9. März im Volkstheater aufgeführt wird; begleitet uns nach Hause, erzählt in seiner lebendigen Art den Inhalt dieses und 2er andern mir zum Theil schon bekannten geplanten Stücke; besonders eines sehr reizvoll. Freut sich offenbar sehr des Antheils und Beifalls; bleibt bis 8.

– Nach dem Nachtmahl Lieder mit O., die wegen psychischer Behinderung und Depression klagt.

Beginne den 3. Akt Bernh. neu durchzusehen, gleichfalls schwer verstimmt, von dem ewigen Gezwitscher und Gekreisch im Ohr halb toll gemacht.

Lese Wagner „Mein Leben" weiter; Varnhagen Tagebücher u. a.–

Pfitzner läßt mir ein Textbuch Palestrina (durch Frau Andro) mit

Wunsch um Urtheil senden. Interessant als musikalische Unterlage.

12/2 Wie Frl. Pollak mir erzählt, nach andrer Berichten, war gestern im Volkstheater beim Wurstl ein veritabler Skandal, der Herr im Parkett für echt gehalten, das Publikum benahm sich so wie das „gedichtete" oben auf der Bühne.

Dictirt: Briefe; Bernhardi 3. Akt Anfang.

Nm. spazieren.–

An „Beate" letzte Feile.–

Dohnanyi kam, von Fr. Galafrès, mit der er die Pierrette durchgenommen; blieb zum Nachtmahl, auch Stephi kam nachher; er spielte aus der „Pierrette". Die Unterhaltung war mir mühselig, da D. besonders leise spricht. Wie einen dies Leiden entwertet, heruntersetzt, allmälig ausschließt! Und der Lärm versetzt mich (der innre) in stete Abspannung und Erregung zugleich.

13/2 Dictirt (Bernhardi, Beate).–

Spazieren mit O., Frühlingstag.

Nm. am „Bernhardi".–

Rudolf Lothar, als Direktor, seit Jahren nicht gesehn, erschien, von wegen Medardus und andrer, neuer Stücke. Gab keinerlei Zusage. Er ist wie er war; hudriwudri, gutmütig, nullig, unverläßlich; optimistisch.

14/2 Vormittag dictirt. (Bernhardi.) –

Eduard Stucken und Frau zu Besuch.

Nm. an „Beate".–

Frau Glöckner und Paula Schmidl zum Thee. Ich spielte den tapfern Cassian von Straus vor.

Mit O. zu Julius. Souper zu Ehren des Brautpaars.

– Frau Brossement, die Assistentin von Ress, spricht mit O. viel von M. R.; mit Beziehung auf den „Weg ins freie". Sie sei ganz anders gewesen, als sie in dem Roman herauskäme. Nicht sanft, sondern eher kühl, hochmütig. Else Lewinsky war eine falsche Freundin, die von M. R. und mir in der indiscretesten Weise herumklatschte. Frau Br. hat die Beziehung zwischen den beiden Mädchen nie begriffen.–

15/2 Dictirt Bernhardi.

Nm. alte Briefe.– An „Beate". Notizen über „Kritik" und dergl. durchgesehn.–

16/2 Dictirt: Bernhardi.–

Nm. an der „Beate" letzte Feilen.

Dr. Fr. V. Spitzer, Frau Prof. Schmutzer zum Thee.–

Las O. Abends den Einakter vor (der beim Bau der Mendelbahn spielt), der eigentlich sehr gut ist – und doch nichts bedeutet. Als

Theaterstück einwandfrei, wahrscheinlich sehr wirksam, irgendwo schimmert auch menschliches durch (Elisa), und doch zögere ich ihn zu veröffentlichen oder spielen zu lassen.

17/2 Vm. in der Oper. Mit Wymetal und Brioschi über Inszenirung des Cassian Singspiels. Maleratelier. Skizzen Brioschis durchgesehn; viel schönes.

Vorher mit O. bei Berger. Käufe.–

Zum Thee Stuckens und Wassermann. Mit St. über Marschalk, Hauptmann (persönliches), Heimann, seine fanatische Objectivität. Über die Fruchtlosigkeit und Schädlichkeit der Gerechtigkeit.

18/2 S. Spaziergang Pötzleinsdorf etc. in düstrer Stimmung.

Nm. Wassermann; er hat (mit Apel, Adler, Salten, Trebitsch!!–) den Bauernfeldpreis bekommen; ist mit der Gesellschaft nicht einverstanden.–

Zum Thee Gisa mit Margot und Obltnt. Vallo; mit dem ich über militärisches – geografisches und dergl. sprach.

Später Helene.–

Nach dem Nachtmahl Salten; in Zweifel über den 3. Akt seines Stücks, läßt uns zweiten und ersten lesen; recht nett, etwas dünn; aber technisch reinlich und in der Figur der Herzogin wirklicher Humor. Ratschläge und Ermutigung. Er blieb bis eins.

19/2 Vm. dictirt. Häusliche Unstimmigkeit. Herum.

Nm. Aussprache mit O., dann Spaziergang, bei Stephi im Vorhaus.–

Fr. Ella Mayer (Sigmund Schneiders Schwester), wegen Sohns, der zum Theater will.–

Reg. Rath Glossy; wegen Schauspieler Traeger (Matscheko);– neuerlich bei Baron Berger zu versuchen.– Er erzählt u. a. von den literarischen Geheimberichten aus dem Vormärz, dem Polizeiarchiv; später (unten im Salon mit O. und Else Speidel) occultistisches und antiquitätisches.

Speidels beide, nach dem Nachtmahl bei uns. Erinnerungen an Kainz.

20/2 O. erkrankt unter Fieber, heftigem Kopfschmerz Nachts; es sieht nach einer beginnenden schweren Krankheit aus; im Regen schweres befürchtend, der Wintertage 07/08 mich erinnernd, herum. Auf Pyramidon geht Fieber zurück; Dr. Pollak, beruhigend; im Lauf des Tages stellt sich das ganze wohl als Autointoxikation heraus.

Dictirte Vormittag einiges am Bernh. weiter.

Abends Direktor Barnowsky. Angelegenheit des Medardus, 1914, wo er das Lessingtheater übernimmt; hätte bis Anfang 1914 Rücktrittsrechte. B. wirkte gut auf mich; wir sprachen über eine Stunde.

21/2 Dictirt Bernhardi (3. Akt quasi zu Ende).

Nm. Grüße zu Bachrachs; Stephi begleitet mich mit Blumen für O.
Der neue Secretair von Berger u. a. wird gebracht.–

Julius gegen Abend.

22/2 Dictirt Bernhardi, 4. Akt begonnen.–

Nm. mit O. spazieren. Ihr Gespräch von neulich mit Helene. „Du
benimmst dich häßlich gegen die Familie" das in seiner spießigen
Ungerechtigkeit nachwirkt.–

Tiefe z. Th. hypochondrische Verstimmung.

Wieder Feile an „Beate". Continuität! Daran vor allem mangelt's.–
Innere mehr als äußere.

Von $^1/_2$ 6–$^1/_2$ 8 war Wilhelm König da, von wahrhaft dämonischer
Langweiligkeit.

23/2 Vm. dictirt Bernhardi.–

Nm. spazieren mit O. und Mimi.

Trebitsch erscheint – Rat erbitten. Er ist verzweifelt, daß Salten
auch den Schweinburg Stoff bearbeitet, dessen auf Thatsachen beru-
henden Grundzug er S. erzählt. Ich beruhige ihn: Verschiedenheit der
Bearbeitung (da mir S. neulich das ungefähre Scenarium erzählt). Tr.
schüttet mir bei diesem Anlaß sein Herz über S. aus ... die Opfer die
er ihm materiell gebracht... seine Unverläßlichkeit; finanzielle Verhältnisse; Simons und Sliwinskis Forderungen... („Nichts neue in
Rzeszow.") Dann wie Auernheimer und Jacob W. sich zu der Sache
geäußert.–

Es war wieder einmal ein artiger Einblick in Literaten-, Feuilleto-
nisten- und Dilettantentreiben.–

An der „Beate" gefeilt. So viel schwaches drin!–

Mit O. über ihren Brief an Helene.–

24/2 Dictirt Beate letzte Feilungen; Correcturen zur „Kreuzotter";
Briefe.–

Mit O. Nm. die 4. Mahler.

Ernst Hardt (Gudrunproben) um 5, blieb bis $^1/_2$ 11. Angeregte
Unterhaltung. Künstler und ihre Frauen: Hauptmann,– Kainz. Hauptmanns große Persönlichkeitswirkung trotz mäßiger Intelligenz. Auffassung H.s, daß Grethe ihn sozusagen nicht will zur Besinnung kommen
lassen... (Schönes Problem!) –

Schönherr. Wie sie ihn schon seinen Erfolg entgelten lassen. Über
Vollmoeller und Reinhardt. Meine Medardus Affairen mit Reinhardt
und Schlenther.–

Hardts Erlebnisse mit Schlenther und Berger.– Brahm und Lessing (der meiner Empfindung nach der Tod war, den das Theater Brahms von Anbeginn an in sich trug).

25/2 S. Mit Heini spazieren Hohe Warte. Er interessirte sich für Elektrizität, Krater, Abstammung des Menschengeschlechts; Wesen des luftleeren Raums,– Unendlichkeit; und ich dachte, um wie viel umspannender wenn auch nicht eindringender solch ein Kindergeist ist gegenüber all den Berufsintelligenzen und -phantasien, mit denen man meist zu thun hat.–

Nm. sah ich die Beate durch und las sie Abends von $^1/_2$ 8 bis 11 (mit Unterbrechung) Olga vor, die einen für mich überraschend starken Eindruck von ihr hatte. Auch mich berührten einige Stellen (besonders die auf den verstorbnen Schauspieler bezüglich) tief.

26/2 Dictirt.–

Nm. mit O. bei Bachrachs.– Am „Bernhardi".

Alfred Mayer zum Nachtmahl. Alberts üble Geldverhältnisse; Liesls Existenz in Partenkirchen.–

– Lili bricht neulich ihre „Überhaupt-Puppe". Fragt dann O.: „Mutter, zerbichst du auch." Nein... möchtest du das nicht? „Oh nein, sonst hätt ich ja keine Mutter." – Singt alle möglichen Lieder nach. „Prinz Eugen-jus – der edle Ritter-keit..." – Fragt bei unbekannten Worten, z. B. „Was ist Schicksal?" –

27/2 Dictirt (Bernhardi, 4. Akt, B. mit Pfarrer).

Mit O. Nachmittag spazieren.

Dr. [Kapellus], in russischer Übersetzungsangelegenheit.–

Blochs Sexualleben etc. ausgelesen.–

Helenens Brief; O. mit der Erwidrung beschäftigt.–

28/2 Früh Paulsen getroffen, über ev. Besetzung der Beatrice; über den Doppelselbstmord Scheibe – Frl. Römpler.–

Besprechung in der Boden Credit Anstalt mit Direktor Zwack; in der österreichisch-ungarischen Bank; im Deposita [!].–

Besorgungen.

Nm. „verlorner Sohn" von Wormser nach langer Zeit wieder gespielt (von Dohnanyi zurück bekommen).–

Mit O. den Brief an Helene durchgesprochen.–

Am „Bernhardi".–

Else Speidel kam; ihre dauernd schlechte Gage; Nichtweiterkommen ihres Gatten; sie glaubt an ihn; Schlenthers tückisches Benehmen gegen sie, Bergers Unverläßlichkeit.

Stephi kam; mit ihr längre Zeit bei Lili, die bezaubernd ist. Wie

Heini scherzhaft sagt „Ich bin beleidigt",– ihr Blick auf ihn, „mein
Heini", und streicht ihm, mütterlich geradezu übers Haar. „Wie ich
noch klein war... hab ich mich vor dem Schatten gefürchtet..."–
Stephi zum Nachtmahl; Olga sang ihr vor.

Das Buch von Kapp über mich kam. Las drin. Platt und albern.

29/2 Las das Buch von Kapp zu Ende. Über das novellistische noch
dümmer als übers dramatische.

– Mit der Secretärin letztes Capitel Beate durchgesehen.– „Bernhardi" dictirt – Pfarrer Scene. Unüberwindliche Schwierigkeiten.–

Nm. mit O. und Mimi über die Felder spazieren. Lili zu O. „Nicht
singen... du singst verkehrt –"

– Zum Thee Frl. Ella Naschauer –

Am Bernhardi.–

Lese Wagner, mein Leben; Schiller Gespräche, Varnhagen, Tagebücher; Costenoble, Tagebücher; Hertslet, Treppenwitz der Weltgeschichte.

– Mit O. über ihren Gesang. Reß, der ihren dunklen Sopran in die
Höhe treibt –

1/3 Dictirt u. a. auf Herzmanskys Ersuchen ein kurzes Programm zur
Pierrette.–

Nm. wieder Wilhelm König, mit ihm fort –

O. von Benedicts geholt, Schwarzenbergplatz; die beiden Töchter
äußerten manches komische.

Bei Gisa zum Nachtmahl. Familie (also auch Oberltnt. Vallo) und
Gustav.–

2/3 Eh ich O. von B.s abgeholt, hatte insbesondre Minnie wieder alle
Register ihrer Taktlosigkeit spielen lassen; nichts wäre ihr willkomme-
ner als von irgend einer Einbruchsstelle aus unsre Ehe zu stören.
Köstlich auch ihre Bemerkung. „Es gibt Charakterlose, denen man nie
drauf kommt... z. B. Fella Kuh... wer weiß von der, daß sie charakterlos..."

– Fragen an O. „Sind Sie kalt –?" „Gedenken Sie noch Kinder zu
bekommen –?" –

– Mit O. Besorgungen in der Stadt.

– Nm. spazieren mit O.–

Heftige Kopfweh. Die neue Abschrift der Beate 1. Capitel durchgesehn.–

Notizen zu einem Davoser Stück (oder Novelle?). Balzacs „Lilie"
etc. ausgelesen.

3/3 S. Spaziergang Hohe Warte Grinzing etc.– Begegnungen: Schau-

spieler Strassni (u. a. über die Geheimsprache der Finanz und der
Politik); Gound (mit seiner jungen Frau und den Kindern),– Wymetal
(Zustände in der Urania; der antisemitische getaufte Jude Kößler
als Präsident).–

O. und Heini von Bachrachs aus dem Garten abgeholt. Wassermann dort. („Alles was ich bisher schrieb, ist Schund... jetzt erst...")

Nm. mit O. Spazierfahrt über Pötzleinsdorf, Dornbach, Hütteldorf,
Steinhof.

– 2. Capitel Beate durchgesehn.–

Frl. Loewenstamm brachte die fertige Radirung, vorzüglich gelungen.

Zum Nachtmahl Mimi, Stephi, Paula Schmidl.– „Erraten."–

4/3 Dictirt Bernhardi 5. Akt Anfang.

Heini Fieber und Kopfweh, was uns, mit ungeschickten Bemerkungen des Fräuleins, die sofort Deliriren constatirte, Schreck einjagte. Es
war nur ein verdorbner Magen... Dr. Pollak.

3. (letztes Cap.) Beate Abschrift gefeilt; mit O. durchgesprochen;
der schwache Punkt war ihr sofort klar (daß Beate an einigen Stellen
ihr Schicksal zu äußerlich (Klatsch etc.) nimmt). Leicht abzuhelfen.–

5/3 Mit O. Generalprobe Gudrun, Hardt. Selten ist mir ein Stück so auf
die Nerven gegangen. Auch gespielt wurde zum Theil unleidlich. (Heut
Abend ist die 25. Weites Land.)

Nm. mit O. bei Richard im Garten, mit ihm und Paula im Park.
Eben hatt ich eine kleine Brochure über Richard von Reik gelesen.
Nett; insbesondre die beginnende Reaction gegen den „Erdgeruch".–

Die Änderungen an Beate vollführt.

Wie meist Abends Lieder mit Olga.–

6/3 Dictirt. Novelle an Fischer.–

Frau Mautner, uns für Freitag einladend; unermüdlich darin. Brief-
Ordnen. (B.)

Am Bernhardi. Aphoristische Verse.–

Schmidls nach dem Nachtmahl. Mit Paula (zum 1. Mal) musizirt.
Mozart Violinsonaten 1. und 15.– Olga sang schön.

7/3 Dictirt (Bernhardi).–

Zu Prof. Schmutzer, der eine Bleistiftzeichnung von mir anfertigte.
Über die Bilder zur Hirtenflöte, auch mit seiner Frau. Er zeigt mir
einige flüchtige Skizzen.

Nm. (wie meist) ein halbes Stündchen spazieren.

Gisa zum Thee.

Ein Verleger Herr Rentsch, in einer Kino-Novellen Sache.–

Ernst Hardt erschien, Abschied nehmen. Ich sagte ihm mit gebote-
ner Rücksicht, daß ich der Gudrun kühl gegenüberstehe. Er nahm es
gut auf, und doch, ich fühlt es, war er irgendwo verletzt (vielleicht ohne
es selbst zu wissen). Ich hab ihn übrigens besonders gern.–
Stephi nach dem Nachtmahl, die ich heim begleitete.– (Über Lothar
Müller und dergl.) –

Mit O. über die Aussichten der nächsten Zeit. „Weites Land" und
„Anatol" haben draußen so gut wie ausgespielt. Was wird das nächste
sein, womit ich Geld verdiene? Welch eine unmoralische Existenz.
Doch wär ich hoffnungsvoller, wenn das innre Lärmen mich nicht um
so viel Arbeitskraft und jede Erholungsmöglichkeit brächte.

8/3 Gestern kam der Klavierauszug Rebikow, Frau mit d. Dolch,
scheint interessant, sehr Richard Straußisch.

Vm. Bernhardi 5. Akt quasi zu Ende dictirt. Ich glaube nicht dran.–

Mit O. Abend Concert Marcel (Weingartner). Ganz gegen Schluß
sah ich P. M. einige Reihen vor uns; nachdem ich O. auf sie aufmerksam gemacht, erzählt sie mir, daß P. M. und zwei Damen mit ihr uns
ununterbrochen beäugt und bewispelt hatten. Unangenehme höchst
überflüssige Vergangenheitsdiscussion und darauffolgendes Schweigen.–

9/3 Besorgungen.–

Bub hat Rubeola. Dr. Pollak.–

Mit O. „Tanzabend" Beethovensaal von Rita Sacchetto; stimmungslos.–

Schwere und in Ermüdung endende Auseinandersetzung.–

10/3 S. Urania, Probe Pierrette; Dohnanyi spielte Clavier dazu. Galafrès begabt und fleißig; Askonas, Arlechino, der intelligente jüdische
Schmierant. Onno als Pierrot auch hier, das menschlich-künstlerisch
besondre verratend.–

Nm. Salten; um Rat, da Brahm sein Stück (Das stärkere Band, am
16. Volkstheater) refusirt. Gemisch von Selbsterkenntnis und montirter
Sicherheit; Bedürfnis nach herzlicher Aussprache und mangelnde Aufrichtigkeit; Sympathie und Widerstand. In all seinen schwankenden
Aussichten immer voll Hoffnungen und Kühnheit der Lebensführung;
ging heim, Contract wegen Bauveränderungen in seinem Haus machen,
der seine finanziellen Verpflichtungen erheblich steigern wird.–

– Mit O. ge„zimmerlt", projectirte Änderungen in meinem Arbeitszimmer.

Las „Graesler"; fand sie nicht so schlecht, als ich vermutet;
immerhin muß sie neu gemacht werden. So was müßte doch einfach aus

der Hand fließen und fertig sein. Immer und immer der Grundfehler:
nie ganz dabei sein!

11/3 Probe der „Pierrette". (Urania.)

Nm. die „tragischen Anekdoten" angesehn.–

Im Concert Trio Dohnanyi – Marteau – Becker; mit O. bei Meissl
genachtmahlt.

12/3 Besprechungen mit Gärtner Helge und Tischler Reimer (Bibliothek ?).

Dictirt Briefe; Kleinigkeiten (Plänchen).

Nm. das Sommerstück soweit fertig gelesen; noch recht schwach.
Obs überhaupt weiter geht?

Bei Schmidls, wo Jacob, Stephi, Dr. Arthur Kaufmann, Dr. Rudi
Kaufmann. Rudi K.: ich werde nächstens aufgefordert werden, einen
Artikel für das Poliklinik Spital zu schreiben, als Sohn des Gründers...
Nicht angenehme Situation. Die Poliklinik hat sich gegen ihren Grün-
der sehr schäbig benommen. Und nun schreib ich ja das Bernhardi
Stück!–– Über Telepathie u. ä.; Discussion zwischen den beiden
Kaufmanns.– Jacob heut mit seinem neuen Roman fertig, in einem
selbstbiographischen Wichtigkeitsdusel, aber putzig wie immer. Tivoli
Spiel. Zu lang.

13/3 Wach gelegen bis gegen 7 früh! Kaum 1–2 Stunden geschlafen.
Schwere Gedanken und nichtiges das schwer wurde.

Frühlingsspaziergang gegen Grinzing, Hohe Warte. Im Anschluß
an ein Gespräch mit O. über das eben erschienene Mahler Heft (Merker)
(las es noch nicht) betrübendes Nachsinnen über mich. Im gewissen
Sinn das oberflächliche Wort meines Vaters über mich: „Du hast keine
Geduld, was langes zu schreiben" noch immer wahr. Welche Minder-
werthigkeiten in meinen größern Werken neben Stellen hohen Rangs.
Auch daß mir die Schlüsse (3. Akt Liebelei, 5. Eins. Weg, Weites Land)
oft so besonders gelingen, irgendwie mit meiner Stall-Ungeduld in
Zusammenhang.– Auch meine menschlichen Qualitäten empfand ich
als zweitrangig – *das letzte* fehlt mir auch an dem was manche meine
„Vornehmheit" nennen; und auch an meiner Intellectualität.–

Traf Dr. Wengraf. Gymnasialgespräche, Matura Erinnerungen.
Über Parlament, Landtag (er ist Berichterstatter), Antisemitismus;
Figuren (Bielohlawek, Seitz, Schuhmeier, Heilinger, Hraba). Der
Stadtrath Oppenberger, früher kleiner Geschäftsmann, wohnt bei der
Großmutter Wengraf, wie er antisemitische Brandreden hält, kündigt
ihm die Frau W. – er darauf „Aber bitt Sie – was macht denn das...
lassen S mich nur weiter da wohnen – der Antisemitismus ist ja nur

eine vorübergehende Erscheinung –"

Nm. versucht dem Sommerstück nachzusinnen. Durchgehende tiefe Unzufriedenheit.

Leonie Guttmann zum Thee. (Egypten.)

Zum Nachtmahl Familie, Vallo, Gustav.

14/3 Oper. Im Probensaal Cassian (Frl. Kauffmann, Hofbauer, Maikl). Straus war auch da, mit ihm durch die Stadt.–

Nm. mit O. Gespräch, ins tiefre gehend.–

– An der „Heimkehr" und am „Sommerstück" ein weniges.

Mit O. Mahler 8te unter Walter. Großer Eindruck. Walter sehr gefeiert; wir sprachen ihn, dann.

Imperial mit Julius, Helene, Schmidls.

15/3 Dictirt „Heimkehr".–

Nm. kleiner Musik-Vereins Saal. Pantomime mit Orchester.– Mit Dohnanyi über Mahler. „In 10 Jahren ist der Rummel zu Ende. Sie werden mich nie bekehren."

Mit O. (beim Schneider getroffen) ins Quartett Rosé.–

16/3 Urania, Generalprobe Pierrette (2. Akt), hinüber Carltheater, „Cassian", wieder retour Pierrette; Schauter, Dohnanyi, Erol, Onno, Galafrès, Godlewski, Schiff gesprochen – wieder Carltheater. „Cassian". Plötzlich Karpath zu mir... „Was hat Burckhard eigentlich gefehlt – ?–" So erfuhr ich daß er heut Nachts plötzlich gestorben. Tief berührt – Wenige Menschen hab ich so gern gehabt, wenige sind so treu zu mir gestanden. Zuletzt sprach ich ihn Gudrun Generalprobe; über St. Gilgner Villen. So krank er sich seit Jahren fühlte, ich ahnte nicht, daß ich ihm zum letzten Male die Hand drückte. Viel, viel geht mir mit ihm dahin, so selten ich ihn im Grunde gesehen habe.–

Sprach Straus, Schalk u. a. (Schlechte Aufführung.) Girardi probirte ein „neues Fiakerlied" auf der Cassianisch verstellten Bühne, während wir Änderungen besprachen. Mit Straus und Tenor Werner fort.–

Nachmittag spielt ich einiges aus Pierrette I – corrigirte Beginn der Ges. A. – „Sterben", das ich bei dieser Gelegenheit nach etwa 15 oder 18 Jahren wiederlas!–

Mit O. und Stephi zur „Pierrette" in die Urania in Regen und Schnee. Musikalisch schöne Aufführung. Vor Schluß fort; mit O. Volkstheater, Salten Première, „Das stärkere Band".– Der Humor fließt nur von einer Figur (der Herzogin) übers ganze; die Scenen auf die es ankäme sind nicht geschrieben; die Vorzüge liegen auf dem feuilletonistischen Gebiet; es ist nichts und wird nichts.– (Erfolg war gut.) –

Bei Benedicts ein Logenbesuch.–

Souper bei Meißl: Richard Paula, Hugo Gerty, Trebitsch, Zifferer. Man amusirte sich ganz gut.– Hugo „auf dem obersten Sprießerl".

17/3 Die letzte Kritik die Burckhard geschrieben erscheint heut im Fremdenblatt – über Salten.–

Mit Heini Dornbach Pötzleinsdorf; später O. begegnet.–

Nm. Wassermann; über Mahler, über den er absprechend urtheilt; O. und ich spielten ihm einiges aus den Symphonien vor.–

Correcturen der G. W., Zeitungen über Burckhard.

Abends bei uns Dohnanyi, Auernheimers, Fr. Guttmann und Leonie, Frau Bachrach, Mimi, Stephi, Winterstein, Dr. Arthur Kaufmann. „Errathen." (Ich: Höhle.– Kaufmann: Das Echo des ersten Schusses heuer auf dem Königssee.)

18/3 Heute vor 13 Jahren starb M. R.–

Dictirt Erinnerungen an Burckhard.–

Der blinde Componist Rudolf Braun, Einladung zu musikalischen Aufführungen seiner Werke. Er ist blind geboren, spricht von seinem Naturgefühl, seinen Ausflügen, empfindet sein „Gebrechen" nur als gelegentliche Unannehmlichkeit – die „sentimentale Auffassung" seines Leidens soll in die hinterste Ecke geworfen werden.–

Nachmittag mit O. ins Trauerhaus Lichtenfelsg. 7, das ich noch nie betreten. Gleich wieder Bahr – Ich sage ihm: „Du solltest doch endlich einmal diesen Bann brechen –" Vor der Kirche. Fuhr mit Salten heim; Erinnerungen an Burckhard; über „das stärkere Band". Meine wahre Meinung sagt ich ihm natürlich nicht. In solchen Beziehungen ist Wahrheit fast unmoralisch, unnütz gewiß. Er wird wahrscheinlich Burckhards Nachfolger beim Fremdenblatt.–

Correcturen durchgesehn. „Sterben" zu Ende. Ein begabtes aber peinliches Buch (in tieferm Sinn).–

19/3 Las die Novelle Agnes Leilacher von Ernst Weiss, im Mscrpt. gesandt; um die „Liebelei" herum geschrieben. Nicht ganz ohne Begabung.

Dictirt an „Heimkehr" (und Burckhard Erinnerung).

Mit O. Pension Kramer für Brahm Zimmer.

Nm. Pläne geordnet, durchgesehn.–

Zum Nachtmahl: Gounds und Speidels. Olga sang, ich spielte mit Gound einige Mahler Sätze vierhändig.

20/3 Dictirt Briefe.–

Begann den 9. Band Jean Christophe zu lesen.

Zum Thee Saltens und Frau Emmy Sachs.–

Zum Nachtmahl Stephi.

Vertrödelter Tag; Müdigkeit.

21/3 Dictirt (Heimkehr).

Nm. Hr. und Fr. Paulsen (Pollak Lubelsky) zum Thee.

Kleine Gesellschaft bei Bachrachs. Neu Maler Stringa.– „Errathen."

22/3 Dictirt skizzenhafte Fortsetzung zum Sommerstück.

– Nm. ein Mscrpt. von Hold, übersendet durch den Musiker Deutsch; „Im Land der Liebe". Schmarrn.–

Notizen zur Novelle vom Wahnsinnigen.–

Bei Gisa zum Nachtmahl. Familie. Dr. Geiringer, Latzko und Frauen; Dr. Berdach.–

23/3 Briefe dictirt. Trag. Anekdote.

Vor dem Dictiren wie fast immer Rundgang um den Park.

Correcturen gelesen.–

Mit O. spazieren. Bei Richard. Salten kommt zum Fremdenblatt. Aussichten.–

Mit O. über meine Schriften. Was mir nun nach Lecture von Sterben und den ersten Novellen vor allem charakteristisch scheint: Intensität in der Darstellung rein seelischer Erlebnisse. Blick für die Beziehungen zwischen gleich geschlechtigen Menschen (also nicht erotischen) z. B. Bertha Garlan – Anna Rupius – (später) Georg – Felician; – Herzog, Dichter – Fichtner, Sala.– Ferner auffallend oft wiederkehrend: Unsicherheit des Zeitgefühls... die Zeit dehnt sich, schiebt sich zusammen... („Zeit ist nur ein Wort."–) –

Dr. Hanns Sachs schickt einen Separat Abdruck mit Traumanalysen; ich erinnre mich, daß ich, als ich Freuds Traumdeutung las (1900), auffallend viel und lebhaft träumte und selbst im Traum deutete.–

24/3 Wie gesagt so gethan: ich träumte gegen Morgen mit ganz besondrer Deutlichkeit: Hugo verlobt sich mit Gerty, mit der er freilich schon verheiratet ist und bemerkt (zu wem?). Olga soll nichts davon erfahren, denn ich hab ihr den Hof gemacht. Ich weiß sofort, er sagt das, um Olga zu compromittiren. (Deutung: Neulich im Meissl sagte er nach seiner Art zu „Paulintscherl" und Olga ein paar Mal du, was mir zuwider war. Und vor 12 Jahren sagte O.: „Es wäre interessant, wenn sich Hugo in mich verliebt.") Ich bin wüthend, werde es noch heftiger, als O. sagt... Er hat aber gut geküßt... (Deutung: In jener Brochure von Sachs heißt es einmal „Er macht alles gut".) Ich frage mich, wann war es? Ah damals, als ich von einem Spaziergang heimkam und Hugo mich erwartete. (Deutung: vor ca. 6 Jahren war Hugo schon bei mir als ich nach Hause kam und O. sagte... „Er war sehr lieb.") – Und sage irgendwann. Den hätt ich todtgeschossen. Ich sinne Rache, bin plötzlich in einem Hotel, Hamburg, aber eigentlich ist es Hotel Höller, ich trete barhaupt auf die Straße; in der Halle einige Schauspielerinnen, deutlich Clemens und Otti Salten. An einem Tisch daneben vornehm, sich um nichts kümmernd 4 reisende Damen, eine sehr deutlich, um 40.– Otti sagt zur Clemens: Geben Sie ihm doch einen Kuß! (Deutung: Die Clemens ist die Heldin jenes Stücks, das sowohl Trebitsch als, zu dessen Ärger auch Salten schreiben will, – also Otti will mich gewinnen für Saltens gutes Recht.) Sie küßt mich, ich spüre wenig;– plötzlich ein langer Tisch, viele Leute, Diner, weit von mir sitzt M. Elsinger, neben ihr ein Herr in rothem Sweater (Doret ähnlich, der auf dem Semmering einen roth eingefaßten Sweater trug)... Ich strebe zur M. E. hin, um mich an O. zu rächen, sie (M. E.) Angst daß man was merkt (Deutung: Erinnerung an ihr Benehmen in Hamburg), kühl; ich frage nach Hagemann, sie hat mir was von ihm zu bestellen und hat's vergessen. Ich sehe eine Art Muttermal, fast entstellend ober ihrer Lippe. (Deutung: sie hatte eins, anders wo, das sie operiren ließ, vor 13 Jahren.) Eine fragt: Wohin muß man Sie küssen? Ich: Gefährliche Frage! Plötzlich vor mir auf dem Tisch ein Buch, dreispaltig, mittlere Spalte: „Oh diese Küsse." – (Deutung: In der Psychoanalyse thut sich ein gewisser Rank hervor – oben in meiner Bücherstellage, die 3theilig ist, befinden sich u. a. Gedichte von Renk (verstorben,– und ohne Interesse für mich).) O. erscheint, sehr mild an mir vorbeigehend, von der Straße. „Ich geh jetzt in mein Zimmer" (im Hotel).–

– Mit Heini Dornbach, Hütteldorf.–

Nm. Correcturen.

Julius und Helene zum Thee, fahren morgen Südtirol und Venedig.

Mit O. Oper Tosca (Baklanoff als Scarpia – Mitterwurzer erinnernd), nachher mit Stephi und Mimi bei uns genachtmahlt.

25/3 Spazieren mit Heini. Dann O., Stephi; auch Schmidl und Wassermann... („Ich schreibe eben eine herrliche Novelle.") –

Nm. sah ich Einakter Skizzen und „Ritterlich" durch, ohne viel Hoffnung. In „Ritterlich" steckt wohl irgend was.

O. war von der gestrigen Opernvorstellung aufgewühlt; wobei es im Verlauf an einer nicht ganz gerechten Beurtheilung ihres Lebensloses nicht gänzlich mangelte.– Operncarrièreeventualitäten.–

– Salten und Frau; er von den günstigen Wendungen seines Lebens montirt, und herzlicher als seit lange.–

Mit O. lang musizirt nach dem Nachtmahl;– auch Onegin.–

26/3 Dictirt „Heimkehr" und antikritisches.–

Nm. papierlt etc.

Poldi Andrian, mit einer neuen Hypochondrie, sich beruhigen lassen; blieb zum Nachtmahl. Über conservative und fortschrittliche Weltanschauung; er wird immer feudaler, wie es sich für Meyerbeers Enkel ziemt. Kluger Mensch, mit großer politischer Carrière vor sich. Stephi, Mimi, im Garten und auf der Terrasse, Frühlingsnacht.–

27/3 Mit O. Burg Generalprobe „Caesar und Cleopatra" (Frl. Buchmann, ein neues 16j. Talent). Charmantes Stück, mit genialen Funken.–

Gegen Abend Seybel und Stephi.–

28/3 Dictirt „Heimkehr".–

Nm. Bernhardi, 1.–3. Akt durchgesehn, glaube nicht dran.

Mit O. Circus Busch. „Jedermann." Regie Reinhardts schön. Moissi wundervoll. Das Stück, solang es menschlich, ergreift; vom Einbruch des Katholizismus an wird es ziemlich unerträglich.–

Vor Tisch war Salten auf $^1/_2$ Stunde da; von jener Wärme und mit jenem Aussprachebedürfnis, das er seit einiger Zeit wieder uns gegenüber hat; aber mir war, als hätte er noch was auf dem Herzen, was er doch nicht sagte.–

29/3 Besorgungen. Panorama (Nordlandsreise).–

Nm. Gisa, für Abbazia Abschied nehmend –

Heiserkeit und allgemeines Unwohlsein.–

Mit O. über meine Arbeiten, bisheriges und Stand der jetzigen… Disharmonien meines Wesens. In meinen größern Werken neben Partien ersten Ranges Dilettantismen. Absolut gelungen nur gewisse räumlich nicht so bedeutende Sachen (was sie nicht herabsetzen soll). Nach besorgter Correctur der ersten 2 Bände G. W. scheint mir der „Leisenbohg" meine vorzüglichste Novelle.– Was nun?– An den (Wurstl-) Roman trau ich mich noch nicht heran. Ob je?– Mir innerlich am nächsten die Novelle von den Brüdern (der Wahnsinnige) – aber wo anpacken?– Disziplin des Denkens, des Nachdenkens kommt mir immer mehr abhanden.–

Eine Anzahl sehr reicher Einakter bietet sich mir scheinbar am bequemsten dar. Am verführerischesten lockt nach wie vor – „der Verführer" (in 3 Akten) mit dem mir, unter günstigern äußern und innern Umständen wohl was gelingen könnte.– Und aus einem andern Grund auch will ich noch nicht heran: weil mir ist, als müßte das das schönste werden, und ich könnte mich auf nichts mehr so sehr freuen.–

Weiterzuführen, resp. abzuschließen, resp. zu feilen wären: Bernhardi,

das Sommerstück, die Komödianten-Einakter, die Graesler Novelle.
30/3 Dictirt Briefe.–

Zum Thee Frau Ella Frankfurter; über Ägypten. (Zubovycs über den italienischen Feldzug.) –

Auf der offnen Veranda in der Sonne Correcturen des Romans für die Ges. W.– Das 1. Capitel hat seine Fehler; zu viele Menschen; man kommt nicht nach, hat keine Übersicht. Dann wirds immer schöner. Nach dem 4. Cap. hatte ich die dezidirte Empfindung, daß dieses Buch kaum verstanden und gewürdigt wird.–

31/3 Palmsonntag. Mit Heini Schönbrunn (Gloriette, Partien, die ich lange nicht oder nie? betreten).–

Traf beim Nachhauskommen an Bachrach Mutter und Tochter, sowie Jacob (seine Differenz mit Zweig ausgeglichen,– Zw. von seinem neuen Roman entzückt... Kinder!) –

Nm. auf der Sonnenveranda das Wagner Buch ausgelesen; mit größtem Interesse; und mit Bewunderung.–

Leonie kam, später die Schwestern: Ella, und Irene. Mit Leonie über Varnhagen, Rahel, Pückler – und etliche Lebendige.–

1/4 Abreise mit O.– Frl. Kaufmann (Arthurs Schwester).– Im Speisewagen mit Ludaßy und Frau gegessen.– Las Brigge von Rilke.

Ankunft in Salzburg bei Regen. Hotel österreichischer Hof. Albert und Liesl. Sie macht trotz ihrer Zunahme von 18 Pfund keinen ganz günstigen Eindruck auf mich.–

Im Theater. Solneß Albert.– Mit Albert und v. Jacobis im Hotel genachtmahlt.

2/4 Salzburg. Schlechtes Wetter.–

Nm. im Zimmer bei uns Jacobis und Frau v. Hagen.

Im Theater. „Was Ihr wollt." (Albert der Narr, Fr. v. Hagen Olivia.) –

Nachtmahl mit allen im Hotel.–

Die Speidel Hetze in München. Angriffe gegen Albert, den „allmächtigen" Regisseur.–

3/4 Schnee.– Spazieren mit Albert und Schwanneke.– Im Mirabell mit Jacobis und Albert und Liesl gegessen.–

Spazieren an der Salzach.–

Bernhardi 3. Akt durchgesehn.

Kinematograf. Mirabell.

4/4 Im Auto wir, Albert, Jacobis Hellbrunn. Steintheater. Albert inszenirte „Elektra".–

Traube zu Mittag; auch Alfred Mayer.

– Nm. Spaziergang Mönchsberg. Noch nie gesehene Ausblicke. (Richterhöhe.)

– Erfolg der „letzten Masken" in Paris.

5/4 Mit Albert allein Mönchsberg.–

„Traube" zu Mittag.– Regen.

Bismarck Buch mit Interesse gelesen (von E. Ludwig).

Mit Albert spazieren.–

Traube. Jacobis, wie meist. (B. v. Jacobi, Schauspieler und Literarhistoriker. Sehr netter Mensch.)

6/4 Spazieren mit Albert und Jacobi.–

Abreise; Liesl, Albert, Jacobis auf der Bahn.–

Las in Paul Ernsts Novellen.

Ankunft Wien. Alles in Ordnung (nur Dienstbotengerauf).

7/4 Ostersonntag. Kopfweh. Schlechte Träume.

– Stephi, später Agnes Ulmann mit Gemahl.

Nm. kam Julius; von Venedig zurück.–

Correctur am Roman (Ges. W.).

Zum Nachtmahl Wassermanns, Ulmanns, Arthur Kaufmann, später Rudi Kaufmann. Gespräch anläßlich des Heimannschen Aufsatzes „Judentaufen" – über Stellung der Juden in der deutschen Literatur; Wassermann auf den Punkt gebannt „Wenn Caspar Hauser von einem Christen wär, hätt er 3mal so viel Auflagen". Nicht unrichtig; aber einseitig.

8/4 Ostermontag. Mit Heini spazieren über Salmannsdorf – Weidlingbach – Weidling – Klosterneuburg.–

Nm. Correcturen. Das 7. und 8. Capitel. War ergriffen. Empfindung: *wer* weiß, wie schön das ist ?–

Bernhardi, einiges durchgesehen und durchdacht, mit mehr Hoffnung.

Nachtmahl bei Bachrachs. Lothar Müller.–

Spazieren nachher. Stephi in Dilemmen.–

9/4 Dictirt Briefe. Geordnet.–

Nm. am „Bernhardi".–

Lieder mit O.; Beethoven und Brahms.–

10/4 Dictirt Bernhardi (am 3. Akt). „Heimkehr."

– Nm. am „Bernhardi".–

Richard und Paula, blieben ein paar Stunden, inzwischen auch Paula Schmidl, aus Arbe zurück.– Richard über seine Arbeit; Paula beklagt sich. Ich rathe die Pentalogie (er schreibt am Vorspiel) durch kleineres zu unterbrechen. Neulich versuchte er z. E. neue Übersetzung des Don Juan Textes.

11/4 Dictirt Bernhardi (3. Akt).–

Nm. am Bernhardi.–

Prof. Emil Schwarz; in einer Protektionsangelegenheit für eine Schauspielerin. Klagt über sein unbefriedigtes Dasein trotz Arbeit und guter Ehe. Flüchtiger Bekannter, den ich viele Jahre nicht gesprochen. Zum Nachtmahl Hajek. O. sang ein wenig. H. ist eben (zugleich mit Schwarz) Professor geworden.–

„Imago", die neue psychoanalytische Zeitschrift. Muß alles zur fixen Idee werden; auch der geniale Einfall?–

Polemik im Kunstwart, anläßlich „Judentum und Literatur". Auf einen klugen [durchgitterten] Artikel von Goldstein erwidert Lissauer auch sehr gescheidt – kann sich aber nicht entbrechen, den urwüchsigen Schmidtbonn – gegen Hugo und mich...„höchstens feine Kulturpoeten" auszuspielen.– Solchen Dingen gegenüber immer wieder (auf Viertelstunden) die Empfindung. Wozu red ich zu Euch? Ihr wollt ja nicht sehen, spüren. Nach dem „Weg"...nach dem „Medardus". Immer wieder die Verwechslung von hoher Geistigkeit und Feinheit (= Schwäche) – Klobigkeit und Kraft.

12/4 Vm. bei Gustav. Über „Caesar und Cleopatra", „das stärkre Band" –

Im Burgtheater bei Rosenbaum. Berger hat sich entschlossen, nächste Saison nicht Bea., sondern Leb. St. aufzuführen, was ihm am bequemsten. Er hat „Blut geleckt", große Einnahmen, will sich nicht plagen und nichts riskiren. Wenn für die Bea. die richtige Besetzung da wäre, würd es mich ärgern; so resultirt mehr ein allgemeiner Ekel.– Über Eventualität des „Einsamen Weg".– Über „Paracelsus" zur Liebelei.– Über „Chancen" von Albert an der Burg.–

Nm. gerechnet, notirt etc.– Sowohl mit dem „Weiten Land" als mit „Anatol" ist es so gut wie vorbei – womit wird man Geld verdienen?–

Salzburger Briefe in der letzten Zeit.–

Stephi abgeholt, zu Rosé; Olga kam von Ress und Einkäufen. Stephi zum Nachtmahl bei uns. Gab ihr den „Weg ins freie".

13/4 Dictirt Bernhardi (4. Akt Anfang neu).–

Zu Salten. Über Heimanns „Judentaufen",– über Trebitsch – Gold und allerlei andres literarisch sumpfige. So viel ich gegen ihn innerlich und äußerlich habe; meine Sympathie für ihn bleibt stärker als für manche, die einwandfreier im allgemeinen und im besondern.–

Schlechte Stimmung Nachmittag, die sich auch, wie oft, im körperlichen Befinden ausdrückt –

Hr. Otto König, vom Merker. Soll Herrn Stringa sitzen (vorläufig nein); Beitrag etc.– Sein Leben: Statist (in Freiwild z. B. als Gymnasiast), Ballettänzer, Fabriksarbeiter.– Über Anatol, Kritik, Weites Land u. ä.–

Zum Nachtmahl Salten und Frau; ihr 10j. Hochzeitstag. Olga sang.

14/4 S. Spazieren Sievring. Cobenzl. Traf Prof. Heitler; wir standen längre Zeit zusammen, es war ein wundervoller Blick bis zum Schneeberg und Ötscher; dies alles einmal verlassen zu müssen, sei ein mit den Jahren (er ist 65) immer unleidlicherer Gedanke. Er erzählt ferner von einem Spaziergang mit Mahler auf den gleichen Höhen; und einem Gespräch über Beethoven und Mozart.–

Begann Nm. auf der neuen Terrasse de Costers Ulenspiegel zu lesen.

Am „Bernhardi".–

Begann zu lesen Mommsen, 2. Band.– Lese überdies Billroth Briefe, Varnhagen Tagebücher und Schiller-Gespräche (zu Ende).–

15/4 Dictirt Bernhardi.–

Mit O. spazieren und zu Agnes, die magenkrank bettliegt.

Nm. am „Bernhardi".–

Einer Lection O. bei Gound zum Theil beigewohnt.

16/4 Dictirt Bernhardi.–

– Dr. Pollak, wegen O.

Die ungeheure Titanic Katastrophe.

Frau Bachrach gegen Abend.–

Der Novelle vom Wahnsinnigen und dem Bruder nachgesonnen.

17/4 Vm. zu Tante Irene: Felix und Familie aus London (nach Schweizer und Italienischer Reise) hier. Mit Felix 1. Satz Mahler II. und Beginn Bruckner III.; dann mit ihm und Andrée übern Ring zu Karoline Jellinek (seiner Schwiegermutter), die, jetzt 83j., ich seit Jahren nicht gesehn. Gespräche über den Thronfolger; über unsre Familien (Schey etc.), alte Photografien. Das bürgerlich altmodische Heim in der Lichtenauerstraße.–

– Nm. Trebitsch mit Frau; er bat mir sein neues Stück (dessen Vorlesung durch ihn ich höflich abgelehnt) schicken zu dürfen, ist mit Salten „ganz fertig" und lügt allerlei, aus seiner streberisch verzehrten mattoiden und doch nicht unbegabten Literatennatur heraus.

– Mit O. eine Weile spazieren.

Zum Nachtmahl Gustav; Hugo und Gerty. Amusantes über Reinhardt, der wohl ein Genie ist; seinen Stab; etc. Richard Metzl, der bei der Première von „Jedermann" die „Notabilitäten" uns z. B. auf die

Dampfheizung setzt, weil wir ja doch keinen Skandal machen können.
Miracle in London; allerlei anekdotisches.– Über Trebitsch. Hugo hat
dem Insel-lector gesagt... „Wie können Sie ein Buch von ihm nehmen..." Ich zu Hugo. „Sie haben's ja doch empfohlen!" – Gustav: Ich
hab Sie lang nicht gesehn, aber ich erkenn Sie wieder. Hugo geht immer
lustig drauf ein, wenn seine Bosheiten und kleinen Falschheiten
decouvrirt werden.– Mein miserables Ohr stimmte mich herunter.
18/4 Am Bernh. dictirt. (Pfarrer Scene des 4. Aktes. Erhebliche Schwierigkeit.) –

Nm. Herren Zilsel und Nowak, vom Akademischen Verein, wollen
zu meinem 50. Geburtstag mit Neuer Wiener Bühne „Eins. Weg"
aufführen, Salten als Regisseur. Ablehnend.

Gisa zum Thee.

Frl. Helene Burger (von Prof. E. Schwarz empfohlen), Schauspielerin, Berliner Neues Schauspielhaus. Wienerin; Jüdin. Ein Typus:
Klug, mäßig hübsch, grauer Teint, Ohrenschneckfrisur; vorgeschritten
wie die Möglichkeit, aber auch zu jeder Bürgerlichkeit bereit, wohlge-
setzte Rede, discretes Benehmen mit verschleierten „Immerhins"; die
Hilde und Erna – sicher nicht sehr viel Talent; aber gewiß brauchbar.
19/4 Früh bei Richard (über Hugo, Mell, Zweig).

Dictirt Bernhardi.–

Nm. am Bernhardi; nicht ohne Hoffnung.

Abends (O. bettlägerig) bei Hajeks. Die Engländer. Engere und
fernere Familie.–

Ich spielte mit Felix Mozart D moll Concert.– Dann eigne Walzer.–
20/4 Erstes Tennis. Mit dem Trainer; Speidels, Arthur Kaufmann.–

Zu Agnes; die noch krank. Skizzirt eben mit Bleistift ihre
„Centaurin".– Über Hirtenflöte, Verantwortung, Phantastisch und
Phantasievoll und dgl.

Zum Thee die Engländer und Frl. [Renni Meyer].

– An dem Einakter „Kreuzotter" Feilen.
21/4 S. Früh mit O. über meine nächsten Pläne, resp. über deren
Unsicherheiten und meine geringe Arbeitskraft.

Mit Heini nach Pötzleinsdorf; trafen Richard, der nach Heimschutz
Paula und Mirjam sich anschloß.–

Nm. kamen Frau Benedict und Minnie. (Minni: „Alle Leute sagen
daß die Mama so schön ist und fragen warum ich nicht heirat." Dann
erzählt sie, daß eine Friseurin (vor 15 Jahren!) gehört wie Frl. Clara
Loeb mir „du" gesagt, u. s. w.–)

– Julius und Helene zum Thee; dann Annie Strial. Diese, sowie

Stephi zum Nachtmahl. Nachher noch Wassermann; Differenz mit Kolm wegen des Vertrags; er wird doch bei Fischer bleiben, hat an K. einen Brief geschrieben „Ich... der in 10 Jahren der erste Autor Deutschlands sein wird...". Auf unser Lachen... „Zweifeln Sie daran..." Er war sehr komisch und nett.– Oben in meinem heut umgestellten, dadurch geräumigern Zimmer, Geplauder, von dem ich wenig hörte.–

Benedicts fanden die L.sche Radirung nicht ganz gelungen, weil meine „innere Fröhlichkeit" nicht herauskomme.

22/4 Vm. dictirt „Bernhardi".

Nachmittag am „Bernhardi".–

Fritz Blum, Schauspieler (Freiwild, Vogel, 98) und verkrachter Direktor, um Protektion beim Burgtheater.–

Zum Nachtmahl Richard Paula, Arthur Kaufmann.

23/4 Dictirt Bernhardi.–

Gemeinderatswahl 4. Wahlkörper. Wählte den Social Demokraten Quirin Kokrda.–

Von der Wahl nach Hause mit Prof. Seidler, der sich über Probleme des Schaffens und Einfluß der Familie informirte. Ein etwas selbstgefälliger tüchtiger Mittelkluger.

– Hr. Ludwig Hirschfeld, fürs „Theater", gab ihm zum Nachdruck „Sylvesternacht".

Nm. am Bernhardi.–

Otto König „Merker", wollte allerlei für die mir gewidmete Nummer; las ihm alte Gedichte, Scenen aus Beatrice vor, zeigte Ur-Einfälle. Gespräch über Stoffe, Production, Träume; er recitirte mir einige wirklich hübsche Gedichte. Blieb von $1/2$6–$1/2$9.

– Zum Nachtmahl Annie Strial. Über ihren Vater. Brutalität, Eifersuchtswahn etc.–

Varnhagen 13. Band zu Ende.–

24/4 Besorgungen.– O. von Frl. Loewenstamm abgeholt. (Sie wird dort gemalt.)

Nm. am Bernhardi; kleine Correcturen an den für den Merker bestimmten Beatrice-Scenen.–

– Zum Nachtmahl Rosés (zum ersten Mal), Bruno Walters, Julius, Helene, Arthur Kaufmann, Leo Vanjung. Rosé erzählt die Geschichte seines Geigenkaufs. Walter über Gregor. Schaut Rebikows „Frau mit Dolch" durch, findet eine Debussy-Copie.– Angeregte Unterhaltung über musikalische Fragen; Schönberg, allerlei Schwindel.– Schreker wird höchst lobend erwähnt. Über Bahr, Altenberg, über Bahrs maniakalisches Gebahren in der „Mistmensch"frage etc. Die verbahrte Mildenburg.

25/4 Vm. am Bernh. dictirt.–

O. sang Frl. Frieda Pollak Lieder vor.

Nm. mit O. in die Stadt. Besorgungen.

Dr. Ludwig Bauer zum Nachtmahl; nachher Stephi.– Bauer (an Stelle Salten zur Zeit) erzählt von seiner Reise (Konstantinopel) und von seinen theatralischen Bemühungen; auch von einem („Automaten") Stoff. Gewiß begabter, aber durchaus unfeiner Mensch.–

Julius Stern; im Auftrage Ehrlichs; sie seien alle gekränkt, daß ich nicht Mitglied der Concordia.– Ich möchte doch... alle seien... etc. Ich. Princip, nein. Bei keinem Verein. Übrigens seien auch andre freie Schriftsteller nicht dabei, z. B. Hofmannsthal... Stern: Ja...der sei eben „hochmütig", ich aber sei es nicht. Ich: Umsomehr können Sie sehn, daß es nicht gegen die Concordia gemeint sei etc...

26/4 Vm. Bernhardi zu vorläufigem Ende dictirt, in leidlicher Laune. Entweder ist gar nichts damit anzufangen, dann wird es definitiv weggelegt (ich les es vorher O. und Brahm vor) – oder es ist was damit zu machen; dann folgt noch eine letzte Feile.

– Zum Thee Mimi Giustiniani –

Oper, Aida. (Baklanoff, Mildenburg.) Bahr saß vor uns. „Der Bann ist gebrochen." –

Bei Meissl genachtmahlt mit Richard, Paula, A. Kaufmann.–

27/4 Tennis; dann mit O. und Kaufmann Agnes besucht, Sonnenbalkon.

Nm. im Garten Bernhardi 4 Akte durchgelesen, am 4. noch etwas gefeilt. Werden sehen.–

Mit O. Oper (Carmen; Schoder, Baklanoff), nachher Meissl mit Richards, Saltens, Kaufmann.–

Daheim die N. R. wieder vorgefunden, mit dem ersten „Jubiläums" Artikel von Salten. Natürlich voll Preis – und sehr hübsch geschrieben – und doch oberflächlich, mit frisch aufgeputzten Clichés;– sicher keine Seite meiner Sachen wiedergelesen; und das ganze nicht ohne Widerstand und Vorsicht. (Lauter unbeweisbare Dinge – und doch unwidersprechlich!) –

28/4 S. Mit Heini Brühl. An der Südbahn grüßt mich eine Dame, Eva Goldmann; er vermeidet mich zu sehn und auch, beim Aussteigen in Mödling, mit mir zusammenzutreffen.– Mit Heini im Wagen „Radetzky", dann über Römerwand (zu Fuß) Kalkbergstraße. Zeigte ihm den Garten, dann, von vorn, das Haus, in dem er geboren, jetzt Hinterbrühl

Hauptstr. 94. Alles sieht vernachlässigt aus; viele Erinnerungen stiegen auf; ich war sehr ergriffen.–

Auf der Rückfahrt las ich die neueste „Fackel".

Der Nachmittag war durch häusliche Nervositäten seelisch und körperlich verdorben; immerhin arbeitete und feilte ich im Garten an „Bernhardi".

Zum Nachtmahl kamen Julius, Helene, mit den Kindern (sie hatten in den letzten Tagen das neue Haus bezogen), und Salten, der sehr amusant war. Später, als er allein zurückblieb, über das ev. Steinrück Engagement zu Großmann.– Seine Prunkliebe, er möchte ein Privatorchester, einen Park, ein Schloß, wird nie zufrieden sein. Auch seine Unzufriedenheit ist nicht ganz echt;– und *doch* hab ich ihn gern. Über seinen Artikel sagt ich ihm einfach, er habe mich sehr gefreut. Alles andre wäre ja aussichtslos. Und ich empfand es im Grunde als so gleichgiltig.–

29/4 Dictirt Bernhardi Feile und Briefe.

Las O. Bernhardi vor, von $^1/_2$6–8 die 3 ersten, von 9–10 die 2 letzten Acte. Die ersten 3 wirkten, besonders der 3. stark;– 4. und 5. fielen nicht unbeträchtlich ab. Wären zum Theil zu ändern. Obs gelingen wird?–

30/4 Vm. Besorgungen. Atelier Frl. Loewenstamm; sie machte mein Ölbild fertig. Über Hirtenflöte, Weg ins freie, Theodor Herzl.–

Nm. am 4. Akt des Bernhardi erheblich gefeilt. Düstre, auch körperlich üble Stimmung.

Zum Nachtmahl bei Richard, wo auch Arthur Kaufmann.–

Herr Milrath von der „Zeit" wegen Beitrags;– über die „Hirtenflöte".–

1/5 Mit O. Künstlerhaus (Zuloaga). –

Laudongasse, in der neuen Wohnung Julius; nur das Fräulein Kalisch zu Haus, zeigte alles.–

Nm. am Bernhardi, 4. Akt, nicht ohne Glück.

Mit O. zu Walters; dort Rosés, Karpath, Prof. Roller, Siegfried Wagner etc. Diesen lernt ich kennen, ohne daß wir in ein Gespräch kamen. Er beklagte sich scherzhaft über die Langlebigkeit der Wahnfriedpensionäre. Walter orientirte sich bei mir über Leo Vanjung, der ihm einen sehr starken Eindruck gemacht. Erzählte komisches von Gregor. Roller von den Beamten-, Finanz- und sonstigen Zuständen an den Hoftheatern.–

2/5 Vor 19 Jahren starb mein Vater.–

Dictirt am Bernhardi –

Bahr kam, zeigte ihm Haus und Garten. Er blieb über Tisch, Kaffee auf der neuen Terrasse. Wir sprachen über Burckhard; Bahrs Übersiedlung nach Salzburg, Bayreuth, Burgtheater.

Am Bernhardi. Neuer Schluß für'n 4. Akt.

3/5 Früh bei Brahm, der eben angekommen, mit seinem Neffen bei Kramer wohnt. Schien mir nervös und abgespannt.

Dictirt am Bernhardi.–

Nm. wieder daran.

Hugo Schmidl und Frau im Garten, begleiten uns zu Annie Strial (und Sikoras).

Zu Julius'. Familie. Zum ersten Mal den Abend im neuen Haus. Olga sang. Über ein Geburtstaggeschenk für mich. Bibliothek?–

4/5 Vormittag Tennis.–

Zu Schmutzer. Zu einer größern Radirung gesessen. Mit ihm und seiner Frau im Atelier. Dann im Garten geplaudert. Wie er sie entführen wollte.

Nachmittag am „Bernhardi".–

Bei Brahm in der Loge mit O. „Ratten." Welche Natur – trotz allem, dieser Hauptmann. Auch in seinen „schwächern" Sachen, welche zweifellose Genialität. So gleichgiltig zum Theil und irgendwie unappetitlich diese Welt (in den Ratten), welche zwingende Kraft. Und bei mancher Ungeschicklichkeit und Leichtfertigkeit der Scenenführung – welche wahrhaft dramatische Faust. Und wie sie dastehn, diese Gestalten. In der „Niedergangszeit". Pippa... Ratten, ... Schilling ... man zeige mir die heutigen Dichter, die in ihrem Aufgang beßres gemacht haben.–

Bei Sacher. Brahm, Wassermanns, Brahms Neffe, W.s Bruder.

5/5 S. Früh am Bernhardi.–

Spaziergang Pötzleinsdorf, in ziemlich schweren Gedanken.–

Nm. am Bernhardi.–

Herr Ruttkay (Az Est, Budapest) „interviewt" mich im Garten. Netter junger Mensch.

– Brahm und Neffe. Olga frägt, was für den Fall dauernder Erkrankung Monnards mit „Zwischenspiel" geschehe. Sie ist (viel mehr als ich) ägrirt wegen Brahms Laxheit, die auch heute ziemlich stationär ist.– Über das neue Stück, das ich ihm vorlesen werde (Bernhardi).

Zum Nachtmahl auch Stephi und Wassermann.

– Nachher ein unerquickliches Reisegespräch mit O., das aber gut endete.

6/5 Das erste Exemplar „Masken u. Wunder" langt ein –

Dictirt Briefe, Bernhardi.–

Nm. in Friedells geistreichem Buch „Ecce poeta" gelesen.

Herrlicher Frühlingstag. Garten, Frau, und Kinder.–

Dr. Pollak. Untersuchung. Nichts erhebliches.–

– Dictirt am Bernhardi.–

7/5 Letzte Correcturen am Bernh. corrigirt.–

Nm. am Bernhardi.–

In Brahms Loge mit O. beim „Friedensfest". Hörte wenig, lang-weilte mich hochachtungsvoll.

Mit Brahm und Neffen beim „Sacher" genachtmahlt.–

8/5 Vm. dictirt am Bernhardi, u. a.–

Zu Salten; er mit mir in unsern Garten und Haus.

Frl. Loewenstamm; hatte gestern mein Ölbild gebracht. Gut. Beur-theilung, Correcturen.

Nm. noch etliches an Bernhardi durchgesehn.

Brahm kam. Las das Stück ihm und Olga vor, von $^1/_2$6 – gegen 9. Es wirkte auffallend amusant. Ich war im ganzen befriedigt. Einwen-dungen von Br. Seiten nur gegen etliches im 4. und 5. Akt. Ich las gut; Br. bewunderte mein Tempo. War eigentlich überrascht, als er nicht glattweg erklärte das Stück spielen zu wollen; sondern fand, es müsse zuerst in Wien drankommen, wegen des spezifisch österreichisch-katholisch-jüdischen Themas. Auch hat er Bedenken, weil eben kein erotisches Motiv mitspielt.

Mein Nachgeschmack war gut.

9/5 Besorgungen. Bei Gustav.–

Briefe dictirt.–

Zum Thee Frl. Hannemann (übersiedelt nach Berlin), Frau Prof. Schmutzer.–

Vorher Arthur Kaufmann.–

Später Richard.–

Zum Nachtmahl Julius, Helene, Gisa, Hajek. Brachten mir einen Zeiss Operngucker. Schon vorgestern Lorbeerbäume von Schmidls.–

10/5 Packen. Dictirt.– Else Speidel.

Richard Specht und Johannes Schwarz kommen mich zum „Merker Abend" einladen.–

Olga von Agnes und Paula abgeholt; mit ihr zu Bachrachs, Adieu sagen.

Nm. gepackt. Zur Bahn. Abreise.–

11/5 Ankunft Triest. Zu Schiff „Hohenlohe" nach Pola; kleines Boot nach Brioni.

Nm. Gang im Park.

12/5 Brioni. Zimmer angesehn. Spaziergang.

Nm. Fahrt. Zauberhafte Insel. Basilika.

Erstes Geburtstagstelegramm von Moritz Rosenthal.–

Lese Ulenspiegel und Eulenbergs „Seltsame Geschichten".–

13/5 Artikel von gestern. Auernheimer (N. Fr. Pr., sehr hübsch) Stern (Fremdenblatt), Eulenberg Gedicht (Zeit).–

Herr [Kühr], Beamter photografirt mich.

Anna Specht, lange nicht gesprochen.

Nm. Frau Kupelwieser (Anna Hiller); Paul Ress, der junge Kupelwieser.

Nach Triest per Bahn. Hotel Excelsior.

14/5 Triest. Spazierfahrt mit O. Villa Ella; die Hausfrau zeigt uns Garten und Haus. Sehr hübsch. Hofrath Frankfurter der Hausherr kommt mit Admiral Adami, der bald geht. Mittagessen auf der Terrasse.

Ich ins Hotel, hole dann Olga wieder ab; die Tennispartie ein junger Singer (Zeit), Frl. Scarpa, Frau Decambi, Graf Khuen u. a.–

Spazierfahrt Auto mit O., gegen Opcina, Staub, zurück.–

Nachtmahl bei Frankfurters. Klavierspiel (wenig). Aufs Schiff. „Metcovich." Bis nach Mitternacht auf Deck.– Mit Frankfurter übern Lloyd (er ist General Direktor), mit Ella über Traumdeutung, Freud etc.–

15/5 Fünfzigster Geburtstag. In der Kajüte der Metcovich (31, 32) nach wenig guter Nacht (und übeln Träumen) mit Kopfweh auf; auch Olga in mäßiger Stimmung und sehr müd. Kaffee. Auf Deck. Venedig erscheint. Schöner Morgen. Erinnerung, vor 8 Jahren am 15. Mai etwa zur selben Stunde fuhren wir in Palermo ein.–

Frankfurters bringen uns mit dem kleinen Lloyd-Motor zum „Europe". Kein definitives Zimmer.–

Frühstück im Saal. Einfall: wenn man mir prophezeit hätte ... „am Morgen deines 50. Geburtstags wirst du obdachlos sein".–

Telegramm von Julius und Helene, das mich (trotz Schreibfehlern) ergriff.–

Ins „Bauer"; zu Richard ins Zimmer, der von ergebnisloser Sommerwohnungssuche Grödner Thal retour; Paula erscheint gleichfalls. Er will nun doch noch heute hier bleiben, wegen „verbrachte ..." –

Zurück ins Europe. Direktor zeigt Zimmer und vertröstet.–

Arthur Kaufmann kommt aus Wien an –

Frankfurters holen uns; wir fahren auf den Campanile; spazieren in der Markus Kirche und auf dem Platz hin und her.

Richard, Paula, Kaufmann gesellen sich zu; gemeinsam (ohne Richard und Paula) Mittag im Buon...

Den Café auf der Terrasse bei „Bauer", wo wir Richard, Paula, sowie Rilke finden, den ich 13 Jahre nicht gesehn. Ansichtskarten und allerlei Spaß. Fragen über den Golfstrom etc.–

Ins Europe. Noch immer das provisorische Zimmer.

Auf den Markusplatz Lavena. Richard Paula, Kaufmann. Stucken und Frau. Ich will versehentlich das silberne Geldtasserl einstecken.

Zu einem Juwelier; Olga kauft einen von Richard sehr angerathnen Ring (170 lire).–

Kaufe die „Münchner", lese ein albernes Feuilleton von „Hermine" Hanel über mich.–

Auf den Lido mit Richard, Paula, Kaufmann, Stuckens. Im Sand. Halle des Excelsior.–

Nachtmahl bei „Pilsen" mit Frankfurters, Richard, Paula, Kaufmann; Stuckens und Rilke kamen. Dieser hatte mir ein kleines Buch mit hübscher Widmung gesandt.–

Briefe und Telegramme, von den nächsten Bekannten und von Haus.–

Markusplatz, Serenade, Beleuchtung, Lavena, nach Haus etwa $^1/_2$11; um Mitternacht nach Auspacken eingeschlafen.

16/5 Venedig.– Früh bei Richard und Paula, die abreisen.

Gondelfahrt mit Frankfurters, in der Kirche dell'Orto. Die Kindergruppen in der Kirche. Bei Jesurum, O. kauft ein Kleid.

Europe Mittag mit Frankfurters und Kaufmann.

– Feuilletons über mich, Ludwig Bauer (Zeit), Robert Hirschfeld (Nr. Wr. Tgbl.).

Mit Frankfurters und Kaufmann Internationale Kunstausstellung, giardini del populo.

Nachtmahl bei Bonvecchiati, dann am Markusplatz. Beleuchtung.

17/5 Venedig.– Vm. Regen. Gondel zur Accademia, mit Kaufmann. Treffen Rilke. Mit ihm über seinen Laurids Brigge.–

Nm. Gondelfahrt Canale, Spaziergang, mit Kaufmann; zu „Jesurum".

Prof. Schmutzer und Frau, bei Bonvecchiati mit ihnen genachtmahlt. Sie bringen uns Grüße von Haus, gute Nachrichten von den Kindern; über die Geschenke, Blumen, die bei mir zu Hause stehn.

Auf den Markusplatz (Lavena).

18/5 Venedig. Vertrödelter Vormittag.–

Mittag mit Kaufmann, und Schmutzers bei Bauer und Grünwald.
Motorfahrt mit denselben Torcello. Schön. Waren vor 9 Jahren
auch dort.–

Nachtmahl bei Bonvecchiati; Gondelfahrt mit Schmutzers und
Kaufmann zur „Serenada".–

19/5 S. Venedig. Mit Kaufmann Gondelfahrt. Sebastiano.–

Nm. mit Schmutzers und Kaufmann im armenischen Kloster.

Bei Bauer mit denselben genachtmahlt; Markusplatz, Chor.–

20/5 Mit (O. und) Kaufmann Padua. Giotto und Mantegna.–

Mittag im Europe.

Das „Merkerheft" mir nachgeschickt; mit hübschen Beiträgen,
Salten, Manns, Brandes, König, Specht, etc.– Im ganzen wird meine
„Menschlichkeit" dem dichterischen gegenüber überschätzt, und ich
sprach scherzhaft die Hoffnung aus, daß ich allmälig als gemeiner Kerl
aber doch als größerer Dichter erkannt werden dürfte.

– Mit Kaufmann allein Gondelfahrt längs Piazzetta, über Paula –
Richard u. a.–

Bei Bauer mit Kaufmann und Schmutzers genachtmahlt.–

21/5 Abreise von Venedig; Kaufmann mit uns.

Las Keyserlings Wellen.

Bozen. Hotel Laurin.

Spazierfahrt Gries, St. Anton.

Nachtmahl Greif –

22/5 Spazieren in Bozen. Kleine Einkäufe.

Mittag beim Greifen. Abreise.–

23/5 Wien.– Dienstbotenstreit und Vernehmung.

– Die Geschenke. Blumen, meist verwelkt; von Frau Hellmann
Baum mit Schleifen, ebenso von Hans Müller. Ein Beleuchtungsobjekt
von Trebitsch. Lampe von Liesl. Polster mit Photographie meiner
Buchdeckel und meiner selbst von Benedicts (!).– Über 450 Briefe und
Telegramme.

– Ordnete leidlich mit Frieda Pollak. (Decke für die Schreibmaschine von ihr.)

Las Nachmittag mit O. Telegramme und Briefe durch. Manche
sympathische Eindrücke (Friedell, Gomperz (Hofrath) u. a.), auch
komisches.–

Bild von Bahr, Anzengruber Bild von Bettelheim.–

Werthvolle Ausgabe alt des Heptameron von S. Fischer.–

Radirung meines Portraits von Oppenheimer.

Altes Buch von Dora Michaelis.

Actensammlung 1809 von Paschkis.–

24/5 Früh bei Richard und Paula. Seine Weißenbach Reise. Dank für den gestern gesandten Virginier-Anzünder.–

Ordnen, Adressen etc.–

Lecture der Artikel etc.

Kolm überbringt ein Exemplar der Hirtenflöte, mit den Radirungen von Schmutzer. Am besten mein eignes Portrait. Die einzelnen Bilder technisch außerordentlich; aber mit mäßiger Phantasie.

Frau Mimi bei O., die bettlägerig, über die Merker Veranstaltung (Saltens Conférence; Galafrès (dreifache Warnung); Marberg (Ehrentag),– Korff (Excentrik)).–

Zu Salten (der mir einen sehr schönen, warmen Brief geschrieben); traf nur Otti.– (Unordnung, Umbau bald.)

Zu Bachrachs. Frau B. hatte mir Obst und Caviar geschickt. Es kamen später „Gicki", Stefan Zweig, der eigentlich wie ich ihm sagte, durch seine Anregung an meinem 50. Geburtstag schuld. (Er hatte mir liebe Verse geschickt und im Merker einen warmen Artikel über mich geschrieben.) –

Lecture der Ausschnitte. Wenig bemerkenswertes.

25/5 Vm. bei Brahm. Der Neffe im Morgenrock.–

Über Triesch, Monnard, den nicht unbedenklich Erkrankten; Neuengagements. Er begleitet mich im Regen nach Haus.

Dictirt, geordnet.

Nm. Bernhardi 4. Akt vorgenommen. Feile.

Zu Speidels. Felix für das sehr hübsche Gedicht danken. Else (Hofschauspielerin), erzählt vom Empfang beim Kaiser.–

„Gefährliche Jahre", das neue Stück von Trebitsch im Mscrpt. gelesen. Hoffnungslos.

26/5 Pfingstsonntag.– Regen.–

Früh am „Bernhardi".–

Zu Weilen, Hechtengasse. (Reconvaleszenz-Besuch; überdies sendet er mir immer seine Artikel; auch die letzten über mich.) Dufreund aus den Jugendtagen. Über Schönherr, Minor (jetzt krank), Salten u. a.– Seine Frau und 2 Töchter erscheinen.–

Hofr. Gomperz, Benedikt, nicht getroffen.–

– Nm. am „Bernhardi".–

Stephi am Nachmittag, mit Mutter. Ihre „Angst" vor Lothar M.–

Zum Nachtmahl Julius Helene und die Kinder. Las einige schöne und einige komische Gratulationen vor. Hans hält nächstens in der Schule eine Redeübung über „Medardus". „Sie müssen aber auch tadeln" mahnt der Professor.–

Heini spielt eine Canzonetta von Schütt; Hans und ich allerlei, meine Walzer, Pierrette.–

27/5 Pfingstmontag. Früh bei Richard. Zeigt mir Vorarbeiten zu Ariadne auf Naxos anläßlich des hübschen Libretto von Hugo in der N. Fr. Pr. Die schöne Idee: Ariadne hält Bacchus für den Tod stammt von Richard.–

Spaziergang, Felder, allein.–

Salten kommt. Garten. „Ich danke Ihnen für Ihren Brief", sage ich „für das andre hab ich nicht das Recht... Ihnen zu danken." („Keinen Grund" – wäre eigentlich aufrichtiger gewesen.) – Er erzählt von seinem Vortrag über mich u. a.; liebenswürdig, ja herzlich, doch nicht reinen Herzens.

– Nm. Akt 1, 2, 3 Bernhardi durchgeflogen.

Brahm; über seine Personalfragen; über Reinhardt, Hauptmann.–

Mit O. zu Schmidls, Agnes, Arthur Kaufmann, später auch Rudi K., mit ihm über „Ratten", Tasso, Goethe.– Mit Agnes etwas aus der Mahlerschen Vierten. Olga sang.

28/5 Dictirt Änderungen „Bernhardi" –

Nm. am Bernhardi.–

Gisela, aus Budapest zurück, hatte, pietätvoll, unsre Verwandten besucht.

Agnes, Abschied nehmend.

Nach dem Nachtmahl Speidels.–

29/5 Tennis.–

Zu Schmutzers; ihm für die Illustrationen zur Hirtenflöte danken (technisch ersten Rangs; manches real vorzüglich; in der Phantasie nicht ganz ausreichend); er saß mit seiner Frau bei Tisch.– Liebe Leute.

Nachmittag am Bernhardi, immer wieder „letzte" Feile.–

Las im Garten Rémons Übersetzung der „Femme au poignard".

Brahm mit Neffe, Salten und Otti zum Nachtmahl. Ein etwas mühseliger Abend, mir durch mein Gehör noch speziell verbittert.

30/5 Vm. allerlei an „Bernhardi" dictirt.–

Nm. 5 kamen Arthur Kaufmann, Richard, Leo, Salten, Gustav. Ich las ihnen und Olga den Bernhardi vor, von $^{1}/_{2}6$ bis nach 9 mit kleinen Pausen. Die Wirkung besonders stark, von Akt zu Akt steigend. Ebenso von Akt zu Akt steigend die Censur- und praktischen Bedenken. Salten übertraf sich selbst: wenn er auch das Stück als eine der stärksten Leistungen anerkannte, ... fand er ... ein Jud sollte das doch

nicht schreiben; war ein Gemisch von Flint und Goldenthal, warnte
mich vor Herausgabe, niemand werde für mich eintreten (leider fiel mir
die Antwort zu spät ein... Sie doch?! Sie der die Wahrheit dieses
Stücks fühlt und der...). Die andern wurden dadurch auch ängstlicher
gemacht (für mich) als ihre Art. Gustav fand das Stück besser als alles
was ich geschrieben; alle Gestalten von höchster Lebendigkeit. Künstlerische Einwendungen gab es nur gegen den Schluß der Pfarrer –
Bernhardi Scenen im 4. Akt.– Was in Salten vorging, konnt ich ihm am
Gesicht ablesen; zuerst bei der Stelle Bernhardi zu Flint: ...„Was
zwischen uns liegt –? Die Freundschaft einer Jugend – und was dann
daraus wurde." – Ferner wirft ihm das Stück alle seine bisherigen
Feuilletons über den Haufen – Und als lustige Pointe sehe ich voraus,
wenn das Stück nicht erscheint: daß er – etwa – nach dem Verführer
schreiben wird... „Wieder ist es die Liebe... die kleine Welt der
Lebemänner... etc." Kurz das Stück fing an... kaum daß ich es
vorgelesen hatte.–
31/5 Unter dem Eindruck der gestrigen Vorlesung; besonders über
Salten gedacht und mit O. gesprochen; immer stärker die Unreinheit
seiner Motive empfunden.–
    Mit O. zum Antiquitätenhändler Berger.
    Nm. erschien Trebitsch. Ich sagte ihm ohne Schonung die Wahrheit
über sein Stück. Er nahm es, offenbar durch andre Urtheile schon
vorbereitet, verhältnismäßig gefaßt auf... Begann dann wieder von
Salten, mit wahrem Grimm. U. a. erzählte er, er habe einige Mal schon
einen Bruch zwischen ihm und mir verhindert... Mich ekelte, aber ich
nahm es ein wenig als Schicksalswink.–
    Kurt Münzer, zum ersten Mal; auf ein paar Wochen in Wien. Nicht
unangenehmer Mensch, von wirklicher Sympathie erhellt – Über Wien
und Wiener Gegenden.–
    Olga von Bachrachs abgeholt, mit ihr zu Gisa, wo Julius und
Helene.– Frau Altmann. Geschäftliches, wegen der Erb Abhandlung,
etc.– Zu Julius über das Stück.
    Daheim noch einige Notizen dazu.
1/6 Vm. Tennis. (Neu: Frl. Lederer.) –
    Mit Kaufmann über das Stück. Salten hatte ihn im Nachhausgehn
auch ängstlich gemacht; ich stimmte ihn aber so ziemlich um.
    Nm. begann ich Kaiser Josefs Briefe (deutscher Auszug) zu lesen.
    Frau Schmutzer, dann Adolf Kolm und Frau zu Besuch. Über
meine letzten Novellen und den Tod. Ob der Tod denn nicht auch
etwas komisches sein kann, von Gott aus gesehn.

– Mit O. zu Julius. Musik Abend. Mit ihm und Cellisten Prof. Auber spielt ich ein Haydn Trio; mit Paul Altmann auf 2 Clavieren meine Walzer.– Auch Gustav war dort, begleitete uns ein Stück, theilt gleichfalls Salten Bedenken nicht, wenn er auch eine Aufführung fast ausgeschlossen hält. Übrigens klärt ich sowohl Kaufmann als Schw. über Saltens tiefere Motive (... ihm z. Th. unbewußt??) auf.

2/6 S. Zu Richard; über das Stück, insbesondre über die Pfarrerscene. Brahm, O., Paula, mit allen Spaziergang im Scirocco.–

Nm., rechnen und dergl., Müdigkeit. Sturm.

Brahm zum Nachtmahl, der nun doch die Aufführung sehr lebhaft in Frage zieht; nur findet, ich solle hier es doch wenigstens zum Verbot bringen; aber sonderbarer Weise ein Verbot für nicht sicher hält. Aber als wir die Besetzung durchsprachen, war mir bang – er hat einfach niemanden mehr; insbesondre für die Hauptrollen in Betracht kommend.–

Zu Tisch der Herr „Oberlehrer", des Fräulein Huber Verlobter.–

3/6 Vm. einiges zur Pfarrersc. u. a. dictirt.

Richard Specht holt sich die Widmungen in die für Korff und Fr. Galafrès bestimmten Exemplare. Heiratet nächstens Frl. Wera Schapira. (Die Wiesbadner Diebstahlsgeschichte.)

Frl. Pollak auch Nachmittag da; Erledigung der Geburtstagscorrespondenz.–

Mit O. zu Bachrachs, wo Onkel Max, Zasche, Herr Sulzbach (aus Frankfurt, reicher junger Mensch, der hier bei Gerold auf Verlagsbuchhändler studirt) – Georg Seybel.– Olga sang, ich spielte.

4/6 Vm. dictirt.–

Mit O. im Garten bei Richard und Paula. Sommerpläne und dergl.–

Brief an Eugen Deimel, Amerika, nach langer Zeit.–

Nm. gerechnet.–

Mit O. Burg, Weites Land, Frl. Ries als Erna, anfangs nett, versagte im 5. Akt. In der Loge besuchte uns Baron Berger, Rosenbaum und Frau, Ludwig Bauer, Weilen.–

5/6 Tennis. Neu [Renni Meyer].–

Mit Kaufmann über die Pfarrerscene.

Nm. immer an der Pfarrerscene.–

Nachträglich 2 Pracht Lorbeerbäume von Louis Mandl.

Gegen Abend Schmidls, sich für die „Ges. Werke" bedanken.–

6/6 Frohnleichnam. Gegen Pötzleinsdorf. Nach Jahren Heinrich Kahane getroffen (der in einer neuen Gasse mit Verwandten ein Haus besichtigt). Er ist im Lauf der letzten Jahre durch ein psychologisches

Werk sehr bekannt geworden, hat (er ist praktischer Arzt) Doc. Rufe
nach Deutschland. Das Gespräch kam sofort auf den „freien Willen";
ich mußte auf die Pfarrerscene verweisen, die ich im Sack mit mir
trug.– Im ganzen ist mir als hätt ich recht gethan mir durch die
Geheimsprache der Philosophie so wenig imponiren zu lassen als durch
die der Politik.– Im Wald auf dem Michaelerberg Notizen zu der
Pfarrerscene.–

Nm. desgleichen.– Gelesen in Busch (Bismarcks) Tagebüchern, im
neuen Imagoheft; etc.–

Zum Nachtmahl Gustav, Dr. Rosenbaum und Frau; Richard, Paula, Julius, Helene.

– Café auf der neuen Terrasse.

7/6 Vm. dictirt; Änderungen zur Pfarrerscene.–

Nm. gelesen, müd vom Scirocco.–

Gisa und ihr Mann im Garten.

Abends neuerdings an der Pfarrerscene.

Neulich, nach intensiver Beschäftigung mit dieser Scene („ich folge
Ihnen in die Sackgasse, wo jenes Unbegreifliche mit den tausend
Namen aufgerichtet ist...") Traum: im Comfortabel mit O. durch
Mariahilferstraße, zum Schwender (?), Kutscher, um abzukürzen, biegt
rechts ab, kommt in eine Sackgasse, von der aber, noch enger, links ein
kleiner Weg (zwischen hohen Häusern) abbiegt. Ich, ärgerlich, steige
ab, der Kutscher sitzt störrisch, stumm, einem Holländer ähnlich auf
dem Bock.

8/6 Vormittag Tennis.

Nm. die ersten 3 Akte Bernhardi in der Abschrift durchgesehn.–

Zum Nachtmahl bei Schmutzers. Ich sah fast alle seine Radierungen durch. Olga sang. Vom Mansardenfenster drüben winkte der Bub.–

9/6 S. Regen.– Vm. an der Pfarrerscene.–

Nm. (Derbytag) mit O., Julius und Helene in Julius' Auto Prater,
Donau, Spitz, Hauptallee.–

10/6 Vm. dictirt, Pfarrerscene.

Besorgungen in der Stadt. Begegne Josef Winter, der sich mißfällig
über die Schmutzer-Illustrationen äußert.–

Nm. 4. und 5. Akt Bernh. durchgesehn, kleine Zusätze.–

Lese in „Imago" dem psychoanalytischen Blatt. In Billroth
Briefen.–

Meistersinger und Tristan, insbesondre dem Buben vorgespielt, der
die Meistersinger sehr liebt.–

11/6 Dictirt Bernhardi Änderungen.

Nm. Briefe geordnet.–

Neckers Nestroy Biographie in der Gesammt Ausgabe durchgelesen.–

12/6 Dictirt, geordnet etc.

„Bernhardi" an Secretär Rosenbaum.

Mit O. spazieren, Felder gegen Pötzleinsdorf.

Nm. gelesen und getrendelt.–

Mit O. zu Julius. Kammermusik. (Arthur Schiff, Herr Dr. Heim,
Prof. Auber, Specht.) – Mozart Quintett Nr. 4, Schubert C Quintett;
Beethoven 59, 3. Es war schön, aber zu viel, insbesondre da ich müd
und hypochondrisch war.–

Rückblick auf die Erfahrungen vom 15. Mai: soweit das journalistische Echo in Betracht kommt. Im ganzen Verhalten: sehr liebenswürdig; anscheinend, nicht immer echt mit mehr Herzlichkeit, „Liebe" als
Bewunderung... „Nicht stark und groß" wird öfters betont; immerhin
da und dort „Größe" constatirt. Menschliche „Vorzüge" gern ins Licht
gerückt, ... „nachdenklich", „gütig" kehrt oft wieder... „Süßes Mädl",
verschwindet allmälig, „weit darüber hinausgewachsen..." etc.– immerhin das Vorwiegen erotischer Probleme gern betont; hierin leistet
Salten das hervorragendste. Auch „Liebe und Tod" – oft genug – dann
„Liebe, Tod, Spiel..." – gelegentlich das Judenproblem – von anderm
(z. B. Problem der Lebend. Stunden und dergl., Verantwortungspro-
blem etc.) kaum die Rede.– Die antisemitischen Blätter schweigen
meist, eins (Graz) ist bemerkenswerth, weil hier ein überzeugter Antisemit mich – als großen – jüdischen Dichter gelten läßt. Bübereien
wenig; etwa „Scherer" mit Carikatur, Verhöhnung Eulenbergs,– Abdruck aus Bleibtreu und – „Stauf von der March".– Überraschend
freundschaftlich Fred; klug Specht, die Manns; Kienzl und manche
andre. Wedekind eine Fanfare – wohl mehr um andre zu ärgern;
herzlich und dumm Bahr. Persönlich ganz unbekannte, wie meist, am
wärmsten, wie K. F. Nowak, Ludwig Ullmann. Gedichte von Eulenberg (Zeit) und König (Merker).

– Überraschungen eigentlich keine. Das Echo im ganzen lauter als
ich vermutet.

13/6 Vm. Briefe dictirt.

Gepackt und getrendelt.–

O. von Bachrachs abgeholt. Garten. Wassermann von der Auto-
Tour zurück.–

Abreise, allein.

14/6 Ankunft Prag. Palasthotel.–

Probe „Eins. Weg". Fand die Aufführung schlecht, besonders Rittig (Fichtner).–

Mit Eger im „Stern" gegessen; viel über Berger. (Er sagte zu E. einmal. „Meine Frau – (die Hohenfels) stammt von den Bourbonen ab... Wenn sie einmal gestorben ist, werd ichs schreiben.") –

In der Probe sprach ich Direktor Teweles und Frau, Pringsheim, Handl. Begriff, daß das Stück sich nicht hält!–

Friedrich Adler und Tochter im Hotel.–

Vorstellung. In der Loge bei Frau Teweles. Vom 2. Act an wirkte das Stück sehr stark, wie ich selten was von mir wirken gesehn; die Vorstellung enttäuschte mich angenehm; auch Rittig war möglich. Huttig als Sala immerhin anständig. Sehr gut die Medelsky als Irene Herms.– Wurde stürmisch gerufen. Nach dem 2. Akt Salus: „Wenn Sie mich todtschlagen – der Akt ist das schönste was Sie je geschrieben.–" Zwischen 3. und 4. Akt nachtmahlte ich in Teweles' Zimmer; er, sehr nett, leistet mir Gesellschaft. Freut sich der guten Einnahme. Es ist die 12. Vorstellung im Schnitzler-Cyclus.– Nahm gegenüber Handl das üble zurück, was vormittag, insbesondre gegen „Julian" als dramatischen Helden vorgebracht.–

Während der Vorstellung Telegramm von Rosenbaum über Bernhardi „das große, kühne, schöne Stück".–

Im „Stern" mit Teweles', Eger, dem jungen Bondy (T.' Stiefsohn, hat das Märchen inszenirt); auf die Bahn. Abfahrt.–

15/6 Wien.– Tennis.–

Nm. gelesen, getrendelt und geduselt.–

Zusammenstellung, was die „deutschen Theater" zur „Feier" meines 50. nach Antrag des deutschen Bühnenvereins geleistet:

Neueinstudirungen: Berlin (Volksbühne) – Liebelei und Literatur – Karlsruhe: Liebelei und Paracelsus.– Braunschweig und Graz: Anatol – Mannheim, Stuttgart, Zürich: Weites Land. Berlin (Charlottenburg) – und Freiburg: Parac., Gef. und Kakadu;– Frankfurt a.M. Masken, Literatur, Kakadu – Prag: Märchen (mit Cyclus!) also 13 Abende.–

Aufführungen von Stücken, die ohnedies auf dem Repertoire waren: Arnstadt (10), Düsseldorf, Frankfurt, München: Anatol;–

Dresden, Königsberg, Posen: Liebelei –

Altona. Liebelei mit Literatur –

Halle. Liebelei mit Abschs. –

Wien. Liebelei und Kakadu –

Breslau. Masken, Liter., Absch. –

Brünn. Puppensp., Lit., Kakadu –

Hamburg, Wien, München. Das weite Land.

Also – auf einige 100 Bühnen: Ein Cyclus; zehn Adhoc Neustudirungen – davon mindestens 6 schon ohnedies acceptirte Stücke – und 15 normale Aufführungen von Stücken, die eben am 15. statt am 5. oder 20. oder sonstwann gegeben wurden.

16/6 S. Mit O. Richard abgeholt. Über die Felder nach Pötzleinsdorf. Über Bernhardi, Besetzungsfragen etc.–

Zu Bachrachs; Frau B. reist ab.

Nm. im Mommsen weiter (Mithridates).

– Den Mendel (Kreuzotter) Einakter durchgesehn und etwas gefeilt.–

Zum Nachtmahl Julius, Helene, Gustav. Julius brachte den Bernh. zurück; hat nur gegen das Schlußwort („...so ein Viech gewesen wie Sie") was einzuwenden.– Sommerpläne. Brioni, Stilfserjoch, Sils, Gossensass, etc.– Nach dem Nachtmahl Wassermann, erzählt von seiner Autotour, war komisch, verstört, und etwas affectirt. Ich hörte miserabel und befand mich auch sonst nicht wohl.

17/6 Vm. Besorgungen in der Stadt.–

Nm. photographirte Photograph Ankner unser Haus.–

Begann den 8. Band Pückler zu lesen.–

Mit O. spazieren und bei Schmidls.–

18/6 Dictirt (Mendel-Einakter).–

Zu Frau Reinhard, die mich zu sich gebeten (Seegasse 5). Ihr Sohn Franz, verheiratet mit Tochter des Red. der publicistischen Blätter (Fürst), Beamter der Donau, kleines Gehalt; Frau hat ein Modistengeschäft gegründet; Außenstände, die das Fortbestehn fraglich machen;– ich möge 12–1500 Kr. leihen.– Verhielt mich ablehnend.–

Nm. Briefe geordnet etc.–

Zu Kaufmann. Wassermann hatte den Schluß seines Romans vorgelesen, vor O., Leo, Bella, Kaufmann.– Wir nachtmahlten dort.

19/6 Besorgungen in der Stadt.

Burgtheater Rosenbaum. Er hatte zu Berger vom Stück gesprochen. B. „Was behandelts?" R.: Den Conflict zwischen einem katholischen Pfarrer und einem klinischen Professor. B.: – „Ah... das kenn' ich." (Als kennte er das Stück schon!–)

Im N. Wr. J. stand, Hohenfels sei geisteskrank... B. stürzt ins Theater, zu Rosenbaum... An allem Unglück die Juden Schuld, sie sollten noch den gelben Fleck tragen, Emancipation zu früh, Jahr 48 ein Malheur –– dann fährt er – in die Neue Freie Presse – läßt sich von Julian Sternberg trösten und veranlaßt eine Notiz, daß die Hohenfels nächstes Jahr wieder spielt.–

– Während ich im Burgtheater bin, wird ein Canonicus Schnabl gemeldet. B. wollte durchaus irgend was zu Ehren des Eucharistischen Congresses (September) aufführen; oben wünscht man es nicht, er päpstlicher als der Papst, dringt darauf, spricht natürlich mit Leuten (von der clericalen Partei) drüber – nun will dieser Canonicuŝ, wie ein Brief von ihm erweist, den ich lese, ein „Ja oder Nein..." –

Mit R. über Einsamen Weg, Besetzung; Lebendige Stunden; Umbesetzung der Erna im Weiten Land. Findet keinerlei Bedenken am Bernhardi, glaubt nicht, daß es die Censur verbieten wird. An der Burg ists natürlich unmöglich, B. soll es aber doch lesen.

– Zum Thee Frau Altmann, Frl. Loewenstamm, diese, sowie Auernheimers, Mimi Stephi zum Nachtmahl. „Errathen" auf der Terrasse;– Olga sang.–

20/6 Dictirt (Mendel-Einakter).

Mit O. Nm. über Berger (Antiquitätenhändler) nach Rodaun im Wagen; zu Hugo und Gerty. Spaziergang Kirche und Wald. Entzückt von der Gegend. Im Garten genachtmahlt. Hugo zeigte wunderbare Stoffe und hatte einen seiner charmanten Tage. Über die Ariadne, über Jedermann (Geschäftliches) über Vollmoeller, Reinhardt u. s. w. – über das russische Ballet. Er hat dafür 3 kleine Ballets geschrieben.–

21/6 Dictirt (Briefe).

Mit O. Gewerbe Museum; Ausstellung von Kindermalereien etc., Schule Cizek, sehr interessant.

Mit O. zur Harpner Schwarz (Schneiderin), Antiquitätenhändler Stern.–

Nm. las ich für die Ges. W. Anatol und Märchen. Das erstere wird über-, das andre unterschätzt. Vor allem ist das „M." ein sehr anständiges Theaterstück; schade daß es bisher nur in Rußland Erfolg hatte.–

Zum Nachtmahl Hajek und Gisa. Briefe und Photographien des jungen Ehepaars Vallo –

22/6 Frau Reinhard schrieb mir, anknüpfend an eine halbe Zusage, um 500 Kr., die ich ihr schickte.–

Tennis.–

Las Nachmittag (Correctur) Liebelei und Freiwild. „Liebelei" ist wirklich schön. Freiwild ein anständiges Theaterstück; ohne Niveau.

– Mit O. (und Julius und Helene) Oper, Dalibor (Musikfestwoche). In der Pause durchflog ich einen Artikel in der Fackel von Kraus über mich, resp. die „Schnitzler Feier"– gehässig und leidlich witzig. Und wenn er mit jedem Wort die Wahrheit spräche – er wäre noch immer ein Fälscher durch das, was er unterschlägt; aus Eitelkeit und Rachsucht.–

Im Meissl soupirt.–

23/6 S. Mit Heini Kritzendorf; das Strom- und Sandbad besichtigt. Durch die Auen.–

Im N. Wr. J. aus der Nat. Ztg. abgedruckt ein kleiner Artikel, in dem – die Gulbranssonsche Carikatur – die genialste bisher über mich erschienene Kritik genannt wird... sie zeigt mich nemlich affectirt... im Goethe Sinn: und daß ich es sei, werde – durch den... „Goethe-Altersstil" meiner letzten Novellen bewiesen... – Das sind die Nach-klänge zur Feier. Diese Menschen!

Nm. „Vermächtnis". Ein recht unleidliches Stück.

Nahm den Einakter „Heimkehr" vor – der Schluß fehlt noch.

Nach dem Nachtmahl zu Bachrachs, wo Zweig, Auernheimers, Stringa. Mit Zweig über Rosenbaum, seine Eignung zum Burg-theaterdirector.–

24/6 Dictirt: Briefe; Mendel-Einakter.–

„Bernhardi" an Fischer.–

Allerlei an „Heimkehr".

Immerhin noch ein wenig unter der Ekelwirkung der feindseligen Artikel. Wieder allerlei Gedanken darüber, wie der Österreicher und Jude die Verräter im eignen Lager hat. Mit O. über die voraussichtli-chen Erfahrungen beim „Bernhardi".–

Lili, mit Säbel und Gewehr... im Garten.– Ich: Muß jetzt arbeiten, geh indessen in den Krieg. Sie kommt bald zurück, lehnt sich an mein Knie „... Ich geh doch nicht in den Krieg...".

25/6 Vm. Dampfbad (Gewicht 76.5) –

Dictirt skizzenhaften Abschluß der „Heimkehr".–

– Nm. Notizen zu einem Aufsatz über K. Kraus, den ich natürlich nie schreiben werde.–

Katholische Brochuren, früh gekauft, gelesen – über den „Euchari-stischen Congreß", der „praktische Katholik" von Wetzel. An die Wand hinauf zu laufen!–

Mommsen (Sulla); Busch (Tagebücher, vor Paris). – Hackländers „Handel und Wandel", Münzers „Weg nach Zion" begonnen.–

26/6 Vm. Tennis.–

Nm. gelesen: Paracelsus, Gefährtin, Kakadu. Das erste leidlich aber vielfach dilettantisch. Gefährtin vorzüglich, aber etwas trocken. Kakadu verdient den Ruf eines Meisterwerks.

Notizen zur Novelle vom „Wahnsinnigen".

Die Skizze vom Sommerstück durchgesehn; verspricht vorläufig
nicht viel.–

27/6 Dictirt Briefe, etc.–

Im Pan von Reik eine nicht uninteressante Studie über A. S. vor
Anatol – nur gegen Schluß in die fixen psychoanalytischen Ideen
auslaufend.–

Mit O. und Heini aufs Flugfeld.– Zum ersten Mal Aviatiker in
Function gesehn. Ungeheurer Eindruck. Erinnerten uns, wie Vollmoeller uns vor ca. 6 Jahren erzählte: Mein Bruder baut einen Flugapparat
– es ist ihm schon gelungen sich 2 meter über den Boden zu erheben,
natürlich nur auf ein paar Sekunden... – Und jetzt, der erste den wir
sahn, war Bruder Vollmoeller, Nr. 26 in den Lüften; einige blieben
stundenlang oben, einer flog mit seiner Braut 2.400 meter hoch – 13
nach Neustadt und zurück ... Welche Welt!

28/6 Dictirt (Mendel Einakter Schluß).–

Nm. „Beatrice" gelesen. Zwiespältiger Eindruck. Einige Partien
(1. Akt, vieles im 3.) ersten Ranges; dann manches epigonal, äußerlich
shakespearisirend; auch die Verse ungleich; nach solchen von schönstem Fluß,– stolpernde, schlegelisirende.– Das Grundproblem aber von
einer Eigenart, die heute kaum noch gespürt wird; und die Beziehung
Herzog Dichter von starker wurzeltiefer Bedeutung. Auch die „Beatrice" hätte Dauerchancen,– die Figur – wenn das Stück eine hätte.–

Zum Nachtmahl Annie Strial. Terrasse. Holdheit unsres Gartens.–

Lili hat einen Hund erfunden, der „Pfifficolico" heißt und den sie in
der „Nauerstraße einundfünfzehn" kennen gelernt hat; er gehört einem
gleichfalls erfundnen Mädel, Namens „Fingi".–

29/6 Vm. Tennis.–

Nm. „Leb. Stunden" durchgelesen. Vielleicht das beste.–

Frl. Kipiany abschiednehmend, nach übelverbrachter $5^{1}/_{2}$j. Wiener
Zeit – zuerst nach Italien, dann, mit einem falschen Paß nach Georgien
zurück.–

Tante Irene und Pauline zu Besuch.

– Nach dem Nachtmahl Schmidls – Jugend- Schul-geschichten.–

30/6 S. Spazieren, Pötzleinsdorf, Salmannsdorf. Anfangs nur in verstimmten Gedanken, nach $1^{1}/_{2}$ Stunden, wie fast immer, mit Gesetz-
mäßigkeit, fing die Phantasie zu spielen an. Einfälle zur Wahnsinnsnovelle. Ev. Verschmelzung mit dem alten Romanstoff „Glück bei
Frauen" (Revers de la Medaille).–

Nachmittag Plänchen durchgeblättert.

Helene und Hans. Olga sang.–

Zum Nachtmahl Gustav, Richard, Paula. Olga sang viel, schön.–
1/7 Dictirt (Plänchen etc. in Schlagworten).–

„Schauturnen" im Lyceum. Heini mäßig geschickt. Mit Frau Großmann der Turnlehrerin (Stephans Gattin) gesprochen.

Nm. geordnet etc.–

Bei Hajeks, Familie. Spielte mit Hans Beethovens Vierte.

2/7 Vm. Prof. Schmutzer begegnet, von einer Maulkorb-Polizeistrafe
heimkehrend, über Arbeiten etc.–

Ins Burgtheater. Sigmund Schlesinger, der achtzigjährige…
(„Hätte das Ihr Vater erlebt" etc…)

– Herr Wlach (Hamburg).– Mit Rosenbaum über Sommerauf-
enthalte.– Zu Berger. Er sehr leidend, geschwollene Beine, Arhythmie,
Schlafsucht; klagte nicht sehr, war geschwind beruhigt. Über Korffs
Fortschritte; Einsamen Weg, Lebendige Stunden. Mein neues Stück
soll er lieber erst im Druck lesen, ich verlange das Mscrpt. zurück, sage
ihm, daß es nicht an der Burg aufzuführen ist.– Er wollte schreiben
„Die Erfindung der Wahrheit…" – „Meine Frau ist nicht wahnsinnig,
wie das N. Wr. J. geschrieben hat." – Er war etwas rührend wie so oft.–
Zu Rosenbaum zurück (nach kurzer Unterhaltung mit der sympathischen Senders). Geschichte vom Schreiber Molitor, den Berger nach
Hietzing bestellt, ihn ausfragt, was Rosenbaum über ihn spräche.– Der
Spion Pohl; Bergers Zugeständnis. „Auch ein Feldherr, auch Bismarck
braucht solche Leute –" „Wer wird mein Nachfolger." – Ich mit R. über
dessen eigne Chancen. Wenn er nicht Rosenbaum hieße!–

Frl. Pollak zu Tisch, Abschied fürn Sommer.–

– Hr. Josef Böhm, Mediziner, Lehrer-Candidat für Heini. Jüdisch-
Nationaler Couleurstudent, Universitätsgeschichten.

Las Abends Herrn K. Bergers (Innsbruck) 3 aktiges Stück, Mscrpt.
„Die Umfriedeten" – schlecht.–

3/7 Vm. Tennis.–

Nm. Herr Steif, bringt Bücher des Deutsch Österreichischen Verlags; wünscht im Auftrage Kolms dringlich, ja fast zudringlich, wenn
auch liebenswürdig ein Buch für den Verlag.–

Paul Marx, aus Zürich zurück, hat zuletzt „Hofreiter" gespielt. Mit
ihm Türkenschanzpark, wo Richard, Paula, Kaufmann und Schwester,
Leo, Bella; Dr. Rosenbaum und Frau, T. Senders.–

4/7 Vm. Besorgungen in der Stadt.– Dr. Necker nach langer Zeit
gesprochen (über Pötzls „Mißgunst", über seine (N.s) Briefe an mich
etc.).

– Nm. Briefe geordnet.–

Hugo Gerty; Julius Helene zum Nachtmahl.– Ich sagte zu Hugo, nicht im Scherz, was ich bedaure, sei daß ich nicht in 50–100 Jahren seine Briefwechsel lesen könne.–

5/7 Briefe geordnet etc.–

Bei Dr. Bettelheim (und Frau). Dank für das Geschenk (Anzengruber Bild). Über meine frühern Novellen „Sterben", über Heyse; Emanuel Quint, das Auf dem Bauch liegen der jüdischen Kritiker vor dem Wort... „Christus", über Julius Bab u. a.–

Zu Frl. Loewenstamm, Olga (Stephi, Heini) abgeholt.–

Paul zu Tisch.– Gesang mit O.–

Ins Gymnasium. Heini hatte eben die schriftliche Aufnahmsprüfung hinter sich, kam mit seiner Lehrerin Frl. Schröter.–

Gegen Abend Baron Winterstein. Über Psychoanalyse, die Einseitigkeiten und Übertreibungen Freuds und seiner Schüler.

– Mit O. (wie immer in der letzten Zeit) viel Lieder; ihr nächstes Programm; altitalienisches; Brahms deutsche Volkslieder, Schubert.

Las „Einsamen Weg". Im rein dramatischen gewisse Schwächen. Als ganzes von einer wie mir fast scheinen möchte, neuartigen Seelenintensität. Die Scene Johanna – Sala im 4. Akt; der Schluß wundersam. Am schwächsten die Scenen Vater – Sohn – ins theatralisch steife ausbiegend.–

6/7 Wie schon manchmal nach Beschäftigung, Gesprächen die auf Traumdeutung bezüglich sind sehr lebhafte Träume: Gesellschaft, in Hotel oder Palais, viele Leute, aber ich merke wenig; Frl. Wilke neben mir, ich streichle ihren Arm, sie zärtlich, sagt. Sie können alles von mir haben (Deutung: Rosenbaum erzählt mir neulich, daß die Wilke und die Retty ihm gelegentlich um den Hals fallen (harmlos))–; Olga in der Nähe, mäßig ungehalten – auf dem Weg nach Hause, Herrengasse, mit einem Herrn „Seit" Arm in Arm, den ich kaum oder nicht kenne, er trennt sich Straßenecke, ich Auto (?) nach Haus... Zu Haus, irgend ein Mietshaus, im Vorzimmer, Olga, mit eingebundnen Haaren und weißem Schlafrock (wie manchmal nach Kopfwaschen!) (man beachte die zweifache Bedeutung des Worts, würden Traumdeuter sagen!) – „Ich bin sehr bös..." (sagt es ganz mild) – aber es bezieht sich darauf, daß die Dienstleute alle gehn wollen, auch Fräulein, die seh ich zum Fortgehn bereit;– aber das verflüchtigt sich, plötzlich sind lauter Bittsteller da, bis aufs Stiegenhaus (die vielen Bettelbriefe der letzten Zeit!) – einer, lang, einem mir bekannten Schnorrer ähnlich sagt: „Ich bin der Erbärmliche von Este" (neulich das Wortspiel erb-ärmlich, das mir flüchtig einfällt;– Stimmung hinsichtlich E.s –) der nächste: „Ich bin der Portugiese –" (neulich jemand über die Mehlspeise russischer Reis; es gibt auch einen portugiesischen…) – ich fange an, etwas pathetisch, mir selbst zuwider, zu peroriren… „Auch ich verdiene mein Geld durch Arbeit –" Ein dritter, in Überzieher mit Schnurrbart. „Wie zu einem Dienstmann…" (Erinnerung an eine Stelle aus den „letzten Masken".) – Blick in den (Licht-?) Hof – fühle mich am Schenkel gekitzelt (Gelsenstich!) – weiß, einer von den Bittstellern – Gedränge bis auf den Gang – will mit Dolch mich (er-?) stechen (Frau mit Dolch!) – Vorher noch Derby – Versuch zum Totalisateur zu gelangen, über Hügel, Waldwege, etc.–

– Vormittag Tennis.–

Nm. im Gymnasium, Heini war „durchgekommen", ohne mündliche; nach Haus mit ihm. Die Beer-Hofmann Kinder. Heini zu Julius, um nach Vöslau mitgenommen zu werden.–

Lese „Zwischenspiel"; hübscher als ich gedacht – am Schluß stimmt es nicht, wird theoretisch.–

Zum Nachtmahl: Prof. Schmutzer und Frau, Herr Bachrach, Stephi, Mimi, Frl. Loewenstamm.– Auf der Terrasse „Errathen".–

7/7 S. Mit O. spazieren. Pötzleinsdorf. Zu Mautners. Der große neue Park. Er eine „Balzac-Figur". Möbel und Raritäten.– Ausblicke. Marys Bilder. Vorbei an Konrads Haus im Park; er eben eine alte Thür ausbessernd.–

Abends Paul Marx, Gustav, Richard und Paula bei uns zum Nachtmahl.

8/7 Mit O., sowie Mimi, Stephi, Miss Annie und Zweig auf den Schneeberg; Auernheimer schloß sich in Fischau an.– Bummelei.

9/7 Schneeberg. Spazieren mit O., Zweig und Auernheimer.

Nm. herunter. Regen. Vom Baumgartnerhaus per Bahn. Nachtmahl auf dem Neustädter Bahnhof. Erratenspiel im Coupé.–

10/7 Tennis: Frl. Lederer, Dr. Kaufmann, Trude Herzl zum ersten Mal.–

Dora Michaelis vor Tisch bei uns. Gestern wurde ihr Bruder Speyer (nach 2j. Krankheit Paralyse) begraben. Seine Wittwe war in den Mädchenjahren M. R.s beste Freundin. In der Fusch, 98 bracht ich ihr (Frl. Sternberg) Mizi R.s Grüße. Mit Sp. selbst, wie er mir anläßlich unsrer letzten (oder auch ersten) Begegnung vor Jahren erzählte, hatt ich durch Monate das gleiche Absteigquartier bei Frau K., die indiscret genug es ihm damals sagte.–

Nachmittag der 18j. Hans Sterneder, der mir zu meinem 50. Geburtstag so hübsch geschrieben, aus Gloggnitz, armer Bursch, will

Lehrer werden.–

Im Garten bei Schmidls, Paula, Dora, Hugo. Bemerkung, wie nun fast alle unsre Freunde ihre Gärten haben.–

Zum Nachtmahl Grethe und Norbert Jacques (haben neulich in London geheiratet), Paul Marx.–

Kopfweh, Nichthören, Abspannung, Ohrensausen, tiefe Verstimmung.–

11/7 Besorgungen in der Stadt.–

Nm. „Wurstl", „Ruf des Lebens" . . . Ja – trotz Schönheiten hohen Ranges ist der „Ruf" als ganzes verfehlt. Mir fielen Rettungsmöglichkeiten ein.

Zum Nachtmahl Paul.

Nachher mit O. spazieren, und zu Bachrachs in den Garten.–

12/7 Ordnen etc.–

Abends mit O. nach Vöslau. Las ein Buch von Polgar, kleine Geschichten, „Quell des Übels". Man versteht manches. Die bohrende Intelligenz – und totaler Mangel an Gestaltungskraft . . .

O. war bei ihrer Tante G. gewesen; Erkundigungen hinsichtlich des Vaters, nach Briefen von Liesl. Ich warne vor persönlicher Anknüpfung.–

In Vöslau Hotel Hallmayer. Heini wohnt dort bei Helene und den Kindern. Trübseligkeit des Orts. Kindheitserinnerungen.

13/7 Vöslau. Curpark. Frühstück. Nach langen Jahren Horner den Bookmaker gesprochen.

Spazieren auf die Alexanderhöhe, Warte, Aussicht.– In der Jaegermayergasse, das Haus gefunden, unverändert, wo ich 1874 wohnte. Nr. 13. „Marienhaus." – „Badeleben."

Julius kommt an. Sein 47. Geburtstag. Er ist magenleidend und ich rate dringend zu langer Erholung.–

Nm. fahren wir alle nach Merkenstein. Schöne Gegend, komisch jämmerliche Jause.–

Zum Nachtmahl waren schon die Altmannschwäger da.

14/7 S.– Curpark, mit Bruder, Neffen, Sohn, Schwägern. Dann ins Bad, nach Jahren oder Jahrzehnten gar hier zum ersten Mal wieder!

Spazieren mit O. und Heini in den Park.–

Mittag im Hotel. Zeiss Blick vom Balkon gegen Kottingbrunn.–

Mit O., Heini, Julius nach Wien.

Mit Julius ins Wiedner Spital, seine Krankensäle und den neuen Operations-Saal besucht.–

Gegen Abend kam Julius zu uns mit der Violine; wir spielten

Dvorak, Bach, Beethoven, Schumann etc.; – Olga sang, ich noch dann lang mit ihr.–

15/7 Besorgungen in der Stadt.– –

Nm. ordnen etc.

Lese u. a. Eeden, „Wie Stürme segnen".

Zu Tisch war die Cousine O.s, Frl. Rosa G. zum ersten Mal da.–

16/7 Vm. „Comtesse Mizi" durchgelesen. Wirklich gut.–

Allerlei geordnet– –

Nm. Medardus, erste Hälfte. *Wollen* die Leute nicht sehen?

Berthold Viertel, Schriftsteller, bei Karl Kraus begonnen habend, jetzt Dramaturg bei Großmann (Eröffnung: Dezember) kommt, um mich für das Theater zu interessiren.–

Im Merker ein Artikel von Schaukal über Friedells Altenberg Buch, mit etwas schäbigen versteckten Ausfällen gegen mich (und meine Villa), ohne mich zu nennen... Technik. „Haltet den Dieb." Oh Literaten. Oh Literatur. Das betrübliche bleibt immer, daß die, die selber irgendwie Dichter sind, sofort vom Wesen des Producirens nichts mehr wissen, wenn sie über einen andern schreiben.–

17/7 Tennispartie mit Kaufmann, Frl. Lederer, Frl. Herzl.–

Nm. Briefe geordnet.–

„Medardus" zu Ende. Der Schluß im psychologischen nicht klar genug gebracht. Sonst aber ein famoses Ding.–

„Wie Stürme segnen" von Eeden ausgelesen. Merkwürdig – später verfrömmelt und unlogisch.

– Zum Nachtmahl mit O. bei Mimi und Stephi, die sich Stringa und „Gicki" (Dr. Grünfeld) eingeladen. Mein Schlechthören verdüsterte mir den ohnedies langweiligen Abend.–

18/7 Mit O. Stadt viele Besorgungen.–

Nm. „Weites Land" – und damit die Correctur der Ges. W. abgeschlossen.–

Hajek besucht uns.

Julius, Helene; Schmidl zum Nachtmahl. Er erzählt von Brioni.

19/7 Gepackt.–

Nm. Stephi und Mimi. Half Stephi bei Conception eines Briefes, den sie an L. M. schrieb, der (ganz ohne Berechtigung und fast erpresserisch) einen „Eclat" droht, aus Eifersucht auf „Gicki".– Mimi klagt, sie müsse ihre Briefe allein schreiben... Ohne Sympathie angesehn, wird jeder zum Typus. Familie B. zu Beispiel!

– Las „Korallenkettlin" von Dülberg; der mich gebeten, einen Protest gegen die Censur zu unterschreiben. Nicht unbegabt, aber geschraubt.–

– Türkenschanzpark genachtmahlt; Leo, Bella, Kaufmann und Schwester.

20/7 Packen.– Las aus Janson „Der Krieg" ... nein „Lügen" heißt es, eine Novelle „Der Anarchist".–

Abends Abreise, mit Frau Kindern und Fräulein.

21/7 Ankunft Pola. Überfahrt nach Brioni bei hohem Seegang. Lili weinte.– Schöne Zimmer im neuen Hotel.– Paula Schmidl und Hansi.–

Bad.– Frau Niese, Dr. Peter.–

Las Manns mir gesandtes Drama „Die große Liebe" zu Ende – Interessant. Einflüsse des „Weiten Lands".–

Frau Lili Sonnenthal und Töchter.–

22/7 Mit Heini Val Catena. Die Ausgrabungen. Bad.–

Lese Strindberg „Sohn einer Magd"; Rittner, „Ich kenne Sie".–

Spazierfahrt durch die Insel. Basilika.

23/7 Bad.–

Nm. Motorfahrt um die Brionischen Inseln.–

– Nach dem Souper spielte der bekannte „Geldstet" Clavier.–

Abendpromenade mit Lili Sonnenthal.–

24/7 Bad.– Segelfahrt an der Küste mit Schmidls.

25/7 Spaziergang mit Heini. Bad.–

Segelfahrt zur Villa Otto (mit Schmidls) zu Fuß zurück.– Abendgewitter.

26/7 Bad.–

Nm. 1. Akt Bernh. (in den Fahnen) durchgesehn.–

Spazierfahrt mit Herrn Kupelwieser, dem Sohn des Inselbesitzers. Er zeigt uns die Sträflingswohnung, die Stallungen u. s. w. Wir fahren auf den monte Cypro. Aussichtswarte. K. spricht von F. E., der durchaus einen Theil der Insel kaufen will. K.s weigern sich. Chikanen. Die Pfaffen kommen und reden dem alten K. zu... er müsse es doch aus christlicher Nächstenliebe thun.– Die Erzherzöge selbst warnen. Einmütigkeit des Urtheils über F. E.–

– Fahrt bis zum Leuchtturm.–

Nach dem Nachtmahl Spaziergang am Strand mit Sonnenthals und Paula Schmidl. Ich erzähle Lili S. wie ich durch sie in die Literatur gekommen (Paul Goldmann, blaue Donau).

27/7 Bad.– Lili von unüberwindlichem Widerwillen.

Bernhardi, 2. und 3. Akt.–

Lili Nachmittag Fieber. Holte eine zufällig im Hause wohnhafte Kinderärztin Frl. Dr. Bien, aus Wien. Lili erholt sich bald.

Abend wird uns von Schmidl Aspirant Kalcher vorgestellt, der uns über Marineverhältnisse Aufschluß gibt.–

28/7 Bad wie immer.–

Nm. mit Schmidls zum Kriegsschiff Franz Ferdinand gesegelt; von Kalcher geleitet. Corvettencaptain Millenkovich persönlich zeigte uns alle Räume des Schiffes. Höchst interessant. M. ein charmanter Mensch, wird il buon capitano genannt.–

– Abends spielte Geldstet Clavier.

29/7 Bad. (Frühstück immer im Garten.)

Nm. Bernhardi, 4. und 5. Akt.–

Lili bei mir auf der Terrasse, entzückend in ihren Fragen. Sie bittet sich ein Buch nehmen zu dürfen. Es ist Strindberg. Sie fragt... „Hat er auch nicht baden wollen – ?" Dann, als ich ihr erzähle er sei schon todt: – ... „Wer hat ihn denn todtgeschossen ?" –

– Vertheidige gegenüber Lili Sonnenthal im Sinne ihrer Töchter und besonders ihrer Nichte Lux die Marineoffiziere.

30/7 Bad.– (Womit so ziemlich der Vormittag vergeht.–)

Bernhardi Correcturen ins 2. Exemplar.–

Tennis auf schlechtem Platz mit Edith Mandl, Schmidl, O.–

Mondpartie im Motorboot mit Schmidls und Sonnenthals. Erzählungen des klugen Führers Ziegler.

31/7 Bad.– Verleger Herzmansky zeigt sich im Durchreisen.

Nm. das Sommerstück vorgenommen.

Spaziergang (mit O. und Schmidls) „Paradiso". Herrlichkeit der Insel.

1/8 Bad.–

Nm. den Einakter „Komödiantin" durchgesehen, wegen der Analogien zum Sommerstück. Gleiche Hauptfigur nahezu.

Segelfahrt mit O. und Schmidls. Dann Spaziergang.– Mediziner Hold, der sich dann, zu Geldstets Klavierspiel, als Pfeifer überflüssig unangenehm macht.–

2/8 Bad.–

Nm. am Sommerstück. Geschrieben. Will es doch für alle Fälle hinter mich bringen.

Mit Lili auf die Wiese, wo Schmidls sitzen, am Tisch, sie mit der Neuen Rundschau, er Brief schreibend. Später O., Spaziergang; die charmante junge Frau Kupelwieser schließt sich an, Rancon; Klippen, dann mit einmal Seitenweg in die Weinberge.–

Nach dem Nachtmahl auf der Terrasse oben Julius Bittner der mir bisher persönlich unbekannt Karte abgegeben. Verbindungsglied: Bruno Walter.– Über Wiener Kritik, Kritik im allgemeinen; (anläßlich der übeln Aufnahme von Bergsee), über Gregor, Wymetal;– Mahler etc. Später über seine gerichtliche Seite. (Er ist Bezirksrichter.) – Leichte Erinnerung an Burckhard.–

Las Jacobs „Leichenbegängnis der Gemma Ebria". Prätentiöser Schmarrn.–

3/8 Bad.–

Nm. am Sommerstück.–

Hr. Toepfer aus Lemberg, grotesk, stellt sich vor.

Mit Schmidls Cipro monte. Sonnenuntergang.

4/8 S. Bad.–

Den Einakter „Komödiant" durchgesehn.

Motorboot mit Schmidls. Taubengrotte, Veruda.–

5/8 Bad.–

„Komödiant."

Holten Abends Herrn Schmidl und Hansi von Barbarigo ab. –

Frau Kupelwieser am Tisch, fährt morgen nach Tirol.

6/8 Mit Heini Monte Saluga. Bad.

– Der Wahnsinnsnovelle nachgesonnen.–

Mit Schmidls allein (O. bettlägerig) spazieren gegen Canal stretto.

7/8 Bad.–

„Bernhardi", O. hatte ihn gestern durchgesehn, ein paar Correcturen.

Mit Hugo Schmidl zum Leuchtturm (Beneda). Brandung, Gischt. Auf dem Rückweg Gewitter. Knapp vorm Hotel Guß. In der Trattoria.–

8/8 Bad.–

Nm. Motor mit Schmidls und Zuckerkandls um die Inseln. Auch das Frl. v. Sonnenthal.–

Lony Kupelwieser zu mir an den Tisch. Über Militär, Marine, Erotik und Krankheiten in diesen Kreisen. Anekdotisches. Persönliche Erinnerungen des Hrn Kupelwieser u. a. aus dem Sandschak Bazar.–

9/8 Heinis 10. Geburtstag.–

Früh bei Dr. Lenz wegen Furunkels am rechten Oberschenkel.

Nm. am Bernhardi.

10/8 Früh bei Zuckerkandl, der mit Lenz' conservativer Behandlung einverstanden; dann zu Lenz.

Briefe. Am „Bernhardi".–

Abends mit Fr. Dr. Bien geplaudert.–

Colmers erzählt von seinen Erlebnissen im russisch japanischen

Feldzug und von Messina, wo er mit dem roten Kreuz war.

11/8 Am Bernhardi. Bei Dr. Lenz.–

Den Einakter vom Mendelmord durchgesehn.

Motorfahrt mit Schmidls, Frau Zuckerkandl und Hold Tauben-grotte.–

Nach dem Nachtmahl heitre Pokerpartie auf meinem Zimmer. Colmers, Zuckerkandl; Olga und Frau Prof. Z. zusammen. Jugend-erinnerungen mit Zuckerkandl: Die Kartenpartien auf dem Journal; seine Teutonen Zeit.–

Z.s zeigen uns das Futuristenbuch „Der rothe Reiter".–

12/8 Früh bei Dr. Lenz.–

An der Pfarrerscene.–

O. und ich segeln Nm. mit Zuckerkandl um Brioni.–

Olga singt nach dem Nachtmahl. Zuckerkandls, Schmidls, Lili Sonnenthal, Kalcher, Katziantschitz (die Marineure) Colmers.

– Dann nächtlicher Spaziergang auf den Cipro.–

13/8 Bei Dr. Lenz.–

Am Bernhardi –

Motorfahrt nach Barbariga. (Fort.) Die Offiziere. Spaziergang am Meer. Das Leben dort. Jause in der Cantine, mitgebracht. Rückfahrt bei ziemlich bewegter See.– Der komische Ltnt. Nowak.–

Nach dem Nachtmahl Mackao (ich, O., Zuckerkandl, Colmers, Schmidl).

14/8 Bad wieder. Nachher bei Dr. Lenz.–

Bernhardi,– die corrigirten Scenen an die Druckerei –

Bei Frau Schmidl im Zimmer; dann Spaziergang mit O. und Hrn Schm. Paradiso – Cipro, wo wir mit Zuckerkandls und Colmers zusam-mentrafen. (Über Goldmann, Altenberg etc.) –

15/8 Bei Dr. Lenz. Bad.–

„Heimkehr" durchgesehn. Am Schluß gefeilt.

Mit Colmers und Schmidl [Castelièr], Rancon.–

Abendspaziergang.

16/8 Bad.–

Nm. Segelfahrt mit (O. und) Zuckerkandl.– Val catena. „Fasanen-jagd." Frau Zuckerkandl.–

Abends Poker (Colmers, Zuckerkandl und Frau, Schmidl, O., ich).

17/8 Dr. Lenz. Bad.–

Tiefer gehendes Gespräch mit Olga.

Abends Bowle. Musik. Olga sang. Ich spielte. Tanz. Geschichten die Kupelwieser erzählt. Geschichten die Fregattenltnt. Katziantschitz erzählt. (Abenteurernatur. Sentimental. Weltreisen. Das Telegramm des Freundes: „Bubi todt. Leichenbegängnis unumgänglich notwendig. Sonst Cigarrenkiste. Schlamastik.–" Signale. Zuckerkandl wirft ein: Und wir glauben „Krieg mit Italien". Selbstmordversuch der Mutter. Nachspringen Kazis.–)

18/8 Bad. –

Nm. Motorfahrt zu Kazis Torpedo. Jause auf dem Verdeck. Auch die Kinder.–

Kalcher führt uns ins Trockendock, auf „Viribus unitis", den Riesen dreadnought.

Abendspaziergang Cypro.–

19/8 Vm. Bad.–

Nm. Motor auf die Insel Cronghera. (Zuckerkandls, Schmidls, Kalcher, Hold, Kupelwieser, Colmers, Stross'. Auch die Kinder.) Champagnernachtmahl auf den Klippen. Istrianische Hirtenflöten. Mond. Ferne Schiffe.– Meerleuchten auf der Rückfahrt. (Zuckerkandls Gespräche über seine Frau mit O.)

20/8 Bei Dr. Lenz.– Bad.–

Der alte Hofmannsthal und Hochsingers sind neu angekommen.–

Nm. Segel, O. und ich mit Zuckerkandl, um Brioni, bei hoher See.–

Abends Poker auf Zuckerkandls Terrasse.–

21/8 Bad.–

Nm. zu Zuckerkandl (dem Colmers den Abscess am Hals geschnitten). An seinem Bett Kupelwieser, Colmers, Schmidl.– Kazi und Hold daneben.–

Zur Villa Otto auf uns noch unbekannter (Haupt-)straße mit Schmidls.–

Pokerpartie bei uns: Colmers, Schmidl, O., ich.

– Kazi mit der Malaria, die ihm gut steht.–

22/8 Bei Dr. Lenz.– Bad.– Gepackt.

Die Kinder im Motor, begleitet von Zuckerkandls und Colmers und Kupelwieser (Segel), nach Pola gebracht; Heini weint im Coupé.–

Nach dem Nachtmahl Poker.–

23/8 Bad. Packen.

Segelfahrt mit Zuckerkandl.–

Nach dem Nachtmahl (Kazi mit uns) im Nebensaal Champagner. Zuckerkandls, Paula Schmidl, Colmers; Schiffsltnt. Ulbing, Hold.

24/8 Abreise. Am Molo der alte Kupelwieser und Schwiegertochter u. a.– Mit uns nach Pola Zuckerkandls, Colmers. (Die Herren im Segel nach.) In Pola Rundfahrt; das Amphitheater.–

Im „Gautsch" nach Triest. Auf dem Schiff Prechtler und Frau Schmittlein. Reden über Baron Berger, sein Kranksein.– In Triest, Hotel Excelsior; eben klebt der Portier die Todesnachricht Berger an.–

Hugo Schmidl kommt, begleitet uns zur Bahn. Abfahrt nach Villach. Parkhotel.

25/8 S. Villach. Spazieren; allein; dann mit O. im Wagen an den Ossiachersee, zum Annenheim (wo 1894 oder 95? M. R. wohnte).

Nm. Abreise. Telegramm in Spittal, von der N. Fr. Pr., – Berger!– Ich schreibe im Speisewagen ein paar Zeilen. Ankunft Gossensass. Julius und Familie. Hajeks.–

26/8 Gossensass. Regen.– Wieder kleiner Furunkel am Bein.– Mit Hans S. Uferpromenade.–

Nm. gelesen (Pückler Briefe).–

Poker mit Julius, Cronbach, Hans Altmann.–

Nach dem Souper im Damensalon. Gespräch und Geklatsch. Hörte wenig. War schwer verstimmt.

27/8 Spaziergang am Ufer.

Nm. Poker.

Abends in der Hall mit Frau Johann Strauß gesprochen. Sie protegirt und thut wichtig.

Billard mit Julius.

28/8 Julius, nach einer neuen Magenattacke, reist früh mit Helene nach Wien.–

Mit O. nach Sterzing und zurück.

Nm. die neuen Bernh. Correcturen durchgesehn.–

Spazieren allein Franz Josefs Höhe, Kohlgrubenweg.–

Billard mit Neffen Hans.–

29/8 Abfahrt; von Frau Altmann begleitet.

In München an der Bahn Albert. Weiter nach Tutzing, Hotel Simson.–

Liesl kommt ins Hotel, sieht besser, aber lange nicht gut aus, hört sehr schlecht.

Frl. Hohorst und Neviny.–

30/8 Vm. zu Liesl. (Villa Carola.)

Nm. mit O. Dampferfahrt. Seeshaupt und zurück.–

Zu Liesl. Frau Scheuch.–

31/8 Spaziergang Vormittag. Zu Liesl. Frau Brünauer, soll in Mährisch Ostrau Vermächtnis gastiren. Ich widerrate. Geschichten von Reinhardt, der nebstbei doch auch ein Schäbian.–

Bernhardi Änderungen.

Heinrich Mann kommt aus München an. Wohler aussehend als je.

Fred kommt. Mit ihm beim Thee über seine journalistische Carrière, Schwierigkeiten etc.

Zu Liesl. Albert, Mann, O., ich zum Nachtmahl.

1/9 S. Mit O. Vm. nach Feldafing, Regen; am See, Landstraße, Walters Haus gesucht; er war eben nach München.–

Nm. im Pückler weitergelesen.–

Fred, Mann, Liesl; Thee; Albert kommt aus München, bringt Kunde von Intendanten Speidels Tod.–

2/9 Spaziergang am See. Zu Liesl. Fred. Zukunftspläne Liesls. Schwierigkeiten der doppelten Menage.

Nm. bei Liesl Poker, mit Fred.

3/9 Vm. im Regen München, mit O. und Liesl und Fred. Hoftheater. Generalprobe Calderon – Fuchs, „Der standhafte Prinz". Albert hatte es gut inszenirt.–

Jahreszeiten, Mittagessen: Kapellmeister Walter, Steinrück, Liesl, Fred; – Mizi Glümer. Will ihre (meine) Briefe wieder haben; sie hat jetzt nur „die groben". Sieht schlecht, aber wenig gealtert aus. Spielt allabendlich.– Nach Tisch sitzt sie beim Friseur mit O., die sich onduliren läßt.–

Mit O. zu Gutmann (Dr. Pohl), Concerte besprechen, fürn Winter. München, Frankfurt.

Thee in den Jahreszeiten mit O., Liesl, Fred, Tilly Wedekind.–

Nach Tutzing. Fred nach Berlin. Er war sympathisch gewesen.–

Nachtmahl mit Mann, Kammerherr Ebart (frührer Intendant von Coburg). Frl. Neviny.–

O. sang, aber etwas indisponirt, was sie unverhältnismäßig verstimmt.

4/9 Mit Hrn v. Ebart über Hauptmann u. a.

Mit O. zu Liesl; mit O. und Albert hübscher Waldspaziergang Ilkahof.

Mann erzählt Mittags von seinem neuen Roman „Der Unterthan".

Lese Nm. die „Fackel", die diesmal wieder von Bübereien gegen mich wimmelt.–

Alfred Mayer erscheint, mit ihm zu Liesl.

Im Abenddämmer am See mit Mayer und Mann. Über den „Weg ins freie" den Mann schön findet.

Nachtmahl mit Mann und Mayer.

5/9 Regen, wie meist.– Mit Mann und Albert am See, äußere Geschichte des „Kakadu".–

Bei Liesl Mittags mit Dr. Dülberg (Verfasser des „Korallenkett-lin"), Mann, Albert.

– Spaziergang gegen Bernried mit O. und Mann. Viel über Salten.–

Nach dem Nachtmahl kamen ins „Simson" Raoul Walter (Jugend-freund, Kammersänger hier) und Frau.

6/9 Vm. mit O. Walters in ihrer Villa besucht. Die Töchter. Jugend-erinnerungen.

Zu Liesl.– Auf die Bahn, Mizi Gl. abgeholt. „Wir sind nicht vom alten Schlag." Fällt uns um den Hals. Bruderschaft mit O., mit mir erneute. Mittag im Simson mit Mizi Gl. und Mann. Nachher im Hotelpark herum. Mizi Gl. bei uns oben, mit O. plaudernd; ich indes in meinem Zimmer Bernh. durchblätternd und Strindberg, Beichte eines Thoren lesend.–

Zu Liesl. M. Gl. mußte gleich auf die Bahn, spielte in München. Bei Liesl Albert, Jacobi und Frau, Mann, Alfred Mayer. Las Bernhardi vor, von 5–9 fast ohne Pause. Die Wirkung war außerordentlich. Heinrich Mann fand es das stärkste, was heute überhaupt zu machen ist. Freute mich; empfand, daß hier wirklich die Grenzen um einiges erweitert sind.–

Nach dem Nachtmahl Frau Brünauer und Herr Alten (der standhaf-te Prinz).– Auf dem Heimweg sprach Mann noch viel über das Stück.

7/9 Regen wie gewöhnlich. Gepackt.

Strindbergs Beichte eines Thoren zu Ende gelesen.

Mit Mann zu Tisch. Über „Bernhardi".–

Nm. zu Liesl; mit Mann. Abschied.

Nach München. Mit O. zu Glümers. Gusti. Der Bub empfängt uns auf der Stiege mit Umarmungen. Ich spiele 4händig mit ihm.

Ins Preysing Restaurant mit Gusti. Dort Albert, Jacobi, Mann; Mizi kam aus dem Theater.

Auf die Bahn; im Gußregen. Abfahrt.–

8/9 S. Wien.– Telephonirt mit den Geschwistern. Julius ists wieder weniger gut gegangen. Herumgeordnet.–

Hugo Schmidl kam mit Paul [!] Michaelis (Doras Mann) der von unserm Heim entzückt war.–

Nm. geordnet, Zeitungen gelesen.–

9/9 Mit O. zu Helene; Julius aus dem Spital geholt.– Auf den Friedhof, Blumen auf Mamas Grab.

Mit O. zu Beer-Hofmanns; Paula. Bericht über den heurigen Sommer und dergl.–

Nm. Richard bei uns. Seine Begegnung mit Paul Goldmann in

Ischl; dessen Erkundigungen nach meinem neuen Stück.–
– Mit O. Nachtmahl bei Julius. Spielte mit Hans ein Mozart
Concert auf 2 Clavieren. (Miserabel.) Dr. Rudi Kaufmann; der (wegen
ev. Verwachsungen) die Vornahme eines Eingriffs bei Julius nicht für
ausgeschlossen hält. War sehr deprimirt.–
10/9 Vm. Frl. Pollak; Vorbesprechungen. Ihre Erfahrungen mit Jacob
und Julie. Schwindelbande. Literärische Vornehmheit und menschliche
Schmutzerei.–
     Nm. kam Mirjam, für Freitag absagen. Sie gehen alle... in den
Tempel!– Muß man sich nun gar dahinein hetzen lassen. Richard hält
es für Stolz; es ist Nachgiebigkeit!
     Ins „Apollotheater", mit Gustav.–
11/9 Vm. autobiographische Notizen durchgesehn.–
     Else Speidel besucht uns (gestern er). Über Bergers Tod, die
zerrütteten Verhältnisse.
     Nm. eine Weile spazieren in großer Mattigkeit und Verstimmung.–
     Begann zu lesen Busch Tagebücher, 2. Band.
12/9 Vm. ins Volkstheater; Weisse, der eben in Abreise begriffen, den
„Bernhardi" übergeben –
     Mit Glücksmann über die beginnende Saison.
     – Besorgungen, mit O. und Heini.–
     Nm. Zeitungen über den Eucharistischen Congreß.
     – Herr Carl Ludwig Schröder, auf Empfehlung von Friedell; mit
einem Kino Antrag von Nord Verlag. Wollte Monopol; was ich
ablehnte.–
13/9 Unaufhörliches Regenwetter.
     Briefe dictirt; u. a. an Horsetzky, mit Rücksendung der Caruso-
Säulensitze. Intendanzlümmelei und -rache.–
     Nm. kam Richard. Über österreichische Zustände.
     Lilis 3. Geburtstag. Jause. Die Cousins und Cousine, Franzl Stern,
Helene, Gisa, Else Speidel.– Später Hajek. Über Julius. Unsicherheit.–
     Las G. Hirschfelds „Überwinder". Nicht so talentlos als widerlich.–
14/9 Constanter Regen.–
     Dictirt (Änderungen „Heimkehr").
     Nm. Notizen zur Wahnsinnsnovelle.–
     An Heinis Bett; das Gespräch ging von den Baktrern und Medern
und Eucharistischen Congressen zu Revolutionen und Kriegen. In all
seiner Klugheit und Wißbegier was für ein Kind – „Gibts denn auch
kleine Revolutionen?" „Wer hat eigentlich die Kriege erfunden."–
     Mit O. ein tiefer gehendes Gespräch.

23

15/9 S. Auf den Ring. Nach Schluß der Eucharistischen Prozession.
Zu Julius. Er schien schwer verstimmt, was mich zur Verlegenheit
niederdrückte. Dazu mein Nichthören.–
Nm. „Sommerstück" durchgesehn. Vielleicht kanns doch was
werden.–
Bernard, Mathilde et ses mitaines ausgelesen.–
16/9 Briefe dictirt, an Tante Julie, die mir von der bevorstehenden
Anatol-Operettenaufführung geschrieben, an Grein, wegen Inhibiren
etc. Natürlich aussichtslos.–
Nm. Herr Schröder in der Kino Angelegenheit.
Den „Komödianten" (Haimon) durchgelesen, Notizen dazu.
Mit O. (und Gustav) Johann-Strauß Theater, Barnowsky Gastspiel
Andrejew, Studentenliebe – interessant, soweit ich zu folgen vermochte.– Thimig in der Loge, der provisorische Burgtheater Direktor,
wegen Umbesetzung Erna (Orloff) u. a.
Mit Gustav bei Meissl soupirt.
17/9 Träume. In irgend einem Sommerort, bei Regen, ich oder ist es ein
Herr mit schwärzlichem Vollbart (irgendwie eine Figur aus Andrejew)
soll hier 60. Geburtstag feiern; dazu Uniform, mit hohen Stiefeln
anziehn, oder es geschieht schon. Mizi Gl. am Fenster, aufgelöste
Haare, wohnt bei uns auf dem Land (O. schlug gestern vor, wir sollten
sie einladen!) hält mir, als eben angelangte Post, eine Karte entgegen.
„Josef von Josefsthal" ist gestorben, ich kenn ihn nicht; aber dann, in
der Zeitung lese ich, es ist „Moos von Mooshausen", den ich auch nicht
kenne.–
Vm. mit Heini zum Gymnasium und spazieren.
Dictirt (Briefe).
Nm. Dr. Pollak, wegen Olga.–
Dr. Theodor Reik (Psychoanalytiker, hatte mir allerlei, auch über
mich, voll Sympathie geschickt). Anregendes Gespräch über Traumdeu-
tung und Psychoanalyse. Überschätzung des „Oedipuscomplexes" von
Seiten der Freud Schule (der Reik angehört). Wir analysirten gemein-
sam Georgs Traum (Weg ins freie, 7. Cap.) –
18/9 Spazieren. Dictirt Wahnsinnsnovelle, Notizen.–
Nm. den Einakter „Komödiantin" durchgesehn.
Mit O. Kl. Th. Shaw, Fannys Stück. Leidlich amusant; mühselig
gehört.
Im Meissl mit uns: Auernheimer, Zweig, Trebitsch.
19/9 Mit Heini bei Karolyi; dann bei Julius dem es besser geht. Paul
Altmanns Verlobung.– Hans zeigt mir die für die 8. vorgeschriebene

Literaturgeschichte bis 1912. Unglaublich! Fand mich als § 187.

Nm. kam Barnowsky, sehr erfreut über seinen Erfolg hier.– Über Schauspielerinnen, die den „Übergang" finden; und andre; österreichische Zustände (im Anschluß an Bernhardi, dessen Inhalt ihm Geyer (woher?) erzählt hat); über Medardus etc.–

Zum Nachtmahl bei uns Schmidls; Prof. Zuckerkandl, Frau Hofräthin Zuckerkandl.– O. sang, auch Cabaretlieder. Ganz netter Abend.

20/9 Vm. spazieren und dictirt. Dumpfes Kopfweh fast immer seit Heimkehr.

Gegen Abend Salten, aus Unterach zurück. Citirt gleich eine Stelle aus einem Feuilleton von gestern, in der er gegen F. E. auftritt. („Auch ich…") –

Oper, Tosca (Caruso) mit O.– Dann im Meissl mit Zuckerkandl und Salten; dann in die Kaiserbar, wo Geldstet spielte.

21/9 Vm. bei Julius mit Olga; er sehr bedrückt. Röntgenisirung für Nachmittag bevorstehend; wovon er nicht sprach.– Daheim fand ich von Glücksmann, der persönlich dagewesen Karte mit „Entzücken und Annahme des Bernhardi" vor.–

Telephonirt an Hammerschlag, wegen Julius. Er sagte „jedenfalls nicht angenehm"…; die Angst warf mich buchstäblich zu Boden. Mit O. ein wenig herum, in düsteren Gesprächen. Um 8 zu Hammerschlag; die Röntgenisirung hatte normalen Befund ergeben, was vorläufig beruhigt.

22/9 S. Mit O. Richard abgeholt; spazieren nach Pötzleinsdorf.

Nm. Viki Zuckerkandl, Hans Schnitzler; die 1. und 2 letzten Sätze Mahler III. spielten.–

23/9 Besorgungen in der Stadt. Bei Karolyi Plombe. Mit Prof. Steinach gesprochen.

Begann zu lesen Stekel, Angstneurosen.–

Glücksmann, vom Volkstheater. Besprachen, unter O. Mitwirkung Besetzung des Bernhardi.– Viel über Kainz.–

Zum Nachtmahl Barnowsky, Richard und Paula. B. zeigt sich immer mehr als kluger und recht unterrichteter Mann. Gab ihm (nach Brahms dilatorischem Brief) den „Bernhardi" unverbindlich mit –

Las Paul Felner, Weg zur Ehe, vom Autor übersandt.– Nicht gerade schlecht, aber was will das schon heißen?

24/9 Dictirt: Briefe (an Horsetzky, Dank für Erklärungen) (Brahm; Bernhardi,– Besetzungsmöglichkeiten(?)) (Fischer: Reigen Ungarn, Novelle Beate Rußland etc.).

– Mit O. zu Speidels.

Nm. kamen Französinnen und Engländerinnen. Komischrührende
Figuren. Die geschminkte mit den falschen Zähnen: „I am merry,
... the children like me", und lacht immerfort.——

Dr. v. Begović (aus Hamburg bekannt) von der Neuen Wiener
Bühne, wegen Stückes etc. Über Hagemann, Burgtheater, Beatrice
Medardus. Kluger Mensch.

Mit O. zum Antiquar Klein.–

25/9 Vm. ins Burgtheater zu Rosenbaum. Steht mit Thimig ganz gut,
der wohl definitiv wird, ist aber doch verletzt (Erzh. Karl Josef sagte:
„Wie kann man Rosenbaum heißen ...?") – Besetzung Eins. Weg;–
Umbesetzung des Eschenbacher (Balajthys Abgang,– seine Angst-
neurose).–

Auernheimer kam; über allerlei.

– Nm. nach einem ins tiefere gehenden Gespräch mit O. spazieren
mit ihr.–

Trebitsch und Frau zum Thee. Mit ihnen ins Johann Strauß
Theater; „Joachim von Brandt" von Heimann – sehr viel feines.–

Mit uns in der Loge Richard.–

Im Meissl mit Auernheimers, Trebitschs,– Egon Friedell, mit dem
ich das erste Mal an einem Tische saß. Er war amusant und trank sehr
viel. Humorvolles Gespräch zwischen ihm und Barnowsky. B. zu mir
„begeistert vom Bernhardi, findet er könne es ganz gut besetzen".

26/9 Lili gestern, wie ich 2 Schlüssel hinlege, sie aufmerksam betrach-
tend: ...„Das sind ungefähr 3 Schlüssel.–" Sie erfindet schon wieder
Leute, die „Roiders",– sie selbst heißt der „Herda Schn.".... Lili ist
abgereist... – „Was liest du da, Vater..." ...Das verstehst du noch
nicht – „Oh ich versteh alles, ich bin ja schon groß ... Lies mir vor." Ich
lese ein paar Sätze (aus den „Angstneurosen"). Sie „Das kenn ich! Das
kenn ich –" –

Vm. dictirt (Film Liebelei versuchsweise begonnen).–

Dann zu Julius; er kam erst knapp vor Tisch; es geht ihm nicht viel
besser, aber er scheint doch beruhigter.–

Nm. erscheint Wassermann, aus Aussee zurück; berichtet von
seiner Differenz mit Frieda Pollak; ich wasche ihm den Kopf, besonders wie er vom „psychologischen Geldbeutel" spricht. „Sie Schwindler."

Alte Briefe.

Begann heute die Confessions zu lesen (zum ersten Mal,– in
deutscher Sprache vor Jahrzehnten begonnen und stehn lassen).

Zum Nachtmahl Zuckerkandl mit Sohn. Olga sang sehr gut.–

27/9 Vormittag Mscrpte für die neue Bibliothek geordnet.

– Mit O. spazieren.– Arthur Kaufmann vor Tisch, vom Engadin und Homburg.

Nm. um $^1/_2$6 kam Barnowsky und blieb bis 12. Prophezeit dem Bernh. einen großen Erfolg und will es spielen. Findet die Figur des Goldenthal zu carikaturistisch. Ich und O. klären ihn über österreichische Verhältnisse auf. Über Brahm, Reinhardt etc.–

28/9 O. von Frl. Loewenstamm (Portrait) abgeholt.

– Nm. eine Weile im Überzieher auf der Terrasse lesend – das erste Mal in diesem September!

Dann in Stoffen geblättert; ohne rechte Beziehung. Besser gesagt: ohne die Fähigkeit mich zu concentriren.

Mit O. Neue Wiener Bühne Birinski, Narrentanz (Première), guter Einfall (Kainz sprach mir s. Z. von dem Stoff, in B.s Beisein, im Sanatorium) auch mit theatralisch glücklichen Einfällen (da und dort), aber künstlerisch und menschlich ordinär.

29/9 S. Vm. Kais. R. Gaschler in Steuerangelegenheiten.

Jaroslav Kvapil, czechisches Theater, wegen Bernhardi.

Julius und Helene holten uns ab; Auto über die Rohrerhütte. (Simons Bemerkungen über die Schulden Saltens; die doppelt verpfändeten Tantièmen. Mir bangt um ihn.) –

Als wir nach Haus kamen, Wassermann. Über Birinskis Stück und allerlei ethisch-kritisches.–

Nm. kam Julie W.; hauptsächlich wegen Frl. Pollak rechtfertigen.– Später Viki, und Else Speidel.

Mit O. zu Julius. Das Brautpaar Paul Altmann und Grethe Simon.–

Poker mit Julius (der im Bett lag, sich aber entschieden wohler befindet), Olga und Hans Altmann.

30/9 Vm. Dampfbad (Gewicht 77.3), Besorgungen. Panorama (Stockholm).

Gesprochen Necker (über Birinski), Salten (der gute Änderungen für Joachim von Brandt wußte). (Wie charakteristisch – daß er nicht eine Silbe zu der Annahme „Bernhardis" äußerte – nach all dem vorgefallenen und prophezeiten!–)

Nm. (in denkbar düsterster Stimmung, mit dem wohlbekannten Kopfdruck) in Stoffen geblättert. Fand etliches bisher nicht gewürdigtes; besonders ein uralter Stoff („Ein Glas zu Viel") erwies sich anregend.

– Gegen Abend Paula Schmidl.

Bernhardi, 1. Akt, im Umbruch gelesen.

1/10 Vm. bei Speidels.

Dictirt (Film Liebelei weiter).

Nm. 2. Akt Bernhardi.

Briefe etc. geordnet.–

Abends im Spazierengehen Hugo Ganz, der politisirend wichtig-thuerisch über die Balkanwirren sprach und sich vorkam...

Mit O. nachts ein langes merkwürdiges Gespräch.

2/10 Vm. dictirt.–

Bei Bettelheim. (Bergers letzter Besuch bei ihm; 2 Wochen vor seinem Tod; Thränen; Ermutigung durch bevorstehende Neuausgabe der Gedichte. Über seine „Problematik" (meine paar Sätze in der N. Fr. Pr.).) –

Nm. mit O. und Heini (im Regen) spazieren.

– Pläne durchgesehen, Skizzen von Einaktern. („Eifersucht", „Treue", etc.) –

Mit O. bei Schmidls, Arthur Kaufmann, Rudi Kaufmann, Zucker-kandl, Wassermanns.– Erinnerungen an Mediziner Zeiten.– Auch Rudi Kaufmann ist jetzt hinsichtlich Julius beruhigt. Sprach mit ihm über Kranksein von Ärzten. Wie ihm (R. K.) die verlorenen zur „Figur" werden.–

Tivolispiel. Dann sang Olga.

3/10 Die alte Bibliothek und Mscrpt. Schrank abgebrochen durch Feldstein.–

Spaziergang; viel autobiographischen Anfängen nachgesonnen.–

Der Stunde Olgas bei Gound theilweise angewohnt.

Nm. Bernhardi 3. 4. 5. Akt. Im 5. mißfielen mir einige Übergänge.

4/10 Die neue Bibliothek wird aufgestellt. Unordnung im Haus.–

Mit O. Stadt.–

Nm. spazieren, mit ihr, dann Hans, Karl.–

Hansi Schmidl, Annie.

5/10 Mit Hilfe von Frl. Pollak Bücher eingeräumt.

Nm. Vollmoeller („Mirakel" in der Rotunde). Er schien etwas gehetzt und nicht zufrieden. Nach der neuen Pantomime (London) will er nichts. mehr mit Reinhardt machen. Unruhe seiner Existenz durch seine Frau (Madonna im Mirakel).– Gegen Hugo, für d'Annunzio.–

– Zum Thee Gisa, mit Margot und deren Gemahl Vallo. Frau Bloch mit Nichte (Lili, als kleines Mädl Hinterbrühl).

Abends weiter Bücher geräumt.–

6/10 S. Mit O. und Heini spazieren (Pötzleinsdorf).–

Viki zu Tisch, mit ihm die 4. Mahler.

– Gegen Abend Georg Seybel.–

Zu Julius. Mit Hans die Eroica auf 2 Clavieren.–

7/10 Ordnen.–

Gound brachte eigne Lieder, spielte sie vor.

Nm. mit O. zu Berger. Einkäufe.–

Zu Zahn, wegen elektrischen Lusters – und wir kauften ihr einen charmanten kleinen 5monatlichen Malteser ab, der daheim mit Jubel begrüßt wurde. „Dolly."–

8/10 Mit O. Besorgungen Stadt.–

Zum Thee Prof. R. M. Meyer und Wassermann. Meyer immer etwas befangen; fader Kerl. (Liest in der Urania.) –

Wiedner Theater „Pariser Leben"; mit Wassermann, Zuckerkandl, Schmidl; dann im Meissl soupirt.–

9/10 Mit O. Burgtheater Generalprobe Rittner „Sommer". Sehr hübsch einsetzend, aber nicht durchhaltend.–

Sprach Salten (Nachbar;– wenig) Thimig (Neubesetzung u. ä.),– Kutschera (seine Tochter kriegt die Schlager Mizi), L. Bauer (reist auf den Balkan, wo der Krieg ausbricht) u. a.–

Nm. las ich, im Garten, Wassermanns „Mann von 40 Jahren". Wie begabt, wie reizvoll im einzelnen,– und doch irgendwie schwindelhaft und selbstgefällig.–

Ordnete, räumte Schreibtisch zum Theil aus.–

10/10 Vm. Briefe dictirt.– Mit O. und Speidels ein wenig spazieren.

Nm. Pläne angesehen und durchdächtelt.

11/10 Benedikt, dem ich „Bernh." gesandt, läßt mir schreiben, ob er das ganze Stück für die Weihnachtsnummer haben könnte.–

O. von Reß abgeholt; ihm vorgestellt, daß Concertiren, gegen das er war, vom psychischen aus O.s Gesang fördern könnte. Er war wohl „erstaunt über die Mission" (was ich ablehnte), gab es aber zu.

– Abends zu Lobmeyr (erstes Mal). Sitzung, wegen Ehrung Bergers, Herausgabe der Werke, Grabstein. Anwesend: Bettelheim (der Proponent), Glossy, Lammasch, Hofr. Streffleur, Prof. Sauer, Präsident der Concordia Ehrlich, Hofr. Süß, Bürgermeister Neumayer, Dr. Edmund Benedikt, Kestranek u. a.– Mit Glossy (Censurbeirath) über „Bernhardi" (hatte das Stück für ihn da). Der Beirath hat nur consultatives Votum.– Kestranek erinnert mich, daß ich ihn vor Jahren bei Louis Friedmann vergeblich zu hypnotisiren versuchte.– Ehrlich wünscht wieder dringend meinen Eintritt in die Concordia.– Lobmeyr erzählt dem Baron Berger (Bruder), dem clericalen Herrenhausmitglied den Witz: „Was ist flüssiger als Wasser? Der eucharistische Congreß – der ist überflüssig."– Ehrlich sitzt bei der Tafel neben dem Bürgermeister (der mit dem Messer ißt) und erbietet sich zudringlich, „handgreiflich", ihm für die Londoner Reise Mothervills sea sickness remedy zu senden.– Mit Bettelheim nach Hause. O. kam von „Bohème".–

12/10 Der neue (alte) Schreibtisch von Berger kam, der alte wurde ins Gartenkammerl transportirt.– Else Speidel und Frau Bachrach mit Steffi kamen.–

Briefe dictirt.

Zu Dr. Kaufmann; über seine (ungefährliche) Krankheit, und Operationschancen –

Mit O. Nm. spazieren; zu Thimig (erstes Mal), der nicht daheim.– Ordnung im neuen Schreibtisch.

Sommerstück, 1. Akt durchgelesen (womit der Schreibtisch eingeweiht wurde).–

Nach dem Nachtmahl mit O., Stephi und Frau B. spazieren.

Pücklers Briefe und Tagebücher (10. Bd.) ausgelesen, nicht ohne Ergriffenheit.–

13/10 S. Mit Heini Grinzing, Cobenzl etc.; auf dem Weg schloß sich Herr Schmidl mit Nichte und Fräulein an. Schöner Herbsttag.–

Nm. Sommerstück, 2. und 3. Akt durchgesehn, werds vielleicht doch schreiben.

Julius und Helene kamen. Über die Börsenderoute u. a.– Mit O. zu Bachrachs; ihr Bruder plötzlich gestorben.

Zum Nachtmahl Kaufmann; nachher Wassermann und Schmidls. W. las eine schöne Novelle vor: „Zwei Nächte", an die sich eine Discussion über Liebe und Scham knüpfte.–

14/10 Vm. K. R. Gaschler, in Steuersache.–

Dictirt und geordnet.–

Mit Heini Nm. Latein gelernt (wie öfters).

Den Einakter Komödiant durchgelesen und durchdacht.

O. kam mit Steffi von Bachrachs. Der Alte hat in diesen 2 Tagen 6 Millionen verloren. Steffi, die reiche Erbin ein armes Mädel. Über sein Wesen. Spielernatur. Geiz. Wenns schlecht geht, ißt er Käs und Fleisch auf demselben Teller. Für versetzte Ohrringe muß seine Frau Jahre Zinsen zahlen, weil er die kleine Summe zum Auslösen nicht gibt.

15/10 Dictirt: neu begonnen „Komödiantin" – und „Sommerstück".–

Nm. mit allerlei Plänen beschäftigt, ohne zuzugreifen.–

Die Dolly, als unerzogen, an Zahn wieder rückgesandt.

Im Concert Rosé – Walter, mit O.–

16/10 Vm. bei Gisa. Hajek, in Hemdärmeln, mit einer Hand Klavierspielend, mit der andern sich die Nase pinselnd.–

Besorgungen. Auf die Gallerie der Börse (zufällig mit Hrn Max Hiller), zum ersten Mal im Leben. Einer der ersten den ich erblickte, bedrückt und unruhig hin und her: den alten Bachrach. Felix Sonnenthal; Sensal, würdig und wohlsituirt in den Schranken.–

Nm. Frau Zuckerkandl, der ich das Haus zeigte. (O. bettlägerig.) – Hubert Reusch, vom Volkstheater, der Regie Bernhardi führen soll. Besetzungsfragen, Censurschwierigkeiten, resp. Verzögerungen. (Reusch hat vor 14 Jahren den Karinski im Carltheater gespielt.)

Reigen, ungarisch in Budapest gespielt, ordinär wie es scheint, polizeilich verboten.–

17/10 Vm. bei Gustav; über Bernhardi.–

In die Statthalterei, zu Grafen Castell, dem Censor. Versprach mir rascheste Erledigung – bis 27. 10. War besonders liebenswürdig. Hatte selbst noch nicht gelesen, doch las er mir aus dem Referat ein paar Stellen vor, die auf die Möglichkeit einer Störung der Ordnung hinwiesen.–

Briefe dictirt.–

Nachmittag Frau Sanet, die Bonne 1868–70!, um Almosen und Protektion.–

Zu Saltens. Sie, mit den Kindern eben von der Generalprobe (Blauer Held) nach Haus; zeigte mir das umgebaute, natürlich kaum noch bewohnbare Haus.

Ins Volkstheater. Im Bureau mit Glücksmann, Reusch, Weisse (Censur, Besetzung, Termine); dann „Angriff" von Bernstein angesehn; läppisches Stück. Mit Schwarzkopf zu Perschill nachtmahlen.

18/10 Vm. Volkstheater Generalprobe Einakter von H. Müller „Gesinnung", – begabter aber geschmackloser, wohl auch ordinärer Mensch. Sein Bruder Lothar (mit schlechtem Gewissen, wegen Stephi) widerwärtig anschmissig.– Die Censurfrage mit Reusch, Glücksmann, Geiringer behandelt.– Mit Onno, den ich das Buch lesen ließ, über die Bernhardi Rolle, die er „mit Begeisterung" spielt.–

Nm. ins Gymnasium; mit Dr. Zimmels, Religionslehrer; er bat mich, aus Disciplinargründen Heini doch ein paar Mal in den Tempel zu schicken. (Die zelotische Cultusgemeinde, der Z. nicht clerical genug.)

– O. von Bachrachs abgeholt (Raoul Auernheimer auch dort), ins Concert Destinn.

19/10 Vm. Briefe dictirt.–

Nm. kam Korff – will vom Burgtheater weg, ist zurückgesetzt, ich soll ihm Weites Land, Medardus übergeben, er übersetzt es ins englische, gastirt damit in England und Amerika, verdient Millionen, auch für mich.– Dann hin und her zwischen Größen- und Kleinheits-Wahn, er, als erster Schauspieler muß auch Regisseur sein; hat kein Geld, nur 700 Kr. monatlich bleiben ihm, dabei wartet sein Auto vor der Thür, und am Ende soll ich bei Thimig ein gutes Wort für ihn reden!

– Abends mit O. aus der Mahler VIII. vierhändig.

20/10 S. Spazieren. In Heiligenstadt im Beethovengang, der Büste vis à vis zum ersten Mal in meinem Leben gesessen, und zum Einakter „Eifersucht" Notizen gemacht.– Später O. getroffen, und mit ihr zu Hofr. Zuckerkandl, die nicht zu Haus war.–

Zu Tisch Victor Zuckerkandl, mit ihm die Mahlersche 8te ganz durchgespielt. Lieder von Marx, die O. markirte, Wolf, Brahms etc.–

– Notizen zu „Ein Glas zu viel".–

Gustav, Richard, Paula zum Nachtmahl. Unter dem schlechten Hören schwer gelitten.–

21/10 Dictirt Skizze zu „Ein Glas zu viel"; „Eifersucht".–

Glücksmann telephonirt: 1) Bienerth (Statthalter) war selbst im Theater, hat versprochen Bernh. gleich zu lesen etc.; 2) Cischini gegen das Stück.

– Dr. Pollak ärztlich. Lasse mein Herz untersuchen. Gesund.–

Stephi zu Besuch.–

Lese u. a. Sonnenthals Briefwechsel (auch einiges mit mir; Anatol, Episode).–

22/10 Höchst merkwürdiger Traum (den ich später ausführlich dictirte).–

Ins Sanatorium Loew. Zum ersten Mal die Treppen wieder hinauf, seit Mama dort gestorben. Andrian, der schon morgens Michel zu mir gesandt, diesmal wirklich krank, aber noch mehr hypochondrisch.–

Nm. Plänchen durchgesehn. Unfähig den Entschluß zu einer wirklichen Arbeit zu fassen.

Thimig erscheint, vertraut mir seine directorialen Sorgen. Hochstapler Hellmer. Korff, der verworfene, aber mit Funken von Genie.–

Über Zweigs Stück. Ein epigonales Ding. Talent, aber keine Notwendigkeit.–

O. kam mit Frau Zuckerkandl, wo sie einen Besuch gemacht. Über „Hirtenflöte" und Schmutzer.

– Las Castells interessanten Roman „Bernards Versuchung" zu Ende.

Begann das Buch zu lesen, das mir Thimig gebracht hatte: „Leben des Marquis von Langallerie."

23/10 Dictirt (Briefe etc.).

Zu Andrian. Ein Abbé und Hans Schlesinger bei ihm. Dann kam Julius. Beruhigten den Patienten.

Nm. Hr. Max Schach, in Kino Angelegenheiten. Ganz amusanter Mensch.

Paul Brann zum Nachtmahl. Dann kam Michel, mit Brief von Andrian; ich beruhigte wieder.– Brann erzählte von seiner traurigen Liebes- und Brautstandsgeschichte, die sich vor $1^1/_2$ Jahren in Wien ereignete. Seine langjährige Geliebte, enragirte Spielerin verschwindet wieder einmal für Wochen nach Carlo; zurückkommend findet sie ihn mit Frl. Jaeger verlobt; will ihn ihr nicht rauben, schickt ihr weiße Rosen und erschießt sich. Die Braut (mit der er bei uns war) enttäuscht ihn und es ist bald aus. Er weinte während dieser Erzählung.

24/10 Vm. dictirt „Komödiantin" weiter.–

Prozeß Brann – Urania – Ausgleich geendet.–

– Striche Bern... (in diesem Augenblick kommt die Nachricht Glücksmanns vom Verbot 25/10 Nm. $3^1/_2$) hardi begonnen.–

Zu Andrian. Michel, Schlesinger.

Durch den Krankenhausgarten zu Hajeks. Familie.

Las Karin Michaelis „Das gefährliche Alter".

25/10 Generalprobe Zweig Haus am Meer.– Durch Siegfried Loewy dem alten Baumeister und Frau vorgestellt.– Thaddeus Rittner kennen gelernt. Siegfried Loewy wollte mich durchaus beim Statthalter protegiren. Das Stück epigonal, unnötig, von nutzlosem Talent.– Mit Salten nach Haus.

– Nm. Glücksmann Karte: Bernhardi verboten.– Frau Mimi, später Speidel.–

Ins Volkstheater.– Weisse sehr geärgert durch das Verbot; erzählt amusant vom Strike der Bühnenarbeiter. Glücksmann. Verleger Bard, mit dem ich Vorverhandlungen über Ungarn pflog und wegging. Telegramme an Barnowsky.

Zum Nachtmahl Peter Nansen, Karin Michaelis, Richard, Paula, Kaufmann, Stephi.– Ein Herr vom Extrablatt, der mich interviewen wollte; Sternberg mit Einladung von Benedikt und Fragen.

– Nach dem Souper kam Salten. Es war ein höchst langweiliger Abend; und anstrengend für meine Ohren.

26/10 Dictirt (Briefe).–

Heini von der Schule geholt; zu Prof. Sachs (Augen). Heini etwas kurzsichtig. Bei mir constatirte er außer Hypermetropie und Resten von Myopie einen Astigmatismus, der wohl an allerlei Beschwerden schuld war. (Kunn hatte es nicht für nötig gehalten, den Astigmatismus zu corrigiren.) Soll Glas für Nähe und Ferne, ev. auch extra für Clavier tragen.–

Ein paar Minuten bei Andrian, der nun wohl beruhigt ist. Flüchtig über ihn Dr. Rudi Kaufmann.–

Nm. Bernhardi – Striche.

Dumpfe Atmosphäre. Düsterkeit.–

27/10 S. Spaziergang Sievring, Dreimarkstein, Pötzleinsdorf; schöner Herbsttag.– Gegen Schluß Prof. Kassowitz, später Familie Mautner gesprochen. Nah von Haus O. und Salten, der immer raide wird, wenn von Bernhardi die Rede.–

Nm. mit O. zu (N. Fr. Pr.) Benedikt (Wohllebengasse) zum Thee. Er sehr angethan vom Bernh., wollte ihn ganz zu Weihnachten, einigten uns auf 3. Akt, Sonntag vor der Berliner Première. Allerlei politisches, insbesondre Balkankrieg. Die Wohnung angesehn.–

Zum Nachtmahl bei uns Zuckerkandls (Vater, Mutter, Sohn), Schmidls. Olga sang.

28/10 Dictirt. (Vertrag an Barnowsky, etc.)

Ins Sanatorium. Andrian reist morgen ab. Dr. Rudi Kaufmann: „Es drängt mich Ihnen zu sagen, daß meine Frau heut Abend in der Comtesse Mizi spielt –" Auf diese Weise thut er mir seine Vermählung mit Garda Irmen, nach circa 16j. Brautschaft kund.–

Zu Julius; über Stand der Bernhardi Sache u. a.–

Nm. spazieren; zum Thee Hofr. Frankfurter und Frau, Raoul Auernheimer, Mimi, Steffi – später ging ich zu Frau Bachrach hinüber, die noch bettlägerig. Steffi und „Gicki" saßen mit mir an ihrem Bett; gedrückt erschien der Herr des Hauses.

Nach dem Nachtmahl Speidel, der mir allerlei über Bernhardi sagte und sehr langweilig war.

29/10 kam der neue Luster fürs Arbeitszimmer.

– Dictirt.– (Briefe.)

Spazieren mit O., Dr. A. Kaufmann (der mich wegen der ev. Operation aufsuchte), Speidels.

Nm. Verleger Bard; Abschluß für Ungarn; Vorbesprechungen das übrige Ausland betreffend.

Andrian, mit Michel, knapp vor der Abreise, noch immer nicht beruhigt.

30/10 Interpellation Winter, Hanusch Genossen (mir alle unbekannt), wegen Bernhardi Verbots, ziemlich scharf.–

Beim Buchhändler Hugo Heller, wegen ev. Vorlesung des Bernhardi (er hatte mir geschrieben).–

Nm. allerlei geordnet.

Dr. Pollak, wegen Heinis Zucken der Schultern.–

Frl. Loewenstamm, bei der Heini nun Zeichnen lernt.–

Großer Anatol Erfolg in New York. Wie viel Geld könnte, würde ich jetzt mit tüchtiger Verlegerhilfe verdienen!–

Las Bahrs Prinzip; prätentiöse Posse mit Lustspiel- und Philosophie Allüren.–

31/10 Vm. bei Heller. Mit ihm und Onno über die Vorlesung Bernhardi.–

Vor Tisch, in Anwesenheit von Ella Frankfurter, Stephi und Frau Samuely, Frl. Pollak; von Gound begleitet, sang O.

Nm. erschien Bettelheim und schwatzte (sehr liebenswürdig) über Bernhardi und die Censur.

Verleger Bard, mit dem Vertrag, schon etwas feilschend.

Mit O. Carltheater, Fall, „Der liebe Augustin"; mit Schmidl und Zuckerkandls zu Meissl; auch Herr [Bloch].

1/11 Schwere Verstimmung dank der häuslichen Atmosphäre.

Spazieren. Dictirt (Bernh. Inhalt, Briefe; alles wird mir Mühsal).–

Unerträglicher Nachmittag.

Ins Burgtheater, gegen Schluß, zum Medardus, Heini abgeholt (der mit Hansi Schmidl, Hans, Karl dort war). Sprach Rosenbaum, der durch Thimig schwer gekränkt ist, nicht mit Unrecht.–

2/11 Der halbe Tag verging mit „Aussprache". Es ging tiefer als je, war schwerer als je, und brachte Erleichterung, die wahrscheinlich doch trügerisch gewesen sein wird.

Vm. dictirt ich.

Abend mit O. bei Auernheimers. Außer uns nur Mimi Giustiniani.

3/11 S. Wegen einer Kleinigkeit am Fuß in Pantoffeln daheim. Schnee und Regen. Geordnet, papierlt.–

Zum Thee Julius und Helene. Julius viel wohler, und wie man wohl sagen darf, jedes Bedenken geschwunden.–

Zum Souper Stephi, Mimi, Auernheimers.– (Bedrohliche Zustände bei B.s. Der Vater wie verrückt. Kein Geld im Hause. Frau daran, den Schmuck zu verkaufen.) – Zeigte A. die Skizzen zum Bernhardi u. a.

Langes aber etwas ermüdetes Gespräch mit O.–

4/11 Dictirt: Briefe, Film Liebelei weiter.–

– Frau Prof. Zuckerkandl, über den Bernhardi u. a.–

– Nm. spazieren und getrendelt.–

Im Sanatorium Loew; Dr. Arthur Kaufmann besucht, den Julius an einer Hernie operirt hat.

Mit O. Singakademie. U. a. Mahlers Lied von der Erde; Walter dirigirte. Sehr schön.–

Mit Schmidl im Imperial soupirt.–

5/11 Dictirt Liebelei-Film weiter.–

Nm. weiter in Papas Briefen an Mama.

– Mit O. Marx Lieder und Mahler Lied von der Erde.

Mit O. zu Speidels. Heine und Frau (Rabitow). Leidlich amusant.

6/11 Dictirt Film zu Ende.– Briefe.–

Nm. Onno bei mir; über die Vorlesung des Bernhardi.–

7/11 Vm. dictirt.–

Der Akademische Verein (Hr. v. Beer, Hr. Nowak erscheinen), wegen Vorlesung Bernhardi –

Mit O. Sanatorium Luithlen; Frau d'Albert Fulda zu bringen, die neulich verunglückt.– D'Albert läßt uns, wohl mit Absicht nicht hinein und ist sonderbar.–

Mit O. bei Dr. A. Kaufmann im Sanatorium, der recht wohl und vergnügt –

8/11 Vm. Briefe dictirt.–

Nm. Richard, in Angelegenheit Peter Altenberg, der uns in einem Brief an mich um monatliche Unterstützung bittet.–

Otto König, vom Merker, in Sache: Vorlesung Bernhardi. Er geht nach Berlin zu Fischer. Über Theatervertrieb –

Ins Volkstheater. Glücksmann eine Inhaltsangabe „Bernhardi" dictirt, fürs Ministerium.

– Zu Zuckerkandl (der mit neuem Furunkel, operirt, zu Bett). Sprach nur die Frau und Viki.

Zu Julius (wo O. schon, von Reß) – Hajeks, Prof. Redlich und Frau, Fleischmann, Preindlsberger, Langsteiner.

9/11 Vormittag dictirt Briefe etc.

Nm. geordnet.– O. von Bachrachs abgeholt.–

10/11 S. Spaziergang Dreimarkstein.

Nm. gepackt.–

Abreise, Nord West Bahn genachtmahlt.–

11/11 Nach nicht guter Nacht Ankunft Berlin. Hotel Esplanade. Frühstück. Bad. Barnowsky holt mich ab. Ich lese den versammelten Schauspielern im Foyer des Kl. Th., mit Kopfweh und schlecht disponirt den Bernhardi vor, anfangs schlecht, dann besser.–

Mit Barnowsky bei „Kannenberg" gegessen.– (Über Filme etc.) –

Zu Brahm. Er selbst, außer Bett, scheinbar guten Muts, vielleicht sogar ahnungslos, über die Natur des Leidens kaum ein Zweifel möglich. Er spricht von seinen weitern Plänen (Einakter, die er haben will etc.), trotz wahrscheinlicher Operation. Frau Jonas (wie fast immer) bei ihm.–

Zu Ziegels. Er spielt im verkrachten Lothar Theater; sie hat in Holland gastirt, 32mal hintereinander in andern Städten jede Nacht geschlafen. Den Ebenwald bei Barnowsky, und auch den Helden im neuen Heinrich Mann will er nicht spielen. Begleite ihn ins Theater, Mirjam mich bis nach Hause.–

Allein im Hotel genachtmahlt.–

12/11 Berlin. Arrangirprobe im Kl. Th. Hartau als Bernhardi nicht interessant genug. Manche vielversprechend.–

Mit Barnowsky im Prinzen Wilhelm gegessen.

– Der Direktor der Lichtspielgesellschaft und Hr. Schach überbringen mir Liebelei-Film Vertrag. Ich bespreche aber unterschreibe noch nicht.

Zu S. Fischer, über allerlei geschäftliches.–

Durch die Potsdamerstr. gebummelt, in die Kammerlichtspiele.

Mit Trebitsch und Frau im Esplanade soupirt. Erinnerungen an 88, den ersten Berliner Aufenthalt. Das Berlin von heute! Zimmer ohne Bad und Telephon quasi undenkbar. Die Theaterverhältnisse. Die Luftschiffe über den Linden heut Nachmittag. Im Kino – schon die Bilder vom Balkankrieg. Und „Rührung" über eine Filmtragödie.–

13/11 Berlin. Dora Michaelis holt mich aus dem Hotel ab. Über mein Ohrenleiden.–

Ins Theater. Albert Steinrück, der als Kramer großen Erfolg hatte und heute wieder gastirt.–

Arrangirprobe. Salfners großes Talent (Pflugfelder). Der famose Schreimann (Hr. Wurmser). Ich spiele im 4. Akt den Kurt. Das Stück ist gut.–

Mit Barnowsky und Albert bei „Kannenberg" gegessen.–

Im Hotel Fontane „Unwiederbringlich" gelesen – auf die Bahn. Direktor Kestranek. Abreise.

14/11 Wien. Einläufe durchgesehn, Briefe dictirt. Julius besucht mich.

Nm. mit Olga Bachrachs besucht. Spazieren.–

15/11 Spazieren Neuwaldegg.–

Später Salten, mit O., begegnet; Streit zwischen Salten und Hugo um Vorrang in der Rede beim Hauptmann Bankett.–

Viki Z. zu Tisch; mit ihm Bruckners Neunte.

Lou Salomé mit ihrer Freundin, jungem Mädl, deren Namen sie erst auf Verlangen nennt, zum Thee. Über Freud (deswegen ist sie hier) – begleitete sie zu Richard; blieb eine Weile dort.

16/11 Dictirt Briefe. Brief von Hartau – der zugleich am Berliner Theater den Lövborg probiren soll. Telegramm an Barnowsky; Umbesetzung fordernd.–

Nm. Sonnenthal Briefwechsel, nicht ohne Rührung ausgelesen.

17/11 S. Spazieren Hameau.–

Nm. Frl. Kende (bei O.), Julius Helene, Paul Altmann und Braut zum Thee.

Mit O. Concert Gound Lauterburg.–

Zum Hauptmann-Bankett, von der Concordia veranstaltet; saß zwischen Wassermann und einem Sections-Chef. Hauptmann sprach ich gleich beim Eintritt; später über Brahm, dann unser seltnes Begegnen. Er wirkt, im Aussehen besonders, einleuchtend, ja leuchtend. Die Reden waren schrecklich, außer Saltens „Festrede“. Unglaublich der Unterrichtsminister Hussarek. Hauptmann las seine Antwort.– Sprach natürlich viele Leute. Glossy (Censur!),– Thimig („möge nie was bittreres zwischen uns stehn als dieser Aufsatz!“) – Grünfeld, Rosenbaum, Zweig, Auernheimer, Holzer (Frau), Hofr. Löbl, Schönherr, u. s. w. u. s. w.– Bänkel von Bauer, von Girardi gesungen (auch mich berührend) –

Heim nach 2, mit Wassermann und Rosenbaum.

Bachrachs, Vormittag noch verzweifelt – waren Abends, durch das Eingreifen eines Freundes, gerettet. Die Millionen wohl weg, aber Insolvenz abgewendet.–

18/11 Dictirt Briefe etc.–

Las „Unwiederbringlich“ von Fontane zu Ende.–

Hajeks zum Nachtmahl.–

19/11 Vm. bei Buchhändler Heller (in Sachen Bernh. Vorlesung), bei Gustav (Hauptmann Bankett, Berliner Theaterverhältnisse). Paulsen kam dazu.–

– Gegen Abend zu Arthur Kaufmann; der schon recht wohl, daheim.–

20/11 Dictirt.– Pepi Mütter mit einem Herrn von Ricordi (Milano),– Libretto für neuen Componisten.

– Las Nm. Thomas Manns außerordentliche Novelle „Der Tod in Venedig“.

21/11 Vm. ins Hotel Continental, zu Georg Brandes, bei dem ich schon Richard fand. „Gestern las ich vor 500 leeren Lehnstühlen...“ – Frl.

Scholz (Marie Stonas Tochter), Ludo Hartmann kamen später.–

Nm. sah ich meine Aphorismen, über Kunst etc. durch. Manches kluge Wort.–

Mit O., Richard Paula,– Urania, Vortrag Brandes „Goethe und die Zeitalter"; nachher mit ihm Continental gegessen. Er redete viel, amusant, war ganz die „Welttratschen"; über Nansen und dessen Frau, jetzt geschieden,– ihr Leben, sein 50. Geburtstag, Feier, während der sie auf 3 Stunden mit einem jungen Mann verschwand;– Pariser Geschichten.

22/11 Neulich im Berl. Tgbl. eröffnet der hinausgeschmissene Hr. Albert Ehrenstein, versteckt, seine Angriffe auf mich (Kraus' „Portrait" von mir feiernd). Colportage!–

Vm. dictirt; „Komödiantin" weiter.–

Nm. bei Bachrachs, Adieu sagen.–

Abend Brandes bei uns; ferner Saltens, Richard und Paula, Auernheimers, Schwarzkopf – später Kaufmann; Frau Hofr. Zuckerkandl. Brandes sehr amusant über Strindberg Größe und seine wahnsinnigen Schurkereien gegen Geijerstam etc., über die Lagerlöf (die er unterschätzt), über die „Bacchantin" Ellen Key.

23/11 Vm. etliches dictirt.– Stephi da, fährt doch nicht mit.– Gepackt.–

Abreise mit O.– Frau Brünauer.–

24/11 S. Berlin. Hotel Adlon.–

Spaziergang mit O., zu Brahm. Frau Jonas dort, später Justizrath und Tochter Eva. Morgen Operation. Er scheint (?) es leicht zu nehmen. Über „Sommer", die nächste Novität, und „Die große Liebe" von Mann. Er fragt nach den Kindern –

Mit O. im Adlon gegessen. Barnowsky später; Franz Blei, Heymel (neu). Über Kriegsgefahr. Böse Wiener Nachrichten.–

Hr. Direktor Schroeder, in Nordfilmangelegenheit.

Dora und ihr Mann.–

Mit O. ins Union Kino.–

Kaiserhof; mit Barnowsky und Michaelis –

25/11 Kleines Theater. Probe Bernhardi. Decarli als Bernhardi.– Lustersturz, Verletzung des Arbeiters.–

Mit Barnowsky bei Kannenberg gegessen. (Über Franckenstein (Münchner Intendant), – Weites Land.)

– Ins Adlon. O. hatte eben von Stephi Brief: der Vater gestern „plötzlich gestorben". Telephonisches Gespräch mit ihr,– natürlich Selbstmord.–

Mit O. in die Nordfilmgesellschaft. Schroeder führt uns Films vor.

Mit O. Kaiserhof.

26/11 Berlin.– Ins Sanatorium Unger, nach Brahms Befinden gefragt. Frau Eva Prinzhorn. Nicht gut.

Im Hotel die Correspondentin des New York Herald.–

Probe im Kl. Th.– Dazwischen Hr. Fischer vom Berl. Tgbl. – soll für übermorgen ein Feuilleton schreiben!! Nein.–

Mit O. und Barnowsky Kannenberg gegessen.–

Im Hotel Stieler, dann Jacobsohn, Ziegel.–

Mit O. Kroll, russisches Ballet; mit Michaelis' bei Borchardt genachtmahlt.–

27/11 Berlin. Generalprobe. O., Heimann, Dora.–

Regierungsrath Klotz, der Censor unterhält sich mit mir über Physiologie des Schaffens. Will am Schluß einen kleinen Strich („Wenn er gewußt hätte, um was es sich handelt –") gibt aber nach.–

Bei Kannenberg gegessen, mit O., Dora, Heimann, Barnowsky.–

Abend mit Auernheimers zu Fischers. Etwa 24 Personen. Mit Eloesser über Eulenberg; etc.–

28/11 Berlin. Schlaflose Nacht. Julius Helene kommen an.–

Ins Sanatorium. Brahm gehts sehr schlecht.–

Begegnung mit Fritz Schik nach Jahren, der hier als Vertreter des Burgtheaters, noch von Berger her.

Probe. Wieder Umstellung des 4. Aktes, nach dem Original.

Im Adlon gegessen. Hauptmann und Frau gesprochen. Julius, Helene, Auernheimers.

Geschlafen.–

Ins Sanatorium telephonirt resp. zu Jonas. Schlechte Nachrichten.

Ins Theater. Première Bernhardi. Hinter der Scene. Kam erst nach dem 3. Akt, außerordentlich starker Beifall. Nach dem 4. nicht viel schwächer, auch der 5. wirkte gut.–

Ins Adlon. Dort erfuhr ich daß Brahm um $10^1/4$ – gestorben war. Während der Bernhardi Première. Ein paar Worte mit Hauptmann.–

Mit mir am Tisch: Fischers, Auernheimers, Kerr, Hans Reisiger, Michaelis', Blei, Barnowsky. Die Stimmung war umdüstert.–

29/11 Berlin. Die Kritik im ganzen gut; Berl. Tgbl. (Engel) am schwächsten.–

Mit O. zu Barnowsky, der sehr zufrieden.–

Im Kaiserhof mit Julius und Helene gegessen.

– Nm. mit O. zu Frau Wolff (der Concertbureauinhaberin), Thee, mit Leo Blech und Frau.–

Zu Justizrath Jonas. Die Frau in Thränen. Als sie mit mir allein war... „Er (Brahm) sagte mir... Es ist doch nichts – warum hast du denn thränenfeuchte Augen." – „Er war ja mein ganzes Leben..." – Frau Deutsch, die Schwester der Frau Jonas. Bittre Bemerkungen über Hauptmann; vielleicht nicht durchaus gerecht. Immerhin... „Der Dichter des Mitleids..."

O. ins Concert Messchaert; ich allein durch den Thiergarten ins Hotel, Worte für Brahms Trauerfeier bedenkend.–

Im Esplanade soupirt mit O., und Frau Wolff sammt Verwandten.

30/11 Mit O. mißglückte Besuche bei Frau Meyer Cohn und Prof. Meyer.–

Mittagessen im Adlon mit Fischers, Auernheimer, Georg Seybel.– Später kamen Moissi und Sternheims hinzu –

Zum Thee bei uns Mirjam Ziegel, Stieler, Fred; Rössler mit seiner Freundin [Consuela].

Ins Kl. Th. Barnowsky fröhlich über das ausverkaufte Haus. Erfolg declarirt sich nun erst.

Wir holten O. aus dem Hotel; mit Barnowsky und Michaelis' im Kaiserhof.–

1/12 Mit O. und Raoul Auernheimer in die Urnenhalle. Legte einen Kranz nieder. Hauptmann sprach, dann Hülsen, dann ich (frei, und völlig unbefangen), Reicher, Schlenther.–

Zum Lehrter Bahnhof, doch verfehlten wir den Trauerzug, der zum Güterbahnhof dirigirt war.

– Fischers im Hotel.–

Mit O. eine Weile in der Ostasiatischen Ausstellung.

Mit Barnowsky im Kaiserhof gegessen.–

Gepackt.–

Unten beim Thee Auernheimers, dann Blei. Adlon Vater und Sohn nehmen mit Blumen Abschied.

Auf die Bahn. Barnowsky erscheint mit Blumen; wieder aus dem Theater, wo die Leute scharenweise davonmußten, wegen Ausverkauftheit. Allerdings Sonntag. Abreise.

2/12 Ankunft Wien. Ordnen etc.–

Zu Bachrachs. O. schon früher. Die Verhältnisse scheinen desolat, Haltung gut. Sie werden wahrscheinlich von einer Rente leben, die Banken an sie auszahlen werden, wo der Vater beschäftigt war.–

Nm. Frl. Lili Pick, mich zu einer Vorstellung einladen, wo sie Medardus Scenen spielt.–

Geordnet, papierlt.–

Nach dem Nachtmahl kamen Speidels.

372 1912: XII 3 - XII 6

3/12 Dictirt Briefe.–

Wassermann, ganz wie ich in Berlin zu O. vorhergesagt, fand Stephi gegenüber die ganze Sache sehr schön, Balzac –

– Nm. gerechnet etc.–

Abends Concert Culp mit O.–

4/12 Vm. bei Richard, bei Gustav, bei Buchhändler Heller (vorzüglicher Gang meiner Ges. W., beliebtes Weihnachtsgeschenk!– Wer hätte das prophezeit).

Bei Dr. Rosenbaum in der Burg.–

Mittagessen bei Mautners mit O., Saltens, Julia Culp und Gatten (Merten, Ingenieur).– Über den zu erwartenden Krieg; über Indien, Pest, Java etc.– Frau Culp mit O. übers Singen.–

Nm. das „Sommerstück" durchgesehn, ohne viel Hoffnung. Die „Komödiantin" durchgesehn.

Begann zu lesen Briefwechsel Varnhagen Rahel –

5/12 Überschau ich die Kritik über Bernhardi (die im ganzen günstig ist und durchaus den Erfolg constatirt) – so muß ich wieder sagen: die Tendenz der Kritik heißt mißverstehn – wenigstens dem Lebenden gegenüber. Die einen halten sich darüber auf – daß ich ein Tendenzstück geschrieben, die andern – daß ich keins geschrieben habe. Und unter denen, die wichtigthuerisch berufsmäßig Fehler ankreiden, sind gewiß nicht wenige, die als Privatleute bedingungslos gutheißen würden. Politik verdirbt den Charakter – Kritik den Verstand.

Vm. dictirt „Komödiantin" weiter.

Den Nachmittag verlesen und vertrödelt.

Abends bei Zuckerkandls. Mit Schmidls hin. Mit Nedbal und O. Brahms Gesang für Viola- und Clavierbegleitung. O. sang und Nedbal begleitete sie. Brahms und Beethoven von Nedbalquartett, mit Viki am Clavier.

– Bei Tisch zwischen der Hofräthin und Professorin Zuckerkandl. Mit der Hofr. über Bernhardi. Klimt, einem lustigen Faun nicht unähnlich, mir gegenüber. Hr. und Fr. Prof. Klein. Hofr. Zweig (stellt sich O. vor: „Entschuldigen Sie, ich bin ein Hofrath aus dem Unterrichtsministerium –"). Hofrath Kunzek. Etc.

6/12 Dictirt „Komödiantin" –

Nm. Papas Briefe an Mama zu Ende gelesen. (Nicht viele vorhanden, meist von Congressen.) Briefpapiere manche „Jägerzeile 525", dann Praterstr. 14 mein Geburtshaus.–

Da O. bettlägerig, allein zu Hajeks, wo Julius, Helene, Vallos. Zumeist über die Kriegsgefahr.

7/12 Dictirt (Komödiantin, Briefe).–

Zu Bachrachs. Wie selbstverständlich wirkt das unabänderliche!–

Nm. Klavierauszüge von Opern Zandonais; von Ricordi übersandt, angesehn.–

Plänchen durchgesehn und durchdacht. O. den neulich entworfenen Dreiakter nach dem uralten „Ein Glas zu viel" erzählt. Dabei noch immer keine Arbeitslust. Angstgefühle treten wieder auf. Das Ohrensausen verwirrend heftig.

Barnowsky telegraphirt vom intensiv steigenden Erfolg des Bernhardi.– Weilens Brief, der... den innern und äußern Fortschritt constatirt... Zu dumm. Julius neulich zu einem, der auch Bernhardi als „bestes" bezeichnete: „Medardus ist auch kein Hund..." Aber es muß censurirt und locirt werden. Auch hier läßt sich (ohne Größenwahn) sagen, „das ganze ist nur für einen Gott gemacht".

8/12 S. Vm. mit dem zufällig begegneten Josef Winter spazieren (Pötzleinsdorf) (über Engadin, seine Sommerreise, die Krebsinstitute, österreichische Behörden!) –

Nm. Saltens da (die Last des Hauses, Steuersorgen, etc.), Viki Zuckerkandl; später Wolfgang Schumann und Frau (Zoologin).–

Inferno und Legenden von Strindberg ausgelesen.–

9/12 Dictirt (Komödiantin) –

Zu Bachrachs. Stephi hatte telephonirt, die Dinge noch schlimmer als vermutet. Wie sie mir dann ausführlicher erzählte, hat man ihnen (Bankdirektor P.) in verletzender Weise eine Jahresrente von 6.000 Kronen zur Verfügung gestellt... „Die Mädeln sollen verdienen."– Auernheimer kam auch. Stephi weinte bittre Thränen. Mimi will in einen Schneidersalon als Empfangsdame, die Mutter eine Pension, ist aber zu leidend.–

Nm. zu Karolyi, Zahnausbessern.–

Zweig getroffen; sehr indignirt über die Unhöflichkeit des Residenztheaters in München, mit Recht.

Beim Buchhändler Eisenstein Prof. Hollaender, der mir eine „Bernhardi Sache" aus der Meynertzeit erzählte.–

Rudolf Lothar, in Berlin abgekracht, halbe Million Schulden, jetzt Cottage Sanatorium, geht nach Paris, dann Weltreisen, ist ganz guten Muts verhältnismäßig.

10/12 Dictirt „Komödiantin" und eine Skizze (Scenarium) zu einem Lustspiel, das ich nie schreiben werde, „Ferien".

– Nm. Julius und Helene da.–

Las (Mscrpt.) Gedichte und Sprüche von Ottmer, nicht ganz

unbegabt.–

Stephi zum Nachtmahl; einige beßre Aussichten finanziell; sie ganz gut aufgelegt.

Sehr charakteristisch zum Capitel „Literatur und Judentum" E. Jacobs Kritik in der D. M. Z. ... „enthusiastisch" sozusagen – aber mit ewigen Entschuldigungen und Einschränkungen... „man zögert..." „ich überschätze hoffentlich nicht...".

– Frl. Anna Bernhardi sendet mir Stammtafel ihrer Familie und bittet mich in wahrhaft unverschämter Naivetät,– ich solle Bernhardi in Bernhardy ändern – da, trotz allem Mangel an Antisemitismus einige Mitglieder ihrer Familie es doch als „peinlich" empfinden daß der Name eines jüdischen Arztes als Theaterhelden etc.

Zu Tisch Frau v. Jacobi bei uns. Von Liesl etc.

11/12 Mit O. bei Berger, Einkäufe.–

Bei Julius und Helene gespeist; Nm. kam Andrian (aus Warschau), Consiliums halber. Hauptsächlich Hypochondrien.–

Mit O. Abends Concert Willy und Therese Bardas.

12/12 Dictirt „Komödiantin".–

Nm. Gespräch mit O. im Verfolg gestriges. Schwere Dinge, weil sie nur innerlich sind.

Else Speidel gegen Abend (Rosmersholm Generalprobe etc.).

13/12 Briefe dictirt.– Gisa; Julius im Vorbeigehn.

Nm. Hr. Milrath („Zeit"), über Bernhardi, Kritik, kritisch-historische Ausgaben, Träume, Grillparzer.–

Nach dem Nachtmahl bei Bachrachs. Mimi hat schon eine französische Lektion. Stephi weinend, „sie wird nie was verdienen".–

14/12 Telephonisches Gespräch mit Glücksmann, wegen ev. 1mal. Aufführung Bernhardi vor geladenem Publikum. Über das Schweigen der Presse.–

Mit O. Besorgungen für Weihnachten.–

Nm. Arthur Kaufmann. Über Kassner; über Bergsons Philosophie. Andrian und Michel zum Nachtmahl.–

Mit O. ein schmerzlich ins tiefste gehendes Gespräch, bis halbzwei Nachts.

15/12 S. Im Sturm Spaziergang Hohe Warte etc. Meist eine Antwort auf liebenswürdig dummen Brief Charmatz des Politikers über Bernhardi bedacht.–

Nm. Stephi, mit bitterm Humor in die Zukunft schauend.– Paula Schmidl.–

Mit O. Faust Oper (Baklanoff Mephisto). Welch unerträgliches

Zeug.–

16/12 Briefe dictirt.–

Hr. Richard Grossmann (Diener im Cassian!) – wegen Empfehlung an Thimig.–

Nm. mit O. und Lili bei Bachrachs.–

Rechnung gemacht und vorbereitet.

Nach dem Nachtmahl mit O. zu Bachrachs. Imre Leitner (Cousin), über gemeinsame Lehrer, Lang, Straßmann.– Wassermann hat Mimi geraten, französische Lectionen ja nicht unter 10 Kr. zu geben. Bald darauf telephonirt er... er habe eine Lection für sie – seine Frau – aber da dürfe sie nicht mehr als 5 Kr. verlangen.– Bei ihm wandelt sich jede intentionirte Noblesse in eine Schäbigkeit, wie jedes menschliche Gefühl in Literatengewäsch.–

17/12 Dictirt (Komödiantin) – (Sommerstück).

Nm. alte Briefe.– „Heimkehr" durchgesehn und den Schluß neu geschrieben.

O. hatte dem Agenten Knepler, von Gound begleitet, vorgesungen und kam in guter Stimmung.– Lieder mit ihr.–

18/12 Vm. zum Begräbnis Dr. Ferdinand Mandl. (Asperngasse. Erinnerungen. Else v. K., Lueger.) –

Panorama (Hallein, Gastein etc.) –

Auf dem Graben Saltens, später Engel.–

Nm. Sommerstück Notizen.–

Gelesen über 30j. Krieg, wegen „Landsknecht". Correctur „Freund Y" („Jugendarbeiten im Extrablatt") –

Es war damals gewiß nicht leicht, die Zukunft zu prophezein.–

Zum Nachtmahl: Ress und Frau, Walter und Frau, Specht und Frau, Salten und Frau, Frau Zuckerkandl und Viki; Kaufmann, Leo; Wladimir Metzl; später Julius. Olga sang, von Walter begleitet (auch von Specht, Metzl, mir).– Ihre Fortschritte wurden von Walter sehr anerkannt, Ress schien sehr befriedigt. Ganz animirter Abend.–

O. nachher wohl nicht ganz mit Unrecht, über Leos und Kaufmanns geradezu obstinates Schweigen ihrem Singen gegenüber, verstimmt.–

Salten und Walter, anläßlich Parsifal über ethische Werthe des Christen- und Judentums.

Über den kleinen Kraus. Wenn man ihn ohrfeigt, ist er beleidigt, ... wenn man ihn nicht ohrfeigt, nimmt ers als Bestechungsversuch.–

19/12 Dictirt Briefe. „Heimkehr."–

Nm. spazieren mit O. und später Stephi.–

Olgas Cousine Bertha.–

Mit O. bei Hajeks. Julius, Helene, Margot und Vallo. Gisas 45. Geburtstag. Sciopticonbilder von alten Photos, die Vallo vorführte.–
20/12 Dictirt „Heimkehr"–

Nm. das Mscrpt. Dolly, Operette meiner Nichte Grethe Suppé-Keller;– widerlich.

Hugo und Gerty zum Nachtmahl. Sehr gut über den Bernhardi.– Über die Ariadne-Aufführungen, über Eger (Darmstadt), Heymel, Franckenstein, Walter etc.–

21/12 Im Gymnasium; Erkundigung bei Prof. Kunst (sympathisch) über Heini. Begabt, aber zerstreut. Latein und Geografie schwach.

Burgtheater: Generalprobe Molnar „Wolf" – 1. Akt sehr hübsch; dann platt.–

Zu Tisch Stephi; auch nachher jeden Moment weinend.–

Dem Sommerstück nachgesonnen.

Bei Zuckerkandls. Außer uns nur Schmidl. Ganz heitere Pokerpartie.
22/12 S. Nebel. Zu Speidels, von dort mit O. zu Bachrachs.–

Nm. den „Journalistenstoff" bedacht. Nur äußerliche Gründe sprechen gegen ihn. „Wiederholung", resp. Weiterbildung gewisser Motive aus Bernhardi, auch das Hineinspielen der Judenfrage. Was in jeder andern Kunst als Selbstverständlichkeit oder als Vorzug gilt, dem Dichter wird es (bei Lebzeiten) verdacht.–

Zum Thee Julius, Helene, Paula Schmidl.–

Zum Nachtmahl bei Julius. Familie. Olga sang. Paul Altmann und ich auf 2 Clavieren phantasirend und meinen Walzer spielend.
23/12 Briefe dictirt.–

O.s Bedenken wegen der Concertcarrière. Ihre Empfindlichkeit und Beeinflußbarkeit.

Nm. Dr. J. Lesowsky, von Prof. Kunst als Lehrer empfohlen.–

Die Journalistenskizze durchgesehn. Zum Fink contra Fink Stoff Notizen.

Stephi zum Nachtmahl.
24/12 Einkäufe in der Stadt.–

Bescherung um 5. Arthur Kaufmann, Gustav, Frieda Pollak, Mimi und Stephi.–

O. sprach sich dann über die Kühle der Zuhörer von neulich aus (zu Kaufmann und Schwarzkopf) – Daran schließend allgemeines; Erinnerungen an Vorlesung des Charolais und eigne.

Zu Julius und Helene.– Hans spielte sehr gut Chopin.– Ich mit Julius eine Bach Sonate.– Annie, Julius Karl ein Haydn-Trio.–

25/12 Traum. In der Urnen (?) Halle, Brahm Begräbnis, resp. Leichenfeier. Fritz Schik, Trauerrede, Katheder, plötzlich herunter, hin und
her, komödiantisch, schwacher Applaus; – ich wundre mich; aus der
Hintertür (wie Bösendorfersaal) noch 2 Mitspieler, – Mutter und
Bruder Brahms; wirken mit.

Spaziergang Pötzleinsdorf – Neuwaldegg bei trübem Wetter und
Quatsch, in übler Stimmung – Kopfweh, Nm. die Weihnachtsnummern
gelesen.–

O. von Bachrachs abgeholt (Auernheimers, Leonie, Stringa) – zu
Richard Spechts. Walters, Saltens, Gutheil-Schoder und ihr Mann (erst
kennen gelernt; er schwer krank, sympathisch) Dr. v. Gomperz.–
Walter zu mir günstiges über O.s singen.– Über Baron Berger (Tischge-
spräch); mit Walter und Salten über Schilling und andres Hauptmann-
sche. Salten hielt diesmal keine Festrede.

Jean Christophe 10. Bd. – ausgelesen.–

26/12 Allerlei Träume. Mein Vater an einem Tisch mir gegenüber:
Onkel W. du weißt doch hat Zungencarcinom (er starb thatsächlich vor
mehr als 20 J. daran) – ich möchte ihn todtschießen (das ist nicht seine
Art, denk ich – offenbar Ersatz des Gedankens,– auch wie Bernhardi
würde er sich nicht benehmen).– Dann nach allerlei Reiseträumen...
ich soll nach Afrika, mit Wolfgang Schumann, überlege, welche Schuhe
mitzunehmen, Landstraße, auf der linken Seite Frauen Mädchen, die
wie nach einer Kur, die aufgelösten Haare kämmen. Ich gehe einen
Seitenweg, der mich lockt –

Spazieren mit O., Heini, Stephi Hohe Warte etc.–

Stephi speist bei uns; nach Tisch Wassermann, der einen Roman
Gänsemännchen schreibt und davon entzückt ist.–

Herbot („Lügenwelt") durchgelesen, Notizen dazu; las ihn O. vor,
an ihrem Bett; er ist noch nicht ganz fertig, doch wird er sicher gut.
Heimkehr („Die ewigen Ströme") mißfiel ihr durchaus in der 2. Hälfte,
mit Recht; ich kam dann auf allerlei Rettungseinfälle, da der Stoff
mich nicht frei gibt.

27/12 Dictirt (Fink Stoff, zu „Ewige Ströme" (Heimkehr)).–

Unbehaglichkeit, einer jener nicht seltnen Autointoxicationsanfälle
mit geringen Localerscheinungen, aber Abgeschlagenheit, Schmerzen
(leicht) Rücken, Kniee.

– Zum Thee Brn. Winterstein; sehr klug und witzig. Viel über
Psychoanalyse, Freud und Schüler.– Komisches über Georg Seybel.–

Rosé – Walter Concert, mit Schwarzkopf. Bittner, Salten, der mich
mit der Gfn. Hadik bekanntmachte; die aussieht wie eine Fensterh. –

(Componistin.)

Mit Julius zu ihm, bei ihm genachtmahlt.–

28/12 Früh, ich wollte eben den Morgenspaziergang machen, ein ca. 17j. Mädl, sehr jüdisch, leidlich hübsch, anstoßend, will mich sprechen, hat Bernhardi gelesen, ich bin offenbar ein Mensch, sie will von ihren Eltern weg, die gewöhnliche Leute seien, Vater Procurist, sie möchte bei mir wohnen; war enttäuscht als ich ihr die Unmöglichkeit erklärte; hat ein Buch *und* Gedichte geschrieben, mit denen sie ihren Freunden und Freundinnen schon schöne Stunden bereitet, kann aber nur auf dem Land dichten – u. s. w. Das gibts!–

Hr. Kais. R. Gaschler dankt mir für die Ges. W., die ich ihm zu Weihnachten geschickt und wirkt auch vielfach komisch, so wenn er sich „unglaublich bekannt" nennt.

Briefe dictirt.– Gerechnet, papierlt; sehr schwere Stimmung.–

Trebitsch zum Thee, mit neuem gelbem Auto.–

Nach dem Nachtmahl Stephi, recht galgenhumoristisch.

29/12 S. Bei Dr. Eger, der mich in die Stadt begleitet. Seine Darmstädter Stellung; der Großherzog, liebenswürdig, klug,– Intelligenz-Snob.– Was er aufführen solle: Ruf, Beatrice, Einsamer Weg. (Je nach seinem Personalstand.)

– Bei Johann Klein; solche Börsenschwankungen noch nicht erlebt.–

Bei Tante Irene; Gustav Frid mit seiner Gattin; am Hausthor kennen gelernt.–

Nm. „Komödiantin" durchgesehn. Wohl aufzugeben. Der Einakter-cyclus Schauspielerstücke zerfällt wohl endgiltig.–

Von Julius, der Annie abholt, laß ich mich, meiner Beschwerden halber, gründlich palpiren. Nichts zu finden. Nerven? Pancreas?–

– Stephi zum Nachtmahl.

30/12 Träume: Mama ist gestorben – aber nun lebt sie doch, regt sich im Bett, Kämme in der Hand, sagt (etwa). Es ist gut, daß Brioni nicht gelitten hat… – stirbt wirklich – Dann bin ich auf der Gallerie zur Leichenfeier, in Radcostume, werde doch nicht noch einmal die Rede halten – (wie für Brahm –) Spaziergang (im weitern Traum) gegen Pötzleinsdorf, mit Otto Zuckerkandl und andern, ein Haus rechts hat statt zwei Fenstern Bilder von umgekehrten Schiffen, ich kenne das, Restaurant, etwa Prater, auf Holztreppen hinauf, schäbig, am Tisch daneben, geblümt gedeckt, mindere Leute, Hausmeister, dicke Frau; Zuckerkandl allein in einer Ecke, am Tisch, spielt eine Beethoven Sonate; draußen im Freien, auf der Wieden, ich sage es zu Olga, ein

Werkel, es spielt, kennst dus denn nicht? „Vogelfänger bin ich ja“.–
Vm. dictirt.– Heini erkrankt mit Fieber und Halsweh.

Nm. Dr. Pollak; constatirt (wie ich) Angina; empfiehlt immerhin
Wärterin, die Abend kommt. Das Fieber Abend sehr stark. Immerhin
Beunruhigung. Lese 1812 von Michaelis und Rahel – Varnhagen
Briefwechsel. Lese Freuds Vorträge über Sexualtheorie (wie neulich
Psychoanalyse) zu Ende.–

31/12 Dictirt (Brief an Charmatz zu Ende etc.) –

Dr. Pollak, Bub besser.–

Nm. Peter Tal (Verlag Fischer) über Bernhardi, Vertrieb. Fischers
Saumseligkeit, Anatol in Amerika etc.–

Rechnungen (Sylvester) etc.

Abends Saltens, Kaufmann, Leo, Bella, Zuckerkandl und Frau,
Wassermanns, Hugo Schmidl, Schwarzkopf, Julius, Helene.– Roulettespiel. (Ich verlor 10 Kronen.) – Mit Wassermann über Zola, den er als
Dichter nicht gelten läßt. Julie wirft mir besondre Strenge gegen Jacob
vor.– Bella berichtet mir über meine russischen Angelegenheiten.

– Man bleibt bis vor 3.

Im Bett noch 1812 weiter gelesen.–

VERZEICHNIS DER ARBEITEN SCHNITZLERS

Das Register verzeichnet – unter Einschluß der indirekten Erwähnungen, wie etwa durch die Namen einzelner Figuren oder durch Verweise auf Proben, Vorlesungen u. a. und unter Aufnahme auch der vorläufigen oder in Schnitzlers Schreibweise divergierenden Titel sowie unter Einbeziehung des nur im Nachlaß Überlieferten – alle im Tagebuch eigens genannten und identifizierten literarischen Arbeiten. Verweise auf eigene Briefe und Verweise auf das eigene Tagebuch sowie allgemeine, sich offenkundig nicht auf eine einzelne Arbeit beziehende Gattungsbezeichnungen bleiben unberücksichtigt.

Abenteurernovelle
1909: IX 10; XI 4, 5, 6, 7, 8, 9, 13, 16, 18, 23, 24, 25, 26, 27, 28, 29, 30; XII 1, 5, 7, 8, 9, 11, 12, 14, 15, 16, 17 – **1910:** III 8; IV 12 – **1911:** I 8
Abschiedssouper, s. *Anatol-Zyklus*
Ägidius
1910: IX 11
Ärztestück, s. *Professor Bernhardi*
Aigner, s. *Das weite Land*
Alkandi's Lied
1909: IV 5
Anatol-Zyklus
1909: I 9; II 22; IV 13; VIII 22; XI 11 – **1910:** II 17; III 22; X 25; XI 6, 17, 29, 30; XII 2, 3, 5, 13, 17, 18, 23, 31 – **1911:** I 12; II 7, 27; III 1, 5, 8; IV 26; V 26; IX 24, 29; XI 8; XII 31 – **1912:** III 7; IV 12, 13; VI 15, 21, 27; IX 16; X 21, 30; XII 31
– *Abschiedssouper (Farewell Supper,* Übersetzung von Harley Granville-Barker)
1909: I 1, 30 – **1910:** IX 24; XII 2, 3, 16 – **1911:** III 1; IV 26; XI 8 – **1912:** VI 15
– *Anatols Hochzeitsmorgen*
1909: I 9, 16; II 22 – **1910:** XI 30; XII 3 – **1911:** IV 26
– *Episode*
1910: XII 2, 3 – **1911:** X 29 – **1912:** X 21
– *Die Frage an das Schicksal*
1909: I 9 – **1910:** II 21; III 5; IV 3; XI 30; XII 3

– *Weihnachtseinkäufe*
1910: XI 30; XII 3, 9
Anatol (Operettenplan)
1909: II 22, 27; V 24 – **1910:** I 17
Tragikomische Anekdote, s. *Der letzte Brief eines Literaten*
Anselmo, s. *Abenteurernovelle*
Arztensnovelle, s. *Doktor Gräsler, Badearzt*
Assalagny, s. *Der junge Medardus*

Basteiszene, s. *Der junge Medardus*
Bea., s. *Der Schleier der Beatrice*
Beate, s. *Frau Beate und ihr Sohn*
Beate Woiwod, s. *Frau Beate und ihr Sohn*
Beatrice, s. *Der Schleier der Beatrice*
Belastet
1910: VII 1
Bernhardi, s. *Professor Bernhardi*
Bertha Garlan, s. *Frau Berta Garlan*
Der letzte Brief eines Literaten
1910: IV 19

C. M., s. *Komtesse Mizzi*
Casanovas Heimfahrt
1909: IX 11 – **1912:** X 2, 20, 21
Der tapfere Cassian, s. *Marionetten-Zyklus*
–, s. *Der tapfere Kassian* (Singspiel)
Comt. Mizzi, s. *Komtesse Mizzi*
Comtesse, s. *Komtesse Mizzi*

D. W. L., s. *Das weite Land*
Dämmerseelen (Novellen)
1909: I 1, 15

Reigen
    1909: IV 3; IX 14; XI 24; XII 14 –
    1910: I 8; IV 14; VI 21, 23; VIII 10;
    X 15 – 1911: III 29; VI 10; IX 19 –
    1912: IX 24; X 16
Rhon, s. *Das weite Land*
Ritterlichkeit
    1909: IX 4 – 1912: III 25
Roman, s. *Der Weg ins Freie*
Der Ruf des Lebens
    1909: I 1; III 3; IV 21, 22, 23, 25,
    27; V 3, 24; VI 11; IX 22, 23; X 5;
    XI 19; XII 1, 2, 3, 4, 5, 6, 7, 9, 10,
    11, 12, 13, 17, 19, 28 – 1910: I 1, 17;
    XI 27 – 1911: XII 14 – 1912: VII 11;
    XII 29
Rupius, s. *Frau Berta Garlan*

Sala, s. *Der einsame Weg*
Schauspielerstück,   s.   *Komödianten-
    Zyklus*, *Herbot*
Schauspielerstücke,   s.   *Komödianten-
    Zyklus*
Schenkenszene, s. *Der junge Medardus*
*Das Schicksal des Freiherrn von Leisen-
bogh*
    1910: III 7; XII 5 – 1912: III 29
Schlager Mizi, s. *Liebelei*
Der Schleier der Beatrice
    1909: II 12; IV 3; XII 12, 21, 31 –
    1910: I 25, 30; II 3; VI 18, 30; IX
    17; XI 5; XII 19, 27, 28 – 1911: I 4;
    III 21; IX 9, 29; XI 6, 7; XII 21, 28
    – 1912: II 28; III 23; IV 12, 23, 24;
    VI 28; IX 24; XII 29
Der Schleier der Pierrette (Pantomime),
    Musik von Ernst von Dohnányi
    1909: I 1; III 25; VI 3, 6; X 5; XI 3,
    25, 27, 30 – 1910: I 20, 21, 22, 25, 27,
    29, 30; II 1, 3, 4, 5, 7, 12, 27; III 16,
    28, 31; VI 2, 21; VII 21; X 5, 9, 15;
    XI 26; XII 2, 19 – 1911: III 23; VI
    24; IX 19, 20, 21, 25, 27; X 20; XII
    2, 31 – 1912: I 22, 27; II 1, 12; III 1,
    10, 11, 15, 16; V 26
Schreimann, s. *Professor Bernhardi*
Die Schwestern oder Casanova in Spa
    1909: IX 11 – 1912: X 2, 20, 21

Sebaldus
    1910: II 19
Sommernacht, s. *Im Spiel der Sommer-
    lüfte*
Sommerstück, s. *Im Spiel der Sommer-
    lüfte*
Im Spiel der Sommerlüfte
    1910: IV 17 – 1911: I 6; XI 26, 27,
    29; XII 2, 8, 9, 11, 14, 15, 16, 17, 18,
    20, 21, 27, 29, 30 – 1912: I 1, 6, 7, 8;
    III 12, 13, 14, 22, 29; VI 26; VII 31;
    VIII 1, 2, 3; IX 15; X 12, 13, 15;
    XII 4, 17, 18, 21
Sprüche in Versen
    1910: I 9
Sterben
    1912: III 16, 18, 23; VII 5
Ewige Ströme, s. *Der Vorige*
Student, s. *Die Mörderin*
Altwiener Stück, s. *Der junge Medar-
    dus*
Politisches Stück, s. *Professor Bern-
    hardi*
Lebendige Stunden-Zyklus
    – Die Frau mit dem Dolche (*La
    Femme au Poignard*, Übersetzung
    von Maurice Rémon)
    1912: V 29; VII 6
    – *Literatur*
    1909: IX 6; XI 9 – 1910: IV 3; IX
    24; XII 10 – 1912: VI 15
    – *Die letzten Masken*
    1909: I 1, 30 – 1910: III 6, 12; IV 3;
    IX 24; XII 10 – 1912: IV 4, VI 15;
    VII 6
    – *Lebendige Stunden*
    1909: VIII 8; IX 28; XI 9 – 1910: II
    3; XII 28 – 1911: I 4 – 1912: IV 12;
    VI 12, 19, 29; VII 2
Sylvesternacht
    1912: IV 23

Die griechische Tänzerin (Novellen)
    1909: I 1; XI 24; XII 14 – 1910: I 29
Das Tagebuch der Redegonda
    1909: X 28; XI 2, 4, 5, 6, 7, 15, 16 –
    1910: II 8, 27; VIII 4; X 4, 7, 11, 16,

„Mit Ehrenbergs sind wir übrigens entfernt verwandt.
Das Bindeglied zwischen uns ist merkwürdigerweise die
Familie Golowski. Jeder Versuch, Ihnen das näher zu
erklären, Herr Baron, wäre vergeblich. Ich müßte Sie eine
Wanderung durch die Standesämter und Kultusgemeinden
von Temesvar, Tarnopol und ähnlichen angenehmen Ort-
schaften unternehmen lassen – und das möcht ich Ihnen
doch nicht zumuten."

Arthur Schnitzler, Der Weg ins Freie

[...] der Blick der Nachwelt, die sich den Relevanz-
Gesichtspunkt leistet, ist selten ungetrübt von nachlassen-
der Sehkraft und hält oft einfach für unbedeutend, was nur
ihrem Wissensstand in seiner Bedeutung verloren gegangen ist.

Hans Wollschläger, Das Karl Kraus Lesebuch

VERZEICHNIS DER PERSONEN UND WERKTITEL

Das Register verzeichnet – unter Verzicht auf die Nennungen Olga Schnitzlers
(„O.") – die im Text genannten Personennamen. Es schließt ferner die Erwäh-
nung von Familienangehörigen durch Angabe des Verwandtschaftsgrades („Mama"), Erwähnungen durch Funktionsangaben („Thronfolger") und indirekte Erwähnungen durch Angaben der Titel literarischer und musikalischer Werke auf.
Namen von Restaurants, Sanatorien, Geschäften usw. bleiben in der Regel
unberücksichtigt; so nimmt das Register nicht davon Notiz, wenn Schnitzler den
Installateur aufsucht („mit O. bei Bablik"), wenn er seine Frau zur Schneiderin
begleitet („bei Frau Harpner", „von der Prazak abgeholt") oder wenn er mit „zum
Grünbaum" den eigenen Besuch beim Schneider vermerkt (– wohl aber, wenn er
mit dem Kabarettisten Grünbaum spricht!). Fragliche Entzifferungen werden,
ebenso wie im Text, in [ ] gesetzt. Identifizierungen und Zuordnungen, deren
Problematik evident ist, werden mit ? versehen.

Hinweise auf Stellung und Tätigkeit, die sich in der Regel auf den vorliegenden Zeitraum beziehen, unterbleiben, wenn sie dem Leser mehr oder weniger
mühelos auch anderswo zugänglich sind, oder wenn über einzelne Personen
bislang nichts ausfindig gemacht werden konnte. Daß neben den einschlägigen
Lexika, Verzeichnissen und Handbüchern sehr oft das „Fackel"-Register zur
ersten Orientierung herangezogen werden konnte, sei ausdrücklich vermerkt.
Hinweise auf die Tätigkeit als Schriftsteller unterbleiben, wenn Titelangaben
nachfolgen.

Bei divergierenden Lebensdaten wird den Auskünften von amtlichen Dokumenten, Todesanzeigen und Grabinschriften grundsätzlich der Vorrang gegeben.

Pseudonyme werden nur dann als solche gekennzeichnet, wenn dies auch im
Tagebuch geschieht oder zur Identifikation notwendig ist. Ein * beim Datum gibt
an, daß *ein* Name genannt ist, aber zwei oder mehr verwandte Personen gemeint
sind („Richards", „mit ihrer Mutter", „auch seine Frau war da" u. ä.). Die

Namensverweise greifen bei divergierenden, aber eindeutig zusammengehörigen Formen (Annie, Annerl, Mizi, Mizzi) zumeist die häufiger verwendete heraus.

Als Ergänzung des vorliegenden Registers verstehen sich die beiden Stammtafeln der Familien Schnitzler und Markbreiter.

Die Titelverweise beziehen sich grundsätzlich auf Schnitzlers Schreibweise („Czar" für „Zar und Zimmermann"). Im übrigen werden die Titel im Prinzip in der heute üblichen Schreibung und in alphabetischer Reihenfolge aufgenommen. Literarische Figuren und bloße Gattungshinweise („Aphorismenbuch"), unselbständig erschienene Beiträge, Rezensionen, Feuilletons etc. sowie nicht veröffentlichte Arbeiten oder nicht ausfindig gemachte Publikationen werden vernachlässigt.

Über das ausdrücklich als problematisch Gekennzeichnete hinaus bleiben einzelne Zuordnungen des Registers zweifellos hypothetisch. Trotz dieser Einschränkung ist zu sagen, daß das, was hier „fest-gestellt" wurde, nicht erreicht worden wäre ohne die Hilfe von vielen. Besonderer Dank gebührt Heinrich Schnitzler. Bedankt seien im Zusammenhang der vorliegenden Jahrgänge ferner – stellvertretend für manche andere – M. Beer-Hofmann-Lens (New York), K. Gladt (Wien), H. E. Goldschmidt (Wien), M. G. Hall (Wien), R. Hirsch (Frankfurt), R. A. Kann † (Wien), H. Müller-Hofmann (Wien), Th. Nickl (Wien), deren Rat im Umgang mit Schnitzlers Handschrift oft und gerne angenommen wurde, V. Šmilauer (Prag), O. Strasser (Wien), A. Strial † (Salzburg), U. Weinzierl (Wien), E. Wellesz (Wien) und M. Worbs (Berlin).

Es liegt im Wesen einer Arbeit wie der hier geleisteten, daß Richtigstellungen und Ergänzungen nicht nur als Kritik, sondern auch als notwendige Weiterführung des Begonnenen dankbar aufgenommen werden.

A., s. ALTMANN, Emma

A., Frau, s. AUERNHEIMER, Irene

A., Poldi, s. ANDRIAN-WERBURG, Leopold von

ABELS, Hans ? (1873–?) Arzt
    1909: IX 13; X 11 – 1910: VII 20 –
    1911: V 15

Abenteurer und Sängerin, s. HOFMANNSTHAL, Hugo von

1815, s. HOUSSAYE, Henry

1812, s. MICHAELIS, Sophus

Adam, Robert, s. POLLAK, Robert Adam

dell'ADAMI, Géza (1847–1917) Marineoffizier
    1912: V 14

ADLER, Friedrich (1857–1938)
    1910: V 8 – 1911: X 31* – 1912: II 18; VI 14*
    Der gläserne Magister 1910: V 8

ADLER, Gisela
    1909: XII 4

ADLON, Lorenz (1849–1921) Hotelier
    1912: XII 1*

AEHRENTHAL-LEXA, Aloys von (1854–1912)
    1909: XII 15 – 1910: XI 13

Agnes, s. ULMANN, Agnes

Die Ahnfrau, s. GRILLPARZER, Franz

Aida, s. VERDI, Giuseppe

AISCHYLOS
    1911: III 29

ALBACH-RETTY, Rosa (1874–1980)
    1910: IX 29 – 1912: VII 6

Albert, s. STEINRÜCK, Albert

d'Albert, Frau, s. FULDA-d'ALBERT, Ida

d'ALBERT, Desiderata, Tochter von Ida Fulda-d'A. und Eugen d'A.
    1910: XII 25 – 1911: X 20

ANZENGRUBER, Ludwig (1839–1889)
  1912: V 23; VII 5
  Der G'wissenswurm 1909: XII 22
APEL, Paul (1872–1946) Schriftsteller
  1912: II 18
Aram, Kurt, s. FISCHER, Hans
ARÈNE, Emmanuel (1856–1908)
  Der König (mit Gaston Arman de
  Caillavet und Robert de Flers)
  1909: I 24; V 25
Ariadne, s. HOFMANNSTHAL, Hugo von
  – STRAUSS, Richard
ARISTOPHANES
  Lysistrate 1909: VIII 29
Armida, s. ROSSINI, Gioacchino
ARMONT, Paul (1874–1943)
  Théodore & Cie. (mit Nicolas Nan-
  cey) 1911: I 4
ARNDT, Ernst (1861–1938) Schau-
  spieler
  1910: IV 11 – 1911: XII 21
Arthur, s. WILHEIM, Arthur
ASCH, Schalom (1880–1957)
  1911: III 7*
ASCHER, Frau
  1911: XI 14, 15, 16
ASKONAS, Paul (1872?–1935) Schau-
  spieler
  1910: VIII 18 – 1912: III 10
ASTROW, Wladimir
  1909: V 1 – 1910: III 1
  Rudolf Maria Holzapfel 1910: III 1
AUBER, Salomon (1863–1934) Cellist
  1912: VI 1, 12
AUERNHEIMER, Irene, geb. Guttmann
  (1879?–1967) verh. mit Raoul A.,
  Schwester von Ella Frankfurter und
  Leonie Guttmann
  1909: III 21; VII 28*; XI 21 – 1910:
  VII 4*; XII 31 – 1911: II 5; III 13;
  V 14; X 22; XII 10 – 1912: I 21; III
  31
AUERNHEIMER, Raoul (1876–1948)
  1909: I 1, 14; II 12; III 19*, 21, 31;
  IV 5; V 29*; VI 5*; VII 2, 8, 9, 12,
  16, 24, 28*; X 14*; XI 17*; XII 3,
  10, 12, 13*, 28 – 1910: I 26*; III
  28*; V 3, 10; VII 3*; X 6, 23*; XI

14*, 15; XII 2, 31* – 1911: I 26; II
5, 15; V 11; VI 5*; VII 14; IX 24,
29; X 22; XII 1, 4, 14 – 1912: I 21*;
II 23; III 17*; V 13; VI 19*, 23*;
VII 8, 9; IX 18, 25*; X 18, 28; XI
2*, 3*, 17, 22*, 27*, 28*, 30; XII 1*,
9, 25*
  Gesellschaft 1910: V 3, 10
  Der gußeiserne Herrgott 1911: XII 1,
  4
  Der Unverschämte 1909: III 19; IV 5
  Die glücklichste Zeit 1909: I 14; III
  19 – 1910: XI 25
AUGIER, Émile (1820–1889) Schriftsteller
  1911: I 25
AUSPITZER, Wilhelm (1867–?) Journalist
  1912: I 19
AVELLONI, Francesco Antonio (1756–
  1837)
  Napoleone in Egitto 1909: XII 6?
AVENARIUS, Ferdinand (1856–1923)
  1911: XII 7

B., s. BACHRACH, Eugenie
–, s. BENEDICT, Marianne
–, s. BERGER, Alfred von
B.-H., Paula, s. BEER-HOFMANN, Paula
BAB, Julius (1880–1955)
  1909: XI 9; XII 28 – 1910: XI 15 –
  1912: VII 5
  s. auch HEBBEL, Friedrich, *Gedichte*
BACH, Johann Sebastian (1685–1750)
  1909: I 12; III 22; IV 20, 21 – 1910:
  III 10, 27; IV 9, 17, 26; V 15; IX 28
  – 1911: I 30; III 6; IV 8 – 1912: VII
  14; XII 24
  Das Wohltemperierte Klavier 1909: I
  12
  Brandenburgische Konzerte 1909: II 9
  Passacaglia und Fuge c-Moll 1910:
  IV 26
BACHRACH, Eugenie (Jenny), geb.
  Leitner (1857–1937) verh. mit Julius
  B.
  1911: IV 15*, 20*; V 6*, 7, 19; VI
  5*, 12, 14, 18*, 25*; VII 5*, 6; IX

BEER-HOFMANN, Richard (1866–1945)
1909: I 1, 5, 9, 13, 16; II 5, 11, 18, 23*; III 3, 4, 7, 9, 11, 14, 21, 23, 24, 27*, 31; IV 1, 3, 28; V 1, 2, 8*, 26, 30; VI 1, 2, 5, 8*, 10, 11, 12, 21, 22, 26; VIII 7*; IX 5, 14, 16, 30; X 3, 14, 27, 31; XI 1, 7, 20, 27; XII 1, 3, 5, 7, 10, 11*, 13, 17, 21, 25, 26*, 29 – 1910: I 1, 2*, 12, 17, 19, 25, 28*; II 3, 5, 6, 13, 20*, 25, 27; III 4, 5*, 8*, 9, 13*, 15*, 16, 20, 24*, 25*, 28, 29; IV 3*, 6, 8*, 9, 10*, 14*, 21, 22, 23, 25, 30; V 4, 9*, 12, 14, 15; VI 7, 11, 18, 20, 24*, 28; VII 17; VIII 29, 30; IX 1, 2, 4, 5; X 1, 23; XI 3, 9, 24, 26, 29; XII 4, 22*, 23, 31 – 1911: I 1*, 10, 16, 26; II 2, 5, 13*; III 5, 30*; V 6, 12*, 19; VI 5*, 6, 15; VIII 20; IX 17; X 9, 10, 14, 28; XI 19, 25; XII 3, 12*, 23 – 1912: I 1*, 3, 4, 10*; II 2, 10; III 5, 16, 23; IV 10, 19, 21, 22, 26, 27*, 30; V 9, 15, 16, 20, 24, 27, 30; VI 2, 4, 6, 16, 30; VII 3, 6*, 7; IX 9*, 10, 13, 22, 23, 25; X 20, 25; XI 8, 15, 21, 22; XII 4
Der Graf von Charolais 1909: II 18 – 1910: I 5 – 1911: XII 14 – 1912: XII 24
Jaákobs Traum 1910: I 19; II 20
BEETHOVEN, Ludwig van (1770–1827)
1909: I 12; III 28; IV 21; V 6; XI 17, 26; XII 17 – 1910: I 11, 17; II 27; III 2; IV 12, 26; V 12 – 1911: II 2, 22; III 19, 22; IV 23; XI 25 – 1912: I 1, 17; IV 9, 14; VI 12; VII 1, 14; XII 5, 30
Die Geschöpfe des Prometheus, Ouvertüre C-Dur 1911: XII 29
Klavierkonzert Nr. 4 G-Dur 1910: I 17
Klavierkonzert Nr. 5 Es-Dur 1909: III 28 – 1910: I 11
Leonoren-Ouvertüre Nr. 2 C-Dur 1910: V 12
Leonoren-Ouvertüre Nr. 3 C-Dur 1909: II 7
Messe C-Dur 1910: I 11
Streichquartett (Rasumowsky) Nr. 7 F-Dur, op. 59, 1 1911: II 2

Streichquartett (Rasumowsky) Nr. 8 e-Moll, op. 59, 2 1910: II 27
Streichquartett (Rasumowsky) Nr. 9 C-Dur, op. 59, 3 1911: XI 25 – 1912: VI 12
Streichquartett Nr. 12 Es-Dur, op. 127 1909: XII 17
Streichquartett Nr. 14 cis-Moll, op. 131 1911: III 22
Symphonie Nr. 3 Es-Dur (Eroica) 1912: X 6
Symphonie Nr. 4 B-Dur 1912: VII 1
Die Weihe des Hauses, Ouvertüre C-Dur 1910: IV 26
BEGOVIĆ, Milan (1876–1948) Schriftsteller, Dramaturg
1912: IX 24
BEHR, Therese (1876–1959) Sängerin, verh. mit Arthur Schnabel
1910: II 2 – 1911: III 14
BEHRINGER, Frau
1911: XI 13
Bel Ami, s. MAUPASSANT, Guy de
BELDOWICZ, Léon (1866–?) Ministerialbeamter
1911: VII 5*
Bella, s. WENGEROWA, Isabella
BELLINCIONI, Gemma (1864–1950) Sängerin
1909: XI 22
BENEDICT, Hermine (Minnie) (1871–1928)
1910: I 22, 23; II 20, 28; V 15; VIII 19; XI 6; XII 30 – 1911: VI 4 – 1912: III 2; IV 21
BENEDICT, Marianne, geb. Neumann (1848–1930) Mutter von Hermine B. und Emma Sachs
1910: I 22, 23*; II 28*; X 19; XI 6; XII 30* – 1911: I 29*; V 19* – 1912: III 1*, 2*, 16*; IV 21; V 23*
BENEDIKT, Edmund (1851–1929) Rechtsanwalt
1912: X 11
BENEDIKT, Ernst (1882–1973) Sohn von Moriz B.
1911: X 2, 3, 7

BRANN, Paul (1873–1955) Leiter des
Marionettentheaters   Münchner
Künstler
1909: I 17, 18, 19, 20; VIII 29 –
1911: I 21; II 2; IV 7, 8 – 1912: X
23, 24
BRAUN, Lily (1865–1916)
1909: XII 25 – 1910: II 7, 25 – 1911:
XI 26
Memoiren einer Sozialistin 1909: XII
25 – 1910: II 7, 25
BRAUN, Rudolf (1869–1925) Komponist
1912: III 18
BREHM, Alfred (1829–1884)
1910: VIII 11
Brehms Tierleben 1910: VIII 11
BREITNER, Herr
1911: IX 9
BREUER, Hans (1876–1926) Rechtsanwalt
1911: III 30*
BREUER, Katharina, geb. Mautner
(1883–1979) verh. mit Hans B.
1911: III 30
BREUER, Robert (1869–1936) Arzt
1911: III 30*
BREUER, Wilhelm (1869?–?) Religionslehrer
1911: XII 28
BRIOSCHI, Anton (1853–1920) Maler,
Bühnenbildner
1912: II 17
BRISSON, Adolphe (1860–1925) Publi-
zist
1911: X 5, 25
BROD, Max (1884–1968)
1911: X 31; XII 28
Abschied von der Jugend 1911: XII
28
BRODAFKA, Herr
1911: IX 7
BRÖSLER, Michael (1856–1927) Matri-
kelführer der Israelitischen Kultus-
gemeinde
1909: IX 21
BRONNER
1909: IX 4

BROSSEMENT, Marie (1866–?) Korrepe-
titorin
1912: I 9; II 14
BRUCKNER, Anton (1824–1896)
1909: II 16; IV 14 – 1910: II 13; IV
5; XI 12 – 1912: IV 17; XI 15
Symphonie Nr. 3 d-Moll 1909: II 16 –
1910: II 13 – 1912: IV 17
Symphonie Nr. 5 B-Dur 1909: IV 14
Symphonie Nr. 7 E-Dur 1910: XI 12
Symphonie Nr. 8 c-Moll 1910: IV 5
Symphonie Nr. 9 d-Moll 1912: XI 15
Über die Brücke, s. SCHÖNHERR, Karl
BRÜLL, Marie (1861–1932) verh. mit
Ignaz B.
1910: II 22
BRÜNAUER, Ida, Schauspielerin
1912: VIII 31; IX 6; XI 23
BRUNNER, Armin (1864–1929) Journa-
list
1911: I 16
BRUUN, Laurids (1864–1935)
1910: IV 9
Van Zantens glückliche Zeit 1910: IV
9
BUCHMANN, Iphigenie (1895–1962?)
Schauspielerin
1912: III 27
BÜLOW, Hans von (1830–1894)
1909: I 21, 30; II 11 – 1911: VII 7
Briefe 1909: I 21, 30; II 11
Bund der Jugend, s. IBSEN, Henrik
BURCKHARD, Max (1854–1912)
1909: I 1, 13; V 15; VI 14, 16, 17, 18,
19; VII 3; VIII 12; X 15; XI 21, 24;
XII 28 – 1910: IV 20, 24; VII 2;
VIII 19; X 12, 21, 27, 31; XI 11, 23,
25, 28; XII 2 – 1911: I 9, 31; II 15;
IV 10; VII 25; VIII 20; X 10, 12;
XII 15, 30 – 1912: III 16, 17, 18, 19;
V 2; VIII 2
Jene Asra, ... 1909: X 15 – 1910: IV
24
Comtesse Clo 1909: I 13
Scala Santa 1911: XII 15, 30
BURCKHARDT, Jacob (1818–1897)
1909: XI 21
Griechische Kulturgeschichte 1909:
XI 21

BURGER, Caroline (Lola) (1869–1959)
Schwester von Marie Reinhard
1911: I 22; III 25
BURGER, Helene, Schauspielerin
1912: IV 18
BUSCH, Moritz (1821–1899) Journalist,
Schriftsteller
1912: VI 6, 25; IX 11
Tagebuchblätter 1912: VI 6, 25; IX
11
BUSKA, Johanna (1848–1922) Schauspielerin, verh. mit Angelo Neumann
1909: IV 23
Butterfly, s. PUCCINI, Giacomo

CADOL, Victor Édouard (1831–1898)
1909: VII 6
Une amourette 1909: VII 6
Cäsar und Cleopatra, s. SHAW, G. Bernard
CAHIER, Sarah Jane (1870–1951) Sängerin
1911: III 2*
CAILLAVET, Gaston Arman de (1870–1915)
Der König (mit Emmanuel Arène und Robert de Flers) 1909: I 24; V 25
Die Liebe wacht (mit Robert de Flers) 1911: III 8
CALDERÓN DE LA BARCA, Pedro (1600–1681)
1912: IX 3
Das Leben ein Traum 1910: IV 22, 27
Der standhafte Prinz (Deutsche Bearbeitung von Georg Fuchs) 1912: IX 3, 6
CALLIER, Alexandra, geb. Grodnitzka (1854–1924) Übersetzerin
1911: IX 19
Carlos, s. SCHILLER, Friedrich von
CARLSEN, Margarethe? (?–1929) Schauspielerin
1911: V 2
Carmen, s. BIZET, Georges
Carteret, s. GRAND-CARTERET, John
CARUSO, Enrico (1873–1921)
1911: IX 19, 20, 25 – 1912: IX 13, 20

CASALS, Pablo (1876–1973)
1911: II 20; XII 11
CASSIRER, Paul (1871–1926) verh. mit
Tilla Durieux
1911: XI 4
CASTELL, Alexander (1883–1939)
1912: X 22
Bernards Versuchung 1912: X 22
CASTELL-RÜDENHAUSEN, Friedrich
Bruno von (1877–?) Statthalterei-Sekretär
1912: X 17
CASTELLI, Ignaz Franz (1781–1862)
1909: I 19
CAUČIG, Helene von (1879–?)
1910: IX 26 – 1911: V 15*
CAUDRELIER, Fernand, Ps. J. F. Prater
1911: VIII 24; IX 6; X 19, 22, 23, 24
Ch., s. CHIAVACCI, Vincenz
Chantecler, s. FANFARON
CHARLÉ, Gustav (1871–?) Schauspieler, Theaterleiter
1910: III 5; IV 3, 26
CHARMATZ, Richard (1879–1965)
1911: VII 18, 23 – 1912: XII 15, 31
Österreichs innere Geschichte von 1848 bis 1907 1911: VII 18, 23
Charolais, s. BEER-HOFMANN, Richard
CHIAVACCI, Vincenz (1847–1916)
1909: II 12*, 14 – 1911: III 25; V 8, 16
CHLUM, Auguste, Schwester von Marie Glümer
1909: VIII 24; IX 1 – 1910: IV 1, 2; VIII 24; XII 10, 12 – 1911: III 24; V 2; XI 11, 16 – 1912: IX 7
CHOPIN, Frédéric (1810–1849)
1909: I 16, 21; IV 21 – 1910: II 12; III 31; X 22 – 1911: I 3; II 8 – 1912: XII 24
Klavierkonzert f-Moll 1909: I 21
Klaviersonate Nr. 2 b-Moll, op. 35 1910: II 12
CHRISTOMANOS, Constantin (1868–1911) Schriftsteller
1911: XII 13

CHRISTOMANOS, Theodor (1855–1911)
Jurist, Politiker
1911: I 31; X 12; XII 13
Christophe, s. ROLLAND, Romain
CHRISTOPHE, Franz (1875–?) Zeichner
1911: X 10
CISCHINI, Franz Josef von (1851–1919)
Zensor
1912: X 21
CIZEK, Franz (1865–1946) Kunstpäd-
agoge
1912: VI 21
CLAAR, Emil (1842–1930) Schauspieler,
Theaterleiter
1910: IX 17
Clara Schumann, s. LITZMANN, Bert-
hold
CLARETIE, Jules (1840–1913) Schrift-
steller, Theaterleiter
1909: I 1
Wohltemperirtes Clavier, s. BACH, Jo-
hann Sebastian
CLEMENS, Martha? (1882–?) Schau-
spielerin
1912: III 24
COLMERS, Franz (1875–?) Arzt
1912: VIII 10, 11, 12, 13, 14, 15, 16,
19, 21, 22, 23, 24
Colombine, s. STRAUS, Oscar
Concert, s. BAHR, Hermann
Confessions, s. ROUSSEAU, Jean-
Jacques
CONRAD-RAMLO, Marie (1850–1921)
Schauspielerin
1910: II 27
[CONSUELA]
1912: XI 30
COOK, Frederick Albert (1865–1940)
1909: IX 17
CORNELIUS, Peter (1824–1874)
Der Barbier von Bagdad 1911: IX 27
COSTENOBLE, Carl Ludwig (1769–1837)
Schauspieler
1912: II 29
Carl Ludwig Costenoble's Tagebücher
1912: II 29
COSTER, Charles de (1827–1879)
1912: IV 14

Tyll Ulenspiegel und Lamm Goedzak
1912: IV 14; V 12
Cristina, s. HOFMANNSTHAL, Hugo von
CRONBACH, Paul? (1880–?) Bankange-
stellter
1912: VIII 26
CULP, Julia (1880–1970) Sängerin
1911: III 27 – 1912: I 29; XII 3, 4*
CZADILL, Leo (1878–?) Tänzer
1911: IX 19
Czar, s. LORTZING, Albert
CZINNER, Paul (1890–1972) Schriftsteller, Regisseur
1910: XII 17
CZOPP, Therese, geb. Naschauer,
Schwester von Julie Herzl
1909: I 6

Dagobert, s. RIVOIRE, André
Dalibor, s. SMETANA, Friedrich
DANGL, Josef, Bürgermeister von Sem-
mering
1910: X 17 – 1912: I 16
DANTE ALIGHIERI (1265–1321)
1911: III 29
DAUMIER, Honoré (1808–1879)
1909: I 12
DAUTHENDEY, Max (1867–1918)
1911: XI 12
Der Drache Grauli 1911: XI 12
DAVID, Jakob Julius (1859–1906)
1909: IX 27
Die Hanna 1909: IX 27
DEBUSSY, Claude (1862–1918)
1912: IV 24
DECAMBI, Frau
1912: V 14
DECARLI, Bruno (1877–1950) Schauspieler
1912: XI 25
[DEGEN], Herr von
1910: I 22*
DEHMEL, Richard (1863–1920)
1910: IX 5 – 1911: XI 5*, 6*, 26* –
1912: I 28*
DEIMEL, Eugen (1861–1920) Journalist

GOMPERZ, Philipp von (1860–1948) Industrieller
1912: XII 25

GOMPERZ, Theodor (1832–1912) Klassischer Philologe
1910: IV 26 – 1911: I 16 – 1912: V 23, 26

GOTTLIEB, Otto?
1911: VIII 26*

GOUND, Robert (1865–1927) Pianist, Gesangspädagoge
1910: I 6; III 9; IV 9, 20; VI 2, 11, 29; X 3, 13; XII 7, 22 – 1911: I 2, 29; II 5, 11, 13, 16, 23; III 5, 15; V 20; VI 13* – 1912: II 8; III 3*, 19*; IV 15; X 3, 7, 31; XI 17; XII 17

GOUNOD, Charles (1818–1893)
Faust 1912: XII 15

GRAB, Hugo (1861?–1937) Industrieller
1911: V 26*

GRABBE, Christian Dietrich (1801–1836)
1909: I 15
Napoleon oder die hundert Tage 1909: I 15

GRABEIN, Paul (1869–1945)
1910: VII 30
Du mein Jena! 1910: VII 30

GRÄF, Hans Gerhard (1864–1942)
1909: IX 10; XII 29
Goethe über seine Dichtungen 1909: IX 10
Aus Goethes Tagebüchern 1909: XII 29, 31

GRAETZER, Walter
1910: V 1

GRAF, Ludwig Ferdinand (1868–1932) Maler
1909: XII 16*
Graf von Charolais, s. BEER-HOFMANN, Richard

GRAND-CARTERET, John (1850–1927) Schriftsteller
1909: II 14, 24
s. auch RESTIF DE LA BRETONNE, Nicolas, *Monsieur Nicolas*

GRANVILLE-BARKER, Harley (1877–1946) Schauspieler, Theaterleiter
1911: II 7; III 1
s. auch Verzeichnis der Arbeiten Schnitzlers, *Anatol-Zyklus*, *Abschiedssouper*

EL GRECO (1541–1614)
1909: I 12

GREGOR, Hans (1866–1945)
1910: I 17 – 1911: I 1; III 23; IV 6; VI 18; VII 30; IX 20 – 1912: IV 24; V 1; VIII 2

GREGORI, Ferdinand (1870–1928) Theaterleiter
1910: IV 26; VI 15

GREIN, Jack Thomas (1862–1935) Theaterleiter
1909: II 17; III 30 – 1912: IX 16

Grethe, s. JACQUES, Grete

–, s. KAINZ, Margarethe

–, s. MANASSEWITSCH, Margarethe

GRILLPARZER, Franz (1791–1872)
1909: XI 30 – 1910: III 17 – 1912: XII 13
Die Ahnfrau 1911: I 1, 8
Grillparzers Gespräche 1910: XII 27, 30
Sappho 1910: III 31

Griselda, s. HAUPTMANN, Gerhart

Großherzog, s. ERNST LUDWIG

GROSSMANN, Ester, geb. Strömberg (1873–1944) Heilgymnastin, verh. mit Stefan G.
1912: VII 1

GROSSMANN, Richard (1878–1938) Schauspieler
1912: XII 16

GROSSMANN, Stefan (1875–1935)
1909: II 18; X 23 – 1910: IV 3, 17; XI 28 – 1911: II 8; IV 7; X 29 – 1912: II 6; IV 28; VII 1, 16

GRÜNBAUM, Fritz (1880–1940)
1911: I 21

GRÜNFELD, Alfred (1852–1924) Pianist, Komponist
1911: XII 16 – 1912: XI 17

HEITLER, Moritz (1848–1923) Internist
1909: IV 5; X 24 – 1912: IV 14
Blauer Held, s. SALTEN, Felix (Ps. Ferdinand Stollberg)
Helene, s. SCHNITZLER, Helene
HELGE, Josef, Gärtner
1912: III 12
HELLER, Hugo (1870–1923) Buchhändler, Verleger
1909: X 5; XI 18 – 1910: VI 12, 26 – 1911: XI 18 – 1912: X 30, 31; XI 19; XII 4
HELLMANN, Irene (1882–1944)
1912: V 23
HELLMER, Rudolf? (1885–?) Schauspieler
1912: X 22
Henriette Jacoby, s. HERMANN, Georg
Heptameron, s. MARGUERITE DE NAVARRE
HERMANN, Georg (1871–1943)
1909: III 30; V 6
Henriette Jacoby 1909: III 30; VI 6
Jettchen Gebert 1909: III 30; V 6, 20
Herodes und Mariamne, s. HEBBEL, Friedrich
Mein junger Herr, s. SALTEN, Felix – STRAUS, Oscar
HERRMANN, Leo (1888–1951) Journalist
1909: II 26; X 30
HERTERICH,   Hilde   (1886–1935) Schauspielerin
1911: XI 2
HERTSLET, William Lewis (1839–1898) Kulturhistoriker
1910: I 14 – 1912: II 29
Der Treppenwitz der Weltgeschichte 1909: XII 9 – 1910: I 14 – 1912: II 29
HERTZKA, Julius (1859–1925) Regisseur, Theaterleiter
1909: I 6, 8; IV 13; IX 23, 24; XII 17 – 1910: I 1, 17
HERZ, Emil (1877–1971) Verleger
1912: I 19
HERZENSTEIN, Frl.
1909: VIII 18

HERZL, Julie, geb. Naschauer (1868–1907) verh. mit Theodor H.
1909: I 6
HERZL, Margarethe (Trude) (1893–1943) Tochter von Julie und Theodor H.
1912: VII 10, 17
HERZL, Theodor (1860–1904)
1909: I 30; II 27; III 1, 3, 5; VII 9 – 1910: I 31; III 13 – 1911: VIII 28; XII 14, 27 – 1912: I 15; IV 30
Buch der Narrheit 1909: I 30
HERZMANSKY, Bernhard (1852–1921) Verleger
1909: I 17; III 6; IV 20; V 29; VI 12, 22; X 5; XI 3, 9, 30 – 1910: I 17, 22, 23, 27; II 1, 3, 4, 6, 7, 14, 17, 26; VI 2 – 1912: III 1; VII 31
HERZOG, Rudolf (1869–1943)
1909: III 30
Der Abenteurer 1909: III 30
HESSEL, Franz (1880–1941)
1909: VI 17
Laura Wunderl 1909: VI 17
HÉTSEY-HOLZER, Alice (1875–1939) Schauspielerin, verh. mit Rudolf Holzer
1909: VI 20 – 1911: V 26; VI 4 – 1912: XI 17
HEUBERGER, Richard (1850–1914)
1910: VI 13 – 1911: I 16*
HEVESI, Ludwig (1843–1910)
1909: XI 24; XII 12 – 1910: IX 23
HEYMEL, Alfred Walter von (1878–1914)
1912: XI 24; XII 20
HEYSE, Paul (1830–1914)
1910: I 9 – 1912: VII 5
HILDECK, Leo, d. i. Leonie Meyerhof (1858–1933)
1909: I 1
Penthesileia. Frauenbrevier für männerfeindliche Stunden 1909: I 1
HILLER, Max (1856–1941) Industrieller
1910: X 15 – 1911: I 20 – 1912: X 16
HINK, Adolf (1865–?) Arzt
1911: V 6*

1815 1909: V 10; VI 14; VII 8; IX 8, 13, 27; X 29; XI 12, 19

1814 1910: VI 9

HRABA, Felix (1850–1920) Politiker
1912: III 13

HRDLICZKA, Oberst
1909: XI 12*

HUBER, Amalia, Kindermädchen
1912: VI 2

HUBERMAN, Bronislaw (1882–1947)
1909: X 5 – 1911: III 10

HÜLSEN-HAESELER, Georg von (1858–1922) Theaterleiter
1912: XII 1

Hugo, s. HOFMANNSTHAL, Hugo von

HULDSCHINER, Hanny, verh. mit Richard H.
1911: II 25

HULDSCHINER, Richard (1872–1931) Schriftsteller, Arzt
1910: VI 11 – 1911: XI 6*
Die stille Stadt 1910: VI 11

HUPKA, Joseph (1875–1944) Jurist
1911: III 19*

HUSSAREK-HEINLEIN, Max von (1865–1935)
1912: XI 17

HUTTIG, Alfred (1882–1952) Schauspieler
1912: VI 14

HUTZLER, Rosie, Stieftochter von Josef Kainz
1910: IX 11

I. F., s. FULDA-d'ALBERT, Ida

IBSEN, Henrik (1828–1906)
1909: VI 8 – 1910: VIII 23 – 1911: XI 14
Baumeister Solness 1909: VI 4 – 1910: VIII 26 – 1912: IV 1
Der Bund der Jugend 1909: V 17
Gespenster 1909: VIII 25
John Gabriel Borkman 1909: VI 9
Nora oder Ein Puppenheim 1909: V 21 – 1911: IX 3
Rosmersholm 1912: XII 12
Wenn wir Toten erwachen 1909: VI 11

Die Wildente 1910: VI 25, 26

Irene, s. AUERNHEIMER, Irene

IRMEN, Garda (1874–1938) Schauspielerin, seit 1912 verh. mit Rudolf Kaufmann
1912: X 28

Irrungen, s. FONTANE, Theodor

Jacob, s. WASSERMANN, Jakob

JACOB, Heinrich Eduard (1889–1967) Kritiker, Schriftsteller
1912: VIII 2; XII 10
Das Leichenbegängnis der Gemma Ebria 1912: VIII 2

JACOBI, Bernhard von (1880–1914) Schauspieler, verh. mit Lucy von J.
1910: VIII 26; XII 9* – 1911: XI 12 – 1912: IV 1*, 2*, 3*, 4*, 5*, 6*; IX 6*, 7

JACOBI, Lucy von (1887–1956) Schriftstellerin, Übersetzerin
1912: XII 10

JACOBSOHN, Siegfried (1881–1926)
1911: II 25 – 1912: XI 26

JACOBSON, Leopold (1878 – um 1949) Schriftsteller, Journalist
1911: III 21

Jacobus, s. WASSERMANN, Jakob

JACQUES, Grete, geb. Samuely (1885–?) verh. mit Norbert J., Schwester von Erna Fleischer
1909: I 12, 16, 18; II 2; VI 1, 24; VII 5, 26; IX 18 – 1910: IX 24; X 13 – 1911: VI 10; X 18, 24 – 1912: VII 10

JACQUES, Norbert (1880–1954)
1910: II 9; IV 3; IX 24; X 13 – 1911: III 28; VI 10; X 18, 25 – 1912: VII 10
Funchal 1910: II 9
Der Hafen 1910: IV 3
Heiße Städte 1911: III 28

JAEGER, Frau
1909: VII 8*

JÄGER, Helene, Schauspielerin
1911: IV 8 – 1912: X 23

Jahreszeiten der Liebe, s. REGEL, Heinrich Hermann

LOEWENFELD, Emmy
   1909: VIII 26
LÖWENSTAMM, Emma (1879–?) Malerin, Radiererin
   1910: III 8 – 1911: V 24; VI 17, 24;
   XII 7 – 1912: II 1, 3; III 3; IV 21,
   24, 30; V 8; VI 19; VII 5, 6; IX 28;
   X 30
LOEWY, Oskar
   1911: XI 30
LOEWY, Siegfried (1857–1931) Journalist
   1909: X 15; XII 10 – 1910: VI 28,
   IX 11, 23, 30; XI 28 – 1911: I 31; II
   17 – 1912: X 25
Lohengrin, s. WAGNER, Richard
LONDON, Berthold (?–1914) Arzt,
   Schwiegervater von Oscar Kraus
   1911: V 4
LOOS, Adolf (1870–1933)
   1911: X 1
LORME, Lola, d. i. Ludmilla Tannenzapf (1883–1964) Schriftstellerin
   1909: I 8; II 5; IV 13; XI 6 – 1912: I
   19
LORTZING, Albert (1801–1851)
   Zar und Zimmermann 1909: IV 25
LOTHAR, Ernestine, verh. mit Rudolph
   Lothar
   1910: VII 17 – 1911: X 4, 5, 8, 9
LOTHAR, Ernst, d. i. Ernst Lothar Müller (1890–1974)
   1912: I 7; III 7; IV 8; V 26; VII 19;
   X 18
LOTHAR, Rudolph (1865–1943)
   1909: III 5 – 1910: VII 17 – 1911: XI
   30 – 1912: I 20, 29; II 13; XI 11;
   XII 9
Louis, s. MANDL, Ludwig (Louis)
LOVARY, Frau
   1911: X 5
LUBELSKY, Ferry
   1909: I 22; VII 4 – 1911: III 7 –
   1912: III 21
LUBLINSKI, Samuel (1868–1910)
   Schriftsteller
   1910: III 5
Ludassy, s. GANS-LUDASSY, Julius von

LUDWIG II. (1845–1886)
   1909: VIII 31
LUDWIG, Emil (1881–1948)
   1912: IV 5
   Bismarck 1912: IV 5
Ludwigshöhe, s. BANG, Herman
LUEGER, Karl (1844–1910)
   1909: VII 13 – 1910: III 10, 15, 17,
   30 – 1912: XII 18
LUGNÉ-POE, Aurelien-François-Marie
   (1869–1940) Schauspieler, Regisseur,
   Theaterleiter
   1909: IV 16
LUSTIG, Jeanette
   1911: XI 22*
Lutetia, s. HEINE, Heinrich
LUX, Frl.
   1912: VII 29
Lysistrate, s. ARISTOPHANES

M. E., s. ELSINGER, Marie
M. Gl., s. GLÜMER, Marie
M. R., s. REINHARD, Marie
M., Lothar, s. LOTHAR, Ernst
M., Paul, s. MARX, Paul
M., Poldi, s. MÜLLER, Leopoldine
MADELUNG, Aage (1872–1949)
   1909: VII 28
   Jagd auf Tiere und Menschen 1909:
   VII 28
10 Mädchen und kein Mann, s. SUPPÉ,
   Franz von
Drei Männer in einem Boot, s. JEROME,
   Jerome Klapka
MAHLER, Alma Maria (1879–1964) seit
   1902 verh. mit Gustav M.
   1909: III 2; XI 3 – 1911: IX 21; XI
   18
MAHLER, Arthur (1871–1916) Archäologe
   1911: IV 6
   s. auch REINACH, Salomon, *Orpheus*
MAHLER, Gustav (1860–1911)
   1909: I 12, 15, 16; II 6, 16; III 2, 5,
   6, 10, 11, 23; VII 3; X 25; XI 3 –
   1910: I 1, 9; IV 28; VI 2, 7, 30; VII
   17; XII 17 – 1911: V 15, 16, 19, 21,
   24; VI 18; VIII 23; X 19; XII 2, 4,

8, 26, 29, 31 – 1912: II 24; III 13, 14,
15, 17, 19; IV 14, 17; V 27; VIII 2;
IX 22; X 6, 19, 20; XI 4, 5
Das Lied von der Erde 1912: XI 4, 5
Symphonie Nr. 2 c-Moll 1911: XII 2,
4 – 1912: IV 17
Symphonie Nr. 3 d-Moll 1909: X 25 –
1911: XII 8, 26 – 1912: IX 22
Symphonie Nr. 4 G-Dur 1909: I 16;
III 11 – 1912: II 24; V 27; X 6
Symphonie Nr. 5 cis-Moll 1909: III
2, 5, 6, 10 – 1910: I 9 – 1911: V 21
Symphonie Nr. 6 a-Moll 1910: VI 7
Symphonie Nr. 7 h-Moll 1909: XI 3 –
1910: XII 17
Symphonie Nr. 8 Es-Dur 1910: IV
28; VII 17 – 1912: III 14; X 19,
20
Symphonie Nr. 9 D-Dur 1910:VII 17
Mahlerschrift, s. STEFAN, Paul
MAIKL, Georg (1872–1951) Sänger
1912: III 14
MANASSEWITSCH, Efim (1875–?) verh.
mit Margarethe M.
1909: XII 25 – 1910: XI 20 – 1911: V
22 – 1912: II 11*
MANASSEWITSCH, Margarethe (1880–?)
1909: V 15; XII 25 – 1910: XI 20 –
1911: V 22 – 1912: II 11
MANDL, Herr
1911: VIII 21
MANDL, Alfred (1878–1926)
1909: I 8; VI 10 – 1910: III 22; XI
20 – 1911: II 10 – 1912: I 24
MANDL, Arnold? (1857–1930) Industrieller
1910: VIII 5
MANDL, Edith
1909: IX 13; X 4 – 1912: VII 30
MANDL, Ferdinand (1830–1912) Arzt,
Vater von Ludwig (Louis) M.
1910: III 10 – 1912: XII 18
MANDL, Irene (1868–1920) verh. mit
Ludwig (Louis) M.
1909: V 3 – 1910: I 17
MANDL, Irene, geb. Markbreiter (1844–
1919)
1909: III 17; VI 8 – 1910: III 22;

VIII 29; IX 5, 13; XI 20*? – 1911:
VII 18, 22; VIII 1, 23, 24; IX 9 –
1912: IV 17; VI 29; XII 29
MANDL, Leopold (1860–1930) Journalist
1909: III 17*
MANDL, Ludwig (Louis) (1862–1937)
Gynäkologe
1909: I 7, 21; V 3, 7, 8, 20, 28; VI
28*; IX 13, 14, 16, 25; X 30; XI 4,
19; XII 21 – 1910: II 14, 19; III 10,
18*; IV 9; VI 23; VIII 5; IX 2*, 3*;
XI 20*?, 25 – 1911: III 29 – 1912: VI
5
MANDL, Ludwig (1828–1893) Kaufmann
1910: III 10
MANDL, Richard (1859–1918)
1909: I 20 – 1910: III 17
*Ouvertüre zu einem gaskognischen
Ritterspiele* 1910: III 17
MANÉN, Joan de (1883–?) Violinist,
Komponist
1910: III 17
MANHEIMER, Victor (1877–1942)
Literarhistoriker
1910: X 15; XII 8, 9 – 1911: I 18; V 2
MANN, Heinrich (1871–1950)
1909: X 22 – 1910: I 20, 30; III 17,
27; IV 20, 21, 23; V 10; VIII 19;
XII 8, 9, 10, 17, 25, 29 – 1911: V 11,
14; VI 24, 25, 26; X 5, 10; XI 2, 3, 4
– 1912: I 3, V 20; VI 12; VII 21;
VIII 31; IX 1, 3, 4, 5, 6, 7; XI 11, 24
Das Herz 1910: XII 8
Die große Liebe 1912: VII 21; XI 24
Professor Unrat 1909: X 22
Schauspielerin (urspr. Titel: *Leonie
oder Der Ernst des Lebens)* 1911: V
14; VI 24, 26; X 10; XI 2, 4
Die kleine Stadt 1910: I 20, 30; V 10
Der Untertan 1911: XI 2 – 1912:
IX 4
Variété 1910: XII 25
MANN, Thomas (1875–1955)
1909: X 15, 22 – 1910: I 6; III 5, 17;
IV 21 – 1911: X 5 – 1912: I 3; V 20;
VI 12; XI 20

MESSER, Max (1875–1930) Rechtsanwalt, Journalist, Schriftsteller
1910: I 27, 30
METZL, Herr
1911: IV 19
Metzl, Otti, s. SALTEN, Ottilie
METZL, Richard (1870–1941) Bruder von Ottilie Salten
1909: IV 26?; XII 7 – 1910: XI 26 – 1912: IV 17
METZL, Wladimir (1882–1950) Komponist
1912: XII 18
[MEYER, Renni], Frl.
1909: VI 10 – 1912: IV 20; VI 5
MEYER, Richard M. (1860–1914) Literarhistoriker
1909: III 6* – 1911: XI 3, 23 – 1912: X 8; XI 30
MEYER-COHN, Helene (1859–?) Übersetzerin
1912: XI 30
MEYERBEER, Giacomo (1791–1864)
1912: III 26
MEYNERT, Theodor (1833–1892)
1912: XII 9
MEYRINK, Gustav (1868–1932)
Der Roman der XII (Mitautoren s. Hermann Bahr) 1909: XI 2
MICHAELIS, Dora, geb. Speyer (1881–?) Schwester von Paula Schmidl, Emilie Sgal, Hermann Speyer, Agnes Ulmann und Julie Wassermann
1910: I 4*, 21 – 1911: II 22, 23, 26; XI 2*, 3, 4 – 1912: V 23; VII 10; IX 8; XI 13, 24*, 26*, 27, 28*, 30*
MICHAELIS, Karin (1872–1950) verh. mit Sophus M.
1912: X 24, 25
Das gefährliche Alter 1912: X 24
MICHAELIS, Karl, Patentanwalt, verh. mit Dora M.
1909: XII 31* – 1911: II 22, 26; XI 4 – 1912: IX 8; XI 24
MICHAELIS, Sophus (1865–1932)
1912: XII 30
1812 1912: XII 30, 31

MICHALEK, Lisa, Schauspielerin
1911: XI 12
MICHEL, Robert (1876–1957) Offizier, Schriftsteller
1911: II 3 – 1912: X 22, 23, 24, 29; XII 14
MIKULASCHEK, Frau, Köchin
1909: XII 14
MILDENBURG, Anna von (1872–1947) seit 1909 verh. mit Hermann Bahr
1909: III 24; X 15; XII 28 – 1911: IX 19 – 1912: IV 24, 26
MILLENKOVICH, Benno von (1869–1946) Marineoffizier, Bruder von Max von M.
1912: VII 28
MILLENKOVICH, Max von, Ps. Morold (1866–1945) Beamter, Schriftsteller
1910: XI 28
MILRATH, Max (1883–1925) Journalist
1912: IV 30; XII 13
Mimi, s. GIUSTINIANI, Marianne
Minnie, s. BENEDICT, Hermine
MINOR, Jakob (1855–1912) Literarhistoriker
1910: XII 1 – 1911: XII 13 – 1912: V 26
Miracle, s. VOLLMOELLER, Karl Gustav
Mirjam, s. BEER-HOFMANN, Mirjam
–, s. ZIEGEL, Mirjam
MITTERWURZER, Friedrich (1844–1897)
1909: VIII 12 – 1912: III 24
Mizi, s. FRIEDMANN, Maria
–, s. GLÜMER, Marie
MOCROUSOFF, Eugen, Journalist
1909: XI 27
MOISSI, Alexander (1880–1935)
1909: VIII 25*; IX 1 – 1910: V 13 – 1911: V 13 – 1912: III 28; XI 30
MOLIÈRE (1622–1673)
Die Schule der Frauen 1910: IV 8
MOLITOR, Ludwig (1868–1931) Beamter
1912: VII 2
MOLL, Anna (1857–1938) verh. mit Carl M.
1911: I 29

OLDEN, Rosa?, Mutter von Ilse Steg-
mann
1911: IV 30; V 1
OLDEN, Rudolf (1885–1940) Rechtsan-
walt, Schriftsteller
1911: IV 27
Olga, s. GANS-LUDASSY, Olga von
Olga Frohgemut, s. SALTEN, Felix
OMPTEDA, Georg von (1863–1931)
1909: III 30 – **1910:** IX 17
Maria da Caza **1910:** IX 17
Minne **1909:** III 30
Onegin, s. TSCHAIKOWSKY, Peter I.
Onkel Benjamin, s. TILLIER, Claude
Onkel Edmund, s. MARKBREITER, Ed-
mund
Onkel Felix, s. MARKBREITER, Felix
Onkel Max, s. LEITNER, Max
Onkel W., s. WILHEIM, Arthur
ONNO, Ferdinand (1879/81–1970)
Schauspieler
1909: IV 23 – **1911:** V 26 – **1912:** II
10; III:10, 16; X 18, 31; XI 6
OPPELN-BRONIKOWSKI, Friedrich von
(1873–1936) Schriftsteller, Überset-
zer
1909: VI 6
OPPENBERGER, Wenzel (1853–1916)
Politiker
1912: III 13
OPPENHEIM, Berthold (1867–?) Rabbiner
1910: II 17; III 12*, 13
OPPENHEIMER, Felix von (1874–1938)
1909: I 15, 16; VIII 16, 22 – **1910:** II
10
OPPENHEIMER, Max (1885–1954)
1910: XII 9, 29 – **1911:** I 2, 16, 23,
30; II 3, 7; V 14; IX 22 – **1912:** V 23
d'ORA, d. i. Dora Philippine Kallmus
(1881–1963) Fotografin
1909: V 15; X 18 – **1910:** VI 25, 30;
VII 8 – **1911:** V 15; XI 29
ORLOFF, Ida (1889–1945) Schauspielerin
1909: VII 1 – **1912:** IX 16

OSTEN, Eva von der (1881–1936) Sängerin
1910: I 21 – **1911:** V 12
OSTEN, Susanne von der (1884–?)
Schauspielerin, verh. mit Armin Sey-
delmann
1911: VI 24
OSTERSETZER, Alfred (1860–1911)
Schriftsteller
1909: IV 18
O'SULLIVAN-GRASS, Karl de (1836–
1888) Diplomat, verh. mit Charlotte
Wolter
1909: VII 13
OTTENHEIMER, Paul (1873–?) Komponist
1912: I 19
Heimliche Liebe (mit Julius Bauer)
1912: I 19
Otti, s. SALTEN, Ottilie
OTTMER, F., d. i. Ottilie Franzos
(1856–1932) Schriftstellerin
1912: XII 10
OVERHOFF, Irene (1874–1945)
1910: IV 15, 24*
OWSLEY, Frederick Diller (1865–?)
Arzt
1909: VIII 24, 26*

P., s. PETERSEN, Hans von
–, s. POLLAK, Jacob
P. A., s. ALTENBERG, Peter
P. G., s. GOLDMANN, Paul
P. M., s. MÜLLER, Leopoldine
P., Herr
1912: XII 9
PADEREWSKI, Ignacy (1860–1941)
1910: I 11
PAHLEN, Richard (1874–1914) Kompo-
nist, Pianist
1911: III 5
PALMAY, Ilka (1860–1944) Sängerin
1910: II 27
PALOTTA, Grace, Schauspielerin
1911: IX 5*, 14
PAPPENHEIM, Frl.
1910: VI 3
Parsifal, s. WAGNER, Richard

PASCHKIS, Heinrich (1849–1923) Pharmakologe
1912: V 23
Paul, s. ALTMANN, Paul
–, s. MARX, Paul
PAUL, Adolf (1863–1943)
1911: XI 22, 29
Die Sprache der Vögel 1911: XI 22, 29
Paula, s. BEER-HOFMANN, Paula
–, s. SCHMIDL, Paula
Pauli, s. SALTEN, Paul
PAULSEN, Herr
1912: III 21*
PAULSEN, Max (1876–1956) Schauspieler
1910: XI 13 – 1911: III 25; VII 7; IX 5; X 15; XII 21, 25* – 1912: II 28; XI 19
PEARY, Robert Edwin (1856–1920)
1909: IX 17
PELLAR, Marie, Schauspielerin
1909: XII 7
PERNERSTORFER, Engelbert (1850–1918) Journalist, Politiker
1911: IX 20
PETER, Josef (1877–?) Zahnarzt
1910: IV 17* – 1912: VII 21
PETERSEN, Hans von? (1850–1914) Maler
1909: II 21 – 1911: IX 4
PFAU, Ludwig (1821–1894)
1911: III 9
s. auch TILLIER, Claude, *Mein Onkel Benjamin*
PFITZNER, Hans (1869–1949)
1909: I 12 – 1910: XI 6, 7 – 1911: VIII 23 – 1912: II 11
Palestrina (Libretto) 1912: II 11
PHILIPPE, Charles-Louis (1874–1909)
1910: II 25; III 24; VII 1, 5
Croquignole 1910: III 24
Dans la petite ville 1910: VII 1, 5
PHILIPPI, Felix (1851–1921)
1910: VIII 8
Pariser Schattenspiele 1910: VIII 8
PICHLER, Jacques (1862–?) Zahnarzt
1909: VI 20

PICK, Alfred (1864–1937) Sohn von Gustav P.
1911: VIII 12*
PICK, Gustav (1832–1921) Komponist, Cousin von Louise Schnitzler
1909: III 28; VI 1; X 10 – 1911: IX 26
PICK, Lilly, Schauspielerin
1912: XII 2
PIDOLL-QUINTENBACH, Michael? von (1851–1941) Pädagoge, Politiker
1910: I 9
Pique Dame, s. TSCHAIKOWSKY, Peter I.
PITAVAL-GAYOT, François de (1673–1743)
1909: IX 27 – 1911: I 15; II 18
POE, Edgar Allan (1809–1849)
1909: IX 13
Die litterarische Laufbahn des wohlachtbaren Herrn Thingum Bob
1909: IX 13
PÖTZL, Eduard (1851–1914) Schriftsteller, Journalist
1912: VII 4
POHL, Dr.
1912: IX 3
POHL, Karl (1861 ?–?) Regiekanzleiführer
1912: VII 2
Poil de carotte, s. RENARD, Jules
Poldi, s. ANDRIAN-WERBURG, Leopold von
POLGAR, Alfred (1873–1955)
1909: IV 28; X 23; XII 13 – 1910: V 15; VII 16; X 24; XI 28 – 1911: IV 7; VIII 30 – 1912: VII 12
Der Quell des Übels 1912: VII 12
POLITZER, Adam (1835–1920) Otologe
1910: VI 4
POLLACZEK, Clara Katharina, geb. Loeb (1875–1951)
1912: IV 21
POLLAK, Fr. v.
1910: V 12
POLLAK, Alfred (1864–1927) Arzt
1911: I 30*
POLLAK, Frieda (1881–1937) Sekretärin

Briefwechsel zwischen Pückler und Varnhagen von Ense 1909: II 20
Briefwechsel zwischen Pückler und Heinrich Laube 1910: XI 17
PUTZ, Leo (1869–1940) Maler
1909: IV 15

R., s. RÖMPLER, Alexander
R., Frau, s. REINHARD, Therese
R., Frl., s. RITSCHER, Helene
R., Mizi, s. REINHARD, Marie
RABITOW, Clara (1879–1946) Schauspielerin, verh. mit Albert Heine
1911: X 15 – 1912: XI 5
Die Rahl, s. BAHR, Hermann
RAINER, Erzherzog (1827–1913)
1909: I 15
RAMAZETTA, Jolantha, Schauspielerin
1910: IX 11
Ramlo, s. CONRAD-RAMLO, Marie
RANDOLF, Rolf, Schauspieler
1911: IV 26*
RANK, Otto (1884–1939)
1912: III 24
RANKE, Karl, Arzt
1910: VIII 22
RAPPAPORT, Frau
1912: I 14*, 15*, 21*, 31*
RATISLAV, Josef Karl (1890–1955) Schriftsteller, Dramaturg
1912: I 4
Ratten, s. HAUPTMANN, Gerhart
Raub der Sabinerinnen, s. SCHÖNTHAN-PERNWALD, Franz von – SCHÖNTHAN-PERNWALD, Paul von
REBIKOW, Wladimir I. (1866–1920) Komponist
1912: III 8; IV 24
s. auch Verzeichnis der Arbeiten Schnitzlers, *Die Frau mit dem Dolche* (Oper)
REDLICH, Emil (1866–1930) Neurologe
1912: XI 8*
REDLICH, Oswald (1858–1944) Historiker
1910: III 11
REGEL, Heinrich Hermann (1858–1934)

Die Jahreszeiten der Liebe (Musik von Franz Schubert) 1911: XII 9
REGER, Max (1873–1916)
1909: I 12, 16; III 23, 25
RÉGNIER, Henri de (1864–1936)
1910: IV 20; VIII 21
La peur de l'amour 1910: VIII 21
RÉGNIER-DESTOURBET, Hippolyte François (1804–1832)
1910: II 10
Napoléon (mit Charles-Désiré Dupeuty) 1910: II 10
REICH, Emil (1864–1940) Literarhistoriker
1911: III 1, 9, 16, 17; XII 13
REICHEL, Melanie (1877–?) verh. mit Oskar R.
1911: IX 22
REICHEL, Oskar (1869–1943) Arzt
1911: I 2
REICHER, Emanuel (1849–1924) Schauspieler
1909: VI 8 – 1910: IX 22 – 1911: II 27; VI 6 – 1912: XII 1
REIK, Theodor (1888–1969)
1912: III 5; VI 27; IX 17
REIMER, Franz, Tischler
1912: III 12
REIMERS, Georg (1860–1936) Schauspieler
1910: IX 11; XI 10 – 1911: II 17, 18; X 14
REINACH, Salomon (1858–1932) Archäologe
1911: IV 6; VII 6
Orpheus. Allgemeine Geschichte der Religionen (Deutsche Ausgabe von Arthur Mahler) 1911: IV 6; VII 6
REINAU, Hedwig, Schauspielerin
1910: X 5; XI 30
REINGRUBER, Eugenie (1881–?) Schauspielerin
1909: I 22
REINHARD, Franz (1874–1939) Bruder von Marie R.
1912: VI 18*
REINHARD, Marie (1871–1899)
1909: III 13*, 18 – 1910: II 4; III 18;

IX 11, 24*; X 1*, 10*, 25, 28, 29*;
XI 5*; XII 2*, 22*
Lebensprobe 1910: IV 3
Speyer, Agnes, s. ULMANN, Agnes
SPEYER, Clara, geb. Sternberg (1871–?)
verh. mit Hermann S.
1910: XII 29* – 1912: VII 10
SPEYER, Hermann (1870–1912) Bruder
von Dora Michaelis, Paula Schmidl,
Emilie Sgal, Agnes Ulmann und Ju-
lie Wassermann
1912: VII 10*
Der goldne Spiegel, s. WASSERMANN,
Jakob
SPITZER, Alfred, Rechtsanwalt
1910: VI 30
SPITZER, Friedrich Viktor (1854–1922)
Gesangspädagoge, Fotograf
1909: III 4; XI 10 – 1910: III 9; IV
9; VI 2; XII 5, 7 – 1911: II 11 –
1912: II 16
SPITZER, Jacques (1889–?) Sohn von
Salomon S.
1911: I 12; II 12
SPITZER, Salomon (1847–1927) Arzt
1911: II 12*
SPRINGER, Gisela (1874–?) Pianistin
1909: III 12; IV 21; V 27 – 1910: II
1, 12; X 22
SPRINGER, Rosa (1866–?) Schriftstellerin
1911: XI 1*
STAACKMANN, Alfred (1873–1941)
1911: V 17
STANLEY, Henry Morton (1841–1904)
1912: I 9
STAPS, Friedrich Gottlieb (1792–1809)
1910: II 10; XI 13
STAUF VON DER MARCH, Ottokar
(1868–1941) Schriftsteller, Journalist
1912: VI 12
Stefan, Erzherzog, s. KARL STEPHAN
STEFAN, Paul (1879–1943)
1910: III 23; V 10
*Gustav Mahler. Ein Bild seiner Per-
sönlichkeit in Widmungen* (Hrsg.)
1910: III 23; V 6, 10; IX 10

STEGLITZ, Paul
1910: IX 13
STEGMANN, Ilse, geb. Olden (1880–?)
1911: IV 30; V 1
STEHR, Hermann (1864–1940)
1909: XI 18
STEIF, Max
1911: V 22; IX 23; X 10 – 1912:
VII 3
STEIN
1910: III 13*
STEIN, Else (1891–?) Tochter von Ludwig S.
1911: XII 27
STEIN, Leo (1861–1921) Librettist
1909: II 22, 27; V 24 – 1910: I 17
STEIN, Ludwig (1859–1930)
1911: XII 27
STEINACH, Eugen (1862–1944)
1911: VIII 8, 13, 20, 25 – 1912:
IX 23
STEINER, Franz (1873–1954) Sänger
1911: IV 4
STEINERT, Adolf (1864–1913) Theaterleiter
1910: III 5 – 1912: I 27, 29
STEINRÜCK, Albert (1872–1929) verh.
mit Elisabeth S.
1909: VIII 24, 25, 27, 28, 29, 31; IX
1; XII 15* – 1910: III 28; VIII 3, 4,
20, 22, 23, 24, 25, 26; X 15; XII 8, 9,
10, 11 – 1911: IV 11, 13, 26, 27, 30;
V 1, 2, 12; VII 3; IX 29; X 18, 24,
25, 26, 29; XI 11, 12, 13, 22 – 1912:
II 6, 26; IV 1, 2, 3, 4, 5, 6, 12, 28;
VIII 29, 31; IX 1, 3, 4, 5, 6, 7; XI 13
STEINRÜCK, Elisabeth, geb. Gussmann
(1885–1920)
1909: I 17; VII 22, 26; VIII 4, 25,
26, 27, 28, 29, 31; IX 1 – 1910: III
28; IV 6; VIII 2, 4, 6, 7, 20, 21, 22*,
23, 24, 25; X 15; XII 11, 12, 28 –
1911: I 2*, 13; III 24; IV 11, 12, 13,
27, 28, 29, 30; V 1, 2; VII 3; IX 29;
XI 13, 14, 15, 16; XII 31* – 1912: II
26; IV 1, 3, 6; V 23; VII 12; VIII
29, 30, 31; IX 1, 2, 3, 4, 5, 6, 7; XII
10

STREBINGER, Julius (1864–1937) Schauspieler
1911: X 12
STRECKER, Ludwig (1853–1943) Verleger, Vater von Ludwig und Willy S.
1909: IV 25; XII 18 – 1910: IX 16*
STRECKER, Ludwig (1883–1978)
1910: I 22 ?; IX 16
STRECKER, Willy (1884–1958)
1910: I 22 ?; IX 16
Streffleur, s. FÖRSTER-STREFFLEUR, Rudolf von
STRIAL, Alexander (1874–1957) Schauspieler, verh. mit Anna S.
1910: III 30 – 1911: VII 4*
STRIAL, Anna, geb. Sikora (1880–1981) Schauspielerin
1909: IV 28; VI 13, 15, 19 – 1910: III 30; IV 15*; IX 4; X 7; XI 1, 25, 27; XII 3 – 1911: VII 24*, 28 – 1912: IV 21, 23*; V 3; VI 28
STRIAL, Elisabeth (geb. 1909) Tochter von Anna und Alexander S.
1909: VI 15
STRINDBERG, August (1849–1912)
1909: VII 11 – 1912: VII 22, 29; IX 6, 7; XI 22; XII 8
Die Beichte eines Toren 1912: IX 6, 7
Inferno 1912: XII 8
Legenden 1912: XII 8
Der Sohn einer Magd 1912: VII 22
Die gotischen Zimmer 1909: VII 11
STRINGA, Alberto (1880 ?–1931) Maler
1912: III 21; IV 13; VI 23; VII 17; XII 25
STROSS, Walter (1883–1946)
1912: VIII 19*
STUCKEN, Eduard (1865–1936)
1911: I 18*, 25*; II 23*, 25*; XI 3 – 1912: II 14*, 17*; V 15*
Lanvál 1911: I 16, 18
SUDERMANN, Hermann (1857–1928)
1909: III 30 – 1911: X 4
Das Glück im Winkel 1911: VI 22
Das Hohe Lied 1909: III 30
Die Schmetterlingsschlacht 1911: VI 24
Strandkinder 1911: X 4

SUESS, Eduard (1831–1914) Geologe, Präsident der Kaiserlichen Akademie der Wissenschaften in Wien
1912: X 11
SULZBACH, Ernst (1887–1954) Verlagslektor
1912: VI 3
SUPPÉ, Franz von (1819–1895)
Zehn Mädchen und kein Mann 1909: XI 20
SUPPÉ, Pauline von (1851–1923)
1911: VIII 29; IX 9; XI 19 – 1912: VI 29
Suppé-Keller, Grethe, s. KELLER, Margarethe
SUTRO, Alfred (1863–1933)
Dorothys Rettung 1911: V 10
SWOBODA, Margarethe (1872–1921) Schauspielerin, verh. mit Rolf Randolf
1911: IV 26

Tänzchen, s. BAHR, Hermann
TAGGER, Claire (1875–1954) Übersetzerin
1911: II 23
TAINE, Hippolyte (1828–1893)
1909: XII 24
TAL, Ernst Peter (1888–1936) Verlagslektor
1912: XII 31
TANN-BERGLER, Ottokar (1859–1912) Journalist, Schriftsteller
1909: II 22
Tannenzapf, Ludmilla, s. LORME, Lola
Tannhäuserparodie, s. NESTROY, Johann Nepomuk
Tante G., s. GUSSMANN, Bertha
Tante Irene, s. MANDL, Irene, geb. Markbreiter
Tante Johanna, s. WILHEIM, Johanna
Tante Julie, s. MARKBREITER, Julie
Tante Pauline, s. SUPPÉ, Pauline von
Tantris, s. HARDT, Ernst
TAUSENAU, Richard (1861–1893)
1910: V 31

Parsifal **1912**: XII 18
Das Rheingold **1909**: IV 8
Tristan und Isolde **1912**: VI 10
Die Walküre **1911**: IX 20
WAGNER, Richard (1883–1945)?
Schriftsteller
1909: VI 1
WAGNER, Siegfried (1869–1930)
1911: XI 2 – **1912**: V 1
WAHRMUND, Ludwig (1860–1932) Kirchenrechtler
1910: V 2 – **1912**: I 19
WAISSNIX, Olga, geb. Schneider (1862–1897)
1909: VII 13 – **1910**: X 29, 30; XII 15, 29, 31
WALDAU, Gustav (1871–1958) Schauspieler
1910: XII 9, 10, 19 – **1911**: I 4; II 8; III 6, 8, 11; IV 26*; V 2; XI 12
WALDBERG, Heinrich von (1860–?) Schriftsteller
1909: XI 19
WALDEGG, Tilly (1874–1939) Schauspielerin
1911: IV 26
WALDEN, Harry (1875–1921)
1910: VI 21; IX 28
WALDOW, Charlotte (1888–1945) Schauspielerin
1910: VIII 18
Walküre, s. WAGNER, Richard
WALLASCHEK, Richard (1860–1917) Musikwissenschaftler
1909: III 5
Wallenstein, s. SCHILLER, Friedrich von
WALLENTIN, Claire (1878–?) Schauspielerin
1910: III 5
WALSER, Karl (1877–1943)
1910: VI 2
WALTER, Bruno (1876–1962)
1909: II 6, 16*; III 6, 9, 23; V 16*; VI 10; X 25; XII 18 – **1910**: I 1, 28*; IV 28* – **1911**: VI 18; VIII 23; IX 20; XII 2, 23, 25, 29 – **1912**: I 5; III 14; IV 24*; V 1*; VIII 2; IX 3; X

15; XI 4; XII 18*, 20, 25*, 27
Symphonie Nr. 1 d-Moll **1909**: II 6, 16
Violinsonate A-Dur **1909**: III 9
WALTER, Erich von (1877–1957) Schauspieler
1910: II 28
WALTER, Raoul (1865–1917) Sänger
1910: XII 9* – **1912**: XI 1, 5*, 6*
WALTER-SEGEL, Olga, Sängerin, Pianistin, Schriftstellerin
1911: III 5
Was ihr wollt, s. SHAKESPEARE, William
WASSERMANN, Jakob (1873–1934)
1909: I 1, 5*, 10, 16, 27, 28, 29, 30; II 5, 8*, 17*; III 4, 14, 24; IV 12, 26; V 9, 25*, 26*, 29*; VI 5*, 11*, 12; VII 9*; IX 26, 27; X 4, 22; XI 1; XII 8, 19, 28, 31* – **1910**: I 1*, 6, 11, 13, 26, 27, 31; II 4, 8, 9, 16*, 19, 20*, 23, 24, 26; III 6*, 10, 11, 16, 26; VI 6, 10, 29; IX 5; X 10, 11, 12, 23*, 30; XI 1*, 26*; XII 3, 10, 23, 25* – **1911**: I 4, 18, 25, 26; II 5, 8, 19; III 13, 26*; IV 2; V 6, 7, 15; VI 1, 2, 4*, 5, 13, 14, 18, 24, 25, 26, 28, 29, 30; VII 1, 2, 3, 5, 14, 16; VIII 20, 31; IX 1, 23, 24, 29; X 2, 9, 11, 14*; XI 3, 4, 17, 21, 26; XII 8, 12*, 16*, 24, 31 – **1912**: I 3, 9, 10*, 11, 14, 15, 16, 19, 20, 21*, 28; II 4*, 10*, 17, 18, 23; III 3, 12, 17, 25, 31; IV 7*, 21; V 4*, 5; VI 13, 16, 18; IX 10, 26, 29; X 2*, 8, 9, 13; XI 17; XII 3, 16*, 26, 31*

Alexander in Babylon **1909**: I 10
Caspar Hauser **1909**: I 10 – **1912**: IV 7
Das Gänsemännchen **1912**: XII 26
Gentz und Fanny Elßler **1911**: XI 17
Hockenjos oder die Lügenkomödie **1911**: IX 26; XI 17
Der Mann von vierzig Jahren **1912**: I 14; X 9
Die Masken Erwin Reiners **1910**: III 10; X 10, 30

STAMMTAFEL DER FAMILIE SCHNITZLER

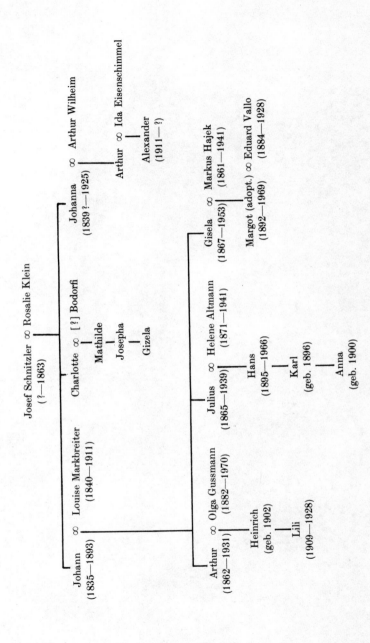

STAMMTAFEL DER FAMILIE MARKBREITER

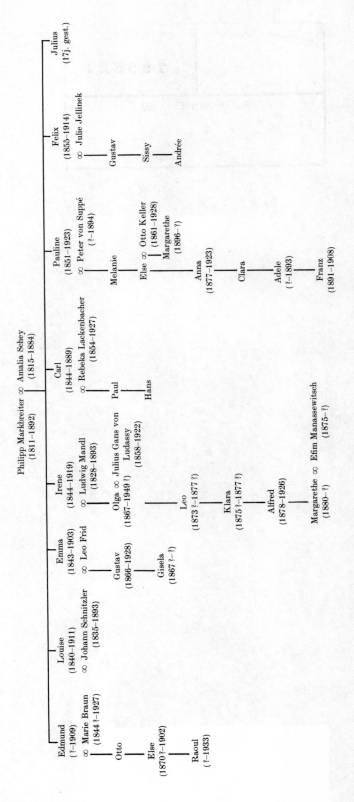